◇ 现代经济与管理类规划教材
北京邮电大学精品教材

市场营销渠道管理
（第 3 版）

主编 胡 春

清华大学出版社
北京交通大学出版社
·北京·

内 容 简 介

本书以现代营销理论为基础,以企业的营销渠道行为为研究对象,系统介绍了营销渠道管理的基本理论,包括营销渠道的基本类型、营销渠道的设计方法、营销渠道的管理和控制,以及营销渠道中的物流管理、信息管理。此外,还专门讨论了网络营销渠道管理问题。本书特点在于突出渠道管理理论的系统性和完整性,有一定的专业深度。同时,重视渠道实践的研究,在阐述理论的同时,对众多案例进行分析,搭建起了沟通理论和实践的桥梁。

本书是本科生"市场营销渠道管理"课程的教材,也可作为企业管理专业研究生和 MBA 学生的参考读物,还可作为企业经营管理人员、营销人员、渠道成员培训教材和自学用书。

本书封面贴有清华大学出版社防伪标签,无标签者不得销售。
版权所有,侵权必究。侵权举报电话:010 - 62782989　13501256678　13801310933

图书在版编目(CIP)数据

市场营销渠道管理/胡春主编. —3 版. —北京:北京交通大学出版社:清华大学出版社,2019.7
现代经济与管理类规划教材
ISBN 978 - 7 - 5121 - 3966 - 4

Ⅰ.①市⋯　Ⅱ.①胡⋯　Ⅲ.①企业管理-市场营销学-高等学校-教材　Ⅳ.①F274

中国版本图书馆 CIP 数据核字(2019)第 160561 号

市场营销渠道管理
SHICHANG YINGXIAO QUDAO GUANLI

策划编辑:吴嫦娥　　责任编辑:许啸东
出版发行:清 华 大 学 出 版 社　邮编:100084　电话:010 - 62776969　http://www.tup.com.cn
　　　　　北京交通大学出版社　邮编:100044　电话:010 - 51686414　http://www.bjtup.com.cn
印　刷　者:北京时代华都印刷有限公司
经　　　销:全国新华书店
开　　　本:185 mm×260 mm　印张:21.25　字数:530 千字
版　　　次:2019 年 7 月第 3 版　2019 年 7 月第 1 次印刷
书　　　号:ISBN 978 - 7 - 5121 - 3966 - 4/F・1888
印　　　数:1～4 000 册　定价:49.00 元

本书如有质量问题,请向北京交通大学出版社质监组反映。对您的意见和批评,我们表示欢迎和感谢。
投诉电话:010 - 51686043,51686008;传真:010 - 62225406;E-mail:press@bjtu.edu.cn。

第3版前言

自本书第2版2012年1月出版以来，互联网渠道发展迅猛，企业营销渠道管理实践因之变革，该趋势也推动了营销渠道管理的理论创新，把先进的理论与实践及时融入到教材中，吐故纳新，为读者奉献新知是本书第3版问世的缘由。本书第2版重印了多次，感谢读者厚爱！

第3版重点增加了网络零售与新零售、网络营销渠道管理相关的新理论和新案例。第3版修订的宗旨是全书内容的现代化，力争理论内容前沿，案例新鲜经典。具体修订内容如下。

（1）新增第4章网络零售与新零售的内容。近年我国网络零售发展举世瞩目，网络零售业态呈多样化发展态势，除传统的网络零售形式外，通过微信公众号、App及微博等新形态的移动网络零售层出不穷，先锋企业融合大数据、人脸识别、AR、物联网等信息技术，以及物流新技术，围绕用户购买不同阶段开展的线上线下渠道结合的新零售模式成为网络零售发展的新阶段。第4章介绍了网络零售B2C、B2B2C和C2C等三种形式，网络零售的管理，微商网络零售的发展及特征，网络零售与传统零售的关系，传统零售互联网时代的转型，新零售模式及其发展等相关内容，为读者把握网络零售业态发展提供引导。

（2）将原书第10章渠道管理修改为本版书第8章渠道建设与治理，增加了渠道治理的内容，论述了企业如何通过渠道合同治理和渠道关系治理，促进渠道间合作关系的稳定发展，实现渠道目标。

（3）重写了第12章，运用营销渠道管理的理论逻辑梳理了网络营销渠道管理的内容。完善了网络渠道的形式，增加了网络渠道的功能、网络渠道的设计、网络渠道的管理、网络渠道与传统渠道的冲突及化解等内容。

（4）其他理论内容的更新，如增加了营销渠道管理的职能，渠道结构演变：单渠道、多渠道、跨渠道和全渠道，仓库管理系统，大数据客户信息管理，射频识别技术（FRID）等新内容，使本书有效吸纳了理论研究的新成果。

（5）重写或改写了每章前的"案例导读"和每章后的"案例分析"。新增案例导读5个：如日中天的网络零售、中国零售行业及连锁企业发展概况、阿里巴巴1688批发网、华为技术公司企业业务的渠道战略、快速消费品渠道管理和顺丰冷链物流服务。改写案例导读2个：中国市场上手机渠道模式的设计和宝洁中国公司的渠道控制。新增综合大案例"案例分析"9个：小米手机从线上到线上和线下一体化的渠道发展、苏宁智慧零售：技术深入零售内核、新零售的典范——盒马鲜生、苹果中国公司的渠道布局、特斯拉的渠道设计、某市电信运营商社会渠道分层分级管理、我国民航客运分销渠道冲突、快时尚品牌ZARA的渠道信息系统和手机应用商店：App Store和华为应用市场。改写案例分析3个：海尔公司的自控营销渠道建设、沃尔玛的物流配送和信息管理、京东的物流和信息系统。

（6）"专栏"和"特别关注"增加了若干新内容。专栏是正文中的专题案例，新增内容9个：宜家供应商管理——严格的执行IWAY标准、网络零售的香榭丽舍大街——天猫商城、我国农产品批发市场的发展、义乌小商品城：全球最大的小商品批发市场、国美公司的全零售渠道目标及其实现、京东获谷歌投资、微信支付推广中的合作伙伴、双十一购物节的感召力和伊利公司的渠道冲突。特别关注是新知识、新思想，新增内容6个：认识"全标委"、商务部直销产品指引、网络零售部分用语、产消者与消费商、全渠道零售策略、云物流和十种电子商务网站评价标准。

北京邮电大学工商管理专业研究生刘帅、米云云、王路远和刘传参与了本书部分案例的资料收集和整理工作，在此表示感谢！

在本书第3版出版之际，感谢读者和同行的支持，感谢出版社的支持，感谢吴嫦娥主任和许啸东编辑的辛苦工作，感谢北京邮电大学教材项目的资助！第3版在修订过程中，借鉴了大量专家的研究成果，在注释和参考文献中均列出，在此一并致谢！

由于编者知识水平有限，本书不足之处，恳请读者批评指正。

扫描封底二维码并关注，回复"市场营销渠道管理"将获得"无店铺零售""连锁零售与特许零售"相关延展学习内容。

胡　春
2019年1月

第 2 版前言

承蒙读者厚爱，本书于 2006 年 10 月出版第 1 版后，到 2011 年 1 月进行了第 5 次印刷。作者对读者的支持深表感谢，并珍惜出版社提供的再版机会，经过半年多的倾力工作，对原书进行了力所能及的修改，现呈现第 2 版，与同行交流，希望能够持续地为本课程教学内容建设尽微薄之力。

第 2 版修改的内容主要有以下几方面。

（1）理论内容的增加和修改。在原书的第 2 章增加了"营销渠道理论范式的演进"一节，对分销渠道理论发展经历的"渠道结构理论"和"渠道行为理论"两个阶段进行了详细的介绍和分析。渠道结构理论研究的核心是渠道结构优化和渠道效率问题，也被称为"效率范式"；渠道行为理论研究的核心是对渠道成员行为和关系的研究，先后形成了"权力（冲突）范式"和"关系范式"这两种理论形态。目前，分销渠道的理论研究重点已由效率导向转向行为导向，"关系范式"成为分销渠道理论的主流范式，其对现今的渠道行为有较强的解释力和应用性。第 2 版通过该部分内容的讨论，为读者学习后面章节的理论内容提供了指引。读者能够分辨哪些理论是渠道结构理论，这些理论是营销渠道管理课程的基础理论；哪些理论是渠道行为理论，这些理论是营销渠道管理课程理论发展的前沿。

（2）"导读案例"和"案例分析"的修改和替换。本书每章前有"导读案例"，引导全章理论的学习，每章后有"案例分析"，综合运用本章理论进行渠道管理实践的分析。本次修改重点是对这两部分大案例的修改。近年来，中国经济迅速发展，企业不断成长，企业营销渠道管理的实践不断丰富和成为典型。对原书实力企业的案例，修改的重点是增加近年新发展的情况，用最新的资料补充和完善，这些案例包括联想公司、神州数码公司、家电企业渠道、如家酒店连锁公司、雅芳中国公司、戴尔公司、三星公司、宝洁中国公司等。对原书阶段性有代表性而目前说理性不足的案例，用近年涌现出的更典型、更前沿的企业案例予以替换。第 2 版新案例包括海尔公司的营销渠道、中国连锁企业的发展情况、肯德基在中国的特许经营模式、苹果中国公司的渠道架构、京东商城的物流与信息系统、手机应用商店：App Store 和移动 MM 等。

（3）"专栏"和"特别关注"的修改和替换。新增加的内容包括外资家店连锁企业抢滩中国市场、安溪铁观音和信阳毛尖互相进入对方销售渠道、百思买关店原因分析、谷歌代理商解约风波、新华书店开网店等。修改的内容包括我国农产品批发市场的发展、产品销售代理协议书等。

在本书第 2 版出版之际，感谢同行和读者们的持续支持，感谢清华大学出版社和北京交通大学出版社的支持，感谢责任编辑吴嫦娥女士为本书出版付出的辛苦，感谢北京邮电大学经济管理学院的支持！第 2 版的修改过程中，借鉴了大量国内外专家的研究成果，在资料来源和注释中均列出，在此一并致以诚挚的谢意！

第 2 版的修改工作得到北京市教育委员会"北京市共建项目（精品课程）专项资助"，在此致以衷心谢意！

由于编者知识经验有限，本书不足之处，恳请读者批评指正。

胡　春
2012 年 1 月

前　言

营销渠道管理是企业的一项基础管理工作，同时也是企业获取长期竞争优势的战略要素。市场竞争越来越同质化，使企业期望通过产品、价格、促销这些战略要素的差别化来获取竞争优势已经越来越困难了；而在市场广阔，区域市场差异明显的中国市场上，通过建立特有的渠道，实现渠道管理差别化来获取竞争优势是可能的，而且渠道竞争优势不易被模仿，是企业持久的竞争优势。因此，"渠道为王"被许多企业认同，渠道管理的重要性越来越凸现。

编者长期从事营销渠道管理、市场营销学的教学和研究工作，希望能够借助此书的编写，将教学过程中的思考沉淀下来，为营销渠道管理的教学和研究做些微薄贡献，不辱职业之使命。

本书内容分 5 个部分：第一部分包括第 1～2 章，是导论和营销渠道理论概述，是全书论述的铺垫；第二部分包括第 3～7 章，介绍销售方式和销售组织的情况，为企业进行渠道设计提供销售方式的选择；第三部分包括第 8～9 章，是企业营销渠道的规划和设计；第四部分包括第 10～13 章，是营销渠道的实施和管理，包括渠道建设和管理、渠道权力控制与冲突管理、渠道中的物流管理和渠道中的信息管理；第五部分是第 14 章网络营销渠道，介绍网络环境下的营销渠道管理，这是营销渠道管理的新领域。

本书主要特色体现在以下几个方面。

（1）突出营销渠道管理理论的系统性和完整性，有一定的专业深度。在内容的逻辑安排上，在处理销售业态、销售组织与企业渠道设计管理这两块内容时，从企业销售行为的角度来讨论销售业态、销售组织，将这两块内容统一在企业渠道管理的线索上，使全书体系连贯，内在逻辑性强。

（2）案例丰富、经典，贴近读者。本书提供 28 个大案例、40 多个专栏案例，它们是读者熟悉的企业中但不了解其渠道管理方面的实例，在案例的选取上以国内优秀企业和跨国公司在中国市场上的营销渠道管理实践为主，可读性强。

（3）体例安排便于教学应用。"导读案例"引出本章要讨论的问题；"讨论题"提示理论学习中值得进一步讨论的问题；"专栏"中的案例与所学习的内容吻合，是理论在实践中的应用；"特别关注"写出一些具有启发性、前瞻性或具有智慧性的论述，延伸学习内容；"案例分析"给出与本章内容相关的综合案例，案例后的"讨论题"，提示读者关于该案例的思考方向，"案例点评"给出编者的相应思考，以便与读者共同讨论；"本章小结"总结每章的主要内容；"学习资料"提供本章进一步学习的材料，以开阔读者的眼界和知识面；"中英文关键词语"便于读者对本章关键词的理解；"思考题"和"自测题"便于读者复习使用。

本书写作分工情况是：胡春编写 1、2、4、7～10、13 章和第 11.1～11.3 节，林栋编写第 3 章和第 14.4、14.5 节，付小帆编写第 5、6 章，杨鹏编写第 12 章和第 14.1～14.3 节，赵宇编写第 11.4～11.6 节。全书由胡春统稿。

本书的配套电子教学课件，可从北京交通大学出版社网站（http://www.bjtup.com.cn）

下载,或发邮件至 cbswce@jg.bjtu.edu.cn 索取。

  在本书付梓之际,感谢北京邮电大学文法经济学院的支持,感谢清华大学出版社和北京交通大学出版社为本书出版所作出的贡献。尤其感谢本书责任编辑吴嫦娥女士对本书出版所倾注的心血,吴嫦娥女士的敬业精神使我们深受感动。本书编写过程中,借鉴了大量的国内外专家的研究成果,在资料来源、注释和参考文献中均已列出,在此一并致以诚挚的谢意!

  由于编者知识和经验有限,本书不足之处,恳请读者批评指正,以便在将来的教学研究工作中加以改进。

胡　春

2006 年 8 月

学习指南

本书共分12章。各章的内容逻辑结构安排如图0-1所示。

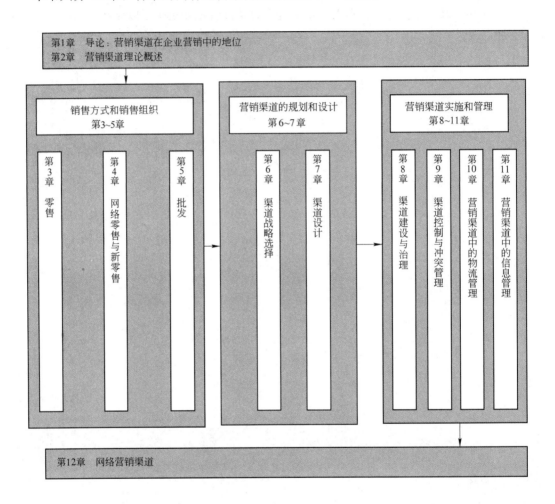

图0-1 逻辑结构安排图

本书12章分为五个内容模块,每个模块的设计思路和内容介绍如下。

第一部分是导论和营销渠道的基本理论,包括第1章和第2章。第1章讨论营销渠道在企业营销中的重要性,营销渠道管理在营销策略中的地位,使读者明确渠道管理与市场营销之间的联系。第2章是营销渠道理论概述,介绍营销渠道的基本概念、营销渠道的功能、营销渠道成员的类型及营销渠道结构等,为后面的学习做最基本的理论铺垫。

第二部分是销售方式和销售组织,包括第3~5章。企业渠道设计的前提是把握社会现有的渠道资源即渠道基础设施,深刻理解其组织与运作机理,才能思考如何善加利用。因为营销渠道的最核心任务是销售,销售分为零售和批发两种类型,只有在对零售和批发的业态了解的基础上,才能够进行营销渠道的规划和实施。第3、4章介绍零售,讲解零售业态、零售商的类型和各种形式的零售，包括网络零售与新零售；第5章介绍批发，讲解各种类型的批发商、代理商和经纪商。

第三部分是渠道的规划和设计，包括第6~7章。概括而言，营销渠道管理的核心任务有两个：渠道规划和渠道实施。本部分介绍渠道规划，下一部分介绍渠道实施。渠道规划的前提是战略分析，因此，第6章介绍营销渠道的战略选择，即渠道选择决策，介绍企业怎样选择最适合自己的营销渠道方式，如直销还是分销，渠道成员的数量是多少等。第7章是渠道设计，研究企业如何根据顾客需要的渠道服务水平，以最有效率的方式提供渠道，以此为标准建设新渠道。对于已经有的渠道，分析其与最佳渠道的差距，以便进行改进。

第四部分是渠道的实施和管理，包括第8~11章。渠道设计好后要实施，就要招募、培训、管理渠道成员并进行治理，这是第8章的内容。营销渠道运作是多成员的合作和博弈的过程，但每个成员按自身的利益最大化标准行事，不一定实现渠道总体利益最大化，如囚徒困境一样，渠道也需要一定的强制力，才能使渠道成员行为一致，实现渠道总体利益最大化，这就是渠道"领袖"的作用。同时，每个渠道成员自身都具有一定的渠道权力，权力和利益达到均势才能够合作成功。第9章是渠道控制与冲突管理，介绍渠道权力的来源和获得，渠道成员如何获得权力，不同类型的渠道成员怎样能够成为渠道领袖，实现对渠道行为的控制；同时讨论渠道冲突的类型和解决方式，如何化解冲突，实现渠道成员的合作。第10、11章讨论营销渠道中的物流管理和信息管理。渠道运作过程中物流管理和信息管理至关重要，营销渠道的信息化管理是渠道创新的来源之一。因此，本书对这两个领域进行专章研究。

第五部分是网络营销渠道管理，即第12章。互联网已深入人们的生活，企业需要通过互联网与顾客沟通、销售产品，因此，构建和运营网络渠道是当下企业营销渠道管理工作的重心。而网络渠道管理就是网络环境下的渠道规划、构建和管理问题，是遵循渠道管理基本原理基础上的创新性工作。第12章介绍网络渠道的含义、结构、功能和形式，网络中间商的类型，以及网络渠道的设计和管理，给出了网络渠道管理的基本方位。

目　　录

第1章　导论：营销渠道在企业营销中的地位 …………………………………… 1
- ◇　导读案例 ……………………………………………………………………… 1
- 1.1　营销渠道在企业营销中的重要性 ………………………………………… 2
- 1.2　营销渠道策略与其他营销策略的关系 …………………………………… 7
- 1.3　营销渠道管理的基本内容 ………………………………………………… 12
- ◇　案例分析 ……………………………………………………………………… 15
- ◇　本章小结 ……………………………………………………………………… 19
- ◇　学习资料 ……………………………………………………………………… 19
- ◇　中英文关键词语 ……………………………………………………………… 19
- ◇　思考题 ………………………………………………………………………… 19
- ◇　自测题 ………………………………………………………………………… 20

第2章　营销渠道理论概述 ……………………………………………………… 21
- ◇　导读案例 ……………………………………………………………………… 21
- 2.1　营销渠道的内涵 …………………………………………………………… 23
- 2.2　营销渠道的功能 …………………………………………………………… 27
- 2.3　营销渠道的结构 …………………………………………………………… 31
- 2.4　营销渠道的具体形式 ……………………………………………………… 35
- 2.5　营销渠道的新变化 ………………………………………………………… 42
- 2.6　营销渠道理论范式的演进 ………………………………………………… 46
- ◇　案例分析 ……………………………………………………………………… 50
- ◇　本章小结 ……………………………………………………………………… 52
- ◇　学习资料 ……………………………………………………………………… 53
- ◇　中英文关键词语 ……………………………………………………………… 53
- ◇　思考题 ………………………………………………………………………… 53
- ◇　自测题 ………………………………………………………………………… 53

第3章　零售 ……………………………………………………………………… 54
- ◇　导读案例 ……………………………………………………………………… 54
- 3.1　零售与零售商 ……………………………………………………………… 56
- 3.2　零售业态 …………………………………………………………………… 58
- 3.3　零售组织的动态发展 ……………………………………………………… 69
- ◇　案例分析 ……………………………………………………………………… 72
- ◇　本章小结 ……………………………………………………………………… 74
- ◇　学习资料 ……………………………………………………………………… 75

- ◇ 中英文关键词语 ·· 75
- ◇ 思考题 ·· 75
- ◇ 自测题 ·· 76

第4章 网络零售与新零售

- ◇ 导读案例 ·· 77
- 4.1 网络零售概要 ··· 78
- 4.2 B2C 与 C2C 网络零售 ·· 80
- 4.3 微商网络零售 ··· 89
- 4.4 网络零售与传统零售 ··· 92
- 4.5 新零售 ··· 96
- ◇ 案例分析 ··· 99
- ◇ 本章小结 ·· 101
- ◇ 学习资料 ·· 101
- ◇ 中英文关键词语 ··· 101
- ◇ 思考题 ·· 102
- ◇ 自测题 ·· 102

第5章 批发

- ◇ 导读案例 ·· 103
- 5.1 批发的职能和类型 ·· 104
- 5.2 批发商 ··· 106
- 5.3 我国批发业的变迁和现状分析 ·· 111
- 5.4 批发业的发展与创新 ··· 116
- ◇ 案例分析 ·· 122
- ◇ 本章小结 ·· 125
- ◇ 学习资料 ·· 125
- ◇ 中英文关键词语 ·· 125
- ◇ 思考题 ·· 125
- ◇ 自测题 ·· 126

第6章 渠道战略选择

- ◇ 导读案例 ·· 127
- 6.1 渠道战略概述 ··· 129
- 6.2 渠道战略分析 ··· 130
- 6.3 渠道战略目标的确定 ··· 136
- 6.4 渠道结构的选择 ·· 139
- 6.5 渠道模式的评估 ·· 148
- ◇ 案例分析 ·· 154
- ◇ 本章小结 ·· 156
- ◇ 学习资料 ·· 156
- ◇ 中英文关键词语 ·· 156

| ◇ 思考题 | 157 |
| ◇ 自测题 | 157 |

第7章　渠道设计　158
- ◇ 导读案例　158
- 7.1　营销渠道系统设计的步骤　160
- 7.2　渠道设计的需求方分析　162
- 7.3　渠道设计的供应方分析　167
- 7.4　渠道差距分析　171
- 7.5　备选方案的产生与渠道系统的设计　175
- ◇ 案例分析　177
- ◇ 本章小结　179
- ◇ 学习资料　180
- ◇ 中英文关键词语　180
- ◇ 思考题　180
- ◇ 自测题　180

第8章　渠道建设与治理　181
- ◇ 导读案例　181
- 8.1　渠道成员的选择　182
- 8.2　渠道成员的培训与认证　188
- 8.3　渠道成员任务与利益分配　193
- 8.4　渠道成员的激励　195
- 8.5　渠道成员的绩效评估与渠道改进　199
- 8.6　渠道治理　202
- ◇ 案例分析　206
- ◇ 本章小结　208
- ◇ 学习资料　209
- ◇ 中英文关键词语　209
- ◇ 思考题　209
- ◇ 自测题　209

第9章　渠道控制与冲突管理　211
- ◇ 导读案例　211
- 9.1　渠道控制的内容和程序　213
- 9.2　渠道权力　216
- 9.3　渠道控制力的获得　221
- 9.4　渠道冲突　223
- 9.5　渠道冲突的解决　229
- 9.6　渠道窜货的处理　231
- ◇ 案例分析　235
- ◇ 本章小结　236

◇ 学习资料	236
◇ 中英文关键词语	236
◇ 思考题	237
◇ 自测题	237

第 10 章 营销渠道中的物流管理 · 238
- ◇ 导读案例 · 238
- 10.1 营销渠道中的物流 · 239
- 10.2 订单处理 · 242
- 10.3 运输管理 · 244
- 10.4 仓储管理 · 248
- 10.5 库存控制 · 251
- 10.6 物流信息系统 · 255
- 10.7 供应链管理与第三方物流 · 258
- ◇ 案例分析 · 267
- ◇ 本章小结 · 270
- ◇ 学习资料 · 270
- ◇ 中英文关键词语 · 270
- ◇ 思考题 · 270
- ◇ 自测题 · 271

第 11 章 营销渠道中的信息管理 · 272
- ◇ 导读案例 · 272
- 11.1 营销渠道信息管理综述 · 273
- 11.2 市场信息管理 · 274
- 11.3 客户信息管理与客户关系管理 · 279
- 11.4 渠道信息系统与渠道成员间信息管理技术 · 285
- ◇ 案例分析 · 293
- ◇ 本章小结 · 296
- ◇ 学习资料 · 296
- ◇ 中英文关键词语 · 296
- ◇ 思考题 · 296
- ◇ 自测题 · 297

第 12 章 网络营销渠道 · 298
- ◇ 导读案例 · 298
- 12.1 网络渠道概述 · 299
- 12.2 网络渠道结构、功能与形式 · 300
- 12.3 网络中间商的类型 · 305
- 12.4 网络渠道的设计 · 311
- 12.5 网络渠道的管理 · 317
- ◇ 案例分析 · 319

- ◇ 本章小结 322
- ◇ 学习资料 322
- ◇ 中英文关键词语 322
- ◇ 思考题 322
- ◇ 自测题 323

参考文献 324

第1章

导论：营销渠道在企业营销中的地位

跨国公司的商业生态系统

跨国公司的成功要素之一是其商业生态系统（business ecosystem）的成功。商业生态系统是一个结构松散的网络，由供应商、分销商、外包公司、相关产品的生产商或服务商、技术提供商及许多的其他组织组成。这些网络影响着企业产品的制造和交付，同时后者也影响着前者。

商业生态系统中的每个成员，不管其表面上有多强大，最终将与整个网络共命运。大的跨国公司不仅仅关注企业自身的内部能力，还努力改善所处生态系统的整体状况。他们创造系统中其他成员可以利用的"平台"——各种服务、工具或技术，来提高自己的业绩，如沃尔玛的采购系统为供应商提供有关客户需求和购买偏好的、无价的实时信息，同时向零售商提供比竞争对手更大的成本优势。微软公司为其他软件公司提供软件工具和技术，使他们能够很容易地为应用甚广的视窗操作系统（Windows）编制程序，反过来，这些程序又为微软源源不断地提供新的视窗应用软件。微软公司的商业生态系统拥有数以千计的企业和数以百万计的员工，系统规模比两家公司本身大很多个数量级，微软公司的生态系统如表1-1所示。

表1-1 微软公司的生态系统①

业务领域	公司数量	业务领域	公司数量
系统集成商	7 752	主机服务提供商	1 379
开发服务公司	5 747	商业咨询机构	938
校园经销商	4 743	软件支持公司	675
独立软件销售商	3 817	信息输出硬件公司	653
培训机构	2 717	消费电子公司	467
广泛增值经销商	2 580	非细分市场经销商	290
小型专业公司	2 252	媒体商店	238
顶级增值经销商	2 156	综合大卖	220

---

① IANSITIM L R. 制定战略：从商业生态系统出发. 哈佛商业评论，2004（4）.

续表

业务领域	公司数量	业务领域	公司数量
信息输出软件公司	160	缝隙市场专营商店	6
计算机超市	51	次级分销商	6
应用软件服务供应商的聚集商	50	应用软件集成商	5
电子零售商	46	微软的直接经销商	2
办公用品超市	13	微软直属商店	1
总聚集商	7	网络设备供应商	1
会员制仓储超市	7	网络服务提供商	1

问题思考 1. 请关注跨国公司的商业生态系统与企业营销渠道管理的关联。
2. 请描述阿里巴巴的商业生态系统。

1.1　营销渠道在企业营销中的重要性

营销学大师菲利普·科特勒将市场营销定义区分为管理定义和社会定义，管理定义表述了企业营销工作该怎么做，社会定义表达了市场营销在社会中扮演的角色。其管理定义是：营销管理是选择目标市场并通过创造、传递和传播卓越顾客价值，来获取、维持和增加顾客的艺术和科学。其社会定义是：市场营销是一个社会过程，在这个过程中，个人和团体可以通过创造、提供和与他人自由交换有价值的产品与服务来获得他们的所需所求[①]。可见，企业营销工作的核心是如何将自己的产品交换出去。早期，人们的认识是只要产品质量可靠，设计新颖，受消费者欢迎，就能够将产品卖出去，营销重点是如何将产品做好。在企业的产品都做得很好以后，推销工作有所创新，商品就能够卖出去，营销重点就是研究如何推销。后来，厂商推销工作都做得很优秀后，营销的工作重点转移到了消费者研究上，掌握了消费者的需求情况，就能够将产品销售出去。而消费者的需求包括对产品质量的需求、对价格的接受、对信息的需求、对销售地点的需求、对购买时间的需求等。因此，美国营销学学者麦卡锡教授在20世纪60年代提出了著名的4P营销组合策略，即产品（product）、价格（price）、渠道（place）和促销（promotion）。他认为一次成功和完整的市场营销活动，意味着以适当的产品、适当的价格、适当的渠道和适当的促销手段，将适当的产品和服务投放到特定市场的行为。此后，4P营销组合理论成为营销学中营销策略的基本理论，因为它最早将复杂的市场营销活动加以简单化、抽象化和体系化，构建了营销学中营销策略的基本框架，促进了市场营销理论的发展与普及。4P理论在营销实践中也得到了广泛的应用，至今仍然是人们思考营销问题的基本模式。现代营销学的基本框架是STP营销战略和4P营销组合策略，STP营销战略指市场细分（segmenting）、目标市场选择（targeting）和市场定位（positioning）。随着营销理论的不断发展，营销要素组合理论也在不断发展。美国营销专家

---

① 科特勒，凯勒．营销管理．15版．上海：格致出版社，2016：6.

劳特朋教授在1990年提出了4C理论，该理论以消费者需求为导向，重新设定了市场营销组合的四个基本要素：消费者（consumer）、成本（cost）、便利（convenience）和沟通（communication）。21世纪伊始，《4R营销》的作者艾略特·艾登伯格提出4R营销理论。4R理论以关系营销为核心，重在建立顾客忠诚。它阐述了四个全新的营销组合要素：关联（relativity）、反应（reaction）、关系（relation）和回报（retribution）。互联网营销时代，强生公司全球市场营销总监凯米·卡德莱茨提出了社会化媒体营销的新4P理论，认为社会化媒体时代顾客价值实现的重点是与顾客紧密相连，新4P组合要素是：意义（purpose）、参与（presence）、接近（proximity）和合作（partnership）。但4P、4C、4R和新4P理论不是取代关系，而是丰富、完善和发展的关系。由于不同的企业面对的市场环境不同，需要不同思考维度来开展营销实践活动。到目前为止，4P仍然是营销策略组合理论的一个基础框架，如何在4P理论指导下实现营销组合，也是企业市场营销工作的基本内容。而在4P理论的基础上，把4P理论、4C理论、4R理论和新4P理论结合起来指导营销实践，是营销创新的关键。

营销渠道在企业营销中的地位可以表述为：营销渠道是企业4P营销组合的因素之一，是企业能否将产品打入目标市场、扩大销售、实现企业经营目标的一个重要手段。尤其是在4P组合中，营销渠道的建立费用很高，如果渠道建设不当，修改渠道困难，成本昂贵，这使营销渠道建设问题成为企业需要慎重决策的问题。

随着竞争的加剧，营销渠道在企业营销工作中的重要性在提升。"渠道为王""终端制胜"的理念逐渐形成。尤其是在中国市场上，渠道常被称作"安身立命之本"，因为中国市场广阔，区域差异明显，只有渠道建设好了，才能使产品真正接近消费者，打入市场，即所谓"得渠道者得天下"。

1.1.1 企业生产经营活动正常进行的基础

在现代社会经济条件下，由于企业目标市场范围的不断扩大，大部分生产企业并不是将产品直接销售给最终消费者或用户，而是借助于一系列中间商的转卖活动进行销售。企业只有合理地选择和利用分销渠道，才能将生产出来的产品以最高的效率和最低的费用送到适当的地点，在适当的时间以适当的价格销售给消费者和用户，通过满足他们的需要实现商品的价值，保证企业生产经营活动的正常进行。

对于企业而言，营销渠道策略的成功，不仅取决于企业内部各方面的支持与配合，而且取决于企业外部有关营销渠道成员企业的合作与协调。如果没有这些外部营销渠道成员企业的合作与协调，分销渠道就难以建立，即使建立起来了也难以有效地运行。然而，与企业外部营销渠道成员企业的合作与协调关系的建立与维持是较为困难的。企业需要一整套的渠道规划，发展渠道系统，并且有相当力度的渠道执行力，才能建设好渠道，使企业的生产经营活动得以有序进行。

1.1.2 企业持久的竞争优势

随着竞争的不断升级，每个企业都面临着巨大挑战，企业最困难的事是发现和保持可持续的竞争优势。如果一个企业能够建立渠道竞争优势，就可以成为企业的持久竞争优势。

所谓的持久竞争优势，是指竞争对手无法迅速模仿或不容易模仿的竞争优势。近年来，企业通过产品、价格、促销这些战略要素来获取竞争优势已经越来越困难了。

从产品策略角度看，由于技术能够迅速地从一个公司移植到另一个公司，产品同质化倾向日趋严重，任何一家公司期望通过产品来区别于对手的产品从而获得持久的竞争优势都相当困难。从价格策略的角度看，期望通过价格获得持久竞争优势甚至比通过产品获得优势更为困难。经济全球化、全球设计和制造的结果，使越来越多的企业有能力运营全世界的生产设施，以低成本生产产品，价格竞争的空间越来越小。从促销策略的角度看，消费者每日接触到无数的广告和各种形式的促销信息，这些信息相互碰撞，形成密集的噪声，这使任何一个企业精心策划的促销信息和活动，其生命力都是极其短暂的。依靠促销来实行差别化，获取竞争优势也是难以做到的。

而从渠道策略看，企业通过努力建立差别化的渠道是可能的，而且通过渠道建立起的优势是企业持久的竞争优势，因为渠道战略具有长期性、持续性的特点。为了建立和维持一个顺畅而高效的营销渠道系统，企业需要进行长期的努力。首先，渠道建设需要巨大的人力、物力和关系的投入。其次，渠道维护需要长期的努力，涉及组织、人员、设施及长期培养起来的渠道成员之间的友好协作关系。最后，营销渠道按照一定的模式建立并相对稳定下来后，要想改变或替代原有的模式与经销关系难度很大，成本极高。因此，分销渠道的选择是一种相对长期的决策，如果企业通过渠道策略获得竞争优势，竞争对手难以在短期内模仿，因此是企业持久的竞争优势。优秀的企业通过对销售渠道的创造性应用，快速发展业务，降低销售成本，并获得忠诚的顾客群体，如娃哈哈集团就是中国企业优秀的渠道创新者，它通过建立了一条半封闭式的分销网络，获得了一夜之间将产品铺满全国市场的优异能力，享有渠道成员最大的忠诚度。

讨论题 什么样的渠道具有长久竞争优势？

1.1.3 中间商权力的日益增强

近些年来，渠道控制权正在从制造商向中间商转移，主要原因一是制造商数量不断增加，竞争加剧；二是零售业态的变化，使大型零售商，如超级连锁店、特许经营店等零售商（如国外的沃尔玛、家乐福、麦德龙、伊藤洋货堂等，国内的华联、联华、国美等），他们所占有的市场份额增大。这样，在制造商与零售商的交易关系中，零售商的权力增强。这些强有力的零售商首先扮演的角色是消费市场的"把门人"，是消费者的采购代理，而不是制造商的销售代理。他们以消费者的眼光审视和检验商品质量、款式等，并以经营者的要求来压低价格。大多数零售商以低毛利、低价格的方式来运营，他们是向供货的制造商提出强硬要求的老谋深算的竞争者。

▶ **专　栏** ◀

超市供货商日子不好过

我是一个通情达理的人，开有一家名为诚实乔恩精品法式蛋糕的小店（Honest Jon's Classy Patisserie）。如果你想通过我的小店来卖你做的蛋糕，并且让我把它们放在比较醒目的地方，那么你付我一点儿费用是合理的。同样，如果我决定为你的法国小蛋糕进行促销，那么我自然希望你能够承担打折的成本。我的伙计大埃里克（Big Eric）会到你这里来转转，商量一下这件事。我要为他付汽油费，还要保证他四肢完好。和我一样，大埃里克也是个通情达理的人。

我从具有健康意识的面包商那里采购来廉价蛋糕，再把它卖出去。借助这个办法，我实现了进货渠道的多样化。我的经历说明了一个重要的道理：在一个不平等的关系中，"合理"（reasonable）的定义往往由掌握所有权力的一方来定义。所以在2000年，一项阻止超级市场欺压供货商的行为准则以失败告终，也就不足为奇了。这项准则只是点缀了一些要求"合理"行为的条款，就像是撒在面包圈上的糖衣，看似公平，却不堪一击。

这就是竞争事务大臣杰里·舒特克里夫（Gerry Sutcliffe）要召集阿斯达超市（Asda）、特易购超市（Tesco）、圣斯伯雷超市（J. Sainsbury）和瑟夫威·默里森超市（Safeway/Morrison）在下星期接受质询的原因，也是公平贸易办公室要委托审计部门寻找超市欺压供货商证据的原因。这方面的证据包括长期延迟付款、向供货商索要市场推销津贴，以及单方面强制修改合同等。

很多供货商，从名牌拥有者、食品加工商到普通农民，都认为这种欺压行为普遍存在。国家农民联盟（National Farmers Union）的特瑞·琼斯（Terry Jones）举了下面这个例子："一家超市对一个包装公司说：'想和我们做生意的话，你必须交25万英镑。'由于无法承担这笔费用，又不想失去这笔生意，该供货商只得向国家农民联盟求助。当我们威胁要把此事捅给《金融时报》时，超市才不得不做出让步。"

这个事例的缺陷在于，琼斯先生不能透露公司的名字。供货商害怕的是，如果他公开抱怨的话，会被列入超市的黑名单；而那项准则也有同样的缺陷。莱格律师事务所（Wragge & Co）负责竞争事务的合伙人盖·娄弗尔（Guy Lougher）对此这样评价："从供货商的角度而言，该准则毫无意义，他们不会为了向公平贸易办公室举报超市的违规行为而抛头露面，因为它们害怕日后会遭到报复。"

也许你会问，为什么要对这些事唠叨个没完？超市非常方便，里面堆满了各种廉价商品，它们之间的竞争也非常残酷，这从圣斯伯雷超市遭受的不幸就可以看出来。消费者从来都没享受过这么好的待遇。

竞争事务委员会就去年瑟夫威（Safeway）的并购案发表了一份报告，从中可以发现他们的顾虑，那就是：占据了食品杂货零售市场80%份额的四大超市，可能在不知不觉中成为垄断者。这会不公平地损害供货商的利益、压制创新、促使行业出现更多整合，最终减少消费者的选择权。

我还有其他方面的担忧。如果超市只要显示一下自己强壮的肌肉，就能摧毁小型食品生产商和零售杂货店，那么，就几乎没什么英国人能实现他们创建自己家业的雄心壮志了。我不希望帕特尔先生（Mr Patel）沦为特易购便利店的一个货品摆放员。我希望他继续经营我们家那条街头上的那家小店，并用开店得来的收益供他的孩子们上完大学。对我来说，这是具有积极社会意义的重要好事，就和能买到便宜酸奶一样重要。

一些小店主，比如在贝德弗德郡（Bedfordshire）的沃顿（Wootton）经营一家便利店的沙姆斯·雷赫（Shamus Lehal），希望能有一条禁令，阻止像特易购这样的零售连锁超市对其便利店里的主要商品进行亏本销售。他表示："如果他们在便利店卖得和在超市里一样便宜的话,他们会把我们赶尽杀绝。"但是,如果禁止低于成本销售,就会给供货商带来更多削价的压力。更好的办法是,取消将食品杂货零售业的竞争定义一分为三这种颇有疑问的做法,这样能使超市对便利店领域的入侵受到更多的反垄断监督。

同时,自由民主党关于该准则应该对供货商更加严格的提议也有其可取之处。该党农村事务发言人安德鲁·乔治(Andrew George)认为,应把所有那些其实没有道理的"合理"条款替换成能被切实执行的具体细节。比如,超市必须在30天内向供货商付款,并且不得向他们收取上架费或促销活动费。公平贸易办公室将派出全职调查员,巡查这些违规行为。

现在,轮到我和大埃里克吃苦头了。我们将不得不脱下我们的印花围兜,把没有卖掉的冰激凌蛋筒掰碎,然后扔在最讨厌的顾客脸上。我们将不得不一把火烧了诚实乔恩精品法式蛋糕店,以换取保险赔偿金,然后回到脏兮兮的违法电机生意中去。人生难免经历风雨,大埃里克的这番评论证明他不仅通情达理,而且颇有哲学头脑。

问题思考 中间商权利具体体现在哪些方面?

1.1.4 减少分销成本的需求

分销成本占产品最终价格的比例很高。Burstein、Neves 和 Rebelo(2003年)研究指出,在美国,分销成本平均占到消费品零售价格的40%,而在阿根廷则达到60%。[①]国内的统计资料也显示,分销成本在总成本的比重不断提高,如我国整个家电业的成本构成现状是:原材料的制造成本占总成本的53%,而营销成本则占高达46%的比例。通过改善营销渠道,节省分销成本成为企业具有战略意义的行动。20世纪90年代以来,企业通过供应链管理的改进,通过企业内部的组织重组和流程再造,节省生产成本,并且将其称为"第三利润来源"。当生产成本的控制空间越来越小时,分销成本的控制必然成为企业成本控制的新领域,企业比以往任何时候都专注于渠道的建设和管理。

1.1.5 业务增长的需求

在激烈竞争的商业社会,尤其是在那些成熟的行业中,市场规模的增长率低,企业谋求本企业销售额增长的途径往往是夺得竞争对手的市场份额。如何使企业获得更大的市场份额?答案就是渠道的争夺,努力使分销商和经销商将其注意力和精力专注于本公司的产品。即:

渠道成员货架的份额=市场份额=增长

1.1.6 互联网技术的普及和应用

技术对商品和服务的生产、提供,对分销渠道中物流和信息流的改进,以及渠道建设的本身等所有领域都具有极其重要的影响。互联网的应用和普及是20世纪90年代以来人类最重要的一项技术进步,互联网通过一张巨大的信息网将全世界真正地连在一起,改变着人们的生产方式和生活方式。同样,互联网技术也是改变企业销售方式的一项最重要的技术进步,企业通过高效率的互联网渠道,可以将产品和服务连接到全球顾客面前,顾客足不出户,就能够实现购买。目前,许多企业已经建立了互联网销售渠道,有的企

---

① 曾志雄.分销成本与真实汇率波动.http://www.ccer.edu.cn/cn/ReadNews.asp?NewsID=4854.

业正在探索、规划互联网销售渠道。先锋企业正探索建设基于大数据技术、新物流技术等新技术的线上线下渠道相结合的新零售模式,电子商务领域的相关标准也正在制定和完善中,互联网渠道发展如火如荼。互联网的应用和普及为企业构建营销渠道提供了新选择,是营销渠道发展的新领域,影响着渠道的权利结构和管理方式。

互联网技术的发展,也为同类型企业之间的渠道竞争增加了新内容,任何企业都不能忽视互联网渠道的存在及其可能带来的影响。

> **特别关注**
>
> **认识"全标委"**
>
> 全国电子商务质量管理标准化技术委员会(简称"全标委")2016 年 4 月 6 日在杭州成立。全标委是国家质检总局下属、专为电子商务制定标准的组织。全标委的工作是建立健全电商领域的相关标准,对于提升我国电子商务发展水平,把握国际电子商务产业发展的主动权和协同性具有重要意义。
>
> 2017 年 5 月,在全标委第一届第二次会议上,《电子商务质量管理术语》《电子商务交易产品可追溯性通用规范》《电子商务平台产品信息展示要求》《电子商务平台商家入驻审核规范》等 4 项电子商务国家标准通过专家审定。全标委成立以来,规划了涵盖 5 大体系 20 余个分项共 125 余个标准的标准体系,集聚监管部门、大专院校、电商优强企业和检验检测领域的近百余名专家的智慧,大力推动电子商务产业从原始粗放向"标准化+"健康发展转变。

1.2 营销渠道策略与其他营销策略的关系

企业的营销工作是多方面营销战略的组合,作为营销管理的主要战略领域之一,营销渠道策略必须与其他营销组合变量相匹配。同时,整体营销战略的制定也要受企业内外环境的影响。企业管理部门在制定营销决策时,既要考虑现实需要又要着眼于企业内外环境长期发展变化可能提出的新要求。

图 1-1 是企业的营销组合战略模型图,从中可以看到营销渠道策略在企业整体营销战略中的位置。顾客是企业的服务对象,是企业制定营销战略的核心,目标市场与目标顾客的特征决定着企业营销组合的选择。而企业营销组合策略的制定,受企业内部非营销功能因素的影响和企业外部不可控的环境因素的影响。

1.2.1 营销渠道策略与产品策略的关系

总体来说,营销渠道策略与产品策略的关系是渠道策略从属于产品策略,营销渠道策略必须与产品策略相匹配。营销渠道策略与产品策略的相互影响和相互配合可以从产品组合策略、产品形象、产品生命周期几方面加以说明。

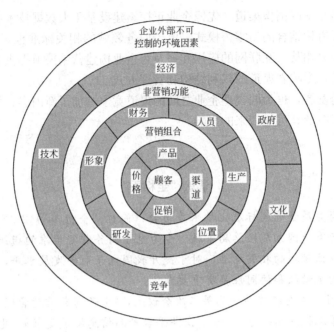

图1-1 营销组合战略模型[①]

1. 营销渠道与企业产品组合的关系

产品组合是指企业生产销售的各种产品线和产品品种的组合或相互搭配。在市场竞争日益激烈的今天,企业想要依靠单一产品在整个行业占据较大的市场份额难度很大,企业必须建立立体化的产品结构体系,通过对不同细分市场顾客需求的满足来赢得竞争优势。而企业的产品组合是否达到预期的销售目标,选择什么样的渠道至关重要。

一般来说,如果企业产品线的宽度较窄,如可口可乐公司,主要生产的是软饮料产品,或者不同产品线之间的关联度较强,如宝洁公司的洗护类产品,企业可以为产品销售选择一致的渠道。如果企业产品线的宽度很宽,如通用电气公司,则企业可以为不同类型的产品,选择不同的营销渠道。

产品类型不同,渠道选择不同。如对于日常生活必需品,消费者购买频率高,就需要选择居民生活区为主的营销渠道;而对于单位价值高、消费者购买频率低的商品,则应该选择以商业中心为主的营销渠道;对于工业生产资料来说,主要依靠以直销为主的营销渠道。

对于单个企业而言,产品类型不同,渠道选择也不同,从而在同一企业中呈现出多种"产品+渠道"的组合方式。如对于消费品生产企业来说,往往存在几种产品和渠道组合,如批发市场与走量产品的组合、餐饮市场与赢利产品的组合、大卖场与塑造品牌产品的组合等,其目的在于使企业的整体利益结构最大化。

企业在推广新品时,可以借用以往的渠道,如20世纪90年代,海尔公司在销售其新产品——计算机产品时,大胆借用以往的销售家用电器的渠道,如百货商店,改变了计算机产品高高在上、老百姓望尘莫及的形象,获得巨大成功。运用已经有的渠道推广新产品,也是

---

① ROSENBLOOM B. Retail marketing [M]. New York: Random House, 1981: 14.

对渠道成员的一种激励。但如果原有渠道不适合推广新产品，企业推广新产品时，就需要建设新渠道。如日本本田公司早先通过生产和销售经济型轿车在美国市场上立足以后，为分享美国高档轿车市场丰厚的利润，该公司开发了高级轿车——雷克萨斯。如何将雷克萨斯推向高档轿车市场？如果借用原有的销售渠道，难以树立新形象，获得高档车市场消费者的认同。于是，本田公司除了在广告、产品本身多方面创新外，在渠道上，也一改以往的传统渠道，完全采用新的专卖店渠道模式，专卖店的设计布置堂皇、高档，给消费者耳目一新的感觉，新产品很快获得消费者的认同，雷克萨斯迅速成为高档车市场的佼佼者，获得成功。

专栏

欧莱雅（中国）的品牌"金字塔"与渠道[①]

欧莱雅是法国最大、也是世界最大的化妆品集团。欧莱雅自1996年正式来到中国，业务蒸蒸日上。欧莱雅集团的产品行销全球150个国家，共有500多个品牌，每个产品品牌都瞄准一个市场，而且各产品的市场之间少有交叉，如果一个品牌失败，也不会对其他品牌造成危险，同时降低了企业经营的风险。在中国，欧莱雅从进入中国那天开始，就着手搭建其"金字塔"式品牌结构，将欧莱雅一贯的多品牌渗透策略在中国市场上发挥得淋漓尽致。

欧莱雅的品牌"金字塔"与其渠道策略密切配合。在高档的商店里，欧莱雅出售"金字塔"顶部的品牌，像兰蔻、赫莲娜、碧欧泉，是价格在300～800元之间的高端产品。如2004年6月10日，在繁华的上海南京西路上，欧莱雅集团旗下兰蔻（LANCOME）品牌开设了在中国市场的第一家概念店，以此庆贺该品牌进军中国市场10周年。同时，兰蔻也首次在华推出了男士护肤品系列产品，这些已经细分到了男士眼部保湿凝露、舒缓水疗面膜的男士化妆品，让很多女士看了都有些惊诧。在"金字塔"中部的品牌有百元左右的巴黎欧莱雅，价值150～250元的薇姿、理肤泉品牌，这两个品牌在药房中出售。还有卡诗和欧莱雅护发系列，这两个品牌仅在专业发廊中出售。在大众消费品方面，也就是"金字塔"塔底，则是美宝莲、卡尼尔这样的价格定位在几十元的大众品牌。在超市、百货商店等大众消费渠道销售。

问题思考　不同的渠道销售对欧莱雅品牌策略起什么样的作用？

2. 营销渠道与产品和品牌形象的关系

产品营销渠道的选择，影响着人们对商品品质的印象。一般来说，在大型百货商店、专卖店出售的商品，代表的是一种高品质、高价格和高档次商品；而在杂货店和地摊出售的商品，则代表的是一种低品质、低价格和低档次商品。

3. 营销渠道与产品生命周期的关系

处于产品生命周期不同阶段的商品，营销渠道的选择不同。产品生命周期是指产品从进入市场到退出市场的全过程。产品生命周期一般分为四个阶段：导入期、成长期、成熟期和衰退期。产品生命周期的各个阶段划分是以销售额和利润额为标准划分的：导入期，销售额增长缓慢，无利润；成长期，销售额和利润快速增长；成熟期，销售额和利润稳定；衰退期，销售额和利润双下降。

[①] 夏襄蓉. 欧莱雅垒造中国"金字塔"式品牌结构. 商务周刊，2004（7）.

在产品的导入期,产品知名度低,需要向市场介绍产品,一是要依靠广告宣传,二是需要渠道支持。首先要通过有吸引力的渠道方案来激励经销商经销新产品,因为经销新产品风险大,需要较大激励,经销商才愿意经销。其次,要促使经销商积极推广新产品,通过产品的合理摆放、展示,促进新产品的销售。渠道的效用是提供介绍产品的服务。一些得不到中间商销售的新产品,制造商将通过自己的销售队伍,销售新产品。在产品的成长阶段,销售量快速增长,这时在渠道的选择和管理上,要尽可能地提高市场覆盖率,多增加销售渠道。在产品的成熟阶段,产品已经被人们所熟知,销售时不再需要专业知识和营销努力,购买者会转向低成本的渠道购买,制造商可以扩大中间商的数量。在产品的衰退阶段,产品销售常常选择折扣店渠道,尽量降低渠道成本,回收资金。

名牌时装营销渠道随着产品生命周期阶段的变化而变化,如图1-2所示。

图1-2中,产品的市场增长率和渠道中间商增加的价值决定着渠道设计。在产品导入期,新时装经常通过专卖店渠道进入市场,如引领潮流的时装精品屋,时装精品屋迎合了最初购买者的需要,为产品附加了价值。随着市场消费者对其兴趣的增加和需求的增长,这种时装开始出现在高档的百货商店里,百货商店为顾客提供专门的服务。随着产品进入成熟期,需求变得平稳,消费者所需要的渠道提供的附加价值少,服装进入成本低、大量销售的零售店里。当产品进入衰退期,邮购、折扣商店或处理品零售店这样的低成本的渠道就成为这种服装销售的主导渠道。

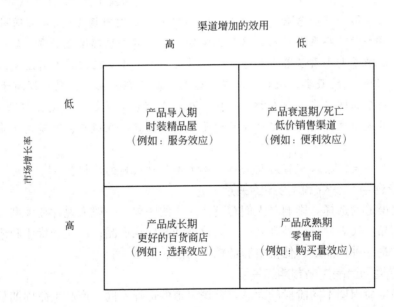

图1-2 产品生命周期和渠道的变化:以名牌时装为例[①]

---

① 佩尔顿,特拉顿,伦普金.营销渠道:一种关系管理方法.北京:机械工业出版社,2004:57.

特别关注

新品上市与销售商的沟通[①]

利用原来的渠道推广新产品,原来渠道的销售商常常对新品没有热情,使新品推广不力。加强与销售商的沟通是解决问题的关键。

一般来说,企业进行渠道产品线延伸时,需要与销售商沟通好以下重点问题。

(1) 公司为什么上这个新品——保证销售商清楚企业的目的。

(2) 新品适合什么渠道——避免渠道重复及冲突。

(3) 新品的目标顾客群定位及主要的独特卖点——有效指导销售商制订推广方案。

(4) 新品销售返点奖励政策说明——充分调动销售商的积极性。

(5) 企业对于新品的宣传计划时间表——鼓励销售商及时配合,互动推广。

产品微观方面需要沟通的有以下几方面。

(1) 新产品是基于哪类产品的延伸——让销售商知道其基本职能。

(2) 产品编号、外观及包装上应如何区别——能够让各环节具体区分,对仓库及一线销售人员有重要作用。

(3) 新增设的卖点利益性及主要功能参数,这是让新品在一线销售人员中成为明星产品的关键。

1.2.2 营销渠道策略对价格策略的影响

1. 渠道成本对定价的影响

一般而言,商品价格确定的主要影响因素是生产成本、流通成本及其他营销因素。渠道选择不同,渠道的运作方式不同,决定了流通成本的不同,从而决定了商品价格的制定。对于制造商而言,构成渠道成本的因素有中间商的价格折扣和渠道运营成本。中间商之所以愿意承担一些渠道职能,如推销、储存、服务、记账、信息反馈等,是因为制造商给予其相应的价格折扣。制造商的渠道运营成本指制造商的渠道管理成本、运输成本等。另外,渠道结构的状况对产品最终价格的确定也有很大影响,分销渠道的长度结构越长,涉及的渠道环节越多,渠道成本也越大。如电商渠道由于其渠道环节少、节省实体店铺成本等因素作用,使其价格相对较低。

2. 渠道形象对定价策略的影响

不同的渠道能够给消费者传递不同的品牌形象信息,不同的渠道也给消费者不同的消费服务和消费体验,这些因素都影响着厂家的价格策略。专卖店、体验店的渠道,服务人群定位于高收入群体,常常选址于繁华的商业中心,店面装修布置豪华高档,能够给予消费者高档次的购物享受,以及更多的产品介绍、咨询、售后保障等服务,因此,厂商常常采取撇脂定价策略。而对于大众销售渠道,目标是获得更广泛的市场渗透,厂家常常采取渗透定价策略。

---

① 林炽锦. 与经销商沟通新品上市. 销售与市场,2005 (12):28.

1.2.3 营销渠道策略对促销策略的影响

促销策略作为市场营销组合策略中的重要组成部分，对形成商品的品牌形象，扩大商品的市场知名度，实现厂商的长期战略目标或短期的刺激市场购买目的，都具有重要意义。但这些作用的发挥，离不开营销渠道的有效工作。营销渠道担负着促销的职能，渠道成员利用自己的商业网点宣传和展示商品，达到促进销售的目的。但针对不同的营销渠道，在促销方式的选择上有较大差异。

市场营销沟通与促销组合有5种主要工具。

① 广告。由特定出资者付费所进行的构思、商品与服务的非人员的展示和促销活动。

② 直销。利用邮寄、电话和其他非人员的接触手段与现有、潜在的消费者进行沟通活动或收集其反应信息。

③ 销售促进。鼓励对产品与服务进行尝试或促进销售的短期激励。

④ 公关与宣传。为提高或保护公司形象或产品而设计的各种方案。

⑤ 人员推销。为了达成交易而与一个或多个潜在的买主进行面对面的交流。

在这5种促销工具中，广告和公关与宣传具有较普遍的应用性，不同的渠道能够实现共享，但销售地点广告（POP广告）会因为渠道的不同而进行不同的设计。直销既是一种促销方式，也是一种渠道安排。另外两种促销组合工具的使用，即销售促进和人员推销的具体方式，与渠道的类型关系极大。如专卖店销售的渠道，销售促进应该重在策划各种咨询、服务或其他客户关怀活动，目的是沟通和品牌形象的建树。因此，要求销售人员素质高，专业知识强，与买主面对面的交流重在知识营销和情感的沟通，做好客户关系管理，获得客户的忠诚度。而大众销售渠道，销售促进常常采用买一赠一、价格折扣等短期销量促销的方式。要求销售人员素质一般，与潜在的买主交流常常表现在叫卖等引起潜在买主注意的形式上。

讨论题 渠道促销有哪些方式？

1.3 营销渠道管理的基本内容

1.3.1 营销渠道管理的内涵

营销渠道管理是指在企业经营活动中，根据企业的营销战略和策略，通过计划、组织、控制、协调等活动，有效地动员企业的人、财、物等资源，整合营销渠道中所有参与者的工作，促进营销渠道的整体运作效率和效益提高的一项企业管理活动。

营销渠道管理的内涵可以从以下方面来理解。

① 渠道管理的目的，是为了使整个渠道的运行过程有更高的效率。在渠道活动中，制造商的任务是生产产品；中间商的任务是实现产品的转移，将产品从制造商处转移到消费者处；运输商的任务是将产品实体从生产地运到消费地；消费者通过购买产品，获得产品的使用价值。每个渠道成员的任务和职责不同，每个独立的渠道成员都希望自身的利益最大化，

必然产生利益冲突，从而降低了渠道运作的效率。因此，渠道管理的任务就是要发挥渠道成员的特长，协调每个成员的利益，保证渠道完成任务。同时，要通过渠道管理降低渠道成本，使渠道高效运行，以获取渠道竞争优势。

② 渠道管理的对象，是营销渠道中所有的参与者，包括企业内部的渠道机构、员工及企业外部的渠道成员。

③ 渠道管理的内容，是营销渠道的各种功能流，包括实物、资金、信息、促销等。

④ 渠道管理所采取的措施是计划、组织、控制和协调，通过这些措施，对整个渠道的活动进行管理。

1.3.2 营销渠道管理的特点

营销渠道管理的最大特点是跨组织管理，渠道管理虽然也涉及本企业的员工或部门，但在大多数情况下，它涉及的是分属于不同利益主体的组织和个人，制造商与这些组织和个人是平等的合作关系，而不是隶属关系。渠道管理的跨组织管理特性决定了渠道管理的以下两个特点。

第一，营销渠道管理需要有一个跨组织的目标体系。渠道成员既然有共同的目标，如他们有共同的服务对象，即消费者，他们需要共同努力，使消费者的满意度最大化。他们都希望渠道运行效率高，节省成本。他们都希望通过专业化分工和合作提高自己的竞争优势。但每个渠道成员又有自己独立的目标，如他们各自的销售目标、利润目标和发展目标。而渠道成员独立的目标与共同的目标在有些方面是一致的，而在另一些方面是有冲突的。渠道的跨组织管理就是要设计一个优秀的跨组织目标体系，使渠道成员只有很好地完成渠道共同的目标，才能很好地完成自己的目标。因此，同一般的管理不同，渠道管理不仅要考虑本企业的目标，还要考虑其他成员的目标，以及渠道的共同目标。

具体来说，营销渠道管理的目标可以通过以下指标体现出来。

① 市场占有率目标。市场占有率是指企业的产品在市场上的份额。

② 利润额目标。利润额是指渠道活动能够给各成员企业带来的利润数量。

③ 销售增长额目标。销售增长额目标反映企业的营销效果与以往同期相比的增长情况。

④ 渠道建设目标。渠道建设目标是指企业在渠道建设中所达到的预定的目标，如网点的覆盖率、市场渗透率、合作伙伴的数量、渠道运营成本等。

上述目标指标中，市场占有率目标、利润额目标、销售增长额目标都是衡量企业竞争实力的主要指标，是企业经营的目标。将它们也作为渠道管理的目标，是因为企业生产的产品要通过营销渠道销售给顾客，渠道的工作要为企业总目标服务。

第二，在渠道管理方式上，需要更多地利用合作、契约和一些规范，较少依靠权力。当然，主要是依靠利益来协调各方力量。

1.3.3 营销渠道管理的内容

营销渠道管理的基本内容有两个大的方面：渠道规划和渠道实施。渠道规划和渠道实施以企业的总体战略和营销战略为前提，渠道规划的目标要围绕着怎样才能实现企业的总体目标和营销目标来制定，渠道实施要体现企业的战略远景。

1. 渠道规划

渠道规划包括两个方面的内容。一是渠道战略的选择，它指企业针对产品特征、顾客购买行为特征和企业资源情况，选择营销渠道的模式，如是直接渠道模式还是间接渠道模式，渠道的长度结构、宽度结构、系统结构等。还包括渠道成员的选择，如中间商类型的选择、数量的选择等。二是渠道设计。渠道设计首先要进行渠道的调查和分析，研究企业所服务的细分市场的类型，以及细分市场上顾客的购买行为特征和顾客对渠道服务的需求；其次，研究渠道供应方的情况，包括不同渠道成员的工作效率、渠道成员的利益分配标准；最后，确定渠道成员和最佳的渠道结构，研究渠道成员怎样才能以最佳效率为顾客提供其所需要的渠道服务水平。

当然，企业进行渠道规划的前提是要对不同类型的销售方式和渠道成员进行有效了解。

2. 渠道实施

渠道实施包括四个方面的内容。一是渠道建设和管理。包括渠道成员的招募、培训，渠道激励措施的制定和实施，渠道成员的绩效评估等内容。二是渠道权力与控制。渠道管理是跨组织管理，就整个渠道系统而言，渠道管理主体是渠道领袖，渠道领袖也许是制造商或分销商，渠道领袖具有更多的权力。就制造商或服务的提供者而言，在渠道规划实施过程中，要识别渠道权力的来源，做好权力的平衡和控制工作。三是渠道成员冲突的协调和合作。由于渠道成员是不同的利益主体，常常会因为目标不相容、信息不畅通、沟通不及时等原因而产生冲突。渠道实施过程中，要认识渠道成员的冲突，并且要对冲突进行很好的协调，使渠道成员合作，完成渠道工作，实现渠道目标。四是渠道中的物流和信息流的管理。渠道的任务是进行商品的销售，实体商品及相关信息的高效流通也是渠道实施中需要管理的内容。

1.3.4　营销渠道管理的职能

营销渠道管理工作通过渠道管理人员的职能实现。管理职能指管理者所从事的主要活动和发挥的基本作用。经典管理学理论界定的管理的职能包括计划、组织、领导和控制四方面职能。相应地，渠道管理人员的渠道管理职能可分为渠道设计、渠道组织、渠道激励和渠道控制四方面。由于渠道管理的跨组织管理的特点，这四大职能体现在企业内外两个管理层面上，针对企业内外两个层次，企业渠道管理的职能如表1-2所示。

表1-2　渠道管理职能与管理分层[①]

管理分层	渠道管理职能			
	渠道设计	渠道组织	渠道激励	渠道控制
企业内部	企业的渠道目标和渠道类型、比重及覆盖范围	企业内部渠道管理人员和销售人员的配置和职责	企业内部渠道管理人员和销售人员的领导和激励	监测和评价企业营销渠道运营情况，并在必要时纠偏
跨组织	企业所采用中间商渠道的层次、参与者及覆盖范围；渠道的跨组织目标	中间商渠道合作伙伴的选择、渠道功能安排及各渠道成员权利和责任的确定	对渠道合作伙伴的影响和激励	监督和约束渠道合作伙伴的投机行为

讨论题　渠道管理的职能实现跨渠道协调存在哪些困难？

---

① 庄贵军. 营销渠道管理. 2版. 北京：北京大学出版社，2012：39.

案例分析

海尔集团公司的自控营销渠道建设[①]

一、海尔集团公司及其渠道模式

1. 海尔集团公司概况

海尔集团（Haier Group）的前身是濒临倒闭的青岛电冰箱总厂，1984年引进德国利勃海尔电冰箱生产线后，改组成立海尔集团公司。海尔集团是上海证券交易所上市的青岛海尔股份有限公司（Qingdao Haier Co.，简称：青岛海尔）和香港证券交易所上市的海尔电器集团有限公司（Haier Electronics Group Co.，简称：海尔电器）的母公司。海尔集团是世界白色家电第一品牌、中国最具价值家电品牌。截至2017年年底，海尔在全球建立了十大研发中心，21个工业园，66个贸易公司，143 330个销售网点，用户遍布全球100多个国家和地区，全球员工超过7.6万人，已发展成为大规模的跨国企业集团。

在互联网时代，海尔致力于转型为互联网企业，打造以社群经济为中心、以用户价值交互为基础、以诚信为核心竞争力的后电商时代共创共赢生态圈，成为物联网时代的引领者。海尔现已从传统家电产品制造企业转型为开放的创业平台。截至2017年8月，在海尔共享式创业平台上聚集了2 246个创业项目，平台上有4 316家创业创新孵化资源，1 333家风险投资机构，118家孵化器空间，120亿创投基金，15个创业创新孵化基地，为创客提供了丰富的创业资源。海尔平台上有200多个创业小微、3 800多个节点小微和122万个微店正实践着资本和人力的社会化，已有超过100个小微年营收过亿元，有52个小微引入风投，18个小微估值过亿。

通过对物联网时代商业模式的探索，海尔集团实现了稳步增长。从传统经济产生的收入看，海尔2016年全球营业额2 016亿元，利润203亿元；近十年收入复合增长率6.1%，利润复合增长率达30.6%。从互联网交互产生的交易额看，在海尔产品线上平台、B2B、B2C社会化线上平台及互联网金融平台共产生2 727亿元的交易额。

2019年市场调查机构欧睿国际（Euromonitor）发布的2018年全球大型家电品牌零售量数据显示：海尔大型家电2018年品牌零售量居全球第一，这是自2009年以来海尔第10次蝉联全球第一。冰箱、洗衣机、酒柜、冷柜也分别以大幅度领先第二名的品牌零售量继续蝉联全球第一。

2. 海尔集团营销渠道的发展

本案例研究的海尔集团分销渠道，重点关注海尔家电的分销渠道。

海尔集团的营销渠道网络的建设，经历了一个由区域性网络到全国性网络，由全国性网络再到全球性网络的发展过程。发展初期，海尔集团通过依靠商场销售到店中店、再到建设品牌专卖店，树立起海尔品牌的知名度和信誉度。海尔集团的多元化产品策略及在营销上投入雄厚资金，使它在全国范围内的家电专卖店得以高效运营。

[①] 徐萌．持续创新 引领时代 新时代下专卖店体系的渠道职责．现代家电，2018（2）：40-42．

海尔的渠道模式是典型的制造商自建渠道模式。目前，海尔建立了完善的自控销售网络，该网络由海尔工贸公司、批发商、各类零售商和网络渠道组成。海尔自有渠道，是除传统的国美、苏宁这类零售渠道以外所有线下实体渠道，它是海尔能够管理，能够与品牌荣辱与共的渠道。2017年，海尔在中国市场的整体销售规模中，自有渠道占比达70%，使海尔能不受市场波动影响，发展更加平衡。

二、海尔工贸公司

海尔自控销售网络的核心是海尔工贸公司。海尔在全国每一个一级城市建立了自己的销售公司——海尔工贸公司，全国共建42家，海尔工贸公司是独立法人，独立核算，直接负责海尔所有产品的销售。海尔工贸公司既是海尔的销售公司，同时也是相对独立的分销平台，承担所负责区域的销售、分销、收款及信息反馈，相当于海尔的中转站。海尔工贸公司直接向零售商供货、提供相应支持，并且将很多零售商改造成了海尔专卖店。这使得海尔不仅可以借助于苏宁、国美等传统的家电连锁行业巨头分销自己的产品，而且很多小的零售商也成了海尔产品展示和销售的平台。

海尔工贸公司对零售商的指导和支持主要有：① 海尔工贸公司提供店内海尔专柜的装修甚至店面装修，提供全套店面展示的促销品、部分甚至全套样机；② 公司库存相当数量的货物，还把较小的订货量快速送到各零售店；③ 公司提供专柜促销员，负责人员的招聘、培训和管理；④ 公司市场部门制订市场推广计划，从广告促销宣传的选材、活动计划和实施等工作，海尔公司有一整套人马为之运转，零售店一般只需配合工作；⑤ 海尔建立的售后服务网络承担安装和售后服务工作；⑥ 海尔公司对各种产品的市场价格做出相关规定，对于违反规定价格的行为加以制约和管束。

随着海尔组织结构的变革，海尔工贸公司也包含至少两个以上以当地分公司负责人为法人的小微公司。

三、海尔的批发商

海尔的批发商不是其分销网络的重点，海尔更希望和零售商直接做生意，构建一个属于自己的零售分销体系。在海尔的营销渠道中，海尔工贸公司相当于总代理商，所以批发商的作用很小。海尔的销售政策也倾向于零售商，不但向他们提供更多的服务和支持，还保证零售商可以获得更高的毛利率。海尔的批发商不具有分销权力，留给他们的利润空间十分有限，在海尔公司设有分支机构的地方批发商活动余地更小。不过海尔的产品销量大、价格稳定，批发商最终利润仍可保证，因此，在全国也存在进行批发和零售并存的批发商。

海尔对批发商的管控主要体现在：海尔的批发商直接从海尔工贸公司进货；有的批发商还负责给小个体经营者送货；海尔规定统一的批发价格；海尔规定销售区域；批发网络要经海尔批准；按时上报销售报表。

四、海尔家电连锁卖场销售

在国内一、二线城市，国美、苏宁等大型家电卖场已布局了相对完善的销售网络，并牢牢把控住了这两级城市的市场，因此，在一、二级市场，以前的商场销售，现在的家电连锁卖场销售还是海尔的主要销售终端。海尔也加强与家电连锁大鳄合作，以获得在城市市场的高份额。大型家电连锁卖场既是一、二级市场的销售主力，也是形象展示的主要平台，能够将新品和高端产品第一时间登陆卖场，加深消费者对其品牌的认知。

五、海尔专卖店

早期的海尔家电产品都是大商场销售，但许多三、四级市场的大商场经营状况不理想，达不到海尔要求的零售商的标准。因此，海尔集团决定在三、四级市场及农村市场以开设专卖店的形式销售产品。

海尔从1997年下半年开始发展专卖店，发展专卖店的目的除开发三、四级市场和农村市场外，还计划在农村市场建立海尔的品牌忠诚度，扩大农村市场的海尔的零售量，增强控制力度。当时海尔提出的目标是在有"村党支部的地方"就有海尔的产品，专卖店是完成这一目标的主力。截至2017年，海尔在全中国拥有3万家专卖店，覆盖1~6级市场。

海尔专卖店的发展历程可分为三个阶段：第一阶段，1996—1999年，是海尔专卖店体系的诞生期。专卖店有了基本的形象，通过卖海尔产品赚取差价，此时的专卖店与海尔更多的是买卖关系，专卖店靠自身能力开拓市场，由店主自主经营。第二阶段，2000—2015年，是海尔专卖店的体系化发展期。该时期，海尔四网合一的专卖店运营体系正式形成。2000年，海尔推动专卖店的标准化建设，统一形象，统一管理；2007年，建立专卖店营销网，拓展镇村级网络；2008年，物流网、服务网建立，实现销售服务一体化；2009年，信息网建立，IHS（内勤业务中心）上线。用时15年，海尔搭建起营销网、物流网、服务网、信息网，有效支持全国专卖店零售，实现专卖店良性有序的发展。第三阶段，2016年至今，海尔专卖店建立了数字化营销体系，专卖店进入腾飞期。海尔搭建多种互联网的手段，如提供E-Store、卡券、巨商汇、易理货、顺逛等，支持专卖店实现腾飞。目前，海尔除了在传统商圈的专卖店外，已快速进入家居家装渠道，建立家居家装集成店，通过打造顺逛微店和线上专卖店，帮助全国的实体专卖店实现线上拓展，利用互联网智能云店的形式，快速进入到社区、装饰公司、CBD、镇村，通过多种形式，使专卖店网络覆盖到全域市场。

六、海尔网络销售

1. 海尔商城

海尔商城包含了海尔集团旗下所有产品品类的推介和销售，采用集成化模式布局，为用户提供从采购到配送安装全流程服务。消费者在海尔商城挑选产品，通过在线支付或货到付款方式支付货款，海尔集团根据配送地址从就近的工贸仓库里安排物流送货。海尔商城是一个完整闭环的营销体系。

2. 顺逛微商平台

顺逛是海尔集团名下官方微店电商平台，2016年年初上线。通过将3万多家海尔专卖店与顺逛微店系统对接，整合线下海尔专卖店的销售、售后、物流资源，与线上微店共享，实现"微商＋店商"的共创共赢模式。2017年，海尔集团围绕"电商""店商""微商"三店一体架构建设思路，使顺逛平台又整合了海尔商城的资源，共享共用，全力发展社群经济。不论是海尔员工，还是其他创业人员，都可免费注册成为顺逛微店主。微店主通过自己的微信、朋友圈、微博、QQ等发布产品信息，进行产品营销，当有客户下单后，顺逛后台将订单信息发送给当地指定的线下实体店，由其提供家电产品，再由日日顺物流及时免费配送及安装，订单完成后，微店主可获得一定的佣金。顺逛平台为线下实体店提供了社群交互的工具，为微店主搭建专属的"0成本创业平台"，同时也为用户带来场景化的家电购买体验。

3. 天猫海尔旗舰店

海尔集团参照天猫旗舰店的样本建立了天猫海尔旗舰店。与海尔商城经营模式不同，天猫海尔旗舰店为了更好地吸引用户，更注重推出可与同在天猫平台上销售的其他品牌的产品对阵的产品。天猫海尔旗舰店是利用成熟的 B2C 第三方购物平台打造的线上零售渠道。

4. 第三方电商平台

海尔的第三方网络平台销售主要包括：京东商城、苏宁易购、国美在线等，第三方网络平台由第三方负责平台搭建和运营，海尔提供产品和服务。

七、送货安装同步的日日顺物流服务

日日顺是海尔集团旗下综合服务品牌，包括日日顺物流、日日顺健康、日日顺乐家等子品牌。其中的日日顺物流是大件物流领导品牌，是海尔集团物联网时代开放的、共创共享的物流创业平台。日日顺物流依托四网融合的核心竞争力（即仓储网、配送网、服务网、信息网），为客户提供供应链一体化服务解决方案，目前已为家电、家具、卫浴、健身器材及互补行业客户及用户提供全品类、全渠道、全流程、一体化物流服务。日日顺物流服务完全覆盖了全国一、二、三、四线城市，以及大部分区县和乡镇网络，日日顺物流目前在全国共设置送装网点 6 000 个，配送服务人员 18 万人，在全国 2 915 个区县可实现按照约定送货上门，安装人员同步上门提供安装服务。

讨论题

(1) 海尔分销渠道网络是如何构成的？
(2) 海尔渠道与其他家电企业渠道相比，其特点和优点体现在哪些方面？
(3) 请提出对海尔渠道进一步发展的建议。

案例点评

海尔渠道模式的鲜明特点是创新。仅从终端销售轨迹看，店中店、电器园、专卖店、电器连锁店、网店等无不体现了海尔营销渠道顺应时代变化的不断创新。20 世纪 90 年代中期，随着家电市场竞争的日趋激烈，许多家电企业都在大商厦建起了专卖柜台，海尔集团审时度势，迅速把专卖柜台扩展为店中店，随后又在店中店的基础上发展海尔电器园，将海尔集团的所有家电产品全部直观地展示在消费者面前。在店中店和电器园，海尔直销员现场讲解示范、顾客亲自动手试机，精美的展示也美化了商场购物环境，吸引了大批顾客。店中店首先在上海取得轰动效应，海尔产品的销售额成倍增长，树立起了海尔"中国家电第一名牌"的企业形象。专卖店的建设体现了海尔在三、四级及农村市场上的渠道创新，专卖店的销售、配送、服务一体化，是专卖店成功的法宝。互联网时代，海尔渠道建设重点及时转型，自建海尔商城、顺逛平台，在第三方平台建海尔旗舰店及入住第三方平台销售，形成完整的网站群，目标是建设成为自交互的社群生态，网络渠道布局走在同行前列。日日顺服务品牌建设，不仅仅是海尔渠道建设的创新问题，而且是海尔集团总体战略规划创新的体现。为解决同业竞争的问题，海尔集团正进行资源整合，重新规划两家上市公司的业务。青岛海尔股份有限公司将是集团主力制造商，海尔集团决定在未来 5 年内，将旗下白电资产、上游资产及彩电业务注入青岛海尔。而海尔电器集团有限公司将转型为综合渠道服务商，做好流通和分销业务，重点进行品牌运作和渠道服务，向轻资产的运营模式转变，如日本的三井物产的模式。

完善的渠道服务也是海尔营销渠道的优势。"帮助客户成功"是海尔在渠道建设中所遵循的原则。新竞争环境下,海尔对营销渠道重新进行设计,即从产品销售逐步向客户服务销售方式转变,从多层营销渠道向扁平营销多渠道转变。以顾客为导向,把处理与渠道成员之间的关系作为企业营销的核心,以协调、沟通、双赢为基点,与他们结成"命运共同体",建立长期的、彼此信任的、互利的战略伙伴关系。相互取长补短,信息共享,风险同担,互利互惠。通过组织良好的渠道活动和团队合作,制造商和分销商给消费者提供低成本、差异化的产品和增值服务,对有限的资源进行最大限度的合理配置,进而提高整个渠道的经营业绩。海尔良好的渠道服务的基础是海尔领先的物流支持与售后服务系统,这些都是其他企业难以复制的。

◇ 本 章 小 结 ◇

本章是导论部分,讨论营销渠道在企业营销中的地位。1.1节介绍了营销渠道在企业营销中的战略地位:营销渠道是企业经营活动得以正常实现的基础,也是企业获得持久竞争优势的重要方面,在中间商权力日益增强和新技术变化的背景下,如何处理好与中间商的关系,如何利用新技术改进渠道成为至关重要的问题,企业在增长和降低成本的双重压力下,渠道管理被看成减压的重要方面,这些都表明渠道管理的重要性在提升。1.2节讨论了在4P组合中,渠道策略与其他策略的关系:渠道策略与其他三者的关系,是相互作用、相互匹配的关系。1.3节介绍了渠道管理的主要内容:含义、特点等方面。

本章的重点是理解营销渠道在企业营销中的重要作用和随着环境的变化其重要性的日益提升。另一个重点是了解渠道管理的基本内容。

本章的难点是营销渠道与产品、价格、促销策略的相互关系。

学习资料

1. IANSITI M, LEVIEN R. 制定战略:从商业生态系统出发. 哈佛商业评论,2004 (4).
2. 科特勒,凯勒. 营销管理. 15版. 上海:格致出版社,2016.
3. 庄贵军. 营销渠道管理. 2版. 北京:北京大学出版社,2012.

中英文关键词语

1. 营销渠道　　marketing channels
2. 渠道管理　　marketing channels management
3. 4P策略　　product, price, place, promotion
4. 渠道设计　　channel design
5. 渠道实施　　channel implementation

思考题

1. 当前环境发生了哪些变化使渠道决策变得更加重要?
2. 渠道决策与产品决策、价格决策、促销决策有什么关系?

3. 营销渠道管理的内容有哪些?

自测题

判断正误，说明理由。

1. 虽然中间商权力有所增加，但制造商仍然是渠道系统的领袖。
2. 营销渠道管理的特点是跨组织管理。

第 2 章

营销渠道理论概述

导读案例

我国家电业的渠道演变

一、我国家电业渠道发展历程

我国家电业的渠道发展,大致可分为4个阶段。

1. 粗放式的区域总经销方式

中国的家电业在20个世纪70年代末期,由引进国外生产线发展起来。从20世纪70年代末期到20世纪80年代中后期,渠道模式粗放,一般采取区域总经销的方式,即生产厂家—区域总经销商—国营百货商场—消费者的方式;零售终端几乎全靠国营百货商场。在渠道权力分配方面,国营百货商场占据完全的主导地位,厂家类似于商家的生产车间,在渠道中产品线的组织、渠道价格体系的制定和控制、渠道促销、售后服务方面,权力和责任都很少。

2. 渠道模式多样化发展,但总经销方式仍为主导

20世纪80年代末期以来,随着国营百货商场的萎缩,家电专营商场逐渐兴起。在20世纪80年代末期直到20世纪90年代中期,家电销售渠道模式比较复杂,不但有区域总经销制的模式,还出现了区域多家经销商制。渠道权力逐渐向家电厂家倾斜,厂家开始重视向百货商场、家电专营商场推销,开始承担售后服务、价格体系制定等方面的渠道职能。在具体的渠道组织方面,各厂家开始在全国各市场设办事处,派驻推销员或办事员负责推销、售后服务等事务,厂家服务市场的营销网络初具雏形。

3. 进入买方市场,连锁企业初露峥嵘

20世纪90年代,家电市场呈现买方市场特征,三、四级市场占家电的销售份额越来越大。渠道模式为:区域总经销制和区域多家经销商制并重,渠道模式比较复杂,国营百货商场在家电零售总额中的比重降低,而全国各地的家电专营商场所占有的销售额比重迅速增加,国美、苏宁、大中等大型家电销售连锁企业逐渐诞生,在这一阶段,这些大型连锁企业主要依靠进销差价获取利润。渠道权力的分配在厂商之间比较平衡,开始强调厂商合作。厂家的渠道组织方面,强势的、全国性的营销网络出现,具体组织形式表现为总部的销售部门和各地的销售分公司、销售办事处。

4. 连锁企业成为强势渠道，与厂商的矛盾日益凸现，渠道变革频繁

进入 21 世纪的中国家电行业，各厂家、各地区的渠道模式差别较大，结合各地区的实际，各厂家将区域总经销制、区域多家经销商制、直营经销制结合起来，各有侧重；在发达地区的一、二级市场，对于以国美、苏宁为代表的大型连锁企业构成的强势现代渠道，一般实行直营经销制；而在发达地区的三、四级市场和我国中西部地区的广大市场，采用代理—批发—零售这种传统渠道模式，实行区域总经销制、区域多家经销商制。在渠道权力的分配方面，对于大型连锁商业企业而言，厂家的渠道权力丧失殆尽，除了负责一部分渠道促销外，商业企业几乎完全决定了价格体系的制定和控制，同时商业企业也负责了大部分售后服务工作。对于采取区域总经销制和区域多家经销制的企业或地区，渠道权力则由厂家主导。从此阶段开始在家电渠道领域中，厂商之间为争夺渠道权力，冲突不断，渠道变革频繁。

二、家电企业渠道发展过程中遇到的问题

1. 自建渠道中面临的问题

家电厂家为了保证自己的市场话语权，自建渠道。2005 年，TCL 成立了一家名为"幸福树"的电器连锁卖场，全力攻占三、四级市场，它实际上是一种以厂家为主导的加盟连锁模式。美的不惜成本，打造自己的 4S 体验中心；海尔、春兰也都有自己的专卖店。家电企业纷纷希望采用自建流通渠道的方式，来增强企业在渠道控制方面的主动权，从而在产品同质化、竞争手段大同化的前提下，通过对自建渠道的绝对控制力，来实现对市场的灵敏把握及阶段性活动的执行。

但是，这种自建渠道使制造商背负了沉重的包袱，带来了一系列的问题。

首先，渠道建设与管理成本太大。

其次，渠道陈旧，缺乏创新。

最后，渠道反应速度慢，经营效率低下。

2. 连锁渠道冲突不断

与传统的家电经营业态相比，专业连锁经营的业态有着许多优越性。价格低，产品全、服务好等，越来越受到消费者的欢迎。但同时连锁经营业态本身也具有一定的不足，通过价格战略，借东家打西家，通过不断地打压企业，来获得自己的"扩张"成本。由于两者这种不和谐的关系，导致冲突不断。

第一，在家电企业与连锁经营合作中，缺乏渠道管理经验。有些家电企业过分依赖现有的大的连锁经销，期望其能把自己的产品作为重点产品进行推销，于是陷入变相公关、结算回扣等旋涡中，而忽视了与消费者的沟通，并且由于销售出口只在单点进行突破，很容易造成销售瓶颈，在与连锁经营的关系中处于极其被动的地位。

第二，未能就利润分割点达成很好的协议，导致冲突不断。

三、家电企业渠道创新

1. 格力的"另类"之路

格力，作为国内最大的空调生产企业之一，一直以"另类"的面貌独行于家电行业中。2004 年，格力就因为在定价等方面与国美产生激烈的冲突，与国美绝交，宣布所有产品不进入国美体系销售。2010 年 6 月又宣布在安徽中断与苏宁的合作。是什么因素使格力面对强势如国美、苏宁的连锁巨头，能够保持如此强硬的态度并掌握主动地位？答案就是格力的"股份制区域性销售公司模式"，它是格力与省级格力空调经销商组建的股份制的销售公司。

把区域内大的经销商捆在了自己的船上,最大限度地利用当地的渠道资源强化自己的销售。"以控价为主线,坚持区域自治原则,确保各级经销商合理利润",正是这种渠道模式在过去的十几年中对格力的成长起到了关键性的作用。

格力与连锁卖场的交恶,也推动了其专卖店的发展。格力在短短几年之内在全国"四处开花",各种形式的专卖店如雨后春笋般地建立。目前国内有格力专卖店10 000多家,这是格力空调分销和销售的最重要平台,也是格力能先后与国美和苏宁两大国内家电连锁巨头分庭抗礼的底气。

2. 网上直销模式

在低利润的家电市场,网上直销作为一种新的形式,越来越受到广大家电行业生产厂家和消费者的欢迎。

家电生产企业建立的网上销售平台主要分为两类:一类是家电制造商在自身企业网站中开辟自己品牌产品的网上商城,消费者在线订购,厂家就近实现送货上门和结算,并提供与在商场购买一样的售后服务和保修政策;另一类是借助于第三方的网上直销平台,如京东商城、品牌家电网等网络平台,通过聚合家电企业产品,形成规模优势,让消费者可以足不出户即可完成全部购买过程。

由于取消了传统销售渠道的进场费、节庆费、促销费等,网站根据家电厂家在网络平台上的实际销售额按点提取服务费用,渠道费用低廉,从而为家电厂家创造了更大的利润空间。家电产品价格自定,定价权掌握在家电企业自己手中,不再受制于人。消费者网络购物的货款直接打入家电企业账户,不占用和拖延厂家资金。

3. 与连锁卖场的新合作模式:定制模式

家电制造商和家电卖场新合作模式——定制模式,将是解决双方冲突的有效途径。定制模式就是生产厂家根据卖场的需要提供定制化专供产品。如2010年国美与海尔签署的3年500亿采购协议中就规定,在双方对消费需求的共同管理下,海尔每年将为国美提供600款系列商品,其中个性化商品数量不少于300款,并且个性化专供产品的销售将占到双方销售规模的50%。同时,海尔将为国美提供其延伸性ODM(原始设计商,即一家厂商根据另一家厂商的规格和要求,设计和生产产品)商品的制造支持。

定制模式使家电制造商与家电卖场之间传统的供销关系,升级为全面的供需链合作关系。定制模式使家电连锁卖场实现差异化经营,减少与厂家自有渠道的冲突。定制模式也使家电制造商扩大业务范围,减少恶性竞争,实现双赢。

问题思考

(1) 思考中国家电业的渠道演变,体会营销渠道内涵。

(2) 格力自创的"股份制区域性销售公司模式"为什么能够成功?

2.1 营销渠道的内涵

2.1.1 营销渠道的定义

渠道(channels)一词来源于拉丁文的canalis,意思是运河。因此,渠道会使人想起河流，如黄河、长江，是重要的商业水道；渠道也会使人想起电视频道，如 CCTV1、CCTV9，是传送特定电视节目的通路。总之，渠道含有通道的意思，渠道是水或其他内容的流动，具有动感的概念。

营销渠道是生产者和使用者之间的贸易通道，即产品或服务转移所经过的路径，由参与产品或服务转移活动以使产品或服务便于使用或消费的所有组织构成。营销渠道也被称为"销售通路""贸易渠道""分销渠道"。

可以从以下几方面理解营销渠道的含义。

① 营销渠道是一系列组织（渠道成员）的结合，这些组织之间是交换和协作的关系。营销渠道成员之间在获得、处置产品和服务过程中，为创造顾客价值而建立起了各种交换关系。每个成员依赖其他成员协同工作，渠道成员共同努力，渠道工作才能最优化。

② 营销渠道是一个"过程"，是从销售到售后服务的一系列过程。

③ 营销渠道过程的目的是使商品和服务被使用。所有渠道成员要立足于这个目标，为终端用户服务。

④ 对于企业来说，营销渠道是外部的，不是组织内部机构的一部分，因此，渠道管理是跨组织的管理，而不是组织内部的管理。

讨论题 渠道成员能够为顾客创造什么样的价值？

2.1.2 营销渠道存在的原因

制造商把部分销售等任务委托给渠道成员去做，意味着某种程度上放弃对如何销售产品和销售给谁等方面的控制。营销渠道存在的根本原因是中间渠道成员可以提供增值服务和降低渠道成本。渠道成员（这里主要讨论中间商）存在的主要原因有以下几个方面。

1. 简化搜寻

制造商和最终用户相互寻找对方是不方便的，有了中间商，使搜寻变得简单：中间商作为交易的中介，制造商可以将产品交给中间商，最终用户到中间商处购买产品。这实际上是人类第三次社会大分工的结果，即商业从产业中分离出来，作为独立的主体提供服务。

同时，每个中间商自身有定位，并且根据其定位进行相应的运营活动，如定位于高档商品销售的中间商，会选择具有级差优势的地理位置，对店铺进行高档装饰，进货时会选择高档品等。这样，购买高档品的顾客，就可以根据这些特点直接去高档品店铺进行购买。中间商自身的分类功能成为制造商和最终用户寻找对方的一个基本坐标。

讨论题 制造商和最终用户直接寻找对方存在哪些障碍？

2. 整理功能

制造商对商品和服务的分类与最终用户的需求有差异，需要中间商来承担商品分类工作，具体包括以下 4 个方面。

① 聚集。将不同来源的商品聚集到一起，供用户选择。批发商为零售商聚集商品，零售商为消费者聚集商品。

② 挑选和分类。对聚集来的商品按类别分开，分类储存、保管和供应。如可按大小和级别挑选商品，然后给商品归类。

③ 分装。将大批量商品分配成小批量的过程，以便于消费者购买。

④ 搭配。将相关种类的商品进行组合，便于消费者选用或一起销售。

3. 交易常规化

买卖双方的每一次交易都必须就支付的数量、方式、交易时间达成共识，每一次都要讨价还价，如果交易常规化，就可以降低交易成本。

交互式的计算机网络订货系统，能够使交易管理变得快捷、可靠。系统可以快捷地处理订单，并将订单传输到最近的分销系统，由其发货。自动订货系统代表了程式化的技术发展水平。程式化（routinzation）是通过营销渠道将交易过程标准化，以提高货物和服务的流动效率。随着交易过程的程式化，交易伙伴的期望变得制度化，渠道成员不需对每笔交易的销售和发货条款进行谈判；随着交易的程式化，渠道伙伴可以将更多的注意力放到自己的核心业务上。

4. 减少交易次数

渠道成员参与商品的销售，可以减少交易的次数，从而节省社会成本。假设有4个制造商和4个消费者，这4个消费者需要从4个制造商处购买商品，如果没有中间商的参与，其交易次数为16次，如图2-1所示。

如果有一个中间商，交易次数就减少为8次，如图2-2所示。

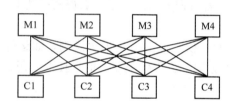

图2-1 没有中间商时的交易次数
注：图中C表示顾客；M表示生产者

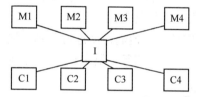

图2-2 有一个中间商时的交易次数
注：图中C表示顾客；M表示生产者；I表示中间商

但渠道成员应该有一个合理的数量，渠道层次越多，接触的次数就越多，成本就越增加。渠道效率降低，报酬递减规律就开始起作用。

在上例中，如果有4个中间商，上述的交易次数就增加为32次，如图2-3所示。

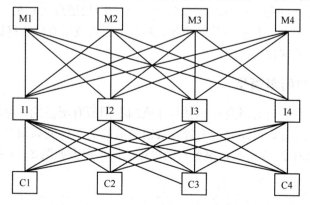

图2-3 4个中间商时的效益递减法则

2.1.3　营销渠道的成员

营销渠道的源头是制造商，终端是用户，在制造商和最终用户之间，存在大量的市场营销中介机构，它们各自有自己的名称，执行着不同的功能。广义上说，这些在商品流转过程中起作用的所有组织都是营销渠道的成员。

1. 制造商

制造商是产品或服务的生产者和创造者。制造商有不同的类型，如下所述。

① 用自己的商标生产产品。这类制造商有积极管理渠道的能力和欲望，通过渠道管理，同时增加品牌价值，即将渠道管理与对品牌的投资密切结合。

② 贴牌制造商。将产品出售给中介组织，由中介组织将产品打上商标后销售。由中介组织对渠道进行管理，协调渠道利益。

③ 贴牌生产，但直接向零售商销售。对于零售商来说，这类制造商是隐形制造商。这类制造商比一般的贴牌制造商在渠道管理中承担更多的责任。

④ 服务型产品的提供者，如共同基金公司。

2. 中介机构

① 买卖中间商。他们买进商品，取得商品所有权，然后卖出商品，如批发商、中转商和零售商。

② 代理中间商。他们寻找顾客，有时也代表生产者与顾客谈判，但不取得商品所有权，如经纪人、销售代理商。

③ 辅助商。他们帮助进行分销，既不取得商品所有权，也不参与买卖谈判，如运输公司、独立仓库、银行、财务公司、信用卡公司、保险公司、广告代理商、信息技术公司、营销研究公司等。

3. 终端用户

终端用户是渠道成员，因为他们常常承担渠道的责任。如他们的购买量超过了平时的使用量，他们就承担了实物拥有流、所有权流、财务流的责任，从而节省其他渠道成员的费用，因此，他们会要求降低价格。

而通常所说的营销渠道成员，常常是狭义的营销渠道成员，狭义的营销渠道成员是从商品的实体流转方面来定义的，它不包括辅助商，甚至不包括经纪商。伯特·罗森布罗姆也将营销渠道的参与者分为两种：一种是成员性参与者，即渠道成员；另一种是非成员性参与者。两者的划分是根据参与者是否需要就有关商品的买卖或所有权转移进行谈判，以及商品所有权是否发生实际的转移来区分的。

2.1.4　营销渠道的简单模型

现实企业营销渠道的模式因商品和服务性质的不同而有所差别，可将商品分为消费品、工业品和服务三类来考察渠道模式。消费品营销渠道的简单模型如图2-4所示，工业品营销渠道的简单模型如图2-5所示，服务营销渠道的简单模型如图2-6所示。

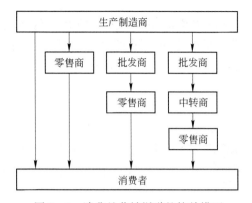

图 2-4 消费品营销渠道的简单模型

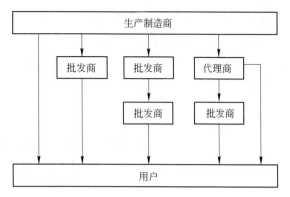

图 2-5 工业品营销渠道的简单模型

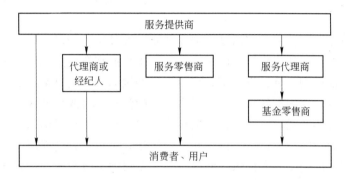

图 2-6 服务营销渠道的简单模型

2.2 营销渠道的功能

2.2.1 营销渠道功能的类型

营销渠道在企业营销活动中，执行的功能主要是销售，使商品或服务顺利地转移到最终用户手中，但要完成这个任务，其完成的功能可以细化为以下几方面。

1. 收集和传送信息

营销渠道成员通过市场调研收集和整理有关消费者、竞争者及市场营销环境中其他影响者的信息，并通过各种途径将信息传送给渠道内的其他成员。在诸多信息中，消费者的需求信息和对商品或服务的反馈信息最为重要，最需要渠道成员收集和传送。尽管生产厂商可以通过其自身拥有的市场调研系统进行市场调研活动，但由于资源和机会的局限，通过自身调研所获得的消费者信息是不充分的，而渠道成员直接接触客户和最终用户，能够直接了解和掌握客户和最终用户的需求、需求的变化趋势，以及对本企业产品和服务的态度等，这些信息需要中间渠道成员收集和传送。

2. 促销

促销是生产者或经营者为刺激消费者购买所进行的关于商品和企业的宣传、沟通活动。渠道成员需要通过富于创造力的方式，把能够满足顾客需要的产品和服务的信息，以顾客乐于接受、富有吸引力的形式，传递给消费者和用户。每个渠道成员都需要参与促销活动。

3. 洽谈

洽谈是生产者或经营者寻找潜在的购买者，并与之接触，实现交易的活动。渠道成员之间的关系是交易关系，交易对象的寻找、交易条件的形成，渠道成员之间的权利和义务关系等都需要通过谈判来完成。在具体工作中，洽谈表现为争取订单、形成订单和接受订单等的一系列活动。

4. 整理分类

渠道成员需要对商品进行分类、分等、组合、搭配等活动，以符合购买者的需要。

5. 物流

物流主要是商品的运输和储存活动。商品从制造商处出厂到最终用户消费，中间要经过实体产品的运送和储存。如长春第一汽车制造公司生产的汽车要到北京来销售，就需要将汽车从长春的生产基地运到北京的汽车交易市场上的经销商处，这就是运输的功能。但交易市场上的经销商并没有足够的空间来储存从长春运来的汽车，有两个办法来处理这个问题：一是汽车销售采取预订的方式，有了够批量的客户订单，再安排汽车运送，但这种销售方式不能满足消费者及时提货的需要；二是预先将汽车运送到销售地，这就需要渠道成员提供储存服务，一般由销售地的仓储公司提供仓储服务，这是目前多数汽车制造企业采取的方式。因此，就需要有渠道成员承担汽车储存的任务。运输和储存功能可以由渠道成员承担，也可以由辅助商承担，如独立的物流公司和独立仓库承担，在后者承担的情况下，也需要渠道成员与辅助商洽谈、安排，并支付相应的费用。辅助商所承担的物流功能实际上是渠道功能分离和专业化的结果。

6. 降低和承担风险

降低风险是指由于渠道成员的活动而使整个渠道风险降低。承担风险是指在商品流通的过程中，随着商品所有权的转移，市场风险在渠道成员之间的转换和分担。

在所有的市场环境下都必然存在以下几种风险。

① 需求风险。卖方常常无法真正了解顾客的需求，买卖双方都不知道使效率最优的产品和服务的数量。而中间商作为买卖之间的桥梁，能够很好地了解买卖双方的需求，甚至能够预测需求，他们通过仔细地协调供给和需求，来减少卖方的不确定性。

② 市场风险。指市场波动所带来的风险，如市场需求的变化、价格波动等。市场风险很难预测和控制，因为它常常由不可控制的环境因素引起，如社会、经济和竞争的因素等，甚至是政治动乱、自然灾害等因素造成的损失。市场风险难以降低，需要渠道成员来分担。

③ 交易风险。在交易过程中产生的风险，如交易对象失约导致的损失、运输过程中的商品破损、储存过程中商品的损失、送货时间不够及时等。交易风险产生的原因可能是技术的，也可能是文化的或法律的。交易风险也是必然存在的，渠道成员需要分担交易风险。当交易风险很高时，相对稳固的交易关系有利于降低交易风险，这时，生产商力求与渠道成员

建立稳固的关系。

在营销渠道中，渠道成员通过专业化分工来分享渠道利益，自然而然地随着商品所有权的转移，也共同分担商品销售风险。

7. 融资

融资是渠道成员为完成渠道功能而进行的资金融通活动。不论是制造商品，还是销售商品，都需要投入资金，以完成商品所有权转移和实体流转的任务；同时，作为一个经营组织需要筹措资金用于组织的运转、支付劳动者工资等。通过渠道成员销售和自产自销的最大区别在于渠道组织是独立的组织，为执行渠道功能而进行了独立的投资。渠道组织的独立融资，使生产厂商能够很快地回收资金，提高生产厂商的资金使用效率。

8. 服务

主要指渠道成员为最终用户所提供的服务，包括送货、安装、维修、承诺等。

讨论题　中间商保持存货对制造商有什么意义？

2.2.2　营销渠道的功能流

营销渠道的各种功能在实际运作中表现为各种流程，使用"流"（flow）的概念，是强调"流动"性，这些渠道的功能流由不同的渠道成员在不同的时点里完成。渠道的功能流有8个，如图2-7所示。

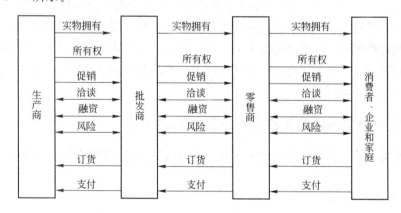

图2-7　营销渠道中的功能流

① 实体流。指产品实体与服务从生产制造商处转移到中间商处，然后通过中间商转移到最终消费者处的实体流转过程。

② 所有权流。指产品所有权从一个渠道成员到另一个渠道成员的实际流动。

③ 促销流。指一个渠道成员通过广告、人员推销、宣传报道、销售促进等活动，对另一个渠道成员或消费者施加影响的过程。

④ 洽谈流。指产品实体和所有权在各渠道成员之间进行流转时，对价格和交易条件所进行的谈判活动和过程。

⑤ 融资流。指渠道成员伴随着商品所有权转移所进行的资金融通的活动和过程。渠道成员可以相互之间提供资金融通，如销售商在货物售出后，再向制造商支付货款，就是制造商为销售商提供了资金融通服务，为其提供流动资金。而如果是销售商预付货款，就是销售

商为制造商提供资金，从事生产活动。如果是销售商允许消费者以分期付款的方式购买商品，就是销售商为消费者提供了消费融资服务。

⑥ 风险流。指各种风险伴随着商品所有权的转移在渠道成员之间的流动。

⑦ 订货流。指渠道的下游成员向上游成员发送订单的过程。

⑧ 支付流。指货款从下游渠道成员向上游渠道成员流动的过程。如顾客向零售商购买，支付货款，零售商通过银行或其他金融机构向上一级渠道成员支付货款，直到使货款达到制造商处为止。

在以上 8 种渠道流中，实体流、所有权流、促销流是正向流程，即从制造商流向顾客。订货流和支付流是反向流程，是从顾客流向制造商，而洽谈流、融资流、风险流是双向的。

关于渠道流还需要说明如下 4 点。

① 信息流很重要，但没有包括在以上图中，因为信息流会渗透到所有的增值活动中。

② 渠道流会因为公司的业务不同而呈现出不同的实现方式。

③ 不是所有的渠道成员都必须要参与每一种渠道流。如制造商代表不接触产品实体，不参与实物流和所有权拥有流。再如制造商的融资公司向购买者和中间商提供融资，运作财务流程，使其他渠道成员可以脱离支付流。

④ 渠道流可以灵活地由不同的成员承担，但渠道设计的一条真理是：可以消除或替代渠道中的成员，但这些成员所执行的渠道流是无法消除的。渠道设计关键点是追求有效性和低成本。如制造商把若干功能转移到中间商处，则制造商的费用和生产成本降低了，但中间商为负担相应的职能而增加了开支。如果中间商比制造商承担这些职能更有效，渠道效率提高，产品的价格就能够降低。

2.2.3 由营销渠道的功能识别企业特定的营销渠道

由于营销渠道的功能可以灵活地由不同的渠道成员承担，则不同的企业就呈现出不同的渠道形态。

1. 制造业的营销渠道

对于销售实体产品和服务的制造商而言，至少需要三个渠道为其服务。如戴尔计算机公司使用电话和互联网作为它的销售渠道，速递公司的服务作为其交货渠道，当地的维修公司作为其服务渠道。

① 销售渠道（sales channel），即执行销售职能的渠道，包括了渠道流中的所有权流、促销流、洽谈流、融资流、风险流、订货流、支付流。

② 交货渠道（delivery channel），是货物经过的路径，包括实体流、融资流、风险流。

③ 服务渠道（service channel）。制造商需要向最终用户提供服务，服务通过哪些机构来承担，这就是服务渠道。

2. 服务业的营销渠道

服务业的营销渠道至少有两个：销售渠道和服务渠道。如中国移动公司的销售渠道包括自营营业厅、合作营业厅、卡市批发商、电话卡零售商等，而其服务渠道只有其中的部分渠道成员参与。

2.3 营销渠道的结构

2.3.1 营销渠道的长度结构

1. 渠道的级数

营销渠道可以根据中间商的数目来分类，分为零级渠道，一级、二级和三级渠道等。

零级渠道（zero-level channel）是由生产者直接销售给最终顾客。一级渠道（one-level channel）是包括一个销售中间商，如零售商的渠道。二级渠道（two-level channel）是包括两个中间商的渠道。在消费品市场上，一般是一个批发商和一个零售商。三级渠道（three-level channel）是包括三个中间商的渠道，在消费品市场上，一般是一个批发商、一个中转商和一个零售商。级数更长的营销渠道也存在，如日本的食品分销渠道达到六级。对于制造商来说，渠道级数越高，越难控制，获得最终消费者的信息也越困难。对于消费者来说，渠道级数越高，获得的渠道服务水平越高，商品的价格也越高。

2. 长渠道和短渠道

为分析和决策方便，有些学者将零级渠道、一级渠道定义为短渠道，而将二级渠道、三级渠道或三级以上渠道称为长渠道。显然，短渠道较适合在小地区范围销售产品或服务；长渠道则能适应在较大范围和更多的细分市场销售产品或服务。

3. 直接渠道和间接渠道

直接渠道（direct-marketing channel）是指没有中间商参与，产品由生产者直接销售给消费者（用户）的渠道类型，即零级渠道。直接渠道的方式有人员直销、目录营销、电话营销、互联网营销、厂商直销等。

间接渠道（indirect-marketing channel）是指有一级或多级中间商参与，产品经由一个或多个商业环节销售给消费者或用户的渠道类型。上述一、二、三级渠道统称为间接渠道。

营销渠道的长度结构可以用图2-8来说明。

2.3.2 营销渠道的宽度结构

根据渠道每一层级使用同类型中间商的数量多少，可以定义渠道的宽度结构。若制造商选择较多的同类中间商（批发商或零售商）经销其产品，则这种产品的分销渠道称为宽渠道；反之，则称为窄渠道。

分销渠道的宽窄是相对而言的。受产品性质、市场特征和企业分销战略等因素的影响，分销渠道的宽度结构大致有下列三种类型。

1. 独家分销渠道

独家分销渠道（exclusive distribution）是制造商在某一地区市场仅选择一家批发商或零售商经销其产品所形成的渠道，独家分销渠道是窄渠道。一般来说，独家销售商不再经营竞争品牌，制造商与销售商之间是紧密的合作伙伴关系。独家分销具有强化产品形象，简化渠道管理程序的特点，有利于制造商对市场进行控制。对于产品或市场具有特殊性的制造商

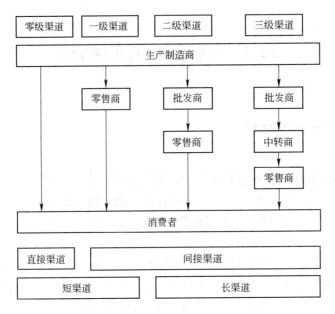

图 2-8 消费品营销渠道的长度结构

而言,适宜采取独家分销渠道。这些特殊性可以是制造商拥有专门的技术,具有品牌优势或具有专业用户等。

2. 选择性分销渠道

选择性分销渠道(selective distribution)是制造商按一定条件选择若干个(一个以上)同类中间商经销产品形成的渠道。选择性分销渠道通常由实力较强的中间商组成,能较有效地维护制造商品牌信誉,建立稳定的市场和竞争优势。这类渠道多为消费品中的选购品和特殊品、工业品中的零配件等商品的生产者采纳。与独家分销相比,选择性分销能够使制造商产品获得足够的市场覆盖面和渗透力。

耐克公司的选择性分销[①]

耐克公司在6种不同类型的商店中销售其生产的运动鞋和运动衣:① 体育用品专卖店;② 大众体育用品商店,那里有许多不同样式的耐克产品;③ 百货商店,集中销售最新样式的耐克产品;④ 大型综合商场,仅销售折扣款式产品;⑤ 耐克产品零售商店,包括大城市中的耐克城,这里销售耐克生产的全部产品,但重点是销售最新样式的耐克产品;⑥ 工厂的门市零售店,销售等外品和存货;同时,耐克公司限制销售其产品的商店的数量。例如,在佐治亚州牛顿县,耐克公司仅允许贝尔克商店和罗克罗姆商店销售其产品。

3. 密集型分销渠道

密集型分销渠道(intensive distribution)是制造商通过尽可能多的批发商、零售商经销其产品所形成的渠道。密集型分销渠道通常能扩大市场覆盖面或使某产品快速进入新市场,

---

① 科特勒. 营销管理. 梅汝和,译. 10版. 北京:中国人民大学出版社,2001:599.

使众多消费者和用户随时随地买到这些产品。消费品中的便利品，如方便食品、饮料等和工业品中的作业品，如办公用品等，通常使用密集型分销渠道。

三种不同宽度的渠道在市场覆盖面、竞争性、控制力、风险度和适应的产品等方面存在明显差异，如表2-1所示。

表2-1 不同宽度的三种渠道类型的比较

类型	分销商数量	市场覆盖面	竞争性	控制力	风险度	适应产品
独家分销	一家	小	小	强	大	特殊品、新产品
选择型分销	有限	较广	较高	较强	较小	选购品
密集型分销	众多	广	高	弱	小	日用品

2.3.3 营销渠道的系统结构

按渠道成员相互联系的紧密程度，分销渠道还可以分为松散型的渠道系统和紧密型的渠道系统两大类型。从企业渠道选择的复杂性来看，有单一的渠道系统和复合渠道系统。

1. 松散型的渠道系统

松散型的渠道系统是指由独立的生产商、批发商、零售商和消费者组成的分销渠道。松散型的渠道系统又称为传统的营销渠道系统。这种渠道的每一个成员均是独立的，它们往往各自为政，各行其是，都为追求其自身利益的最大化而激烈竞争，甚至不惜牺牲整个渠道系统的利益。在传统渠道系统中，很难有一个成员能完全控制其他成员。传统渠道系统正面临严峻挑战。

2. 紧密型的渠道系统

紧密型的渠道系统是营销渠道的新发展。为了取得更好的营销效果，许多公司希望渠道组织能够更好地协调行动，并因此加强了对渠道的掌控力度，紧密型渠道就是在这种情况下形成并发展起来的，紧密型渠道从某种意义上讲是渠道成员之间注重协作的结果。

紧密型营销渠道系统分为以下三种类型。

1）垂直渠道系统（vertical marketing system，VMS）

垂直渠道系统是由生产者、批发商和零售商纵向整合组成的统一系统。纵向整合的含义是要有一个实力渠道成员能够实施对渠道的控制。该系统的渠道成员或属于同一家公司，或将专卖特许权授予其合作成员，或有足够的能力使其他成员合作，因而能控制渠道成员行为，消除某些冲突。在美国，这种垂直渠道系统已成为消费品市场的主要力量，其服务覆盖了全美市场的70%~80%。

垂直渠道系统的三种形式是公司式、管理式和合同式。

① 公司式垂直渠道系统是由同一个所有者名下的相关的生产部门和分销部门组合成的。常常是公司垂直一体化的结果，公司式垂直渠道系统能够实现对渠道的高度控制。

② 管理式垂直渠道系统是由一家实力强大的企业出面组织的渠道系统，其形成是源于某个渠道成员的规模和影响力，而不是所有权。通常规模大、实力强的公司在渠道中拥有较强的影响力，如名牌产品的制造商比较容易获得其他渠道成员的贸易合作和支持。

③ 合同式垂直渠道系统是各自独立的渠道成员在合同的基础上形成的渠道系统，他们以合同来统一行动，以求获得比各自独立行动时所能够得到的更大的销售效果。合同式垂直

营销系统常见的也有三种形式。一是批发商倡办的自愿连锁组织。批发商组织独立的零售商成立自愿连锁组织，以帮助它们与大型的连锁组织抗衡，由批发商制订方案，使独立零售的活动标准化，并获得统一采购的经济利益。二是零售商合作组织。零售商带头组织新的企业实体，来开展批发业务和可能的生产活动。成员通过零售商合作组织集中采购，联合进行广告宣传，利润按照成员的购买量比例进行分配。非成员零售商也可以通过合作组织采购，但不能分配利润。三是特许经营组织。特许经营组织是由特许人联合受许人形成的统一经营组织，可以是制造商倡办的零售特许经营，如福特汽车公司的销售商；也可以是制造商倡办的批发特许经营，如可口可乐饮料公司；还可以是服务公司倡办的零售特许经营，如麦当劳。

垂直渠道系统的类型可以通过图 2-9 来说明。

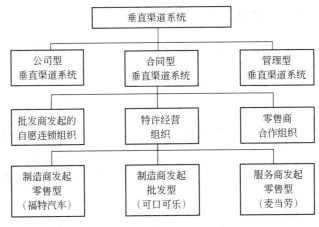

图 2-9　垂直渠道系统的类型

2) 水平渠道系统（horizontal marketing system）

水平渠道系统是由两家或两家以上的公司横向联合，共同开拓新的营销机会的分销渠道系统。这些公司或因资本、生产技术、营销资源不足，无力单独开发市场机会；或因惧怕承担风险；或因与其他公司联合可实现最佳协同效益，因而组成共生联合的渠道系统。这种联合，可以是暂时的，也可以组成一家新公司，使之永久化。

3) 渠道伙伴关系

渠道伙伴关系是指渠道成员之间通过协议，加强相互之间的合作，以缩短执行渠道功能时的时间和成本，更好地为消费者服务。一些制造商利用现代信息和沟通技术，通过在大型零售商的售点安排扫描系统来收集客户信息和库存信息，以提高满足顾客需求的能力。如宝洁公司和沃尔玛的信息联动就很有代表意义。为加强与沃尔玛的信息沟通，宝洁公司通过一个复杂的电子数据交换系统与沃尔玛连接，这一联网使宝洁公司有机会监控沃尔玛商场的存货管理。通过数据传送，宝洁公司能连续收到来自众多独立的沃尔玛商场的其各种不同规格产品的即时销量、需求数量，并自动传送订单及整个交易循环使用的发票和电子货币。由于订单处理周期的缩短，沃尔玛在产品卖给最终消费者之后的结算非常迅速。这种信息联动同时为经销商、顾客创造了巨大的价值。

3. 复合渠道系统

复合渠道系统也称多渠道系统，是企业同时利用多个渠道销售其产品的系统。复合渠道系统有如下好处。

（1）企业可以增加市场覆盖面。企业有时依靠单一的渠道系统不能很好地对市场进行覆盖，需要利用第二个，甚至第三个营销渠道来弥补。由于目标市场的多样化，需要多样化的渠道系统来为不同类型的顾客服务。

（2）可以降低渠道成本。如果企业原来的渠道是人员推销的方式，那么，再利用电话营销的方式就可以大幅度减少渠道成本。一般而言，许多企业在创业阶段，由于市场对产品不认知，难以获得中间商的支持，常常采取分公司直销渠道，而企业销售规模扩大后，必然会获得一些中间商的青睐，这时开辟中间商渠道既能够扩大销售，又能够降低成本。

（3）增加定制化销售的程度，可以提高渠道效力。如对重要的机器设备的销售除了现有的渠道外，增加一个技术推销队伍渠道，会使销售更加有效。

但复合渠道系统的缺陷是渠道管理的难度大，容易导致不同渠道之间的利益冲突，如发生窜货现象等。

2.4　营销渠道的具体形式[①]

渠道成员参与渠道的不同方式，如渠道成员的范围和数量、渠道的领导地位等不同形成了不同的营销渠道形式。根据营销渠道主导成员的不同，可以把营销渠道分为以制造商为主导、以零售商为主导和以服务商为主导等渠道形式。

2.4.1　以制造商为主导的渠道形式

（1）制造商直销。产品由制造商的推销人员、销售部或代理商从制造商的仓库直接提供给消费者或用户。制造商直销形式适合服务需求少、客户订购批量大的产品类型。

（2）制造商拥有的全服务批发——分销商。批发商是制造商的下属企业，制造商的产品全权由此批发商代理。当制造商生产许多不同类型的产品时，这样的渠道形式可以使企业在营销方面获得较大的协同效应，即企业可以使用同一种营销力量，销售许多种不同的产品，如海尔的物流公司就是这样的渠道。有时由于客户需要，制造商的批发商也分销一些其他制造商的产品。营销企业是否能够拥有下游的业务，还受到当地法律的制约，如美国啤酒业允许生产者拥有自己的分销商，但不允许分销商拥有销售啤酒的零售通道。

（3）公司商店。它是制造商拥有的零售直销店铺。制造商的直销零售店常常有两种情况：一是制造商精心打造的示范店，主要承担顾客咨询、顾客服务、商品展示和示范销售的任务；二是一般性的零售店，常用于积压的产品和清仓次货的销售。

（4）制造商特许渠道。通过签订许可协议，在一定的时期和区域内，制造商给予中间商其产品的专营权。对于处于产品生命周期中成长阶段的产品，常利用此渠道销售。在产品开拓国外市场时，制造商常常通过许可协议，允许进口商全权代理进口商所在国的销售业务。

---

① 科兰，安德森，斯特恩．等．营销渠道[M]．6版．北京：中国人民大学出版社，2003：18-25.

（5）制造商寄售渠道。制造商将产品运到消费地点，直到产品被消费时，所有权才发生转移。产品的各种风险如产品坏损的风险等和产品所有权在产品被使用前属于制造商。这种渠道适合销售高价格、高利润产品和新产品，如钻石、高级香水等。

（6）经纪商渠道。经纪商是与制造商签约的专业销售队伍。他们常常与多家生产制造商签订协议，代理销售他们的类似产品，他们集中在小的细分市场销售相似的产品，对某些比较窄的细分市场有专门的研究。一些小制造商为了扩大产品覆盖面常采用这种渠道销售产品。

（7）贸易展览。制造商在大的贸易展览或展销会上通过摊位销售商品。

2.4.2 以零售商为主导的渠道形式

以零售商为主导的渠道形式种类繁多，并且不断花样翻新。

（1）零售商特许渠道。主导零售商，即特许商将产品组合和经营方法标准化。通过签订许可协议，授予商在特许商的指导下，以特许商的名义和经营方法在某一区域经营，并向特许商付费；特许商根据协议提供多种形式的服务。

（2）经销商直销。特许零售商出售少量卖主提供的有限数量的产品线。常用于需要大量售后服务的高价产品，如重型设备、汽车。

（3）购买俱乐部。零售商组织的购买俱乐部只向自己的会员提供各种购买服务，消费者只有成为会员才能进行购买。购买俱乐部的渠道有利于商品向特定的细分市场渗透，如音乐影碟俱乐部、图书俱乐部等。

（4）仓储俱乐部或批发俱乐部。也常常采用会员制，参加者每年交一定的会费（在美国是 25～50 美元），就可以得到高折扣。以大量的、低管理费、类似仓储设施的方式来经营，销售商品种类少，产品选择有限，但价格常常比超市低 20%～40%，批量销售，购物环境简陋；不送货，不赊账，如沃尔玛的山姆俱乐部，麦德隆的现购自运店等。

（5）邮购、目录销售。向潜在顾客寄送文件资料进行无店铺的销售。常常建设一个接收顾客订单和向顾客直接发送产品的分销中心。如上海贝塔斯曼书友会，每年向会员发送 6 期图书目录，建立了 50 个会员中心，以接收订单和送书上门。

（6）零售的连锁经营渠道。一个零售商在不同的地区拥有多个零售分店，各分店销售基本相同的商品和商品类别，有相同的门店装修风格和店内摆放风格，以集团公司为单位集中采购和决策。连锁经营有利于零售商总部对各店运营的控制，能够帮助零售商将经营范围扩大到海外。例如，美国的沃尔玛、法国的家乐福、德国的麦德隆、英国的玛莎、日本的伊藤洋货堂、瑞典的宜家，以及我国的联华、华联、家世界、国美、苏宁等都采用连锁经营方式。

（7）百货商店。提供范围广泛、中等深度的商品。典型的产品组合包括软百货如服装、食品等，也包括硬百货如电器、五金器具和运动器材等。运作过程中，每一条产品线都作为一个独立的部门，由进货专家专门负责。百货商店已经逐渐由单店走向连锁，有的百货商店在全国范围内拥有商店，建立自己的分销体系。

（8）大型商场。与百货商店类似，产品更多，价格更便宜。

（9）专业店。经营一条窄的产品线，而该产品线所包括的花色品种多，比百货商店具有价格优势和深度选择优势。为了保持类型的全面性和及时性，常与制造商建立伙伴关系或合资，如运动用品商店、家具店、花店等。

（10）专业折扣店——类别杀手。提供产品深度选择的单一产品线，如运动商品、办公用品、儿童商品等，以折扣价格销售。整车采购，多数产品不需要制造商标价。多为全国性连锁，拥有自己的配货中心，如美国的玩具反斗城。

（11）折扣店。经营过时商品、积压商品，但价格便宜，如北京的上品折扣服装店，经营众多名牌服装，价格可低至一折。

（12）便利商店。能够给顾客提供地理位置和经营时间便利的商店，经营周转快的商品，提供有限选择的日用杂货、即食食品等，便利店一般规模小，价格高于超市。有的便利店24小时营业，如7-Eleven便利店。

（13）巨型超级市场（大卖场）。融合了超市、折扣店、仓库销售的零售原则，品种扩大到家具、重轻型器具、服饰等，基本方法是：大面积陈列，最少的商店人员。空间大，主要是食品和普通日用品，如家乐福（Carrefour）。

（14）样品目录陈列室。应用于大量的可供选择的高利润、周转快的有品牌商品的销售。顾客在陈列室里开出商品订单，送货上门。

讨论题　"快闪店"属于什么样的渠道形式？

2.4.3　以服务提供商为主导的渠道形式

（1）签约仓储运营商（contract warehousing）。仓储运营商根据合同为用户提供仓储服务，用户交一定的费用。

（2）二级处理商。对商品进行组装和二级处理，优势在于劳动密集或者高固定资产投资。常为需要少量订货的顾客服务，有时这类渠道参与者也扮演传统的批发分销的角色。

（3）交叉配载。货车公司为大量存货需求者提供仓储服务，又通过常规的回程搭载为少量存货需求者服务。司机中途装运货物，同时为顾客递送货物。

（4）联合运输商。这是运输公司主导的营销渠道。卡车和铁路运输一体化，提供大批订货的从供应商到顾客间的门到门的运输服务。对于拥有大批订货或宽泛产品线的制造商而言，使用这种渠道服务很经济。

（5）滚动装载。运输公司满载的货车从制造商直接运往高密度顾客市场。产品在路上被出售，司机由卫星通信的引导向顾客交货。

（6）定时火车。制造商"买一张票"将其路轨车挂上火车，顾客从目的地取货。

（7）外包商。具有特定专长，如计算机操作、守卫服务、打印、自助餐厅、修理部件和工具箱等的服务提供商与一家公司签订提供其专长领域的全面管理活动。外包商可能为承担与产品联系的外包活动而接管渠道产品流。外包已经扩展到商业的各个领域，如仓库修理、法律和会计部门等，外包商的业务正在不断增长。

（8）直邮商。由直邮商销售产品，制造商或第三方提供物流和支持活动。直邮商直接销售的产品线较窄，直邮商常常与市场研究数据库服务商联合扩展业务。

（9）易货商。其是专门组织物物交换的服务提供者。易货商与制造商签订实物交易合同，换得的实物再用实物交易或其他渠道分销出去。

（10）增值再销售商（value-added reseller，VAR）。不同服务行业的设计师、工程师或顾问师等。他们与制造商建立合资企业或采用其他合作形式，他们为产品提供设计等附加服务，使产品增加价值，然后将产品销售出去。其实质是将产品和服务打包出售，如计算机软件公司从制造商处获得计算机，然后将某种专用计算机程序设置进去后，再卖给对此计算机程序有特殊需要的客户，如银行等。增值再销售商有时以产品的方式获得佣金或折扣，他们常持有快速周转的存货产品。

（11）影响者——清单制定者。这些公司一般设计复杂的大型商厦或工程。他们拥有一批供应商，为客户提供专业服务和制定清单。对于产品生产者而言，他们的销售工作既要关注最终顾客，又要关注清单制定者，正像药品公司的营销工作既要针对病人，又要针对医生一样。

（12）金融服务提供商。这类渠道是制造商与金融机构组成的联盟，最初的目的是便于为顾客或中间商提供融资服务。后来也被用于开拓新市场，即在提供融资服务的帮助下，使制造商的产品易于进入新市场。

讨论题 在我国为什么以服务商为主导的渠道形式不够发达？

特别关注

智慧物流的智慧发展

"智慧物流"是2009年中国物流技术协会信息中心等多部门联合提出的概念。智慧物流重视将物联网、传感网与现有的互联网整合起来，通过精细、动态、科学的管理，提高资源利用率和生产力水平。

移动互联网、大数据、云计算、物联网等新一代信息技术的蓬勃发展，推动着智慧物流的智慧发展。首先，"互联网＋物流"带来物流生态网的革新，互联网具有平台开放、交互的优势，可提高物流信息共享互通效率，降低成本。其次，大数据驱动智慧物流发展。大数据技术可解决物流车空载率较高的问题。例如，菜鸟网络数据平台，利用大数据整合物流公司、商家、消费者及第三方社会机构的数据，提升物流公司和商家的信息化对称程度。大数据驱动的智能拣货和智能算法，能提高电商物流效率。如京东在分析各地电商客户的购买习惯后，结合电商平台相应的促销信息，对入库货物在不同地区进行不同数量的预先配货。当消费者在电商平台的订单生成后，系统可自动给出物流仓储系统中的最优配货分拣路线，并迅速打包、出库，将货物按照最优路径快速送到客户手中。再次，物联网推动传统物流向智慧物流发展。物联网技术实现物流货物的可视化追溯、智能监控调度及仓储自动化等：基于RFID实现货物追踪、识别、查询、信息采集与管理等功能；使用GPS、RFID、传感技术等，实现车辆定位、运输物品监控、在线调度与配送可视化；基于RFID的物流仓储管理可实现自动堆垛、自动分拣。最后，物流行业无人化发展是智慧物流的发展方向。从无人分拣、打包到无人车运输，再到无人机送货，物流行业的无人化发展初见端倪。京东计划实现无人仓储、无人快递和无人机送货，并已在几个城市完成无人机送货测试，顺丰也宣布其第一个获得无人机物流合法飞行权。

资料来源：岁寒.2017物流产业分类排行．搜狐网科技板块2017-08-10. https://www.sohu.com/a/163742088_119813.

2.4.4 其他渠道形式

1. 门到门的服务形式

就是上门推销,这是一种很原始的营销渠道。目前上门推销演变出许多新的形式,每种形式都有其特定的含义和应用范围。

(1) 单点销售。就是与顾客一对一的销售,这种方式能够与顾客实现高水平的互动,对为高利润产品寻求市场时很有效,如报纸配送。

(2) 路径配送。用于例行服务的重复购买,价格一次谈成,如牛奶递送,办公复印纸、油墨配送等。

(3) 家庭聚会。与单点销售类似,只是试图在一个地点接触更多的小的购买者,并能够很好地介绍产品,为购买者提供独特的购买体验。

(4) 多层次销售。即传销,销售人员不仅销售商品,而且吸引其他人员销售商品,新进的销售人员成为一支可以控制的销售队伍,并向原来的销售人员支付按销售额提成计算的佣金。

2. 购买者发起的形式

由购买者合作形成的渠道形式,目的在于集体购买,争取更多的利益。

(1) 合作社。处于同一行业的公司组成的一种组织,每个成员都是股东。利用规模优势,在采购、广告、制造等领域合作。这使小公司能够更有效地与大公司竞争。

(2) 经销商拥有的合作社。这样的合作社能够执行许多功能,如集体购买、仓储等。股东成员在享受合作社提供的利益时要付费,合作社利润的一部分用于年终对股东分红。

(3) 购买集团。成员关系相对不固定,组成集团主要是享受统一购买的好处。

3. 消费点销售形式

随着自动化技术和信息技术的发展,消费点销售的形式开始向更多的产品延展。

(1) 自动售货亭(自动售货机)。这种方式用于小的零售点和窄的产品线。购买的状况可以记录到计算机日志里,以控制存货。

(2) 计算机获取信息。通过计算机进行信息服务可以改变渠道流,以使产品能够从更经济的渠道流通。

4. 第三方影响形式

一个与大量人群或公司相关的组织能够成为一种渠道形式,向这些人群或团体供应产品或服务。

(1) 慈善活动。慈善机构常常组织义卖活动,赞助机构可以从销售额中获取佣金,销售人员常常是志愿者。

(2) 公司赞助项目。一些公司与某些制造商签约,为其员工提供一些基本需要的产品或服务。这成为一些产品或服务的销售渠道。

(3) 赠品和礼品市场。公司购买带有公司标志和名字的定制产品进行出售和分销,如中国邮政可以为客户定制带有公司名称和标志的明信片。

(4) 信函促销。一般将信函插在信用卡和其他账单中进行促销。

(5) 顾客名录跨领域销售。一家公司将顾客名录销售给另一家公司,通过顾客名录可以获得新的细分市场。

5. 目录和技术的辅助形式

（1）互联网销售。制造商或销售商通过网上商场进行销售活动，也有专门的网站从事专业的网络销售工作，如当当网等。

（2）电视购物。通过电视商场进行销售活动。

（3）专业目录销售。推销范围狭窄的产品或服务。

（4）企业对企业的目录营销。与专业目录销售相似，区别在于产品和顾客是针对企业的。

（5）第三方目录服务。一个供应商向特定光顾地点的顾客提供联合目录的目录销售形式，如飞机上的酒店目录、航班杂志。

（6）数据库营销。通过分析购买习惯和人口统计数据库，使公司在未来商务信函中更好地对顾客进行定位。

专栏

美国可口可乐公司的营销渠道[①]

可口可乐饮料公司以特许经营的方式经营，公司总部特许各个市场上的装瓶商（批发商）购买该公司的浓缩液，然后由瓶装商充碳酸气，装瓶，再把它们出售给本地市场的零售商。可口可乐公司将自己的销售原则总结为两条："随处可见"和"随手可得"。"随处可见"是指其终端管理的问题，"随手可得"即是其渠道建设的目标。

在美国，可口可乐联合灌瓶公司是可口可乐产品在美国最大的独立灌瓶商。它的总部位于亚拉巴马州的伯明翰市，其领地遍及亚拉巴马州、密西西比州、佐治亚州、南卡罗来纳州和田纳西州。公司将可口可乐产品供应给不同中间商，如超市、药店、大型超市、便利店、加油站、餐馆、自动售货机。还出现在一些特殊的场合，如名人网球公开赛、集市等本地活动。联合公司通过保持正常的送货时间、精确发货和维护客户正常的库存来赢得中间商的满意。

在中国，可口可乐实行以瓶装为中心的市场区域细分，每个瓶装厂负责所在地区产品的销售，实行独立核算，不允许有货物的跨区域销售，公司总部对销售价格和销售政策实行统一管理。每个瓶装厂的市场内部，被进一步划分，如中心城市划分为分区的经营部，经营部对业务员进行以街道为单位的片区市场划分。对于市场上存在的许多小型零售商，他们规模不大，每次进货量小，缺乏库房、停车场等必要的物流条件，如果直接对零售层送货，会使自己配送成本过高或代价很大。因此，可口可乐公司开发中国的分销渠道包括了一些小的经销商，让他们承担批发的任务。这样可口可乐的分销渠道，除厂家自身建设的以外，还包括经销商这种传统的渠道，由此形成了以紧密型渠道为主的终端分销渠道，体现了其渠道建设目标："随处可见"和"随手可得"。可口可乐的渠道终端如表2-2所示。

---

① 佩尔顿，斯特拉顿，伦普金. 营销渠道：一种关系管理方法. 北京：机械工业出版社，2004：6.

表 2-2 可口可乐的 23 种分销渠道

渠道终端分类	销售的具体方式
1. 传统食品零售渠道	如食品店、食品商场、副食品商店、副食商场、菜市场等
2. 超级市场渠道	包括独立超级市场、连锁超级市场、酒店和商场内的超级市场、批发式超级市场、自选商场、仓储式超级市场等
3. 平价商场渠道	经营方式与超级市场基本相同。但区别在于经营规模较大，毛利更低，平价商场通过大客流量、高销售额来获得利润，因此在饮料经营中往往采用鼓励整箱购买，价格更低的策略
4. 食杂店渠道	通常设在居民区内，利用民居或临时性建筑和售货亭来经营食品、饮料、烟酒、调味品等生活必需品，如便利店、便民店、烟杂店、夫妻店、小卖部等。这些渠道分布广、营业时间长
5. 百货商店渠道	以经营多种日用工业品为主的综合性零售商店，内部除设有食品超市、食品柜台外，多附设快餐厅、冷饮休闲厅、咖啡厅或冷食柜台
6. 购买及服务渠道	以经营非饮食类商品为主的各类专业店及服务行业，顺带经营饮料
7. 餐馆酒楼渠道	各类档次的饭店、餐馆、酒楼，包括咖啡厅、酒吧、冷饮店等
8. 快餐渠道	快餐店往往价格较低、客流量大，用餐时间较短，销量较大
9. 街道摊贩渠道	没有固定房屋、在街道边临时占地设摊、设备相对简陋。如出售商品和烟酒的摊点，主要面向行人提供产品和服务，以即饮为主要消费方式
10. 工矿企事业渠道	工矿企事业单位为解决工作中饮料、工休时的防暑降温及节假日饮料发放等问题，采用公款订货的方式向职工提供服务
11. 办公机构渠道	由各企业办事处、团体、机关等办公机构公款购买，用来招徕客人或在节假日发给职工
12. 部队军营渠道	由军队后勤部提供，以解决官兵日常生活、训练及军队请客、节假日联欢之需。一般还附设小卖部，经营食品、饮料、日常生活用品等，主要向部队官兵及其家属销售
13. 大专院校渠道	大专院校等住宿制教育场所内的小卖部、食堂、咖啡冷饮店，主要向在校学生和教师提供饮料和食品服务
14. 中小学渠道	指设立在小学、中学、职业高中及私立中、小学校等非住宿制学校内的小卖部，主要向在校学生提供课余时的饮料和食品服务（有些学校提供课余时的饮料和食品服务，有些学校提供学生上午加餐、午餐服务，同时提供饮料）
15. 在职教育渠道	设立在党校、职工教育学校、专业技能培训学校等职业人员再教育机构的，为再学习的人员提供饮料和食品服务
16. 运动健身渠道	设立在运动健身场所的出售饮料、食品、烟酒的柜台，主要向健身人员提供产品和服务；或指设立在竞赛场馆中的食品饮料柜台，主要向观众提供产品和服务
17. 娱乐场所渠道	指设立在娱乐场所（如电影院、音乐厅、歌舞厅、游乐场等）的食品饮料柜台，主要是饮料服务
18. 交通窗口渠道	机场、火车站、码头、汽车站等场所的小卖部及火车、飞机、轮船上提供饮料服务的场所
19. 宾馆饭店渠道	集住宿、餐饮、娱乐于一体的宾馆、饭店、旅馆、招待所等场所的酒吧或小卖部
20. 旅游景点渠道	设立在旅游景点（如公园、自然景观、人文景观、城市景观、历史景观及各种文化场馆等），向旅游和参观者提供服务的食品饮料售卖点。一般场所固定，采用柜台式交易，销量较大，价格偏高

续表

渠道终端分类	销售的具体方式
21. 第三方消费渠道	批发商、批发市场、批发中心、商品交易所等以批发为主要业务形式的饮料销售渠道，只是商品流通的中间环节
22. 其他渠道	指各种商品展销会、食品博览会、集贸市场、庙会、各种促销活动等其他销售饮料的形式和场所
23. 网吧渠道	在网吧供应可口可乐

资料来源：张广玲. 分销渠道管理. 武汉：武汉大学出版社，2005：93-95.

2.5 营销渠道的新变化

2.5.1 营销渠道变化的影响因素

对于微观企业而言，营销渠道需要根据市场变化的情况不断调整和改进；而从宏观视角看，营销渠道是一个开放的系统，任何一个渠道成员都必须适应环境的变化，不断调整自己的功能，调整自己的组织机构和任务，整个渠道系统的演变就是各渠道组织对渠道内外环境的各种影响力量不断适应的结果。

影响渠道变化的外部环境因素主要有以下几方面。

1. 经济环境

影响渠道变化的经济环境包括消费者的购买力和购买特征、产业发展状况、经济发展水平、市场结构等方面。

首先，从消费品营销渠道看，其变化直接受消费者购买力的大小和支出模式的影响。消费者的购买力越大，市场容量越大，整个营销渠道的内部分工就越细致和谐，触及面越深越广，分销的产品和服务就会越多越全，分销的手段和形式也就越多越新；同时，消费支出模式和消费结构的变化影响渠道运载的产品和服务种类，从而引起渠道内部的分化、重组和新渠道的产生。

其次，从工业品营销渠道看，产业的发展变化，产业购买者行为的变化及交通运输、通信、金融等行业的变化，都直接影响着企业的分销活动。

而消费者、产业购买者行为的变化最终是由整个经济大环境、经济发展、经济周期等因素影响的结果。

2. 政治法律环境

政治法律环境是指与营销渠道有关的各种法规、执法机构及社会团体的活动。政治法律环境的变化对营销渠道变化产生重要影响。

同时，随着我国市场经济发展，买方市场的形成和人们观念的变革，公众利益集团的数量和权利不断增加。其中最主要的是保护消费者权益和保护环境的组织，他们吸引了越来越多的参加者，力量越来越大。许多国家已经立法或成立专门机构保护消费者权益和环境，对损害消费者权益和破坏环境的企业进行限制和惩罚。各种"压力集团"的增加，给渠道各环节成员的经营活动增加了更多的限制。

3. 社会文化环境

社会文化环境是指一个社会的民族特征、价值观念、生活方式、风俗习惯、伦理道德、教育水平、语言文字、社会结构等的总和。社会文化环境是塑造消费者需求与偏好的核心因素，当价值观念、社会结构等变化时，个体对产品和分销方式的偏好也随之变化。消费者的生活态度和生活方式影响着他们收集信息、选择产品和服务及购物方式。如随着他们生活水平的提高，人们在选择商品时，不仅关心商品的功能也重视服务，零售商在提供服务方面比生产商更了解顾客，更有优势；对时间的追求及交通和家庭冷藏设备的改善，使顾客不再每天购物，而是集中购买，这促成了超级市场的大型化，生产者和批发商越来越依赖能够使其产品达到目标市场的零售商，零售商的地位上升了。再如，随着人们对健康的关心，人们愿意为保持健康付费，这使上门护理、网上医院、卫星诊所等新的医疗服务分销方式出现，成为传统医院医疗方式的补充。

4. 技术环境

20世纪90年代以来电子信息技术的发展，对营销渠道产生了以下影响。一是催生了许多新的渠道形式，消费者的购买方式随之发生变化，消费者可以通过电话、电视、计算机购物。二是改变了渠道信息流的传递速度和内容。商业自动化系统和软件的开发和应用，使渠道成员可以及时收集、加工、传送信息。三是改善了库存管理，使"零库存"成为可能。制造商对销售商的销售情况能够及时了解，通过自动订货系统，能够实现自动订货，整体配送。零售商可以小批量订货，节省流动资金。四是改善了渠道的支付流。电子货币——信用卡的广泛使用，方便了消费者，简化了支付手续。五是改善了渠道服务。渠道成员能够及时获得大量的顾客信息，及时了解顾客的需求及服务要求，实现与顾客的一对一沟通和服务。

讨论题 新技术产生了哪些新的渠道形式？

2.5.2 营销渠道的变化趋势

近年来，随着宏观环境的不断变化，消费者行为的变化，竞争形势的发展，市场营销渠道也不断发生变革，从企业渠道管理的层面看，最为明显的趋势如下。

1. 渠道体制由金字塔式向扁平化方向转变

传统的营销渠道的模式是：厂家—总经销商—二级批发商—三级批发商—零售商—消费者。这种金字塔式渠道体系存在以下缺陷。一是厂家难以有效控制销售渠道，厂家的销售政策不能得到有效落实。二是多层结构不利于提高效率，商品的中间环节加价多，零售价格高，不利于竞争。三是单项式、多层次的流通使信息不能准确、及时反馈。四是渠道层次多，增加了渠道风险。物流供应链架构的复杂性导致每个分销环节都潜伏着风险，过多的分销层次增大了资金积压和囤货风险，如一家公司出现问题，可能会产生连锁反应，影响到供应链上多家公司。

渠道体系扁平化是指企业依据自身的条件，利用现代化的管理方法和高科技手段，最大限度地使生产者直接把商品出售（传递）给最终消费者，以减少销售层级的分销渠道。具体来说，就是由多层次的批发变为一层批发，即渠道结构成为制造商—经销商—零售商的模式。一些企业在大城市设立配送中心，直接面向经销商和零售商提供服务。渠道体系扁平化发展有利于改进传统渠道体系的诸多问题，能够增加网点、降低成本、提高制造商对渠道的控制力。

2. 渠道运作由总经销商为中心变为终端市场建设为中心

销售要解决两个问题：一是如何把产品铺到消费者的面前，让消费者见得到；二是如何把产品铺到消费者心中，让消费者乐意买。不同时期，企业解决这两个问题的方式不同。20世纪90年代后期前，企业多是在销售通路的顶端，通过大户政策来开展工作，但当市场饱和时，其弊端明显。

（1）企业把产品交给经销商，经销商一级一级分销下去，由于网络不健全、通路不畅、终端市场铺开率不高、渗透深度不足等，经销商无法将产品分销到厂家所希望的目标市场上。结果厂家广告电视上天天见，但消费者在零售店却见不到产品。

（2）产品进入零售店摆放什么位置、如何展示陈列、POP广告如何张贴、补货能否及时等，这些终端工作经销商往往做得不到位，影响终端销售力。

（3）厂家的销售政策无法得到经销商的全面执行，其结果是，厂家促销力度大，而促销效果差。

（4）厂家、经销商利益矛盾，使厂家无法确保一个稳定的市场，经销商无序经营、窜货、降价倾销现象严重。

（5）厂家为调动经销商的积极性，花费成本大，导致厂家经营无利。

针对这些情况，厂家开始以终端建设为中心来运作市场。在终端市场进行各种各样的促销活动，激发消费者的购买欲望，使消费者乐意买；同时，通过对代理商、经销商、零售商各环节的服务与监督，使产品及时到达终端，提高产品的展露度，使消费者买得到。

3. 渠道建设中渠道成员之间的关系由交易性关系向伙伴性关系转变

在交易性关系中，每个渠道成员是独立的经营实体，每个成员追求个体利益最大化，甚至不惜牺牲渠道和整体利益。

在伙伴性关系中，厂家和经销商一体化经营，厂家对渠道实现集团控制，使分散的经销商形成整合的体系，渠道成员为实现自己和大家的共同目标努力，追求多赢。

厂家与经销商合作的方式如下。

（1）联合促销。如共同做广告——经销商发布广告，厂家给予补贴；陪同销售——厂家派销售人员协助经销商向其下级客户销售；销售工具——厂家为经销商提供样品、POP等。

（2）专门产品。厂家为经销商提供专门产品，可以增强销售网络的凝聚力，减少消费者购买时的价格比较。如厂家对大的零售商专门生产某一产品，经销商买断某一品牌经营等。

（3）信息共享。共享市场调查、竞争形势、消费者动向等方面的信息。

（4）培训。厂家为渠道成员提供培训。

实践中，厂家与经销商关系组合方式如下。

（1）合同式体系。在厂家和经销商之间、经销商与经销商之间，以合同为约束，把渠道各个独立的实体联合起来，形成合同式的营销体系。特许经营就是典型的合同式体系，通过特许权，将生产销售环节连接起来，形成完整的直达终端的经营体系。

（2）管理式体系。厂家靠自己的优势（声誉、创新能力等），成为渠道的主导成员，将渠道中不同成员联合成体系。

（3）所有权式体系。厂家以入股方式来控制销售渠道，如格力空调西南销售公司就是格力集团与经销商共同入股组成的。

4. 市场中心由大城市向小城市和乡村市场延伸

以前企业以大城市为重心开发目标市场,在省会城市设销售机构,在大城市进行竞争。目前,一些企业则将市场重心移到地区、县级市场,在地、县级市场设立销售机构,如双汇集团在一个省设立的办事处达到二十多个。以大城市为重心,容易出现市场空白点,重心下移,地区设销售中心,能够做好地区市场,以县为中心设办事处,能够做好县城—乡镇—村级市场。

企业对经销商的政策也发生了变化,从重点扶持大客户转移到重点扶持二、三级经销商,如美的集团的新渠道战略是"弱化一级(经销商),加强二级(经销商),决胜三级(终端商)"。美的集团的小家电经销商以前都在大城市,现在要让地、县级经销商占总经销商的2/3,一级经销商只负责给美的集团提供资金,二、三级经销商做市场。给二、三级经销商提供强有力的支持,提高其竞争力,通过做"小方块",实现更大的市场覆盖。

5. 网络渠道日益成为渠道建设核心

中国国家统计局数据显示,2018年我国网络零售额达90 065亿元,其中实物商品网上零售额70 198亿元,占零售总额18.4%。随着网络线上销售规模的扩大,企业互联网渠道建设成为渠道建设的核心工作。从传统互联网的电商销售,到移动互联网时代的微商销售、社群电商销售等,都成为企业网络渠道建设的发力点。

特别关注

中国经销商变革之路

中国经销商实现有效转型的五大途径是:

第一,重新定位,从经销商到服务提供商转变;

第二,确定更长远的目标市场,开发三、四级市场和国外市场;

第三,重组、联合与扩张;

第四,自创经销商品牌;

第五,专业化生存。

与此同时,也有专家认为转型只对一、二级市场的经销商来说是当务之急,而对三、四级市场的经销商而言,由于受大卖场威胁较少,只要注重完善自身经营管理水平,转型似乎并不那么迫切。不论专家们怎么说,经销商们已纷纷开始试水转型,正在探索多条转型之路。

资料来源:杨谦.分销地图:透视正在发生的分销革命.长沙:湖南科学技术出版社,2004.

2.5.3 渠道结构的演变:单渠道、多渠道、跨渠道和全渠道

企业营销渠道发展经历了单渠道、多渠道、跨渠道到全渠道的发展过程。

最初的单渠道营销是只通过一条渠道将产品或服务转移到消费者手中的行为,总体市场覆盖面小,在实体店铺时代广为使用。当单渠道无法满足多种类型的客户需求时,多渠道营销应运而生。多渠道是多个单一渠道的集合,各渠道针对不同的客户群,每个渠道各自独立完成零售行为过程的全部功能,相互之间没有合作,也没有统一的操作标准和规范。多渠道扩宽了市场销售范围,针对每一个单独的渠道可灵活采用不同的营销方式,但不同的渠道不

能有效连接，运营效率低，管理成本高，也难以对营销效果进行有效的分析。

单渠道与多渠道均是一条渠道完成全部销售行为的全过程，当企业可以整合各渠道的资源，将不同的任务交由不同的渠道完成时，就是跨渠道营销。在跨渠道营销下，企业采取多条零售渠道协同营销和销售，每条渠道完成零售的部分功能，跨渠道是各渠道功能的整合。飞速发展的数据链接技术为跨设备、跨渠道（线上、线下）营销提供了基础，帮助品牌通过最适合的渠道与客户沟通。跨渠道战略的深远影响是帮助品牌在不同的渠道同时与消费者沟通，这些技术和技巧开创了市场营销活动和渠道协同销售的新时代。由于多条渠道的相互融合，企业可以获取各渠道中的消费者行为数据并进行分析，通过消费者洞察，能够更准确地评估每次活动的效果，制定更合理的渠道销售战略。

全渠道零售是跨渠道零售的升级，指企业采取尽可能多的零售渠道类型进行组合和整合销售的行为，以满足顾客购物、娱乐和社交的综合体验需求，这些渠道类型包括有形店铺（实体店铺、服务网点）和无形店铺。全渠道营销打造以顾客为中心的商业价值模式，为顾客提供一体化的购物体验。借助数据技术，全渠道模式通过渠道间的协调，将服务和沟通覆盖消费者的整个消费流程，包括产生需求、搜索比较、体验、购买、支付、收货、售后等。里格比（Rigby）提出全渠道零售（omni channel retailing）概念后，全渠道成为营销渠道理论发展的亮点。数字化零售正在快速重构传统零售，零售企业可通过尽可能多的渠道与消费者互动，包括社交商店、移动商店、地面实体店、呼叫中心、传统网店、社交媒体等，实现全渠道零售。

2.6 营销渠道理论范式的演进

按照斯特恩（Stern）和瑞夫（Reve）的总结，分销渠道理论发展经历了渠道结构理论和渠道行为理论两个阶段，渠道结构理论范式被称为"效率范式"，其研究的核心主题是通过优化渠道结构，获得渠道效率；渠道行为理论研究的核心是对渠道成员行为和关系的研究，先后形成了"权力（冲突）范式"和"关系范式"这两种理论。这就是渠道理论范式演进中的"两阶段三范式"。目前，分销渠道的理论范式已由效率导向转向行为导向，"关系范式"成为分销渠道理论的主流范式，其对渠道行为有较强的解释力和应用性。

2.6.1 "效率范式"下的分销渠道理论研究

渠道效率或效益范式是20世纪70年代以前渠道理论研究的主流，渠道效率范式以经济学分析为基础，其核心是通过渠道结构的设计，形成并获取渠道成员之间由于分工和合作所带来的效率及效益。

在渠道效率范式下，分销渠道理论重点研究以下问题。

1. 渠道的职能与效率

韦尔德（Louris D. H. Weld）在1916年出版的《农产品市场流通》中研究了中间环节存在的理由，率先提出了流通渠道效率的问题。随后，拉夫尔·斯达尔·巴特勒在《市场流通与经商》中，强调了中间商为生产者和消费者创造的效用，提出了著名的四效用理论，即：基本效用、形式效用、地点效用和实践效用。此外，奥尔德森（Alderson）和马丁（Martin）通过分散交换与集中交换的效率的比较，证明了中间商对流通效率的作用。

基于分工与合作的原理，渠道组织的效率是由各成员之间的整合效率决定的。如果渠道组织成员之间的合作和谐一致，就会产生协同效率；反之，如果渠道成员之间常常发生内耗，导致交易或组织成本太高，就可能产生渠道组织的非效率。早在20世纪40年代康弗斯和休吉（Converse & Huegy）就注意到分销渠道纵向一体化（整合）的潜在优势，即营销费用（实质是交易成本）的降低和原材料或商品销路的确定性，同时他们指出，一体化也带来了管理和协调的优化。麦卡蒙（McCammon）继续了康弗斯和休吉关于一体化问题的研究，提出了建立三种中心协调体系，即公司营销体系，由一个公司来联合生产和分销体系；管理营销体系，运用领导影响协调商品流和服务流，以取得系统经济效益；契约营销体系，使用契约方式，协调渠道成员的活动，以取得系统经济和经济效益，以及单个企业所不能获得的市场影响力。

20世纪70年代以后，渠道结构理论研究的重点转移到渠道结构的演变及高效率机构框架的设计方案上，并提出了影响渠道结构演变及高效率机构框架设计的几个概念：延期、投机和职能放弃。巴克林（Bucklin）开创性地用延期和投机的概念解释了渠道结构的形成，认为渠道成员对渠道结构的选择取决于延期和投机的收益比较。而职能放弃理论主要通过分析渠道机构组织在何种情况下放弃原有职能，从而预测和判断渠道结构可能发生的变更。

2. 渠道的设计与选择

沃尔特斯（Walters）从渠道结构与职能、渠道流量等方面对渠道设计和渠道选择进行了研究。他认为，渠道设计是对渠道的基本结构进行设计，而渠道选择是在渠道设计的基础上对渠道成员结构所进行的选择。"渠道选择"包括三个层次的决策行为：一是渠道初选（channel adoption），二是渠道修正（channel modification），三是渠道创造（channel creation）。

鲍尔索克斯（Bowersox）等人认为渠道设计是一个系统过程，必须根据条件和环境的变化对所设计的渠道进行修正、调整甚至重新设计。

斯特恩等提出应该从最终消费者的角度来设计渠道方案。首先，从购买过程对最终消费者进行类别分析；然后，通过对最终消费者购买特征或服务类型的类别分析设计理想的渠道成员结构和渠道系统；同时，对企业现在利用的流通渠道进行评价，并对企业内、外部环境与机会进行分析；最后，对理想的渠道系统、现有的渠道系统及经营者心目中的理想渠道系统进行差距分析，通过对目标与约束条件的分析调整经营者的偏好与认识，在一定约束条件下确定符合实际的渠道目标。

可见，"结构范式"的分销渠道理论是古典经济学及后来的新古典经济学关于分工与合作理论，以及产业组织理论在渠道领域的应用。这一范式的基本假设是如果工业厂商和商业机构各自都具有高效率，他们之间的合作又具有整体效率的话，则分销渠道结构就是最优的。而分销渠道效率主要来自成本降低、职能分工差异和分销渠道的设计方面。

2.6.2 "权力（冲突）范式"下的分销渠道理论研究

20世纪70年代以后，由于斯特恩等人的倡导和研究，形成了"行为导向"的分销渠道理论。行为导向的渠道理论先后形成了两个理论范式：一是"权力（冲突）范式"；二是

"关系范式"。权力（冲突）范式认为渠道成员是既追求自身利益又追求共同利益的集合体，因此，彼此之间既存在着相互依赖关系，也存在着相互冲突的潜在因素。

在渠道权力（冲突）范式下，分销渠道理论重点研究以下问题。

1. 渠道权力

斯特恩认为，渠道由一组专业机构组成，劳动分工广泛，每个成员在某种程度上依赖其他成员，如果某个成员对其他成员的依赖性较大，那么后者将更有权力；如果一个成员对渠道的承诺减少，那么渠道的其他成员影响他的能力将降低。依存和承诺是理解渠道中权力关系的关键。

渠道权力直接关系到渠道成员在渠道中的地位及对其他成员的支配能力，最终表现为渠道获利能力的大小。社会心理学家弗伦奇和雷文（French & Raven）提出权力的基础或源泉有6种类型，即奖励权力（reward power）、强迫权力（coercive power）、法定权力（legitimate power）、认同权力（referent power）、专家权力（expert power）和信息权力（information power）。权力来源理论被渠道理论研究者直接解释渠道权力的来源，认为由于渠道成员中的交易关系是相互依赖的，因此每个渠道成员都或多或少对其他渠道成员拥有一定的权力，以上6种类型的权力在渠道成员中交织存在，相互影响、相互牵制。亨特和内文（Hunt & Nevin）在此基础上，将渠道权力归纳为强制性权力和非强制性权力。卢施和布朗（Lusch & Brown）的研究将渠道权力来源分为经济性来源（奖赏权、强制权和合法权）和非经济性来源（专长权、感召权和信息权）。他们认为，渠道领导者使用非经济权力越成功，非经济权力的使用质量就越高，受影响的渠道成员对渠道领导者权力的认同度反而越低。加斯凯和内文（Gaski & Nevin）发现，供应商实际使用强制性权力比仅主张这些权力对经销商满意和渠道冲突产生的影响更大。

2. 渠道冲突

斯特恩研究了分销渠道中的冲突，认为渠道成员被锁定在相互依存的网络中，如果一个成员认为其他成员阻碍其实现目标，将不可避免地发生冲突。此后，许多营销学者研究了权力、冲突、合作和谈判等问题。

渠道冲突实际上是"功能性相互依赖"的另一面，渠道冲突是不可避免的。渠道冲突是多种因素作用的结果：渠道成员的目标不相容；渠道成员对于现实的不同理解；渠道成员关于自身领域的认识不一致等。卢施对美国汽车经销渠道的实证研究表明，使用一定的权力来源将产生多重影响，非强制性权力来源常常能够降低渠道内冲突，而强制性权力来源则可能强化渠道内冲突。

曼格拉斯和哈迪（Mangrath and Hardy）根据分歧的强烈程度、重要程度和经常性，把冲突划分为三个水平，即高冲突区、中等冲突区和低冲突区。罗森布卢姆（Rosenbloom）认为低水平的冲突对渠道效率没有大的影响，中等水平的冲突对渠道效率有好的或建设性的影响，而高水平的冲突则对渠道效率有坏的或破坏性影响。布朗和戴认为分销渠道中冲突是一个动态过程，在这个过程中，冲突从不和谐的潜在状态向可察觉的冲突，再向感觉到的冲突，到最后显著冲突行为阶段不断发展。

此外，渠道行为理论还就渠道冲突的解决方案进行了探讨与研究。

3. 渠道合作

分销渠道的本质是合作而非冲突。渠道合作指渠道成员为了共同及各自的目标而采取的共同且互利性的行动和意愿。但合作的实现有赖于权力的平衡和冲突的控制。

渠道合作来源于渠道成员之间的相互依赖性,而相互依赖性则是渠道成员功能专业化的结果。在分销渠道中,由于渠道成员既有共同利益也有自身利益,加之各自的分工、资源和能力不尽一致,因此必然存在着既竞争又合作的竞合关系。在很多状况下,合作比竞争更能带来高效益。斯特恩和伊尔·安萨里认为,(渠道)成员被推入彼此依赖的关系中,因为他们需要资源——不仅仅是资金,还有专业化技巧、进入某一特定市场的能力,以及与此相似的其他要素。为了完成渠道的任务,渠道成员在功能上的相互依赖性要求他们进行最低限度的合作;否则,渠道便不可能存在。

渠道合作有多种形式,主要的有联合促销、联合贮运、独家代理、信息共享、联合培训和地区保护等。

4. 渠道权力、合作及冲突的关系

渠道中的权力、冲突与合作是密切相关的,它们共同植根于渠道成员之间的相互依赖。三者的内在联系表现为:渠道合作与渠道冲突并存。但渠道合作是渠道成员关系中的永恒现象,而渠道冲突却表现为潜在的及阶段性的;渠道冲突的显现具有条件性(渠道成员之间的现实的合作;一个成员对另一个成员行为的干预);渠道权力的非均衡是导致渠道冲突的根本原因。当渠道权力在渠道成员中处于均衡状态时,由于各方力量的牵制,渠道冲突会处于较低状态。

总体来说,"权力(冲突)范式"理论探索的是影响渠道成员行为的内在本质性的原因,研究的是渠道成员行为的规律性,关注渠道成员的满意程度,而不仅仅是渠道效率,关注过程甚于结果,渠道协调目标是"权力范式"最重要的渠道目标。

2.6.3 "关系范式"下的分销渠道理论研究

20世纪90年代以后,在关系营销理论的指导和影响下,产生了渠道理论的关系范式。渠道关系理论认为,利益之争常常导致组织间合作的失败,因此组织间的关系成为渠道研究的重点。随着同一时期,战略联盟理论的兴起,渠道关系理论将关系和联盟结合起来进行研究,认为战略联盟是渠道关系中最高、最好的形式。

在渠道关系范式下,分销渠道理论重点研究以下问题。

1. 渠道成员关系的类型

渠道成员间相互依赖而又相互竞争,杰格迪什(Jagdish)按照组织间关系的目的和性质将组织间关系分为交易关系、合作关系、伙伴关系和联盟关系,如图2-10所示。

关系目的	关系性质	
	事先的	可发展的
战略的	联盟关系	伙伴关系
操作的	交易关系	合作关系

图2-10 渠道关系的类型

联盟关系是战略性的事先关系。渠道联盟的动机可从上游动机和下游动机来看,上游渠道成员(如制造商)的动机是利用下游渠道成员所提供的诸多价值——低成本分销、更好的产品到达率、建立进入壁垒等;下游渠道成员建立联盟的动机是保证其所需产品有保障的和稳定的供应,通过渠道联盟降低成本、实现差异化等。上、下游渠道成员寻求建立难以模仿的牢固关系,通过这种方式来达到阻止竞争者进入其各自业务领域的目的。

2. 渠道联盟关系

关于分销渠道联盟的研究包括以下几个方面。

(1) 渠道联盟的实质、目的和绩效。斯特恩等认为渠道联盟的实质是承诺和信任，为保持持续的竞争优势和超额利润，上游和下游企业努力建立和增进渠道内的联盟。费恩和雅普 (Fein & Jap) 认为联盟是权力安排的再平衡，制造商为了保证顺利进入市场，通过获得分销商的承诺，将增加信息共享，阻止未来的竞争。蒂斯 (Teece) 的研究表明，由于市场竞争变得更加激烈，厂商开始放弃其渠道中的"高压控制权"，开始将渠道成员视为合作伙伴。斯特恩和伊尔·安萨里认为渠道联盟背后的动机是提高渠道营销价值和（或）减低渠道总成本，从而提高渠道的绩效。西古阿等 (Siguaw) 的研究则表明，经销商与供应商结成联盟将在财务绩效上取得显著改进。

(2) 渠道联盟成员的行为模式。海德和迈纳 (Heide & Miner) 认为，假定存在连续性的期待，建立联盟的下一步是获得对方的忠诚。斯特恩等认为双向沟通是建立忠诚的重要因素，渠道成员自由地交换信息和介入对方的营销努力，彼此了解弱点和优势，坦诚地提供建议。莫和内文认为信任和沟通相互加强：更多的沟通产生更多的信任，更多的信任巩固更多的沟通，联盟是日常互动行为的函数。

(3) 选择合作者和环境。斯特恩等认为，企业应选择具有互补能力的企业作为建立联盟的对象。顾莱锡认为，企业应与其知晓的企业发展商业往来，并不断延伸，拓展商业网络，增进业已深植的社会资本。在联盟的环境方面，信任程度与决策结构有关。集权决策有损信任，破坏增进信任的参与、合作和日常互动行为；决策形式化有损信任，因为互动行为的机械性剥夺了参与者的自主权。此外，在相对宽松的环境中，信任将增加。

3. 渠道关系的生命周期

科赫兰 (Coughlan) 等将分销渠道联盟的关系划分为认知、试探、发展、承诺、僵化直至恶化等阶段，渠道关系经过生命周期不同阶段的发展，可能进入一个相互忠诚的阶段。奥尔德森的研究表明，实际商业活动中，渠道成员通过重复的互动行为，经历足够的关键性事件，交易关系就发展到真正的合作关系。

综上所述，分销渠道理论研究已经由效率导向转向了行为导向的研究，两者更多的是互补而非替代，前者主要涉及经济的"产出"，着重研究成本、职能差异和渠道设计，而后者则关心行为的"过程"。两者结合，是指导营销渠道研究的理论基础。

案例分析

小米手机从线上到线上线下一体化的渠道发展[①]

一、小米科技公司发展历程

北京小米科技有限责任公司2010年4月成立，是一家专注于智能硬件和电子产品研发的移动互联网公司。2011年7月，小米公司公布旗下三款产品：MIUI、米聊和小米手机。2011年8月，小米手机1正式发布，小米手机1作为小米公司研发的第一款高性能智能手机，因其高性价比及"为发烧而生"的产品理念，受到年轻消费群青睐。2013年9月，小米

[①] 根据小米官网 https://www.mi.com/about/，小米集团招股说明书及其他公开文献资料撰写。

科技发布当时世界顶配四核手机小米3，2014年7月，小米手机进军印度市场。2017年小米进军新零售模式，小米手机出货量5 094万台，中国市场销量占比11%，次于华为、OPPO、VIVO和苹果，排第四位。

2016年3月小米宣布成立"MIJIA米家"生态链品牌，米家品牌名称取自小米智能家庭当中的"米"和"家"字，理念是"做生活中的艺术品"，2019年第一季度财报数据显示，小米公司旗下生态链企业已达270家，小米生态链建设秉承开放、不排他、非独家的合作策略，和业界合作伙伴一起推动智能生态链建设。目前小米集团产品包括手机和电话卡、电视和盒子、笔记本和平板、家电和插线板、出行和穿戴、智能产品和路由器、电源和配件、个护和儿童用品、耳机和音响、生活用品和箱包等10个类别、146种产品，小米集团2017年总收入为1 146亿元人民币。2018年7月9日，小米集团在香港证券交易所上市。

二、小米线上渠道

1. 小米商城

小米定位为年轻人的品牌，从培养粉丝到粉丝销售，创业之初专注互联网渠道，高举性价比大旗，让利消费者，在互联网营销领域一片空白的时候取得了巨大的先发优势，由此，小米公司获得了空前的成功，小米商城是小米最主要的销售渠道。

2. 有品平台

"米家有品"（现已更名为"有品"）成立于2017年4月，是小米公司旗下的精品电商平台，涵盖多种类别产品，也全面销售小米的产品。有品依托小米生态链体系，延续小米的"爆品"模式，致力于将"小米式的性价比"延伸到更广泛的家居生活领域。目前，有品有十三大品类，覆盖家电、家居、手机、智能、影音、服饰、日用、餐厨、食品、出行、配件、婴童、文创等方面。

3. 小米官方旗舰店

小米在天猫、京东、苏宁易购和国美在线等第三方电商平台上自建官方旗舰店，小米自建自营，是正规的官方销售渠道。

4. 第三方线上分销

第三方线上分销合作方，在中国大陆与主要电商公司京东及苏宁等合作，在印度及世界其他地区，主要通过Flipkart、TVSElectronics及亚马逊等第三方电商实现线上销售。

三、小米线下渠道

小米线下店主要有四种形式，一是自建自营的小米之家，人、货、场全部由小米提供；二是他建自营的专卖店，人、货由小米负责，场由合作伙伴搭建，双方采用分成方式合作；三是他建他营的授权店，人、货、场都由合作伙伴出；四是小米直供店，也称为小米小店，合作方从专门的渠道拿货，自负盈亏。

1. 小米之家

小米之家是小米公司官方直营零售体验店，也是小米公司和用户面对面的重要平台和窗口。2015年9月，小米之家当代商城店开业，小米之家首次入驻商城，小米手机渠道正式向线下发展，到2017年小米手机销售渠道建设重心从线上营销转向实体门店，2017年5月，小米开设第100家小米之家。据小米上市招股书中披露，截至2018年3月31日，在中国大陆有331家小米之家。

2. 第三方分销网络

小米第三方线下分销网络包括专卖店、授权店和小米小店。线下分销商在2016年、2017年出现了较大的增幅，2016年线下分销商净增加206家，2017年净增加804家。2018年，仅北京地区的小米授权体验店已达207家。

此外，线下大型电子产品卖场如苏宁电器等也是小米线下第三方分销的重要渠道。

3. 小米授权服务网点

小米授权服务网点，有超过400家门店支持1小时快修。

四、运营商渠道

小米先后与中国联通、中国电信和中国移动合作，通过运营商的实体营业厅和在线营业厅售卖小米手机。运营商为了自身的利益及增加产品的种类也乐意和小米手机合作。与运营商合作和联合促销，使小米扩大了用户群范围，如2016年与中国移动合作，推出红米Note4等产品。

讨论题

1. 小米线上渠道成功的关键因素是什么？
2. 小米如何运用新零售战略来构建其渠道结构的？

案例点评

小米是互联网渠道成功的典范，从2010年创业到2015年的时间里，网络销售一骑绝尘，获得空前成功。但随着竞争对手对互联网模式的复制和技术堆积，在互联网流量见顶之后，小米的增长受到遏制。小米的供应链也饱受质疑。巨大的互联网线下人群则被有线下渠道和经验的对手瓜分。2015年第三季度，美国道琼斯曾报道，小米智能手机发货量首次出现同比下滑，分析称其下滑的原因之一在于长期以来依赖线上渠道，线下渠道缺失。随后的小米开始布局线下。建立在一、二线市场重要商区的小米之家重在体验和品牌形象展示，三、四线及以下的城市，专卖店、授权店和小米小店成为重要的销售力量，分食了OPPO、VIVO的一部分市场份额。值得一提的是，小米线上和线下渠道布局是以其"新零售"战略为指导的。

◇ 本 章 小 结 ◇

本章概述了市场营销渠道的几个最基本的理论问题：什么是营销渠道，营销渠道存在的原因，营销渠道成员有哪些类型，营销渠道的功能是什么，对于企业的经营活动起什么样的作用，营销渠道结构有哪些类型，常见的营销渠道的具体形式有哪些，营销渠道演变的影响因素是什么，目前营销渠道演变有哪些趋势。最后分析了小米互联网营销渠道的发展案例，使读者进一步体会营销渠道的功能，企业营销渠道的建设，以及营销渠道的演变。本章所阐述的理论问题是全书的理论铺垫。

文章的重点是市场营销渠道的功能和结构。

本章的难点是营销渠道功能流和营销渠道的演变，8种功能流在不同的渠道类型中如何分工？对于单个企业而言，营销渠道演变的动力是什么？

中英文关键词语

1. 庄贵军. 营销渠道管理. 2版. 北京：北京大学出版社，2012.
2. http：//www.cmmo.cn/.

中英文关键词语

1. 渠道流　　 marketing flows in channels
2. 渠道成员　　 members of a marketing channels
3. 营销渠道的功能　　 functions of marketing channels
4. 渠道形式　　 channel formats
5. 销售渠道　　 sales channel
6. 交货渠道　　 delivery channel
7. 服务渠道　　 service channel

思考题

1. 举例说明什么是市场营销渠道。
2. 市场营销渠道的功能有哪些？
3. 举例说明如何根据渠道的功能流来识别某企业的渠道。
4. 列举出渠道演变中3个最新的渠道形式。
5. 请通过查阅资料寻找对营销渠道的不同研究和观察视角的例子。
6. 为什么"渠道结构扁平化"是当前一些企业营销渠道改革的方向？

自测题

判断正误，说明理由。
1. 营销渠道的存在是因为社会上存在着制造业和商业的分工。
2. 最佳的渠道形式是最经济的渠道形式。
3. 渠道成员可以增加或减少，但是渠道的功能必须要承担。
4. 制造商属于渠道成员，但消费者不属于渠道成员。

第 3 章

零 售

导读案例

不断进行业态创新的全球500强之首——沃尔玛

没有一项产业会比零售业与消费者的日常生活有更密切的关系。一位美国学者曾把零售业的使命形象地定义为"提高生活水准、传播幸福",而沃尔玛(Walmart)正是这一行业中一颗璀璨的明珠。沃尔玛公司是国际著名的大型零售企业,2002年,以2 178亿美元的惊人业绩跃居《财富》世界500强之首。2018年,以5 003.43亿美元的营业收入继续居《财富》世界500强首位。

沃尔玛准确的市场定位、先进的配送管理、强大的技术支持、"天天平价"的营销策略及和睦的企业文化等成就了其今天的辉煌。然而,不断的业态创新也是其成功的重要因素。

1. 20世纪50年代以杂货店起家

1951年,沃尔玛的创始人山姆·沃顿在美国阿肯色州的本顿威尔盘下一家老式杂货店,取名"沃顿5分~1角"商店,主要经营花边、帽子、裁剪纸样等乡下杂货店的传统商品。随后山姆扩大了店面,并开始采用自助式服务的经营方式。1952年10月,第二家"沃顿5分~1角"商店开业。到1960年,他已有15家商店分布在本顿威尔周围地区,年营业总额达到140万美元。当时山姆在杂货业的成功,除了他的努力工作和经营谋略外,还得益于该行业在当时美国零售业中的地位。20世纪40年代后半期和整个20世纪50年代,杂货业在美国,特别是农村小镇上是一种兴旺发达的零售形式。

2. 20世纪60年代转入折扣百货业

20世纪60年代初,折扣商店在美国开始进入迅速发展的成长期,并已对小镇的传统杂货店形成了威胁。这是一种低价大量进货,便宜卖出,以经营宽系列综合商品为特点的零售经营形式。1960—1962年间,山姆考察了当时美国主要的几个折扣商店连锁集团,下决心从杂货业转入折扣百货业。1962年7月,第一家沃尔玛折扣百货店开业,店名为Walmart。经过近20年的发展,20世纪80年代末,沃尔玛已有1 400多家分店,分布在美国29个州,年销售收入200多亿美元,净收入10亿美元,总营业面积近1 000万平方米,成为全美最大的折扣百货连锁公司。

3. 20世纪80年代的山姆仓储俱乐部

典型的仓储俱乐部营业面积大，品种齐全，价格低。仓储俱乐部保证商品种类齐全、价格又特别便宜的诀窍在于只经营每大类商品中那些需求最多、销量最大的品种、规格或品牌，而且很多商品的最小销售包装要比一般商店大得多，这些措施能使同样商品在仓储俱乐部比普通零售店便宜30%～40%，大大增强了对顾客的吸引力。补偿成本和稳定顾客的另一措施是实行会员制，目标顾客是购买批量较大、从事小生意的顾客，如餐馆、食品店等。由于以上种种优点，仓储俱乐部被认为是折扣百货店之后最具创新、最有潜力的商业经营形式，可看作是批发和零售的一种完美结合。1983年，第一家山姆俱乐部在俄克拉荷马城开业，1989年山姆店开到105家，销售额近40亿美元，在公司总销售额中的份额增至18.8%。从1990年起，山姆俱乐部就占据了美国仓储俱乐部业态销售收入第一的位置。2003年，山姆俱乐部年度销售额344亿美元，仅美国本土就有538家山姆会员商店。

4. 20世纪90年代发展购物广场

20世纪80年代，在发展单店面积达2万平方米的特级市场失败后，山姆总结了顾客的意见及经营中的问题，又开始试验比特级市场面积小一些的购物广场。购物广场营业面积为1万平方米左右，毛利率17%～18%，相比于一般超市的毛利率仍有优势。商品组合相当于一个超市加一个折扣百货店，商品大类比超市略窄，但质量更好，总计约6.5万种，食品、综合商品各一半，遵循"一站购齐"的原则，目标是1万人口以下的小镇。1988年，第一家沃尔玛购物广场在密苏里州的一个9 000人口的小镇开业。公司认为在这样的地方设店是因为当地很多人定期要到几十公里外的都市去购物，而购物广场较小的规模和商品组合的灵活性使之具有适应较小社区的能力。特别是在这些地区，沃尔玛20多年的经营已建立起良好的声誉和稳定的顾客群。公司将购物广场看作是以往折扣百货店的延伸。1992年沃尔玛购物广场共开业10家，1994年72家，到1996年增至239家。到2010年4月，在美国本土的沃尔玛购物广场共有2 767家。

除此之外，沃尔玛的收购行动也从国内扩展到了国际市场。在1991年前，沃尔玛的收购兼并基本在国内完成，从1991年开始从国内市场向海外市场扩展，大举兼并收购。1991年进入墨西哥，1994年通过收购加拿大122家店铺进入加拿大零售市场，1997年和1998年收购德国95家店铺成功进入欧洲市场，1999年收购英国229家店铺。目前已经扩大到墨西哥、加拿大、阿根廷、巴西、中国、英国、日本、哥斯达黎加、萨尔瓦多、危地马拉、洪都拉斯、尼加拉瓜、智利和印度等14个国家。截至2016年，沃尔玛全球商店总数11 500家，沃尔玛中国商店总数439家。

5. 21世纪发展电子商务

从2010年开始，山姆会员网上商店陆续在中国所有已开设山姆会员商店的城市开通了山姆会员网购直送服务，这是沃尔玛在中国走向电子商务的第一步，2012年沃尔玛对1号店控股公司增加投资，增资后沃尔玛持股至近51%，这使得沃尔玛可以更好地通过电子商务服务中国顾客。沃尔玛在2014年陆续开通了微信服务、山姆的移动客户端App、网上商店银联在线和购物卡在线支付等服务，方便了互联网时代顾客的购物支付需求。2016年沃尔玛与京东商城达成战略合作，宣布在电商、跨境电商、O2O等领域的合作取得了多项重要进展，将携手为中国消费者提供更丰富的海内外优质商品、更便捷高效的物流服务。

问题思考 零售组织的动态发展有什么特点？

3.1 零售与零售商

3.1.1 零售

零售概念的界定是一个不断演变的过程，最初零售被定义为"少量商品的销售"。目前零售概念也有多种。巴里·伯曼和乔尔·R·埃文斯的定义是：零售（retailing）是由那些向消费者销售用于个人、家庭或居住户消费所需商品和服务的商务活动组成，它是分销过程的最终环节。[1] 菲利浦·科特勒的定义是：零售指将商品或服务直接销售给最终消费者供其个人非商业性使用的过程中所涉及的一切活动。[2]

由上面概念的界定，可以看出零售的以下特征：

① 零售面向的终端客户是最终的消费者；
② 零售是直接出售给消费者商品或服务的一系列活动；
③ 零售面向的顾客，其购买商品或者服务的用途是非商业性的。

因此，零售是指将产品或服务提供给最终消费者消费，为消费者增加价值的一系列商业活动。零售与批发是相对应的概念，它们的区别是在零售活动中，消费者购买物品是为了满足个人或家庭最终消费需求，而批发则是为了提供给下一级的中间商。

在零售活动中向消费者提供消费品或服务的个人或企业被称为零售商。从经济学的角度来看，零售商的作用是为顾客提供实际的增值或效用。而从管理学的角度看，零售商是直接接触消费者的中间商，为人们的日常生活提供储存、供应和便利的服务。随着全球化的发展和经济环境的变化，零售商在不断创新零售模式以适应现代社会人们需求的同时，也开始逐步实行跨国经营，以占领更多的市场份额。

3.1.2 零售商的职能

零售商处于渠道中间商的末端，直接将商品销售给最终消费者。零售商的基本任务是直接为最终消费者服务，它的职能包括购、销、调、存、加工、拆零、分包、传递信息、提供销售服务等。在地点、时间与服务方面，方便消费者购买，它又是联系生产企业、批发商与消费者的桥梁，在渠道中具有重要作用。典型的渠道中零售商所处的位置如图 3-1 所示。

图 3-1　零售商在渠道中的位置

综合来说，零售商主要有以下基本功能。

---

[1] 伯曼，埃文斯. 零售管理. 吕一林，熊鲜菊，译. 7版. 北京：中国人民大学出版社，2002.
[2] 科特勒. 营销管理：分析、计划、执行和控制. 9版. 上海：上海人民出版社，1999.

1. 提高效率，降低成本

厂家生产的产品数量大、品种少，而消费者所需的产品数量小、品种多。零售商将不同厂家的产品集合在一起，通过产品组合出售给不同的消费者，从而能够多品种、少数量、多层次地满足消费者的需求。如在大型超市，人们可以方便地、快速地购买到自己需要的消费品。消费者既能在众多品种相同、生产厂商不同的产品中进行品牌选择，同时又便于一次性地购买到自己所需要的多种消费品，而无须找更多的企业购买，节省了时间，也获得了更多高质量的服务。尤其是现代信息技术的发展，零售商们利用信息系统向消费者提供更加便利、快捷、高效率的服务，同时降低成本。

2. 监督检查产品，提供更多的服务

作为中间商的一个环节，零售商不仅仅要储存、保护和运输产品，而且要检查产品、加工、拆零、分包及提供售后服务等。

零售商需要在进货时就考虑产品的设计、工艺、生产、服务等质量保证体系，或者根据厂家的信誉、产品的品牌效应等来选择产品。从大型连锁超市家乐福提出"像挑选伴侣一样挑选供应商"的说法中可以看出零售商在监督产品这个环节中的作用。

为了将产品提供给终端消费者，在供应商所提供的产品不能直接让消费者购买的情况下，零售商还有必要对产品进行再加工、拆零、分包等，从而更好地满足消费者的特殊需求。

供应商可以把对消费者的服务交由零售商完成。因为，零售商从地域交换关系上，一般来说比供应商离消费者更近，从而能保证服务的及时性，有利于提高消费者的满意度，同时零售商以此维护自己的形象和获得消费者的信赖。

专　栏

宜家供应商管理——严格执行 IWAY 标准[①]

宜家对于供应商的资质要求十分严格，宜家希望所有人对其销售的产品抱有好感，因此，宜家在经营供应商关系（及其他连带关系）方面付出很多努力。

2000 年宜家发布供应商行为准则 IWAY，规定：供应商有责任向下级供应商传达 IWAY，所有供应商均需遵守 IWAY 要求，否则将被淘汰，此外宜家的工作人员会定期拜访供应商工厂，检查供应商是否遵守 IWAY，每年的审计工作约开展 1 000 次。

IWAY 标准的要求涵盖多方面，从安全健康的工作环境、防止对空气土地等自然资源的污染等方面的要求，到员工最低工资与加班补贴的保证、卫生住房的要求等，都在 IWAY 的要求范围内，此外 IWAY 还对供应商的资质（基本的注册/许可证）、定期的权威环境报告等重要事项做出规定。宜家对于 IWAY 的贯彻执行极大地保障了供应商的质量，既提升了产品的质量，也贯彻了健康、生态环保的经营理念。

3. 沟通供应商和最终消费者

生产企业常常很难直接把握消费者需求，对消费者需求的把握需要通过中间商来实现。又由于消费者的需求多种多样，这样零售商就可以收集和整理消费者信息，起到沟通供应商

---

① https://www.ikea.cn/.

和最终消费者的作用。零售商在从供应商处购买产品和向消费者销售产品过程中，向供应商介绍消费者的需求、市场的信息、同类产品各厂家的情况；也向消费者介绍各厂家的情况和产品的特点等，促进了供应商和最终消费者之间的信息流通，促进了竞争，有利于产品质量的提高。

4. 资金积聚的功能

消费者资金具有分散性，零售商可以将消费者的资金进行聚集，输送给批发商或者厂家，从而获得所需要数量的产品，最终使得符合消费者需求的交易活动形成。

3.2 零售业态

3.2.1 零售业态概述

零售业态（retail formats）的概念来源于日本。日本有很多机构和研究者分别从不同的角度对零售业态进行了定义。日本零售商业协会将零售业态定义为："与消费者的购买习惯的变化相适应的零售经营者的经营形态。"[1]向山雅夫认为，"业态"就是"零售商业形态"，是指"具有相同经营方式和相同经营技术、方法的零售商业机构的集合"，具体包括百货店、超级市场、便利店等[2]。可见，零售业态是一种营业形态，即零售业的经营形式和存在方式，指零售企业为满足不同的消费需求进行相应的要素组合而形成的不同经营形态。

不同的业态是零售业对目标市场进行细分和选择的结果。具体来说，零售业态主要包括两大部分——内在组成要素和外在组成要素。内在组成要素是反映零售业态特性的一些要素，如经营战略、零售文化等要素；外在组成要素指消费者可见的一些因素，如商品结构、价格策略、物流配送、购物环境、服务态度、位置，吸引消费者购物的娱乐设施等。

3.2.2 零售业态的分类

自从百货商店产生以来的170多年时间里，共产生了20多种零售业态。主要有百货商店、超级市场、便利店、仓储商店、折扣店、专业店等多种不同类型的零售业态。

零售业态的分类无统一标准，不同的国家有着自己的分类方式。我国标准《零售业态分类》（GB/T 18106—2004）已于2004年6月30日开始实施。《零售业态分类》按照零售店铺的结构特点，根据其经营方式、商品结构、服务功能，以及选址、商圈、规模、店堂设施、目标顾客和有无固定营业场所等因素将零售业分为食杂店、便利店、折扣店、超市、大型超市、仓储会员店、百货店、专业店、专卖店、家具建材店、购物中心、厂家直销中心、电视购物、邮购、网上商店、自动售货亭、电话购物等17种业态。

---

[1] 中村孝士. 零售商业展望. 日本零售商业协会，1982：41.

[2] 向山雅夫. 零售商业形态发展的分析框架. 武藏大学论集，1986（19）：127.

国际上人们通常按照所有权性质、商品经营范围、价格和服务策略、有无店铺等因素对零售业态进行分类，具体如图3-2所示。

按照所有权性质分类
- 独立商店（independent）
- 连锁商店（chain）
- 特许经营（franchising）
- 垂直零售商店（vertical retailer）
- 消费合作社（consumer cooperative）

按照商品经营范围分类
- 百货商店（department store）
- 专业店（specialty store）
- 专卖店（category specialist）
- 超级市场（supermarket）
- 大型综合超市（hypermarket）
- 便利店（convenience store）
- 仓储店（warehouse store）

按照价格和服务策略分类
- 百货商店：一般服务、中等价格
- 专业商店：较多服务、较高价格
- 仓库商店：较少服务、低廉价格
- 超级市场：自我服务、较低价格

按照有无店铺分类
- 有店铺零售：除了无店铺零售以外的零售
- 无店铺零售
  - 目录零售
  - 电视商场
  - 网上零售
  - 人员直销
  - ……

图3-2　零售业态的分类

特别关注

把握好自己的优势[①]

从市场定位和企业经营的角度看，每种零售形态分别服务于一个特定的细分市场，具有一定的优势和劣势。零售经理绝不能忽视这一点，而应扬长避短。

独立零售商应该利用目标顾客这个基础，尽可能以一种友好、随意的方式使顾客感到满意。口头传播是非常重要的。独立零售商不应企图为过多的顾客提供服务或陷入价格战。

连锁零售商应利用广为人知的企业形象，确保每家分店均达到该形象的要求。它还应利用规模经济优势和大量促销的可能，避免在适应市场变化时过于僵化。

特许商应利用地域覆盖广泛的优势（源于众多加盟商的投资）及加盟商作为所有者兼经营者而拥有充分激励的优势。和加盟商良好合作，避免陷入与加盟商发生政策争执的困境，也不应索取过高的特许权使用费。

[①] 伯曼，埃文斯. 零售管理. 吕一林，熊鲜菊，译. 7版. 北京：中国人民大学出版社，2001：93.

> 租赁商品部应使商店经营者与外界各方联合起来，为顾客提供更好的购物服务，共享技能、共担费用；他们不应损害商店形象或在吸引商店客流方面对承租人施加过大压力。
>
> 垂直一体化渠道系统应对货源进行更有效的控制，但不应造成可供选择的产品过少或零售店过少。相反，这些措施对非一体化渠道组织而言却是合理的。
>
> 消费者合作社应该为成员提供重要的价格优惠。他们不应过多干预成员事务或添置昂贵的设施。

3.2.3 几种常见的零售业态

人们多样化、差异化的消费需求及科学技术的发展促使了新产品大量涌入市场，另外，零售行业投资少、见效快，利润比较稳定，这两个方面的原因直接导致了零售行业的激烈竞争以及20世纪以来零售业态创新的速度加快。以下简单介绍几种目前比较常见的店铺零售业态，无店铺零售业态将在第4章中详细阐述。

1. 独立商店

独立商店是由业主经营的一个独立零售店铺。独立商店所需要的投资少，很容易吸引新进入者。在我国，独立商店常以食杂店的形式存在，食杂店是以销售香烟、酒、饮料、休闲食品为主，独立、传统的无明显品牌形象的零售业态。

独立商店与其他的零售业态相比主要有以下优势。

(1) 投资少。同其他零售业态相比，其需要的固定成本及员工都很少，甚至不需要除家庭成员以外的人员。投资少，进入相对容易。

(2) 经营灵活，拥有良好的形象。由于独立商店只有一个店铺，其职工人数、服务地理区域、目标市场等都很有限。因此独立商店能够利用有限的资源针对有限的顾客群做出灵活的经营策略，同时能够在与顾客的交流中创造友好的营业氛围，获得顾客的好评。

(3) 经营上具有权威性。绝大多数独立商店的经营者就是业主，其日常的决策具有权威性。正因为经营的权威性，能够使得独立商店在经营时间、产品质量及促销等方面具有一致性，也节约了时间成本；同时经营者本身就是商店的所有者，他们的投资，经营好坏与其切身利益直接相关，因而具有很强的发展动力。

独立商店的劣势如下。

(1) 议价能力比较弱。由于独立商店多为小型店，销售规模小。在商品采购时经常是多次少量的进货，因而无法享受大量进货的优惠价格，在议价上处于弱势。同时，在与顾客的接触中，独立商店与顾客之间形成的良好的关系使其在与顾客交易中其议价能力也处于弱势。

(2) 规模小，不易于做宣传。独立商店的规模使其把大部分资金都投入到了商品采购上，而无法做广告宣传。

(3) 管理模式简单、混乱。由于独立商店拥有人员较少，其并不能做到人员各司其职，严格分工。店铺缺少现代化的管理技术，店铺的职员往往身兼数职，工作劳累。日常的决策由业主制定，主观性强，加大了经营风险。

2. 连锁商店

连锁商店也称联号商店，是指众多小规模的、分散的、经营同类商品和服务的零售企业，在核心企业的领导下，采取共同方针，一致行动，实行集中采购和分散销售的有机结合，通过规范化经营，实现规模经济效益的联合体组织形式。这些商店在一家总店控制下，经营相同业务，采用集中进货和集中决策。各个分店内外装饰相同或相似，人们一眼就可以看出是属于某一公司的分店。连锁经营业态现在已经成为零售企业重要的扩展方式。

按照管理方式不同，连锁经营大致可以分为三类。

（1）正规连锁。正规连锁即多个店铺在同一个资本控制下实行统一经营。分店的数目各国规定不同，国际连锁店协会对其定义是："以单一资本直接经营11个商店以上的零售业或饮食业。"其共同的特点是：所有成员企业必须是单一所有者，归一个公司、一个联合组织或单一个人所有；由总公司或总部集中统一领导，包括集中统一人事、采购、计划、广告、会计等；成员店铺不具企业资格，其经理是总部或总店委派的雇员而非所有者；成员店标准经营，商店规模、商店外貌、经营品种、商品档次、陈列位置基本一致。

（2）自由连锁。自由连锁即各店铺保留单个资本所有权的联合经营。总部与分店之间是协商和服务的关系，统一进行广告宣传、制定销售战略等。但是各分店在经营上有很大的自主权，只要按每年销售额或毛利的一定比例向总部上交加入金即可。自由连锁的最大特点是：成员店铺的所有权、经营权是独立的，成员店经理是该店所有者。

（3）特许连锁。特许连锁又称合同连锁、契约连锁。总部以合同的形式授权加盟店使用自己的营业系统，规定加盟店在特定区域内的经营权，而加盟店拥有店铺的所有权，并按销售额或毛利的一定比例向总部支付报酬。与自由连锁不同的是：分店需要购买总部的特许经营权，在管理上高度统一化、标准化。

连锁店目前风靡全球，赢得消费者青睐。近年来，中国企业采取连锁经营方式的数量也在逐渐增长。连锁经营主要有以下优点。

（1）售货方式的自助性。连锁店大都采取敞开式的售货，可以为顾客提供更多的选择，加上各种商品都有统一固定的摆放区域及电子收款机的使用，大大缩短了顾客购物的时间。连锁店一般都注重店内环境的设计，通过零售环境的氛围来减少顾客的防备心理，以鼓励顾客选择大量商品。

（2）形象的标准性。由于连锁店覆盖市场范围广，便于利用电视、杂志、报纸等多种宣传工具进行统一的形象宣传，从而降低了宣传费用；同时连锁店在商品、服务、环境及形象等方面都形成了统一的标准，并有一套严格的管理制度。在同一连锁系统内，连锁店能够提供同样的服务，包括同样的环境和同样品质的商品。

（3）规模经济效益。连锁经营可以集中资本，增大资本规模，创造更大的规模效益；可以减少产品开发、广告宣传、市场促销、经营管理等方面的费用，提高服务的标准化水平；通过统一的大批量进货降低了进货成本，从而提供给消费者物美价廉的产品；采用现代化管理手段，利用计算机系统进行统一管理，提高了管理效率；统一的售后服务，消费者可以就近享受售后服务，方便了消费者；覆盖市场范围广，分担了投资风险，改变了在渠道中的从属地位，并能够反映和引导消费需求、指导生产企业。

但连锁经营也存在以下劣势。

（1）连锁经营的分店在经营权上是不能完全独立的，即使有好的市场计划，也只能等待总部批准。

（2）连锁经营忽视了各个市场的差异性，使得分店与竞争者在同一市场的竞争中灵活度受到限制。

（3）高度集权的管理使得连锁经营的总部管理复杂化，带来一系列的管理问题。

（4）连锁经营的企业上下信息沟通不便，决策和执行容易受到信息传递的影响，使组织效率低下。

讨论题　中国目前连锁经营的发展存在哪些问题？

3. 特许经营

特许经营是指特许者将自己所拥有的商标、商号、产品、专利和专有技术、经营模式等以特许经营合同的形式授予被特许者使用，被特许者向特许者支付相应费用的经营模式。特许企业的存在形式具有连锁经营在形象、管理上统一等基本特征。特许经营主要通过低成本的扩张实现规模化经营，通过标准化的服务实现科学化管理，是一种高效率的经营方式。

特许经营的优势表现在以下几方面。

① 投资少，进入壁垒小，有利于业主拥有和经营一家零售店。

② 总店的信誉使得刚成立的分店无须投入太多精力于宣传上。

③ 知识共享，合作开发市场。可以通过加盟学习经营技术及管理经验，从而一起开发市场。

④ 可以获得某一地区的经销特权，同时使得特许方走"曲线救国"的方式进入不能直接进入的市场。

⑤ 价格优势，通过低价进货保证了低价格销售优势。

特许经营商店也存在以下缺点。

① 竞争激烈。众多的特许商店产生激烈竞争，每个特许经营商店的销售额和利润会受到不利影响。

② 采购的局限性。由于特许人指定供应商采购，使得特许经营店进货范围受到限制。

③ 风险性。当受许人或同类商店经营不善，会影响整个特许经营商店的业务及形象。

4. 百货商店

百货商店是一种大型的零售商店，经营的商品种类多，故称百货商店。百货商店的售货方式一般为传统式的柜台售货，其组成形式有三类。一是独立百货商店，即单个百货商店，没有分店。二是连锁百货商店，一家百货公司开设多个百货商店。三是百货商店所有权集团，即由若干个独立百货店联合组成百货商店集团，由一个最高管理机构统一管理。

百货商店的历史最早可以追溯到1673年的日本三越百货，当时还不是真正意义上的百货商店，仅仅是具有百货商店的一些交易特征。19世纪40—50年代的巴黎Bon Marche和纽约Marble Dry Good Palace百货商店产生标志着百货商店业态的出现。百货商店业态出现的意义在于商品销售实行了明码标价。

百货商店的优势如下。

① 经营商品范围广泛，可使顾客来店一次购齐所需要的大部分生活用品。

② 信誉高，有较好的企业形象。由于百货商店的商品多为新兴商品，并明码标价，给顾客以依赖感和放心感；同时服务和人员价值提高了商品的价值，能吸引众多的顾客。

③ 经营灵活。由于采取的是商品部制度，可以根据经营状况调整售货场所，经营比较灵活。

④ 选址在城市繁华区和交通要道，整体环境良好。店堂环境幽雅，给顾客以舒适感和美感。

百货商店的劣势如下。

① 和顾客的关系弱。店员与顾客的关系不能像独立商店那样与顾客建立个人之间亲切的人际关系，也就不能增加顾客的认同感。

② 商店整体成本高。首先百货商店需要大量的硬件投入；其次拥有大量的店员，对店员要求比较高，在店员的培训和管理上也要花费大量资金。

③ 进入的壁垒高。百货商店的硬件实施一般要求豪华、齐全，投资费用高。

④ 百货商店内的商品价格较高，消费者也不容易筛选，增加了消费者的购买成本。

目前各国百货商店的命运有喜有忧，反映了它们随着历史的发展应对新型零售业态竞争的能力。百货商店在竞争策略上采取价格竞争、品种竞争、选址竞争、品牌竞争、服务竞争的方式，在战略上主要采取合并、多元化、补缺、自由品牌等战略。

5. 专业店

专业店是专门经营某类商品的商店，如鞋店、文具店等，专业店与百货商店相比，所售产品种类的品牌、型号要多，因此顾客的选择性要广。专业店配备具有丰富专业知识的销售人员和适当的售后服务，满足消费者对某大类商品的选择需求。

专业店的优势如下。

① 能够满足顾客的挑选性需求，同时给予顾客专业性的指导。虽然经营的商品种类单一，但是能够在深度上提供丰富的品种，使得消费者较容易地购买到商品；同时专业性的服务人员能够给予消费者更多的指导，更加接近消费者，满足消费者需求。

② 经营者以某一顾客群为目标市场，针对性强，对消费者需求反应敏感，从而经营的商品、品牌具有自己的特色，配合更加专业性的服务能够获得消费者的信赖。

③ 选址多样化，多数店设在繁华商业区、商店街或百货店、购物中心内，方便消费者在多家商店进行选择。

④ 经营方式灵活，可以与厂商合作，容易树立自己的特色。

但是，专业店经营商品的类别少，不能为消费者提供多方面的需求，同时销售人员需要有与商品相关的专业性技术或知识。这些在一定程度上限制了专业店的发展。

讨论题 什么样的产品适合专业店销售？

6. 专卖店

专卖店与专业店相比，更强调满足消费者对品牌的选择需求，指专门经营某一制造商品牌的零售业态。其特点如下。

① 选址在繁华商业区或者大型零售业态组织内，营业面积一般来说比较小。

② 商品以著名品牌、大众品牌为主，但是一家专卖店一般仅仅经营一个品牌或一个制造商的品牌。

③ 明码标价，销售量小，质量好，同时获得高毛利。

④ 商店的布局、氛围与品牌形象相统一。

⑤ 对于从业人员的要求和专业店一样：从业人员必须具备丰富的专业知识和专业服务能力。

7. 超级市场

超级市场采取自助销售方式，规模巨大、成本低、薄利多销，以销售食品、生鲜食品、副食品和生活用品为主，满足顾客基本的生活需求。超级市场产生于1930年美国纽约，被称为零售业的第二次革命。超级市场之所以能够流行，是因为超级市场有以下优势。

① 薄利多销，商品价格相对比较低，购物氛围舒适。

② 主要经营基本生活用品，小店主要经营日常生活必需品，大店则经营范围比较广，如药品、家庭用具等，但价格低于百货商店。

③ 明码标价，集中付款；绝大部分的销售以现款结账，有利于资金快速回笼。

④ 一般采用走动式管理，无柜台经营，属于自助式的零售。

⑤ 采取专业化分工协作的经营方式，各岗位上的作业过程规范性很强。各门店管理统一，作业上能够做到简便和标准化。

超级市场的劣势如下。

① 由于没有服务员和消费者之间的接触，消费者感受不到企业的亲切感。

② 服务不充分。消费者结账耗费时间长。

8. 大型综合超市

大型综合超市（great maket shopping，GMS），也称大卖场，是现阶段零售领域的主导业态。它是一种采取自助销售方式，以满足顾客一次性日常生活用品需求的零售业态，在商品的综合性上逊于大型综合百货商店，在价格上比不过仓储式超市，但生鲜食品及日用品是超市中最具有个性和特色的商品。其特征如下：

① 选址在城乡接合部、住宅区、交通要道等。

② 采取自助的销售方式，商品构成以食品为主，兼营日用品、百货、服装和家电等，并且重视自有品牌的开发。

③ 商店营业面积相对来说比较大，同时设立了相应的停车场。

特别关注

超级市场部分用语

条形码（bar code）：条状平行线和中间空白的组合，粘附于产品或集装箱之上，表达有关数据。可以用电子扫描仪读这些数据。

计算机辅助订货（computer assisted ordering，CAO）：CAO是通过使用计算机合成有关产品流转（POS系统所记录）、影响需求的外部因素（如季节变化）、实际库存水平、产品接收和可以接受的安全存货水平等方面的信息，为商店订货做准备。这一技术成功的关键有赖于全面的商店库存和精确的POS扫描数据。

收银机（point of sales，POS）：POS是销售信息管理系统，也称为单个收银机，其基本构件是：商品条码、POS收银台系统、后台计算机。

销售点广告（point of purchase advertising，POP）：指超市卖场中能促进销售的广告，也称作销售时点的广告。在零售店内将促销信息，以美工绘制或印刷方式，张贴或悬挂在商品附近或显著之处，吸引顾客注意力并达成刺激销售的目的。

电子订货系统（electronic ordering system，EOS）：主要功能是运用于商店的订货管理和盘点。其基本构件是：价格卡、掌上型终端机、数据机。

快讯商品广告（direct mail，DM）：又称促销彩页，一般用于超市商品促销的宣传手段，通常使用邮递、夹报、人工发放、店内领取等形式送到消费者手中。

拾零：捡回顾客遗弃在各角落的零星商品。

端架：货架两端的位置，也是顾客在卖场走动经过频率最高的地方。

先进先出：先进的货物先销售。

理货：把凌乱的商品整理整齐。

堆头：即"促销区"，通常用栈板、铁筐或周转箱堆积而成。

码货：堆放商品或摆放商品。

换挡：相连两期快讯产品的更换。

价格卡：用于标示商品售价并作为定位管理的标牌。

栈板：木制放货的卡板，使商品避免直接放在地面上，并利于使用叉车进行搬运商品。

清货：为清理商品余货，降价处理的活动。

稽核：为防止顾客遗漏商品和收银员收款时发生错误，在其离开时对其所购商品的核对。

称重标签：称重商品特用的标签，一般内含商品名称、包装时间、单价、重量、保质期限等。

滞销：指商品销售效果不明显或很难卖出的现象。

畅销：指商品销售效果好或很易卖出的现象。

平销：指商品销售效果不好也不差。

盘点：定期对店内商品进行清点，以确实掌握该期间的经营绩效及库存情况。

上架：把商品摆放在货架上。

负库存：账面上的销售量大于账面上的库存量，通常因为计算机输入的错误、丢失、损坏等所致。

动线：指商场的布局，使顾客自然行走、购物的轨迹。

坪效：指单位面积的销售额。

米效：指在超市货架上，销售面直线长度上的每米的销售额。

商品周转率：商品平均销售额除以平均库存额。

商品库存周期：商品平均库存额除以平均销售额，以日计算。超市一般用商品库存周期来控制资金的使用率，加强商品销售时间的控制。

资料来源：http://blog.i18.cn/guest/44/archives/2002/1326.shtml。

9. 便利店

便利店也称方便店。营业面积小，经营品种少，分布在居民区周围；营业时间长，全年不休息，尽量填补消费空隙；销售的商品主要以顾客日常所必需的日杂用品为主。

便利店作为一种独特的商业零售业态，其发源于美国，1927年由美国南方公司首创，其后得到飞速发展。便利店都拥有以下基本特征。

① 时间的便利性。便利店营业时间长，一般在16 h以上，甚至24 h，终年无休日。顾客在任何时候都能购买到所需商品，即使深夜突发急病，也能买到急需药品。

② 地点的便利性。店址设在居民住宅区内或附近，便利店商圈范围窄小，一般设定在居民徒步购物5~7 min可以到达的范围内，社区内商圈半径在300 m左右；如果设在郊外商圈半径大约是1 000 m；设在商业繁华区的便利店，其商圈半径可以在200 m以内。

③ 商品的便利性。出售的商品由于营业面积的限制不可能太多，但应包括基本日常用品，商品组合广而窄，种类较多，但选择性较少，每种商品或许只有一两个畅销品牌。商品销售起点低，不必像在超级市场那样需要成批、成包地购买。但其毛利、销售价格较高，美国的便利店的价格比超级市场高10%~20%。

④ 购物的便利性。便利店内设有电子收款机，员工操作熟练，很少出现排队等候现象，使得顾客购物花费的时间短。

⑤ 便利店的目标顾客主要为居民、单身者、年轻人，80%的顾客为有目的的购买。

⑥ 便利店以提供周到、便利的服务为特色。便利店力争成为社区服务中心，为顾客提供多层次的服务，如速递、存取款、发传真、复印、代收公用事业费、代售邮票信封、代收邮政信件、代订生日蛋糕、代购车船票、代理干洗业务等，极大地方便了人们的生活。

便利店的劣势如下。

① 在经营的商品品种和设点选址策略上与部分零售业态相同或近似，彼此间的商圈重叠，从而使得其地理位置的便利性不能完全显现。

② 定位模糊，没有个性。大部分消费者会将便利店误以为是小型的超市，而非便利店。

③ 竞争优势不明确。便利店的优势在于地理位置便利、等候时间短、营业时间长等。现实中众多的便利店并不能够做到这几点，尤其是在营业时间上与许多其他零售业态相同，致使在竞争中处于不利地位。

▶ 专 栏 ◀

便利店冠军 7-Eleven

现在日本7-Eleven的事业领域已经超越了便利店的事业，成为日本流通业界中的首席企业，年利润高达1 600亿日元，是业界屈指可数的高收益企业。

1927年创立于美国德州达拉斯的7-Eleven，初名为南方公司，主要业务是零售冰品、牛奶、鸡蛋。1964年，推出了便利服务的"创举"，将营业时间延长为早上7点至晚上11点，自此，"7-Eleven"传奇性的名字诞生了。1972年5月，日本7-Eleven的第一家门店在东京开业。从此，作为"儿子"的日本7-Eleven在很短时间内，迅速变得强大起来。现在它的业务遍及四大洲20多个国家及地区，共设立23 000多个零售点，每日为接近3 000万的顾客服务，稳居全球最大连锁便利店的宝座。

作为世界最大连锁便利店的 7-Eleven，除经营日常必需的商品外，还协助附近社区居民收取电费、煤气费、保险费、水费、有线广播电视收视费，甚至快递费、国际通信费，对附近生活的居民切实起到了便利的作用。

目前，香港牛奶公司（Dairy Farm）取得了 7-Eleven 中国香港地区、广东地区及新加坡的特许经营权。10 年来，7-Eleven 根据顾客要求，不断补充服务内容，包括电信有关服务、互联网相关服务、票务服务、代收报名服务、送货上门服务、传统便民服务（如出售邮票、复印、传真等）等。除了利用店铺网络优势之外，7-Eleven 还利用柜台处理交易的特点，成为首家在市场提供另类缴费途径的便利店，发展缴费服务。

除了香港牛奶公司获得了 7-Eleven 在广东的经营权，并已经在广东开设了 100 多家店外，香港牛奶公司、泰国正大集团和台湾统一集团一直在争夺着 7-Eleven 在我国其他地区的经营权，特别是在上海和北京的经营权。

台湾统一集团下属的统一超商取得了 7-Eleven 在中国台湾地区的永久特许经营权，台湾便利店总数已超过 6 000 家，并取得了菲律宾 7-Eleven 公司 50.4％的股权。

泰国正大集团拥有 7-Eleven 在泰国的特许经营权，便利店总数超过 1 700 家。

资料来源：张晋. 便利店冠军 7-Eleven. 时代财经，http：//economy. enorth. com. cn/system/2003/10/17/000651976. shtml，2003-10-20.

10. 仓储店

仓储店是以经营生活资料为主，大批量、低成本、低售价和微利多销的连锁式零售业态（其中有的采取会员制形式，只为会员服务）。典型的仓储店特征如下。

① 仓储店注意发展会员（包括个人会员和团体会员），其主要顾客就是自己的会员。

② 产品质量有保证且价格低。仓储店根据自己的产品销售情况不断调整存货，同时从厂家直接进货，省去了其他的中间商，降低了成本。

③ 选址在次商业区或者居民生活区；目标顾客以中小零售商、餐饮店、集团购买和有交通工具的消费者为主，因而设有较大规模的停车场。

④ 低成本经营。运用一切手段降低成本，包括店堂设施简朴、实用；采取仓库式陈列，自选式的销售等。

11. 购物中心

购物中心最早出现在欧美发达国家，约有 100 年的历史。严格意义上讲，占地面积小于 10 万平方米的，叫购物中心，大于这个数字的且业态复合度高的又可称作摩尔（mall）。而大于 20 万平方米的，可叫超级摩尔购物中心（super mall）。mall 全称 shopping mall，音译"摩尔"或"销品贸"，意为大型购物中心，是商业不同业态、业种、功能在一定空间构成的集合体。在国外，以美国为例，"mall"已占据了商业领域 50％以上的份额。

购物中心的特征如下。

① 购物中心的策划、建立、经营都在统一的组织体系下运作，拥有一致的对外商业形象；但是购物中心内的单体可以自己经营产品，形成自己的经营风格。

② 统一管理，分散经营。适应管理的需要，产权要求统一，不可分割。

③ 拥有良好的购物环境，尊重顾客的选择权，为顾客提供一次满足购物的服务，集购

物、休闲、娱乐、饮食等于一体，包括百货店、大卖场及众多专业连锁零售店在内的超级商业中心等零售业态。

④ 拥有足够数量的相邻而又方便的停车场。

⑤ 对创造新商圈有着不可磨灭的贡献。

12. 租赁商品部

通常是百货公司、折扣百货店或专业店等将其店内的某部门或专柜出租给店外人经营的一种零售模式。承租者负责部门或专柜的全部经营业务，包括使用店内的固定设施，并从经营额抽取若干比例作为租金交付给出租人。

租赁商品部要求专业化的技能或知识、产品、服务等。它的出现主要是由于现有零售商自身的经营范围有限，而又欲拓宽自身经营范围所推动的。一般来说，租赁商品部处于现有零售商的管理范围内，因此需要接受现有零售商的各种规定。

出租部门的优点如下。

① 开设租赁部门能扩大商品经营范围，满足消费者一站式采购的需求。

② 租赁部的经营者雇用销售人员，并支付人员费用，减少财务风险。

③ 可以解决人力不足的困难，扩大销售能力。

出租部门的缺点如下。

① 如果出现商品质量等问题，消费者会把问题归咎于商店而不是租赁部门，租赁部门可能给其带来形象上的负面影响。

② 商店无法控制租赁部门的经营系统，尤其是所进货物的质量问题及服务质量。

③ 由于本店人员不参加购销工作，会弱化自身管理能力、竞争能力和服务能力。

13. 垂直零售商店

垂直零售商店一般自行负担生产和销售工作，即为厂商的直销零售店。垂直零售商店的优点在于：厂商能够利用其直接销售商品；厂商能够直接获得消费者对商品需求的信息；有利于厂商进行实验和宣传商品等。除此之外，垂直零售商店对外还有较大的议价能力。但不足的是厂商如果想覆盖更广的市场范围，企业将在管理、成本控制等方面增大难度。

14. 消费合作社

消费合作社起源于150多年前，当时合作社是为了对抗零售店主和制造商而产生的。到20世纪30年代，"合作社"成为英国零售业的一大势力。其基本特征如下。

① 开放的会员资格。任何消费者都可以加入合作社，只要缴纳一定的入社费和定额股金即可。

② 民主管理。每位社员拥有一票，所有社员共同选出管理机构。

③ 分红。根据每位社员的股金每年支付一定的利息；剩余利润根据社员的采购量进行分配，并不依据股本进行分配。

与其他众多的连锁零售企业不同，消费者合作社是独立的组织形式。它们不以营利为目的，其目的是降低产品采购成本。但是由于合作社的特殊性，其管理人员并不是专业人员。这样导致合作社发展受到限制，与供应商的谈价能力低，竞争力较弱。到20世纪90年代，合作社的竞争力开始明显衰退。目前，合作社集团也开始在一些国家出现。

3.3 零售组织的动态发展

3.3.1 零售业态发展理论

零售业态的发展和变化如果从19世纪中叶被西方学者称为第一次革命算起，至今已经有150多年了。零售业态发展理论主要流派有两种：零售业态发展的循环论和零售业态发展的进化论。

1. 零售业态发展的循环论

循环论认为，零售业态的发展是一个新旧业态不断交替、反复循环向前发展的过程。循环论主要包括以下三种理论。

1) 车轮理论

零售业态发展的车轮理论是由哈佛商学院 Manair 于1958年首先提出来的，也是至今为止最为人们所熟知的解释零售业组织结构演变的一种理论。这一理论认为：零售业态的变革是一个旋转车轮样的发展过程。各种零售业态都是由价格诉求转为商品组合诉求，再转为服务内容诉求的反复运动过程。新型零售商在开始进入市场时总是以低价格、低毛利和低成本为特点和优势，从而取得市场优势。而随着进一步发展，新业态为了更具竞争优势，它们会不断购进新的昂贵设备，不断增加新的服务，从而不断提高其经营成本，导致竞争力减弱。接着市场上那些以低价作为策略的更新零售业态开始进入市场，挑战其市场优势。结果零售市场上，最新零售业态和先前的新零售业态之间又展开另一场抢夺市场的竞争。有很多业态的发展与车轮理论相符合，从而使得车轮理论成为一个比较有说服力的解释零售业态变迁的理论模型。但是，车轮理论把价格当作决定零售业态发展的唯一变量，并不能解释所有的零售业态变迁，如日本的方便店等都是以高价格进入市场的。

2) 生命周期理论

这一理论认为，如同产品生命周期一样，零售业态也有生命周期。零售业态也存在一个从产生到成熟，再到衰退的过程，并在每一个阶段表现出不同的特征。生命周期理论将零售业态的发展分为创新、加速发展、成熟、衰退4个阶段。随着零售业态的发展，企业的投资回报率、销售增长率和市场占有率均是先迅速提高，再通过加速发展阶段达到最高水平。随着零售业态的进一步发展，企业的投资回报率、销售增长率和市场占有率开始降低，并在衰退阶段明显萎缩，最终退出市场。该理论将变化的动力归之于许许多多不同的因素，如价格周期、市场环境、宏观经济波动等，也具有了更强的说服力。但是该理论没有明确指出零售业态发展、变迁的决定因素，也没有考虑消费者的反应及偏好对零售业态变迁的影响。梅尔（Masonand Mayer）于1987年选择了美国十多种不同的零售业态，对这一理论加以解释和验证，发现不同的零售组织处于生命周期的不同阶段，同时发现从创新期到成熟期的时间间隔正在变短。

3) 综合化与专业化循环理论

综合化与专业化循环理论又称手风琴理论。该理论认为，零售业态的发展和演进像演奏手风琴一样可由商品组合的从宽到窄、再从窄到宽的变化来解释，即商品品种由综合化到专业化再到综合化的循环反复的过程。每次循环不是简单对旧业态的重复，而是新的业态的出现。该理论说明商品组合的变化比价格更能说明业态的演化，而百货店、专业店、购物中心的出现都符合了该理论。美国零售业态的发展历程也是：杂货店时期——综合化；专业店时期——专业化；百货店时期——综合化；方便店时期——专业化；商业街、购物中心时期——综合化。从世界零售业总的发展趋势来看，也基本遵循着这个趋势。但是商品组合的宽窄只是零售组织结构演变的一种现象，而不是真正的原因。因此，此理论只适合于描述零售组织结构的演变，而不适合于解释和预测零售业态的演变。

讨论题 如何利用零售业态循环理论来解释中国零售业的发展？

2. 零售业态发展的进化论

零售业态发展的进化论包含两种理论，即辩证过程理论和自然选择理论。

1) 辩证过程理论

辩证过程理论又称两极化理论。这一理论由美国的吉斯特于1968年首先提出，该理论主要来自黑格尔的辩证法思想。这一理论认为，事物的发展变化是按照正—反—合循环往复的过程进行的。有"正"，就必然有"反"，同时还会出现"正"与"反"的统一体——"合"，而"合"又会重新转变为"正"。对新的零售业态来说，其相对于旧的零售业态是"取其精华，弃其糟粕"的一种典型表现形式。新的零售业态对于传统的零售业态的优势给予保存，同时在此基础上对劣势进行改进，从而形成一种新的零售模式。也可以说，辩证过程论表明了各类零售商在市场上是相互竞争、相互学习并且趋同的一种关系。例如，百货商店是高价格、高毛利、低周转率的零售业态，而其对立面——折扣商店，则以低价格、低毛利、高周转率为特点。随着零售业的发展，这两种相反特点的融合形成新的零售业态：折扣百货商店。但是，该理论没有解释为什么会发生"正"和"反"的统一，也没有考虑到消费者的反应和偏好因素。

2) 自然选择理论

自然选择理论又称调整理论。自然选择理论是杰斯特从美国零售商业的实践中总结出来的一种假说。该理论将达尔文的"生物进化论"引进零售行业，强调环境对零售业态变化的影响，认为零售业态必须与社会环境的变化相适应。只有那些能够适应社会、文化和法律环境变化，满足消费者需求的零售商才能生存下来。自然选择理论向人们表明了为什么不同的环境中有着不同的零售业态，但是却无法告诉人们为什么在同样的环境里面存在着不同的零售业态。

3.3.2 零售业的三次革命

在零售业的历史上存在的三次革命对零售业的发展和创新产生了深远的影响。

1. 百货店的产生是零售业的第一次革命

百货店产生于19世纪中叶，当时零售由店铺业态进入了商场业态。商场的营业面积大于店铺，交易条件也大为改善，场内雇用的人数较多，已不是夫妻店型的家庭企业，而成为社会经济组织。营业场所整洁，灯光明亮，消费者能够在比较舒适的环境中购物。零售商利用店面、橱窗、招牌、货架等陈列商品，诱导顾客购买。百货商店正是商场形式的典型代表。百货店的产生之所以被称为零售业的第一次革命，关键在于它与传统店铺相比创造了一种全新的经营方式。具体表现为：由传统店铺的单项经营改为百货店的综合经营，由传统店铺的讨价还价改为百货店的明码标价；由传统店铺的商品概不退换改为百货商店的自由退换商品制度。

2. 连锁商店的兴起与发展是零售业的第二次革命

百货商店这种业态是商品经济空前发达的产物，而连锁商店是适应经济走向集中和垄断而产生的集团性商业企业。1859年,世界上诞生了第一家连锁店"大西洋与太平洋茶号"。由美国大西洋和太平洋茶叶公司在美国纽约市建成。自此,连锁商业登上历史舞台,成为西方零售商业第二次革命的旗帜。连锁经营对零售商业的革命性贡献有三个方面:一是连锁经营要求企业经营和操作高度统一化、规范化、标准化;二是现代科学技术的广泛应用,提高企业效益;三是传统的零售企业要同时承担经营和管理两种职能,而连锁经营则使零售商实现了这两种职能的专业化分离。

3. 超级市场的诞生是零售业的第三次革命

进入20世纪20年代以后,费用上升的百货店很难适应大萧条的经济形势,于是以低成本、低利润、低价格为竞争优势的超级市场应运而生。超级市场给零售商业带来的革命性变化表现为:它把现代工业和流水线作业的生产方式运用在商业经营上,实现了商业活动的标准化、专业化、集中化、简单化;它使商业经营转变为一种可管理的技术密集型活动,不确定因素大为减少。由传统的柜台经营改为开架陈列,顾客自由选购。

由三次零售业的革命可以看出,每次零售业的革命都是受到经济、技术环境的影响。进入21世纪以来,零售业正随着社会生活水平的改变、技术的快速发展及人们需求多样性的发展而发生着巨大的变化,尤其是网络技术发展给零售业带来了新的变化:人们可以并且愿意从世界的任何地方挑选供应商;零售店可以一年四季拥有以往在某些季节购买不到的商品;越来越多的人开始享受家中购物。

3.3.3 当今的全球零售业

当今的零售业正处于一个世界政治、经济快速发展变化的环境中,其经营模式、盈利方式等都面临着众多的挑战。

首先是全球化的发展要求零售商不断通过并购扩展自己的业务,寻找更多的利润增长点。目前,众多大型零售企业都不再局限于本地区或者本国市场的发展,而把目标对准世界市场,在全世界范围内寻找自己的未来。美国的凯马特公司(Kmart)兼并西尔斯-罗巴克公司(Sears Roe-buck),组成了规模仅次于沃尔玛、家得宝的美国第三大零售业公司。在中国市场,家乐福是市场占有率第一的零售企业,国内的百联集团通过股权行政划拨方式,收购第一百货、华联商厦、华联超市、友谊股份、物贸中心5家上市公司的相关股权,并成为这5家公司的实际控股人。英国第一大、全球三大零售企业之一的零售商TESCO集团,斥资1.4亿英镑收购乐购连锁超市50%的股权进入中国市场等。越来越多的大型零售企业在全球开展业务。作为全球发展最快的国家,中国成为他们竞争的重要市场。

其次是新技术的发展,尤其是信息技术的发展带动了零售业的革新。第一,移动互联网的发展推动网络零售迅速增长,2018年我国实物商品网上零售额占社会消费品零售总额的比重已达18.4%,且增速加快。第二,信息技术发展推动传统零售方式的服务提升。当条形码技术和扫描技术引进后,零售商可以方便地拥有大量的有价值的数据资料。数据库的管理则使得零售商可以提供更多的个性化服务。众多的零售商已把店铺搬到网上,向世界各地的消费者提供产品。第三,许多零售企业开始利用信息技术来完善自己的供应链,在供应链中寻找自己模式中可以突破的地方,从而获得更多的利润。沃尔玛就是利用信息技术取得成本上的优势,使其登上世界零售商第一的位置。沃尔玛通过EDI(电子数据交换)系统把POS(销售时点信息管理)数据传给供应方,供应方可以及时了解沃尔玛的销售状况、把握商品需求动向,及时调整生产计划和材料采购计划，供应方利用 EDI 系统在发货前向沃尔玛传送 ASN（预先发货清单），这样沃尔玛可以做好进货准备，同时省去货物数据的输入作业，使商品检验作业更具效率，沃尔玛在接收货物时，用扫描仪读取机器的条码信息，与进货清单核对，判断到货和发货清单是否一致。正是这一系列信息技术支撑的流程，使得沃尔玛获得了低成本及高效率的物流系统。

社会环境的变化也给零售业带来了挑战和机遇。自 20 世纪 70 年代开始，世界上众多人群的收入水平有了很大的提高。收入的增加促使消费结构变化，刺激了零售业创新的发展；同时，人口结构的变化也推动零售业的发展，越来越多的人涌向城市，脱离乡村自给自足的经济，人们对于零售的需求也越来越大。更重要的是人们生活方式的改变，绿色消费观念的普及使得消费者更多地注重自己的权益；消费者越来越重视表现自己的个性，模仿与趋同已经大受冷落；消费者闲暇时间的增多，生活时间的改变等变化，都使得消费者的购买特征发生了重大变化。零售商面对现代人消费结构的重大变化，传统的产品和销售方式都已经远远不能满足消费者的需求，摆在零售商面前的就是要研究消费者的购买行为，从而做出自己有效的决策。

总之，零售业在全球范围内都是一个非常复杂、变化多端的行业，新兴的业态从产生到繁荣的时间越来越短，全球化合并和跨国竞争的浪潮日益高涨。作为渠道中的一员，零售商必须适应环境，处理好渠道中的关系，提供给消费者需要的产品和服务才能在竞争中取得优势。

案例分析

苏宁智慧零售：技术深入零售内核

智慧零售是苏宁提出的一种全新零售模式，其含义是：运用互联网、物联网技术，感知消费习惯，预测消费趋势，引导生产制造，为消费者提供多样化、个性化的产品和服务的一种零售模式。苏宁电器通过以下途径实现智慧零售，完成传统电器卖场向智慧零售商转型。

一、回归零售本质，深入价值链环节

苏宁智慧零售首先是回归零售本质，用互联网技术深入零售业的内核，改造价值链上的每一个环节，使整套零售系统更快响应。

苏宁借助云计算、大数据等技术，构建核心竞争力。除了前台渠道的互联网化，还进行包括后台物流、资金流和信息流的互联网化，是全价值链的互联网化。企业间的竞争已超越了单纯"价格战"，进入平台级对决阶段，企业真正比拼的是供应链、配送、营销、资金等每一个环节。

二、精准掌握顾客需求，转变供应商关系

苏宁的智慧零售以大数据为牵引，从 B2C 转向 C2B 反向定制，推动有效供给。改变零供关系中曾处的被动地位。在 2008 年金融危机时期，国际电脑品牌商看到欧美、日本等市场出现销量下滑，错误地估计了中国市场的需求，因担心库存积压，进而采取去库存、压缩产能的做法,导致苏宁的货架越来越空,顾客买不到需要的产品。苏宁通过这次教训总结出一个结论:过去依靠资源驱动型换来的高增长不可维系,苏宁必须要有掌握商品、引导供应链的能力。

因此,苏宁决定抛弃促销、低价吸引消费者,依靠多开店来吸引供应商的策略,转而研究顾客需求,由此转变和供应商的关系,变市场博弈为以用户需求为主导的商品合作模式。2016年4月苏宁云商联合海尔推出的一款颇受市场欢迎的Hello Kitty智能洗衣机。苏宁对消费者购买习惯、购买频次、购买喜好展开一系列追踪,瞄准年轻妈妈、有"公主心"的年轻白领及Hello Kitty忠实粉丝三类人群,当同行还停留在外观定制阶段时,苏宁已将触角深入到用户的特殊需求上。这款洗衣机加入了使用功能和洗涤程序的定制,用户可根据自身需求,下载多种洗涤程序,例如毛绒玩具、丝袜洗等,洗衣机可根据衣物重量、污渍类型和面料材质,智能匹配洗衣液用量后启动。

目前苏宁已和近百家品牌商建立了数据牵引供应链机制,让大数据成为产品生产的"数字化图纸",确保每一款产品都精准供应市场。

三、开放智慧物流,成立苏宁云仓

在苏宁"智慧零售"版图里,物流同样是重中之重。无论是线上还是线下企业,都需要把产品快捷、安全地送到用户手里。因此,互联网零售落地的最基础的能力是物流。

2016年"双十一"前,苏宁向媒体开放第五代智慧物流仓库——苏宁云仓,苏宁的物流帝国浮出水面。这个亚洲最大的智慧物流基地,日处理包裹数量可达181万件。订单最快可实现30分钟出库。每人每小时处理包裹达1 200件,是同类先进仓库的10倍以上。

云仓现场,无数个黄色周转箱在轨道上有条不紊地移动着,它们像长着眼睛一样,能够有效避让。工作人员只要做一件事,就是按照灯光提醒取货。其背后的旋转库系统能提前规划出商品到拣选工作站的最短路线,实施一系列自动存储、自动盘点、自动补货等分拣动作。所以,当其他线上企业被"龟速"物流所困时,苏宁在2016年"双十一"就有底气推出"迟到就赔"服务。

随着物流系统的搭建,苏宁的线上和门店的协同效应开始显现。2016年"双十一"的第一单,在用户下单后17分钟便送达。物流打通后的苏宁,线下门店同时承担起门店仓和快递点的角色,用户下单后,系统根据订单地址进行数据智能匹配,以保证在距离地址最近的门店仓提货,让商品永远在离消费者最近的地方发货,保障了物流迅捷服务。

四、加速互联网转型,实现"苏宁十互联网"

苏宁智慧零售推动苏宁的互联网转型。转型的第一步是"十互联网",即运用IT技术,开发网络产品,建立企业和用户的连接,基于互联网向用户提供商品交易和产品服务。在此过程中,苏宁基于PC端、移动端和电视端,先后上线苏宁易购网店,采取多种举措做好流量经营工作。

首先,打造开放平台,丰富线上商品。目前,苏宁SKU数已经从最初的30万发展到4 400万,满足一站式购物需求,并能提供海外购和中华特色购,通过丰富的商品扩大用户规模,增强用户黏性。其次,打通线下会员数据,双线同价多渠道销售归集店面,依托店面资源发展全渠道会员,通过线下引流线上,低成本获取用户。最后,通过收购数字广告运营团队和PPTV内容播放平台,全网开展数字广告精准营销,延展版权内容营销的品牌传播价值,通过内容全网传播持续激活用户。

五、三大业态体系建设,零售店面互联网升级

在线下,苏宁把互联网技术应用在实体场景中,通过嫁接、叠加互联物联、人工智能技术,改造和优化实体店面的商品展示、销售、支付和服务流程,打造零售新物种、优化零售新业态。

苏宁主要推进三大业态体系的建设,一是苏宁广场、苏宁生活广场这种大而广的平台店建设,这种店面更注重餐饮、娱乐、休闲、健康、学习等服务业态的布局,以服务业态的高频流量,激活线下平台的商品消费;二是苏宁红孩子、苏宁优趣、苏宁超市、苏宁汽车超市、苏宁极物等精而鲜的品类专业店;三是苏宁小店、苏宁易购直营店等社区网点。

讨论题

1. 为什么苏宁的智慧零售以线下的实体场景智慧化为主?
2. 苏宁三大业态体系之间的区别与联系是什么?

案例点评

零售处于产品销售的最后一环,是决定产品能否成功的关键。而数字技术的繁荣发展也为产品零售提供了新的发展方向,作为国内首个开启"智慧零售"的企业,苏宁的"智慧零售理念"对于其他企业而言具有重要的借鉴意义。技术的应用以供应链的环节为基本单位,回归到零售本质,苏宁开启了"智慧零售"的核心环节,也表明企业要想"智慧化",应当首先做到回归本质,细化环节。

未来的零售没有线上、线下的渠道之分,只有在线、不在线的状态区别;没有实体和虚拟的对立,只有互联物联的场景差异。线上线下全渠道的互联互通、融合发展的智慧零售模式已成为零售发展的必然趋势,而且以人为核心的消费体验将越来越重要。未来,互联网零售会诞生大量的新模式、新业态,这对于拥有丰富积累的实体企业来说,将是一次难得的转型升级的机遇。

◇ 本章小结 ◇

本章概述了零售的几个最基本的理论问题:什么是零售,零售商的基本职能是什么,什么是零售业态,零售业态如何分类,常见的零售业态都有哪些,它们的特点以及优势和劣势,基本的零售业态理论及零售历史上业态的三次革命,零售商和上游渠道在渠道中关系的变化等。最后分析了苏宁智慧零售的案例,使读者进一步体会零售在终端建设中起到的作用及供应商是如何来争取自己在渠道中的利益的。本章是对零售的介绍,有助于理解渠道中零售的作用。

文章的重点是零售商的几种基本业态及其特点,零售商在渠道中和上游渠道成员的关系。

本章的难点是如何理解零售业态的发展变化,尤其是当今世界的零售业态创新,以及零售商在渠道中如何来维持与上游渠道的关系。

中英文关键词语

1. 零售商学院，http：//www.leadshop.com.cn.
2. 销售与市场，http：//www.cmmo.com.cn。
3. 沙利文，阿德科克. 零售营销学精要. 吴长顺，译. 北京：电子工业出版社，2004.
4. 向山雅夫. 零售商业形态发展的分析框架. 武藏大学论集，1986 (19)：127.
5. 中村孝士. 零售商业展望. 日本零售商业协会，1982.
6. 铃木安昭. 零售业态的多样化. 消费与流通，1980，2 (1).

中英文关键词语

1. 零售　　　retail
2. 零售业态　　retail institution
3. 制造商　　　manufacturer
4. 批发商　　　wholesaler
5. 车轮理论　　wheel theory
6. 生命周期理论　　life cycle theory
7. 独立商店　　independent
8. 连锁商店　　chain
9. 特许经营　　franchising
10. 垂直零售商店　　vertical retailer
11. 消费合作社　　consumer cooperative
12. 百货商店　　department store
13. 专业店　　specialty store
14. 专卖店　　category specialist
15. 超级市场　　supermarket
16. 大型综合超市　　hypermarket
17. 便利店　　convenience store
18. 仓储店　　warehouse store

思考题

1. 什么是零售和零售商？
2. 零售商承担的渠道职能有哪些？
3. 零售业态大致有哪些类型？
4. 用零售业态发展理论来解释你所认识的一些零售业态。
5. 中国零售业当今面临的机遇和挑战是什么？
6. 为什么零售商在渠道中的力量不断增强？

自测题

判断正误,说明理由。

1. 企业直销商品也是一种零售业态。
2. 零售商的服务越多越受顾客欢迎。
3. 价格因素是决定零售业态变化的唯一因素。
4. 在零售商的权力越来越大的情况下,生产厂家的应对措施就是搞好与零售商的关系。

第 4 章

网络零售与新零售

如日中天的网络零售

20世纪90年代,基于互联网技术的电子商务引发了一场针对传统实体商业的网络革命,经过近30年的发展,如今的网络零售不再是新鲜事物,已走进了每一个人的生活中。人们的每一单网上购物,订的每一餐外卖,都在享受网络零售带来的便利。

亚马逊作为全球网上零售模范,其营收无愧于"亚马逊帝国"的称号。亚马逊每年营业收入高达340亿美元,高于世界一半以上国家的GDP。如今亚马逊是世界排名第一的电子零售商,每周可为1.37亿顾客提供服务,即平均每日客流量超过1 950万人。

亚马逊惊人的销售规模离不开庞大的网络体系,它不断收集顾客信息,通过电子邮件与旗下网络锁定客户,增加销售量。只要顾客登录亚马逊网页浏览、搜索,网站就会记录相应的信息,了解用户查询的商品,商品的属性,特别是顾客的购物习惯与偏好。分析这些数据,详细了解顾客浏览的商品,放弃和最终购买的商品,充分了解顾客的消费喜好。

淘宝网由阿里巴巴的创始人马云在2003年创立,如今会员注册超过3.7亿人,交易额突破10 000亿元,每天都有6 000万的固定用户,平均每分钟就可售出4.8万件商品。淘宝网是中国网络零售的第一批开拓者,率先占领市场、低廉的商品价格、安全的支付渠道以及对商品质量审核的不断努力,使得淘宝的中国网络零售霸主地位日益巩固。从2006年成为电子商务领跑者至今,淘宝网面对网购市场日益白热化的竞争和不断细分的市场,作为中国C2C市场的领跑者一直保持领先地位,淘宝通过新产品、新业务、新活动等不断创新成长,巩固市场地位,引领中国的消费市场。

问题思考 什么是网络零售?为什么网络零售会得到迅猛发展?

从1998年中国第一笔互联网网上交易达成至今,中国电商经历了20余年的发展,在此期间电商经历了"爆炸式"增长过程,展现出由小到大,由低到高,由窄到宽,由"野蛮"到逐渐"规范"的不断进化、扩展、丰富的生态演进过程。电子商务网络零售产业也逐步进入了稳定发展阶段,在未来的零售业中将发挥更重要的作用。

4.1　网络零售概要

4.1.1　网络零售的定义

根据国家标准《零售业态分类标准》中的定义，网络零售是通过互联网络进行买卖活动的零售业态。根据中国电子商务研究中心给出的网络零售定义，网络零售指交易双方以互联网为媒介进行的商品交易活动，即通过互联网进行信息的组织和传递，实现有形商品和无形商品所有权的转移或服务的消费。买卖双方通过电子商务（线上）应用实现交易信息的查询（信息流）、交易（资金流）和交付（物流）等行为。网络零售包括网络电商平台、网络商城、网店、微店等多种形态。网络零售是狭义理解的电子商务，根据2019年1月1日颁布实施的《中华人民共和国电子商务法》的界定，电子商务是指通过互联网等信息网络销售商品或者提供服务的经营活动。

20 世纪 90 年代，计算机网络技术得到突破性发展，网络功能也由早期单纯的信息发布发展为商业信息中心，进一步产生了电子商务和虚拟市场。可以说，网络零售是现代网络技术在销售过程中的应用，是一种零售新业态。

4.1.2　网络零售的特点[①]

从网络零售的现阶段发展状况看，网络零售具有以下特点和优点。

1. 经营成本较低

① 进入网络零售行业的前期店铺成本较低。目前大多数的 C2C 网络零售平台对于个人卖家无前期费用要求，注册后进行身份认证就可以开店。B2C 平台虽然设置准入条款，但相对于线下渠道成本而言，无高额实体店铺房租、装潢费用、水电费等，网络渠道具有明显的成本优势。

② 商品库存管理灵活，避免了大量商品库存占用的资金成本。通过对供应链与销售渠道的优化，网络零售可极大地缩减库存规模，降低库存成本。

③ 人工需求较低，网络零售商品展示与挑选均可通过电子商务平台由消费者自助进行，相比传统大型零售店庞大的理货员、推销人员、收银员、售后服务人员等人员需求，网络零售仅通过为数较少的网站运营及在线客服辅助电子商务平台即可完成销售工作，极大地节约了人员成本。

2. 客户群体广

传统店铺零售销售范围受地理商圈制约，而要突破地理限制，扩大零售规模，寻求更广泛的消费者，只有通过增设分店，设立分公司来实现。由于受人力、物力、财力及传统零售业态游戏规则（如区域保护）等的制约，难以在企业期望的范围内建立足以覆盖所有目标消费者的零售终端网络。即使企业的品牌知名度很高，如果消费者无法到达零售终端就无法购买，而网络零售弥补了传统零售终端的这一不足，有效地拓展了顾客群。

[①] 陈德人. 网络零售. 2 版. 北京：清华大学出版社，2015.

3. 市场竞争公平

对于每个网络零售卖家而言，其潜在客户群体都是所有使用电子商务平台的消费者。在拓宽了消费群的同时，也吸引了更多的卖家加入，买卖繁荣，信息透明，有助于市场公平竞争的实现。卖家可通过搜索引擎等工具，对同类商品的各类属性进行横纵向对比，了解竞争对手的商品属性、定价策略和促销策略等。买家也可利用各种工具搜集卖家的商品信息，对比选优。网络零售解决了销售中的信息不对称问题，促进了各类企业之间的公平竞争。

4. 经营方式灵活

网络零售突破了时间限制，可提供一天24小时的服务。在网络客服的工作时间之外，消费者依然可以自助购物，也可通过网络留言方式与商家沟通，增加消费者购物的自由度。电商平台可被任何互联网上的消费者浏览，使得零售的潜在客户群体可达全球。

C2C模式网络零售没有复杂的工商注册登记手续，可全职经营，也可兼职经营。对于传统零售行业中已有所规模的企业而言，网络零售是可拓展的另一种全新渠道，通过渠道拓展，网络零售与实体商店之间进行各种灵活的组合搭配，相辅相成，能够为线下线上消费者提供便利，增加零售销量和竞争优势。

5. 信息发布充分，互动性强，消费者体验好

网络零售的卖家信息发布充分，与消费者信息互动强。首先，卖家发布网店和商品的详细信息、图片展示、订单追踪、用户评价等内容，消费者可自行获得所需信息。其次，卖家通过在线客服、网络留言、即时通信等方式与消费者交流，及时了解消费者的反馈信息，提供针对性的服务。

近年来，网络零售逐步由"价格驱动"转向"服务驱动"。网络零售企业开展服务竞争，全面提升网络购物的消费体验。从网站商品展示、页面的优化到售后服务水平的提升，网络支付、比价搜索等各种网络购物辅助应用，尤其是物流快递的"极速送达"承诺等，通过细节的完善提高服务质量，有效地刺激了网络购物需求的提升。

4.1.3 我国网络零售发展现状与问题

1. 我国网络零售发展现状

根据中国互联网络信息中心2019年2月28日发布的第43次《中国互联网络发展状况统计报告》的数据，截至2018年12月，我国网民规模达8.29亿人，我国手机网民规模达8.17亿人，网民中使用手机上网的比例达98.6%。

2018年中国网上零售额达9万亿元，比上年增长23.9%。其中，实物商品网上零售额70 198亿元，占社会消费品零售总额的比重为18.4%。数据表明，网络零售已成为我国零售行业不可或缺的重要部分，并迅猛发展。

目前我国网络零售市场发展趋势如下。

① 业态多元化。除了消费者熟悉的网络零售形式以外，社交电商、直播电商、无人零售等新业态、新模式层出不穷，不断形成新的消费热点。

② 供给全球化。网络零售不仅使工业品下乡和农产品进城快捷高效，随着跨境电商的蓬勃发展，全球优质的商品已成为中国消费者的重要选择，跨境电商成为我国扩大进口的一个重要渠道。

③ 区域协调化。网络零售带动城乡消费、东部与中西部市场消费协调发展。2017年，中西部和农村地区网络零售增速分别高于全国平均水平8.5和6.9个百分点，有效激发了国内市场的消费潜力，扩大了消费总需求。

④ 服务高质量化。网络零售的物流配送、售后服务水平正在不断提升。

2. 我国网络零售存在的问题

在我国网络零售的发展过程中，也存在一些突出问题与矛盾，主要体现在以下方面。

(1) 运输配送服务问题突出。

网络零售中的服务包括在线服务与物流配送，网络零售商能够很好地把控在线服务质量，但难以控制物流配送服务质量。由于网络零售客户群体分布地域广泛，需要完善快捷的物流配送服务才能顺利完成交易。除了一些大的B2C平台自建物流外，大部分网络零售交易平台依赖第三方物流，平台可以给网络零售商推荐物流公司，但平台和网络零售商都不能控制物流公司的服务质量。一些商品如冷冻、生鲜、易碎品等，其自身属性对配送服务要求高，也增加商品的运输难度和成本。物流公司的服务质量不佳是网络零售交易纠纷产生的主要原因之一。

(2) 商品质量监管不到位。

传统零售行业监管相对完善有序，而网络零售还处于粗放式发展阶段，存在监管不到位的问题。目前主流电子商务平台中均出现过假冒伪劣产品的案例，商品质量较难保证。根据国家质检总局2017年休闲服装等10种电子商务产品质量国家监督专项抽查情况，在天猫、京东商城、苏宁易购、凡客诚品、唯品会、当当网、亚马逊、1号店、麦包包等9家B2C模式电商企业的自营产品抽查的506家企业生产的528批次产品中，经过检验，有132批次产品不合格，不合格产品检出率为25%。以天猫与京东为例，在合格数量上，京东商城为121件，天猫为229件，不合格数京东商城为28件，天猫为91件。按照合格数与抽检数的对比来看，京东商城合格率约为81%，天猫约为72%。网络零售商品质量问题亟待解决。

(3) 网络欺诈和侵权行为时有发生。

网络零售市场存在如刷单、侵权假冒行为等问题。

网络零售现存的问题，需要通过完善物流基础设施建设以及完善网络零售的相关法律法规以逐步解决。《电子商务法》对信用炒用、虚假交易及限制竞争行为提出了惩戒原则，将有助于进一步规范市场秩序。

讨论题 网络零售的核心优势是什么？

4.2　B2C 与 C2C 网络零售

4.2.1　B2C 网络零售

B2C网络零售是企业对消费者的电子商务，是企业作为卖方，将商品通过网络卖给消费者。B2C中的B是business，即商品供应方（泛指企业），2（two）是to的谐音，C是consumer，即消费者。B2C网络零售是按网络零售交易主体划分的一种电子商务模式，具体指通过信息网络及电子数据信息的方式实现企业或商家机构对消费者销售的零售活动。

与 C2C 网络零售市场相比，我国网上消费者更愿意在信誉度更高、服务保障性更好、规模更大的 B2C 网络零售商场购买商品。B2C 是目前我国零售的主要形式。

根据 B2C 模式的销售类型，可进一步分为以下三种 B2C 零售模式，即直销型 B2C 零售模式、托销型 B2B2C 零售模式与平台型 B2B2C 零售模式。

1. 直销型 B2C 零售模式

该模式是制造商将本企业产品直接销售给消费者的 B2C 网络零售模式，一般常见于大型企业搭建的在线购物官网商城，消费者在企业购物网站挑选商品，在线提交交易订单，完成支付，商家将商品邮寄至消费者填写的收货地址完成交易。该类 B2C 零售节省了中间商费用，增加了企业利益，也保证了商品质量与用户口碑。

直销型 B2C 网络零售的特点是商品生产企业直接面对消费者销售，该特点为企业带来了许多优势。

（1）收集销售信息直接、便捷。

直接面对消费者销售产品，使生产商能够直接获取消费者的购买行为信息，如消费者对商城内商品的喜爱偏好、浏览与购买频次、消费金额区间等。通过大数据收集分析后，可进一步得到商城内商品销量排行，消费者性别结构、年龄结构、地区结构等信息。这些消费数据对企业营销策略的制定与优化起支撑作用。

（2）及时获得消费者反馈信息，有利于企业与消费者互动。

消费者可以直接与企业通过官方售卖平台联系，及时反馈商品的任何问题、需求与建议，企业能够及时回应消费者需求反馈，解决相关问题，并可针对共性需求问题制定全新的营销策略，及时把握消费群体的最新动向，增强用户黏度。

（3）带动网站流量，提高品牌忠诚度。

直销平台的建设可以拓宽营销渠道，增加商品曝光度和销售量，并为提升品牌网站的关注度和点击率做有效引流。消费者通过直销平台购物，频繁地浏览企业及品牌官方网站，使消费者能进一步了解企业及品牌文化、最新的商品推介及促销活动，从而提升用户的品牌忠诚度，培养用户习惯。

2. 托销型 B2B2C 零售模式

B2B2C 是融合 B2B 与 B2C 的网络零售模式，第一个 B（business），是商品或服务供应商；第二 B（business）是获得商品代理销售权的电子商务企业，通过统一的经营管理整合商品、服务及消费者终端，是供应商和消费者之间的桥梁。C 表示消费者，是在第二个 B 构建的统一电子商务平台上购物的消费者。

托销型 B2B2C 类似于传统中间商代理销售的方式，商品制造商与平台商达成协议，授予在线零售平台代理销售权，将商品通过第三方在线购物平台销售。平台通过网站建设与运营，积累消费者群体，为平台内托销商品聚集潜在客户群，最终完成供需匹配，达成交易。我国早期发展的 B2B2C 托销方式是各类电子产品的在线销售平台，如苏宁电器、国美电器、京东自营等，如今该类网络零售已普及到各类商品销售。对于产品厂商而言，托销型 B2B2C 零售可通过被知名电商平台宣传而迅速提高产品知名度，扩大潜在客户群，节省直接销售的相关费用。对于托销电商零售平台而言，可通过对厂商产品托销收取费用实现利润，同时取得明星产品的销售代理权甚至独家代理权也能为平台带来更多流量，增加平台客户，提高用户黏度。

托销型 B2B2C 电商平台更多以优质资源整合为核心竞争力吸引消费者购买，可从产品制造商、电商平台、消费者三方面讨论其优势。

从产品制造商角度看，通过与托销型 B2B2C 电商平台合作销售商品，类似于与传统经销商的合作，能大幅节省营销成本，拓宽营销渠道。签订商品销售合同后，企业在整个销售环节只需将商品交付给平台即可，不需为销售渠道的铺建、销售人员的管理与薪资、销售过程的服务等支出费用。这些环节由托销网络零售平台负责完成，商家只需将商品利润的一部分让渡给平台或支付给电商平台部分销售费用即可。由于电商平台拥有更多的消费群体，将商品上架至具有庞大潜在用户群体的电商平台能使产品、品牌与公司得到更多关注，从而扩展市场，增强产品竞争力。

从托销型 B2B2C 电商平台角度看，尽可能多地与具有良好品牌声誉、较高热度产品的制造商达成销售合作，获得更多的优质商品资源，能够为平台吸引更多的消费者，增强电商平台在行业中的竞争力。除电商平台提供销售服务的主营业务外，B2B2C 电商平台还可通过对合作企业及商品进行广告宣传获利。平台内的优质资源情况，便捷、放心的销售服务是影响电商平台市场活跃度的重要因素，与电商平台的成交量、广告收入直接相关。

从消费者角度看，托销型 B2B2C 电商平台整合提供同类产品的多家商品销售，这些商品是电商平台与产品制造商直接对接签订销售合同获得的，产品来源可靠，质量与售后服务均有保障。消费者购买时更放心，多种商品陈列也为消费者提供了更多信息与选择。同时，平台为更多品牌和企业提供了获得消费者浏览关注的机会，优化了消费者与产品厂商之间的供求匹配。

3. 平台型 B2B2C 零售模式

平台型 B2B2C 网络零售方式由产品厂商向电商平台购买或租赁店铺使用权，通过在电商平台内开设产品旗舰店的方式，与电商平台共同管理产品网络零售，产品厂商自行负责商品的具体销售环节，电商平台负责商品资源的优化整合、与目标消费群体的精准匹配。电商平台为供应商和消费者提供优质的服务，是互联网电子商务服务的供应商。也有一些观点淡化平台服务商的角色，将该类零售模式归为直销型 B2C 零售模式。

该类零售模式特点是电商平台只提供销售平台，由产品制造商或经销商运营管理网店销售。平台不参与商品销售盈利，以向进入商城平台的产品商收取服务费和广告增值费用为主要盈利方式。

从 B2B2C 的零售平台角度看，企业运营的核心是网站流量和平台内商家的管理。只有保障商城内商家信誉良好，商品质量过关，消费者消费体验好，消费者才会对平台网站给予积极反馈，扩大潜在消费群，获得更多的流量。因此，平台的目标就是要形成消费者获得良好消费体验，给予正面口碑传播，吸引更多潜在群体消费，提升网站流量，吸引更多商家入驻，消费者获得更好体验的良性循环。

从 B2B2C 的产品制造商或经销商角度看，在商城中开设自家品牌店铺，可自主管理商品的销售过程，平台只为商品销售及店铺运营提供辅助性服务，网络零售渠道更具有主动性。制造商在增加产品销售费用的同时，也获得了更多对商品销售的控制权与利润份额。因此如何管理运营好网络店铺的商品销售是产品制造商的主要任务。

从 B2B2C 的消费者角度看，平台型电商平台提供了更多的选择，往往同企业的品牌产品甚至某款产品，平台型 B2B2C 平台内会有不止一家店铺销售，有品牌商自主销售的店铺，也有其他经销商经营的店铺,多家店铺竞争。相比厂家销售,经销商有时会提供更优惠的销售政策和更便捷的销售服务,一定程度上为消费者带来更大便利和实惠。但同时,相比于托销型 B2B2C 电商平台,更开放的 B2B2C 平台也会因对商家资格审查不严格等因素,导致平台售卖商品质量保障存在缺陷,假冒伪劣产品时有发生,失信于消费者。

讨论题 与厂家网店相比,经销商网店优势有哪些?

专栏

网络零售的香榭丽舍大街——天猫商城①

2012 年 1 月,淘宝商城更名为天猫。天猫商城是一个综合性购物网站,隶属于阿里巴巴集团。由原来 C2C 模式转换为 B2C 的商业模式,天猫商城在中国 B2C 购物平台中一直处于领先地位。天猫商城为品牌商、生产商和消费者提供一站式解决方案,主要的服务对象是知名品牌的代理商和经销商。提供 100% 品质保证的商品,7 天无理由退货、购物现金积分等服务。由于天猫商城的品牌意识和价值提高到了新的层次,得到越来越多消费者的认可,天猫商城的定位是网购世界的第五大道、香榭丽舍大街,成为全球 B2C 的地标。

天猫商城的崛起离不开众多商家的参与。天猫商城商家须具备企业资质,主要包括以下三类店铺。

(1) 官方旗舰店:商家以自有品牌(商标为 R 或 TM 状态)或由权利人排他性授权而在天猫商城内开设的店铺。

(2) 品牌专卖店:商家因持有品牌授权书而在天猫商城开设的店铺。

(3) 专营店:商家在天猫商城同一大类目下经营多个(两个或两个以上)品牌并持有相应品牌授权书的店铺。

天猫商城盈利有三大来源:技术服务年费和实时划扣技术服务费、广告收费和关键词竞价收费、软件和服务收费。

技术服务年费指商家入驻平台后每年需要缴纳的固定费用,根据销售商品种类不同,收取不同费用,一般来说是 3 万元或 6 万元,对于店铺销售额达到某一水平的店铺,平台予以返还年费的 50% 或 100%,这也是促使店铺卖家尽量提高服务水平的激励措施;实时划扣技术服务费是指交易过程中按照交易金额的一定比例收取手续费,对于不同商品技术服务费率不同,一般是 0.5% 到 5% 不等。

天猫商城有十多万个店铺,每天网站首页的访问量接近 1 亿人次,是极大的广告平台,天猫商城广告主要有品牌展示广告、商品展示广告、旺旺植入广告等。对于每个消费者来说,点开 App,首页是不同的,天猫商城根据消费者个体的购物习惯推荐相应商品。天猫广告是商家付费购买广告位,增加曝光度的重要途径。另外,在天猫首页可以搜索消费者想找的商品和店铺,商品的排序源于竞价,电商卖家缴费越高,排名越靠前,这也是天猫非常重要的收益来源。

天猫依靠自己的技术团队,通过分析电商后台的消费者行为数据库,为电商卖家开发软件提供增值服务,例如,会员关系管理、数据魔方等,对于电商卖家来说这些增值服务能使

---

① 陈迟. B2C 电商平台竞争策略援救:以"京东"和"天猫"为例 [D]. 重庆大学,2017:23-23.

其更方便地管理用户、更好地匹配客户需求，因而许多电商卖家都愿意购买，这也是天猫平台的收入来源之一。

4.2.2 C2C 网络零售

C2C 网络零售是网络零售的早期模式，是广大消费者广泛接受和喜爱的商业模式。随着网络零售的迅猛发展，C2C 网络零售也不断发展壮大。C2C 模式具有信息交流迅速、商品品种丰富、交易成本低等特点。C2C 模式带动了整个网购市场的扩张和大众消费观念的转变，使电子商务逐渐融入普通网民的日常生活，成为节约生活成本、提高生活质量的首要购物选择，也成为高新技术服务业新的投资热点，未来增量空间不可小觑。

1. C2C 网络零售及其发展

C2C（consumers to consumers）指消费者与消费者之间的电子商务模式，即消费者提供服务或产品给消费者。C2C 网络平台通过为买卖双方提供在线交易平台，使卖方可以自行提供商品在网上展示销售；买方可以自行选择商品，拍下付款或按竞价方式在线完成交易。中国 C2C 市场主要有淘宝、易趣等服务平台。

国外 C2C 网站在发展初期主要作用是提供二手闲置商品的交易，一般采取竞价拍卖方式交易。随着 C2C 电子商务网站业务的发展，由商家提供的全新商品也成为可交易物品，且多以省略竞价过程的"一口价"交易方式进行。这种销售方式相对快捷，适合同款或多款商品的同时买卖，有利于扩大销售规模。目前我国 C2C 电子商务网站中的大多数商品也采取一口价的方式交易。C2C 电子商务模式，除具有交易虚拟化、交易成本低、收益高和透明化等电子商务的一般特点外，还具有参与者众多、覆盖面广泛、产品种类和数量丰富、交易方式灵活等独特优势。

易趣网是我国首家专门提供 C2C 交易中介服务的电子商务网站，1999 年 8 月推出，2002 年 3 月全球最大的拍卖网站 eBay 向易趣网注资 3 000 万美元，易趣更名为 eBay 易趣。作为国内首个 C2C 电子商务网站，eBay 易趣曾一度占据 90% 的市场份额，培育了一大批买家和卖家，为 C2C 模式在我国的发展奠定了最初的市场基础。

2004 年以前，eBay 易趣一直是我国 C2C 电子商务网站的领头羊，但由于其运营模式不符合本土消费习惯、应对竞争的策略失误等原因，eBay 易趣的市场份额大规模流失。2006 年年底，eBay 易趣无力支撑免费服务而转移重心，并与 Tom 在线合资成立了 Tom 易趣。

2003 年 5 月诞生的淘宝网，以提供具有本土特色的电子商务平台服务、免费交易政策等营销策略后来居上，在两年之内超过 eBay 易趣，成为我国 C2C 电子商务网站的龙头。

2005 年，淘宝网每日在线商品数量超过 1 200 万件，网页日浏览量突破 1 亿，注册会员数突破 1 500 万，成交额突破 89 亿元，市场份额已超过 72.2%。截至 2014 年年底，淘宝网拥有注册会员近 5 亿，日活跃用户超 1.2 亿，在线商品数量达到 10 亿，在 C2C 市场，淘宝网占 95.1% 的市场份额。淘宝网发布的报告显示，2018 年平均每月有 6 亿活跃用户。

腾讯旗下的拍拍网，凭借其庞大的 QQ 用户群体，也一直在国内 C2C 业务中占据一定的市场份额。2007 年二季度，拍拍网借助 eBay 易趣新平台切换的时机，首次超过 eBay 易趣，占据了中国电子商务 C2C 市场份额第二的位置。2014 年 3 月，京东与腾讯电商宣布建立战略合作关系。2015年11月，京东集团发布公告称，因为C2C模式无法杜绝假货现象，决定到2015年12月31日停止提供C2C模式（拍拍网PAIPAI.COM）的电子商务平台服务。并在三个月的过渡期后，于2016年4月1日起，彻底关闭C2C模式的电子商务平台服务，至此，拍拍网命运终结。

随着百度有啊的进入和卓越、当当、凡客等原先从事B2C的电子商务网站也纷纷开放平台加入了C2C的行列，业内竞争逐渐升级，各种推陈出新的营销策略将中国C2C电子商务市场的发展推向高潮。目前，中国C2C电子商务的用户数量和交易规模已具备了依靠自身需求推动行业继续增长的能力[①]。

2. C2C网络零售优劣势

与B2C商城相比，个人网络店铺的优势有以下两方面。

① 个人网络店铺种类齐全。由于B2C商城进入门槛较高，故B2C商城门类相对于个人网络店铺较少，减少了顾客的可选择性。

② 个人网络店铺价格优惠。B2C商城开设有违约保证金或服务年费等方面费用，其成本高于个人网络店铺，故价格相对于个人网络店铺较高，个人网络店铺拥有价格优势。

个人网络店铺的劣势主要集中在诚信问题上。B2C商城店主为企业法人，进入商城门槛较高，成本较大，因此B2C商铺诚信度较个人店铺高，且由于商品来源于企业，商品品质较有保证。

3. C2C网络零售面临的挑战

（1）来自B2C模式对于现行C2C模式的冲击。

一方面，随着京东商城等B2C电商平台的发展壮大，以淘宝为首的C2C零售在物流、售后服务与商品保障上的短板凸显，另一方面，随着信息流通越来越便捷，C2C个体商家的商品发现价值和营销功能被削弱，进而被各种厂家直销、代买店铺和各种导购平台所替代。C2C零售正面临一场由外至内的"围剿"，C2C个体商家的生存空间被压缩。有人甚至认为中国电子商务最早期的C2C模式正逐步退出历史舞台，目前声称中国最大C2C网站的淘宝网绝大部分的业务来自B2C（商户对个人）交易，而非C2C（个人对个人）交易。

（2）成本因素制约着C2C的发展。

随着市场由商品稀缺转向流量稀缺，信用成本和流量成本提高。随着淘宝商家的增加，淘宝内部竞争也愈演愈烈。原先C2C的低成本运营已不可能，能够真正位于电商金字塔顶端更多的是有着充足资金和产品供应的企业。个人商家难以在博弈中占据有利地位。

（3）消费者的改变。

消费者认为C2C不再是"物美价廉的代名词"，更多的是假冒伪劣和廉价的标签。消费水平的提高，消费者心理也随之转变，初期的网购消费者好奇尝鲜的心态渐渐消失，消费者成为富有经验的"谋士"，不再单单只看重价格，其他因素如商家的用户体验、质量保证、售后服务等产品背后的价值成为影响其购物选择的重要因素。

讨论题 如何解决C2C零售假冒伪劣问题？

[①] 周睿. 浅谈我国C2C电子商务市场现状及发展趋势. 当代经济，2011（13）：48.

> **特别关注**
>
> ### 网络零售部分用语[①]
>
> 着陆页（landing page）：也称首要捕获用户页，即用户访问零售网站时首要接触的页面。
>
> 用户界面（user interface，UI）：网站所有页面的交互效果、操作逻辑、界面美观的整体设计。
>
> 交互设计（interaction design，ID）：网站页面与顾客之间的互动设计，影响顾客接触网站的直观感受，主要考量"可用性"和"用户体验"两个层面。
>
> 浏览量（page view，PV）：网络店铺各页面被查看浏览的次数。
>
> 独立访客数（unique visitor，UV）：店铺页面的访问人数。PV与UV的比值越大，说明用户在商家店铺中查看的页面数量越多，用户对店铺的兴趣越大。
>
> 平均停留时间（avg. time）：访客浏览单页面所花费的平均时长。
>
> 点击率（click through rate，CTR）：网站上的商品被点击的次数与网站被访问次数的比例。
>
> 转化率（conversion rate，CR）：最终购买的访客数/总访客数，衡量零售产品对顾客的吸引程度。
>
> 二跳率：网站页面展开后，用户在页面上产生的首次点击称之为"二跳"，二跳量与浏览量的比值称为页面的二跳率。
>
> 跳出率：在只访问了入口页面（如网站首页）就离开的访问量与总访问量的百分比。
>
> 提袋率：一定时间内，将商品加入购物车内的顾客人数占该时段网站访问量的比例。
>
> 回访者比率（repeat visitor share）：等于回访者数/独立访客数，可衡量网站对于顾客的吸引程度。
>
> 客单价：单日每成交用户产生的平均成交金额，等于成交金额/成交用户数。
>
> 搜索引擎营销（search engine marketing，SEM）：根据用户使用搜索引擎的方式利用用户检索信息的机会尽可能将营销信息传递给目标用户。
>
> 搜索引擎优化（search engine optimization，SEO）：对网站进行内部及外部的调整优化，改进网站在搜索引擎中的关键词自然排名，获得更多流量的操作。
>
> 网络页面横幅广告（banner）：以较大的特定尺寸出现在网站页面醒目位置的广告，一般包含760像素×70像素以及1 000像素×70像素两种尺寸。
>
> 千人成本（cost per thousand impression，CPM）：投放的广告普及到1 000个人所需要花费的成本。
>
> 网页级别（page rank，PR）：应用谷歌排名运算法则制定的衡量网站好坏的唯一标准。

[①] 电子商务探究中心. 电商专业术语普及大全. https://mp.weixin.qq.com/s/04-jk7MuYclYOG7VC8klFw).

> SKU (stock keeping unit):库存进出计量的单位,是保存库存控制的最小可用单位,可以件、盒、托盘等为单位。
>
> 第三方物流(third party logistics,3PL):在网络零售界指快递公司。
>
> 虚拟库存:在网站前台展示的虚拟库存,是网络零售行业特定属性的产物。

4.2.3 网络零售的管理

网络零售店铺的运营,除店铺设计、产品分类、宣传促销等工作外,做好网络销售工作的核心是做好订货、物流配送和支付安全管理三个环节的工作。

1. 网络订货系统管理

在网络渠道中,谈判协议达成后,订货是需要经过的第一个基本环节。一般来说,这一环节都是通过企业在互联网平台上的网络订货系统来实现的。通过进入订货系统,中间商可以根据自己的要求预订大宗产品,消费者也可以根据自己的喜好来预订自己需要的商品。

从订货方式和特点来看,中间商 B2B 形式的订货和消费者 C2B 形式的订货过程是有区别的。但两者都是利用互联网以在线方式进行订货作业和订货信息交换的,因而两者订货系统的流程基本上是一致的。典型的网络订货流程如图 4-1 所示。

由网络订货的流程可以看出,订货过程主要是买方形成订单的一个选择过程。买方订货需要注册、在大量的商品之间对比筛选或者与卖家谈判、选择交易完成的方式和收货方式,最后提交订单;卖家则仅仅将商品信息分类公布到网站上,并且建立自己的订货系统即可。

从买方的角度来看,网络订货系统最重要的是人性化和简单化。网络订单的设计应尽量减少顾客的劳动,要方便、简单、易操作,最好买方只需要填一下数量即可以实现订单的制定。当卖方商品种类繁多时,卖家还需要为买家提供产品搜索服务、购物车服务。通过简单的或者组合式的高级搜索,买方可以很容易地搜索到符合自己需求的产品。

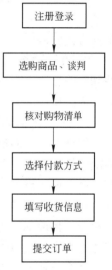

图 4-1 网络订货流程图

从卖方的角度来看,网络订货系统主要是订单信息的管理。订单信息通常都包含了消费者的地址、购买的产品、运送方式及支付方式等。当卖方接收到消费者的订单后,需要先对订单进行简单的分类整理,然后向库存管理来确认是否有库存,最后通知发货员按照消费者的要求进行配货、发货。这一流程均可以围绕着订货系统进行,通过买方所下的订单进行。因而卖方在这个过程中,务必需要分清订单,严格按照订单上的要求进行。但现实中消费者还是常常遇到产品收错的情况。通过订货系统对产生的订单进行跟踪,了解处理和发货的具体情况也是卖方目前订货系统管理的一项内容。

当交易完成后,并不能说明订单的使命已经结束了。对卖方来说,消费者的信息是非常重要的。订单信息的管理不仅仅是了解究竟谁购买了多少和什么样的产品,还可以通过信息化的管理工具对订购信息进行分类、筛选,最终整理成数据库。通过这些订单所包含的信息,卖方除了可以调整自己的库存外,还可以用来分析市场消费者的购买趋势、了解推销这种产品的效果以及和客户进行长期的沟通等。在现实中，卖方一般除了掌握消费者必要的交易信息外，还会要求消费者留下一些订单以外的信息，比如消费者的兴趣爱好、职业、收入等，从而来完善自己的订单信息数据库，更好地运用信息来为企业的网上售货进行服务。

2. 物流配送管理

卖方通过订货系统收到消费者的订单后，第二个环节是进行货物配送。对于网络可以传送的商品（如图片、文档、软件等）卖方可以直接通过网络传送给买方。而对于不能用网络传送的产品，则需要借助传统的物流来配送产品。目前物流配送主要有自我配送、第三方物流两种配送方式。在物流配送的过程中，网络渠道中的物流配送还要注意以下几点。

① 及时性。通过网络渠道订货的买方与选择传统订货方式的买方相比，其一般对产品到达的时间有一定的要求。

② 安全性。通过网络渠道订购的某些产品，一般对安全性要求比较高。一方面是要求产品不被损坏，或者因其他特殊条件变坏；另一方面是不能在运送过程中将产品丢失。否则，将会使得买方对卖方产生信誉上的怀疑。

③ 售后服务。通过网络渠道订购的产品，最容易出现的问题是售后服务。网络的空间性和时差性使得产品在一段时间后从卖方到达远方的买方，买方现在直接接触的是产品送达者，因而相应的售后服务问题也逐渐开始交由物流配送过程来负责。

3. 支付安全管理

网络渠道中的最后一个环节是支付。通常来说，物流和支付究竟哪个在前，哪个在后，取决于渠道中卖方和买方谈判的结果。网络渠道中的支付通常是卖方在互联网上设立结算系统，完整地进行网络渠道活动中的支付。目前通常是由企业和金融行业结成联盟的形式实现的，通过企业的银行账户和金融银行实现对接进行网上支付。随着移动支付技术成熟和应用的普及，目前网络支付中使用第三方支付如"支付宝""微信支付""苹果支付"等方式支付日益成为主流支付方式。

众多企业及个人对网上支付安全的不信任性主要来自网络信息的传送是在公众的开放式的互联网上。现实中经常出现的银行账户密码被修改、资料库和网络资源遭到修改，以及服务器遭到攻击等都给网上支付的安全提出了挑战。

针对现实中存在的问题，网上支付安全性一般有以下要求。

① 信息的保密性。这一点和传统的支付方式要求是一样的，支付的过程需要确保交易双方身份的隐私性，如确保账户号码、身份及用户购买的商品名称、数量等信息不容易被他人截获。对于企业或个人的账户信息，尤其是密码等个人资料不能被第三方知晓。

② 确定交易者之间的信息。互联网络的虚拟性使得交易双方不容易知道各自的身份，也就容易使得双方各自产生怀疑。因此，网上支付安全需要提供能够确认双方身份的保证。

③ 不可修改性。支付的过程是不能够被修改的，一旦可以被修改，则容易使得某一方通过事后修改的方式实现自我利益的满足。

④ 安全性。确保在网上交易的过程中双方传递的相关信息的安全，即在传送过程中，信息不容易被他人截获。

从理论上讲，信息技术的发展已经为支付安全提供了许多办法，包括公共密钥密码学、数字摘要、数字签名、数字时间戳、数字凭证及认证中心等，同时包括支持信用卡使用的 SSL 和 SET 安全协议。但是在现实生活中，我们却常常发现网络交易的漏洞被他人所用，而导致交易双方受损的情况并不是由于技术原因引起的，更多的问题出现在网络交易的制度中。交易过程中安全机制执行得不彻底，导致一些管理环节上的问题，使得安全技术并不能发挥作用。因此，网络支付的安全管理必须规范支付流程，使得交易能够严格按照支付安全流程运行。

4.3 微商网络零售

4.3.1 微商及其发展

微商是指利用社会化媒体的社交网络开展电商活动的商人，如通过微信、微博、微网开展移动电商活动，简称 micronet。狭义的微商是指通过微信"朋友圈"开店、卖货的个人。广义的微商是指所有在社会化媒体上展开的商务活动的商人。

微商也分为 B2C 和 C2C 两种模式。B2C 微商模式是由产品供应者（包括厂商、供货商、品牌商）基于微信公众号或 App 等方式，提供一个微信上搭建的统一移动商城，直接面向消费者销售，产品供应者负责产品的管理、发货与产品售后服务。C2C 微商模式是个人基于朋友圈开店面向个人销售，即由个人通过建立购物群、发朋友圈等方式进行商品展示，完成社交分享和商品销售活动。微商的经营模式是建立在"熟人经济"基础上的电商活动，即通过建立与微信好友之间的信任关系达到销售产品的目的。

微商是一种全新的商业模式，灵活性高、时间和空间自由，与传统的实体经济相比，微商零售是一种新型的网络经济，与电商相比，微商的规模较小，没有统一的、规范的电商网站。

从微商发展现状看，2018 年，微商从业人员在 5 000 万人左右，微商行业市场规模达 7 000 亿元。其发展态势呈现出如下特点。首先，微商区域分布广，商户规模小。微商行业由于门槛与运营成本较低，吸引了大量商家，其中既有中小商家，也有品牌商户，以个体小商户数量居多。其次，微商销售中，美妆、农特产品、母婴孕产品销量居前位。根据 2015 年进驻微信公众平台的中小微商销量排行，美妆、农特产品、母婴孕产品位居市场前三，三者占市场份额的比重超过 80%。最后，从微商用户人群看，女性、年轻人是微商消费的主力。女性和 30 岁以下的用户分别占比 57.9% 和 63%。

4.3.2 微商的特征[①]

1. 微商具有移动社交属性

① 社交属性。微商的高传播性、互动性、聚类性基础是其社交属性。微商的交易处在

[①] 俞华. 我国微商新业态发展现状、趋势与对策. 中国流通经济，2016，30（12）：51-52.

"熟人"连接而成的"热环境"之中,依托微信等移动社交平台的分享传播,是在朋友之中的销售,具有强社交性。微商有别于 PC 电商与传统零售:微商借助社交媒体,关键点是人脉;PC 电商以 PC 端为平台,着眼于流量;传统零售以实体店为中心,关键点是地段和人流。

② 移动属性。微商用户购物时间碎片化。移动端购物最大限度地降低了时空对电子商务的束缚,能够提升微商用户购买率。

2. 微商重视社群黏性

社群微商即在朋友圈获得客户基础上,借助微信、QQ 等即时聊天工具在社交平台上建立社群,在对客户进行分层过滤后,积淀出高黏性的核心客户,通过销售社群成员共同认可、可体现成员情感寄托的商品推动社群微商的发展。

社群形态微商的组织方式是让兴趣爱好相似的人进入同一社群,意见领袖或专业人士在社群中更有发言权和影响力,有利于营销商品。如果社群成员对之不感兴趣或表示反感,可选择屏蔽或退出社群。以这种方式对商品潜在客户进行初步筛选,最后沉淀下来的客户通常具有高黏性。社群微商的优势在于,客户之间信任关系强,沟通成本很低。与在朋友圈刷屏的简单卖货模式相比,社群微商中的客户与产品匹配度高,用户忠诚度高。

3. 微商具有去中心化属性

目前,微商主要聚集于微信,该平台用户达 10 多亿人,用户年龄层次广,消费能力较强。随时随地的网络连接最大限度地打破了信息壁垒,有利于瓦解原有中心化社会结构。去中心化是移动互联网发展的趋势,移动电商的去中心化、去流量化已经成为业界共识,而微商正是未来商业与消费者之间去中心化的一个途径。传统的以商家为导向、商家通过营销活动提高销售额从而获取利益的模式,会逐渐被其他以消费者实惠和便利为出发点、间接帮助商家提高品牌认知度和销售量的第三方购物模式所代替。伴随着人们购物习惯和行为的改变,这种去中心化、去流量化的购物模式将蚕食现有电商模式的市场份额,具有广阔的发展前景。

讨论题 为什么说微商是典型的消费商?

特别关注

产消者与消费商

"生产消费者"(prosumer)是佛罗里达大学市场营销学教授比尔·奎恩(Bill Quain)在《生产消费者力量》一书中提出的概念。产消者首先是消费者,通过对自己所使用的产品进行口碑宣传使更多的人产生了消费行为,促进消费品流通,促进商品转换成社会财富。

产消者逆向思维,从消费者出发,在花钱消费的同时,产消者投资时间向人们分享这个"在花钱的同时还能够赚钱"的生意机会,改变消费者的购物观念和购物习惯,组织消费者进行消费,并教授他们也做同样的事情,建立生产消费者联盟,建立自用消费型组织,使消费者定向流动起来,建立起一个由终端消费者组成的商品流通渠道,流通生产商的产品,对商品流通做出贡献,因而得以参与流通领域财富的分配。生产商将节省出的庞大的广告宣传费和渠道建设费等中间环节的费用,通过科学合理的奖励制度,返还给生产消费者。

> 消费商（consumer business）是 2012 年刘茂才、庞博夫所著《创富新思维——消费商时代》一书中提出的概念，指以消费者为经营对象的商人。一个有眼光、有能力的消费者，可以把自己身边的消费者组织起来，分享自己的产品体验效果，带动他人购买。因为组织和管理了消费者，并付出了劳动，作为消费群体的意见领袖参与商品利润分配，消费者可由此成为消费商。
>
> 农业经济时代以土地为核心，地主掌控着财富；工业经济时代以产品为核心，生产商主导经济发展；后工业经济时代以经销渠道为核心，流通商举足轻重；信息经济时代将以消费者为核心，消费商将成为时代宠儿。
>
> 一般的商业模式中，消费者花钱，销售商赚钱，两者是分开的。而消费商模式导致商业模式转变，消费者在花钱消费的同时，还可以参与商品利润的分配，花钱的同时可以赚钱。
>
> 产消者与消费商是两个含义类似的概念。

4. 微商销售方式便捷灵活

微商利用移动互联网平台，其销售方式便捷，具有市场定位精准、目标客户明确、传播范围广、售货成本低、互动性强等特点，微商商户利用闲暇时间，通过手机网络便捷地销售产品，营销方式便捷低耗。

4.3.3 微商零售面临的主要问题

经过短短几年的快速发展，微商已经成为一支不容小觑的经济力量，但微商行业自发无序成长，也面临许多问题。

1. 微商商业模式多样，市场规范不足

目前，微商的交易形式多种多样，传统层级分销、粉丝社群微商、生活服务式微商、第三方微店等商业模式层出不穷，而在客户维护、渠道管理、支付系统、信用制度等方面还没有形成标准和规范。微商所依托的平台企业如腾讯公司等，尚未针对微信用户的商品宣传推介行为制定具体规则。微商交易多是熟人之间或小额多笔交易，通常没有建立规范的财务制度、行政管理制度，难以实现长远发展。从市场准入看，微商无门槛，个人甚至无须实名登记即可成为微商，导致行业内鱼龙混杂，假货泛滥，发生问题时难以追责。

2. 虚假宣传，商品质量难保障

微商主要的推广方式是微信朋友圈营销。微商通过微信中的文字、图片、语音等移动互联网信息宣传商品，很多产品没有质检报告，买家通常也无法对微商商品进行实物核验。微商商户素质参差不齐，有的做虚假宣传，产品质量难保障。

3. 微商易被传销者利用，导致网络传销

近年打着微商、多层分销、消费投资等名义从事传销活动者屡见不鲜，网络传销违法活动频发。与传统传销相比，网络传销波及地域更广，蔓延速度更快，涉及人员更多，涉案金额更大，欺骗性与社会危害性更强，影响社会和谐稳定。传销属于刑事犯罪行为，常与非法集资、诈骗等犯罪活动交织。一部分传销者打着微商的旗号，明里分销暗里传销，扰乱市场。根据公安机关列举的非法集资及传销犯罪的"十三种表象"，微商行为中出现的消费返利、电子币买卖以及所谓高收益的直推奖、层推奖、领导奖等类似行为均被归类于传销性质。

4. 微商主体界限不明，监管难度大，消费者权益维护难

目前，微商经营活动的主体既包括企业，也包括大量未经工商登记注册甚至未经实名认证的团体和个人。其经营的开展有的基于微商销售平台，更多的是在非平台性质的社交媒体上以朋友圈使用心得的形式进行信息推广，对其监管难度大。虽然根据《中华人民共和国电子商务法》中界定，电子商务经营者，是指通过互联网等信息网络从事销售商品或者提供服务的经营活动的自然人、法人和非法人组织，包括电子商务平台经营者、平台内经营者以及通过自建网站、其他网络服务销售商品或者提供服务的电子商务经营者。显然微商受电子商务法的规范，但该法对微商具体形态的规范条款较少。微商以人为中心，在熟人之间进行营销，通常不开具发票，消费者买到假冒伪劣产品后往往会碍于朋友情面忍气吞声，甚至有消费者付款后被卖家拉黑的情况出现。微商交易一旦发生商品消费纠纷，消费者自我举证维护权益困难。微商售后管理、舆论监督管理、信用体系建立与评估等方面工作有待加强。

4.4 网络零售与传统零售

网络零售相对于传统零售优势明显：缩短了流通环节、降低了流通成本、使整个销售链扁平化。这些优势给顾客带来了实在的福利：优惠的价格、方便快捷的送货上门服务、节省购物时间等。网络零售诸多优势给传统零售带来冲击，并促进传统零售变革。

4.4.1 网络零售与传统零售的区别

网络零售与传统实体零售区别表现在以下方面[①]。

① 经营范围方面。经营范围包括顾客地域范围和产品经营范围。传统零售较多地受到物理空间的限制，经营范围相对较窄，店铺选址、商品品类选择及陈列方式等均是影响其发展的关键要素，如实体零售的辐射范围在1~10公里；网络零售不受物理空间的限制，产品展示主要通过图片、文字或多媒体等形式完成，依赖网络和服务器的虚拟容量，不受商品陈列等限制因素影响，在物流可达范围内，产品销售不受限制，如淘宝的一个店面能够面对亿万消费者，覆盖全国乃至全球市场。

② 经营的灵活性方面。实体零售经营相对缺乏灵活性，其经营时间、商品调整、规模扩张、进入退出等均受较多限制，而网络零售突破了时间的限制，顾客24小时均可在网站下单，商品的上架下架、价格等信息调整可通过后台高效快捷地完成，同时规模扩张和进入退出等也很少受到约束。

③ 经营环节方面。实体零售大多构筑在多级代理的基础上，流通环节众多，对产业链上游的把握能力相对较弱，经营成本和产品价格高；网络零售可省去不必要的流通环节，缩减经营成本，形成价格优势。

④ 竞争态势方面。传统零售受经营范围的限制，单店的规模经济性相对较弱，企业的

---

① 王宝义．"新零售"的本质、成因及实验动向．中国流通经济，2017，31（7）．

规模经济性主要通过连锁体现出来，同一业态内以及实体零售不同业态之间的竞争相对较弱；而网络零售规模经济性明显，同时消费者转换成本低、客户黏性弱、竞争激烈，企业的生产经营很大程度上依赖规模经济。

⑤ 消费者的成本与体验方面。实体零售消费者除支付较高的购物价格外，还要付出交通、时间等交易成本，但购物场景化特征明显，可以享受购物的乐趣、社交等派生价值，顾客体验好；网络零售能大大节省消费者的购物成本，但购物功能单一，在购物体验方面存在短板。

4.4.2 网络零售对传统零售的冲击与影响

2008 年，我国电子商务交易额首次超过 3 万亿元，从而实现了网络零售三个"1"的突破，即网络零售总额突破 1 000 亿元，参与网络零售的消费者突破 1 亿人，占社会消费品零售总额的比例突破 1%。自此，网络购物高速发展，从小众化、分散化的购买阶段进入大众化、普及化的购买阶段。2012 年我国网络购物交易规模超过日本。2013 年超过美国，成为全球第一大网上交易市场。2015 年网络零售占社会零售总额的比重超过 15%。至此，网络零售成为我国消费品市场的重要流通渠道。

反观传统零售渠道，改革开放后，我国传统零售行业经历了创业期、成长期和鼎盛期的发展。目前，由于受整个经济形势产能过剩的影响和互联网零售发展的挤压，传统零售发展缓慢，有的业态有衰退迹象：人流量同比下滑、销售额同比下滑、房租和人力成本同比上升、利润明显下降、关店现象普遍。传统零售以往用迅速扩张圈地带来发展规模提升的模式已不再有效，发展速度明显放慢。

网络零售对传统零售行业的冲击及影响主要表现在以下几个方面[①]。

1. **网络销售拓宽了商贸流通渠道，削弱了传统渠道商的强势地位**

传统渠道对于大多数商家来说拥有强势地位。中小型制造商，由于其规模和产量较小、行业份额低，作为卖方的中小制造商在与流通渠道的竞争中，往往只能是价格等限售条件的接受者。另外，由于缺乏资金自建流通渠道、开发市场，中小制造商自销产品的规模存在不经济问题，只能依靠传统的批发、零售等流通环节销售产品。因此，中小企业很难与终端消费者建立直接联系，从而在买方市场上处于被动地位。

对于大量中小制造商，传统渠道居于被动地位是渠道能力不足所致。传统渠道有限的渠道容量，只有相对少量的产品有机会进入主流流通渠道，从而使渠道在产品流通的过程中具有较大话语权。

作为一种新的流通方式，网络零售对传统流通渠道具有一定的替代效应。更为重要的是，网络零售平台能容纳更多的产品进入流通渠道，并使消费者能快速发现他们所需的商品。渠道商品容量的增加，使大量中小制造商有机会以较低成本接触到终端消费者。传统商家的渠道竞争优势随渠道容量的扩大而瓦解，打破了传统渠道对商品流通的垄断地位。渠道容量的拓展，大量增加的商品种类也提高了流通渠道两端的供给和需求量。

2. **网络零售促进了流通渠道中物流、资金流与信息流的分离，重构了商务活动方式**

随着传统流通业与电子商务的不断融合，商贸流通模式发生了重大变化，从企业的运作方式到组织形式都融入了电子商务元素，电子商务赋予了传统商业新的内涵。其中最重要的

---

① 黄浩. 网络零售对传统商业的冲击及政策建议. 经济纵横，2017（5）：34-35.

改变是，信息技术的介入促进了流通领域"三流分立"，即物流、资金流与信息流分离的出现，与之相伴的是物流、资金流、信息流在流通渠道中地位的变化。传统流通渠道注重物的流动，物流在商品流通中居于主导地位。而以网络零售为代表的现代流通渠道则首先着眼于信息的传递和流动，并以信息流规划、引导商品流通。因此"三流分立"改变了物流、资金流和信息流的相对地位，使商品流通由信息牵导，信息流效率决定物流效率。信息流在新型商贸流通网络中居于主导地位。

根据交易费用理论，"三流分立"的形成需以有效率而低成本的外部交易为条件。随着以电子商务为核心的商业服务体系的逐步完善，各类市场服务组织日趋成熟，快递公司、会计事务所、报关服务公司、审计事务所、第三方支付企业等机构不断涌现，提高了商品流通的专业化与组织化程度。因此，完善的市场服务体系使分离的信息流、资金流和物流实现高效整合，提高了商品流通的效率和企业的经济效益。在流通领域的经济要素重新分解与整合的过程中，传统商业体系的结构及其生态环境也发生了改变。传统流通企业必须适应这种改变才能继续生存与发展。

3. 网络零售加快了我国商品市场的整合，冲击了传统渠道地区分割的利益

网络零售的发展改变了传统商品市场的格局，其主要作用体现在两方面。

① 网络零售有助于打破市场区域分割的痼疾。长期以来，我国商品市场一直处于区域分割状态，其原因主要有两类：一是交通运输不便和信息不对称造成的自然分割。二是各种形式的地方保护主义导致的市场分割。市场的区域分割涉及地方政府利益等深层次的体制问题，并且传统的商品流通模式和渠道结构受制于买卖双方在时空距离上的限制，很难突破商品流通的地区壁垒。网络渠道的发展缓解了商品市场的信息不对称问题，网络渠道具有跨越时空的特点，彻底打破了地区间的市场壁垒，加速了全国统一市场的形成。网络零售引起的市场整合和一体化是任何行政手段都无法干预的。数据显示，苏宁易购、京东商城、淘宝网等电子商务平台汇集了来自全国各地的商品，这些电子商务平台同时服务于全国市场的消费者。因此，网络渠道打破了传统区域市场的分割，促进了全国统一市场网络的形成。

② 网络零售渠道的发展缩小了城乡间物流基础设施的差距，有助于新型城镇化建设。传统商品流通网络中，受制于投资回报率、人口聚集度和经营成本等因素，大中型商贸流通企业没有投资三、四线城市和农村市场的动力，直接造成城乡商品流通网络的发展程度和经营方式的巨大差距。相比一、二线城市，三、四线城市和广大乡村地区的商业基础设施建设严重滞后，现代化程度不高，这与农村地区居民不断增长的消费需求不相适应。电子商务的发展提供了跨区域的商业平台，弥补了城市和乡村商业基础设施的不均衡，刺激了大量的新增消费，增量消费在实体商业欠发达地区更为显著。这些地区的实体商业网络不成熟，消费者只有通过网络渠道才能购买之前他们无法获取的商品。网络平台已成为广大农村地区和三、四线城市居民释放消费潜力的重要渠道。网络零售弥补了城乡商业基础设施的差距，促进了城乡商业基础设施的均等化。在这一过程中，网络零售填补了传统商业网络的空白，冲击了传统商业渠道的利益。

4.4.3 传统零售在互联网时代的转型发展

为跟上时代的步伐，越来越多的传统零售企业进入网络零售领域，逐步向网络零售转型。整体来看，传统零售企业的电子商务转型可分成三种模式：定位为新渠道、定位为新业

务和定位为新模式。

1. 定位为新渠道

将发展网络零售定位为新渠道的传统零售企业一般还处在试水阶段,其主要业务仍然是传统实体零售,网络零售只是小规模实验性的尝试和补充。将网络零售定位为新渠道的企业一般投资较小,常通过入驻大型的网络零售开放平台获得网络零售新渠道。根据中国连锁经营协会的调查,在发展网络零售的传统零售企业之中,只通过入驻大型的网络零售开放平台来发展网络零售的传统零售企业的比例为18%。

2. 定位为新业务

将发展网络零售定位为新业务的传统零售企业有一定的发展网络零售的决心,其网络零售规模较大,并组建网络零售运营团队和组织,网络零售和实体零售各自分开运营,网络零售在企业组织内部的地位较高。这种模式需较大的资金投入,一般拥有自建的B2C网络零售平台,通常的方式是独立B2C+进驻平台型电商+授权网络分销。根据中国连锁经营协会的调查,在发展网络零售的传统零售企业之中,通过自建B2C网络零售平台来发展网络零售的传统零售企业的比例为82%,在这之中,不仅自建B2C网站且进驻网络零售开放平台的传统零售企业的比例为32%,只自建B2C网站的传统零售企业的比例为50%。

3. 定位为新模式

将发展网络零售定位为新模式的传统零售企业一般是通过了细致的调查研究和评估,将发展网络零售上升到战略转型的高度来布局,对企业原有的发展战略进行根本性质的变革,将发展网络零售作为战略方向。这种模式需要巨大的资金投入,需要有传统的实体零售作为资金后盾。该模式不仅发展网络零售平台,而且进行传统实体门店的升级改造,打造互联网化的门店,与线上网络零售平台互相协调配合。通过线上线下的融合,促进线上线下的有效协同,形成新的发展模式。这种模式的典型代表企业如苏宁云商。

线上线下融合的营销渠道相较传统单独的线上或线下零售渠道具有明显的优势。

① 能为消费者提供更加优质的消费体验。一方面可让消费者方便、全面地了解商品的信息。在线上电子商务平台上,消费者可了解商品质量和性能等详情,查看其他消费者对商品和服务的评价。随时随地在线咨询网络客服人员,进一步询问商品的特点和注意事项。另一方面,线下的实体门店使顾客有机会身临其境,实际体验想要购买的商品。单纯的电子商务企业顾客无法实际接触到商品,只能通过图片和文字描述抽象地想象商品,信息的不对称导致顾客常常买到与自己想象不符的商品,顾客也容易受商家诱导,再加上退换货的不便和耗时,使一些消费者对网购心有余悸。线上线下融合,顾客能到线下的实体门店体验想要购买的商品,能弥补网购短板。

② 线上线下融合后,线上网络销售平台成了线下实体门店在网络上的无限延伸,顾客不再受时空的限制,无论何时何地都能通过网络平台购买商品,也弥补了单纯线下零售时空局限的不足。

③ 方便搜集和分析顾客的行为数据,制定更有效的营销策略。顾客在线上的网络零售平台的所有行为都被后台服务器搜集和记录,不仅包括购买数据,还包括搜索行为、浏览记录以及评价数据等,这些系统的消费行为数据能呈现出每位顾客独特的消费偏好。线上网络平台和线下实体门店都能利用这些数据分析结果为特定顾客推送个性和精准的信息,提高推送的价值。线下实体门店能够依据这些大数据的分析结果,更有效地提高门店经营水平,满

足顾客的喜好。

在我国虽然众多传统零售企业已开始了电子商务转型，但是现在的状况仍然是，大部分传统零售企业的主要业务依然是传统零售方式，网络零售在总体零售额的占比小。大部分传统零售企业仍只将发展网络零售作为试验性的探索和补充，距离上述的第三种模式——定位为新模式的阶段还有相当大的距离。

4.5 新零售

4.5.1 新零售的含义

新零售是区别于传统零售的一种新型零售业态的概念表达。新零售以互联网为依托，运用大数据、人工智能等先进技术手段，对商品的生产、流通与销售过程进行升级改造，重塑业态结构与生态圈。对线上服务、线下体验以及现代物流进行深度融合的零售新模式，其核心是：大数据＋线下体验店＋智能物流。区别于传统零售，新零售可推动线上线下以及多方的跨界融合，其基础和前提是供应链的重构与物流方案的升级。国家相关管理层也早就酝酿与零售业转型相关的政策。2016年11月，国务院办公厅印发了《关于推动实体零售创新转型的意见》，从总体要求、调整商业结构、创新发展方式、促进跨界融合、优化发展环境、强化政策支持等六大部分、总计十八个方面为"新零售"发展明确了方向。2017年3月"两会"期间，李克强总理在报告中提到了结合实体零售和电子商务推动消费需求，其实质就是号召"新零售"相关企业结合线上线下，用互联网的新思维来推动实体零售转型升级，强化用户体验，改善消费环境和物流现状，提高零售业的运营效率。

新零售追求的目标是线上线下及物流等多方面的融合，打破原有的边界，拓宽已有的营销渠道，营造消费场景化，使消费者购物更加便利的同时产生美好的心理联想，满足消费者的沟通与情感需求，形成重复购买的良性循环，其对于流通经济甚至整个国民经济都是一个很有活力的支点，作为新实体经济的一个重要组成部分，新零售与新制造、新金融、新技术及新资源一起构成了影响未来发展的"五个新"。

4.5.2 新零售的模式

新零售是以用户体验为中心的商业模式，核心是要满足消费者日益提升和变化的需求，同时兼顾内部员工与上下游的商业合作伙伴，实质是要在做好产品和服务营销的同时，做好"人"的工作。新零售的模式主要有以下三种类型。

① 线上线下与物流结合的同时，实现商品与物流渠道整合。在线下零售商不断开拓线上渠道、线上零售商不断开拓线下渠道的同时，线下与线上零售商彼此合作，实现渠道互补和共赢，这样既可以在物流配送高峰期做到就近配送，实现线上、线下产品同款同价，还可以实行线上订货实体店就近取货，或者线下订货线上发货等。这种合作不是简单的O2O，而是打破原有的一切边界，多家线上、线下零售企业通力合作，形成良性循

环的全渠道产品及物流配送网络。这种新零售模式需要有云计算、大数据等高新技术的后台支撑与配合。

② 提供更广范围内的体验式消费服务，实现消费场景化。消费场景化是新零售最主要的发展方向，也是顾客未来需求的发展方向。目前只有少数集购物、餐饮、娱乐为一体的大型实体购物中心在这方面发展较好，其他如百货、超市、便利店等实体零售的体验式消费服务还有待加强。线上电商与线下实体零售体验相结合，并不断努力实现消费场景化，是目前正在探讨和实践的主要模式。

③ 营造包括零售企业内部员工及上下游合作伙伴参与的新零售平台模式，即打造新零售全渠道产业生态链。这个生态链既包括零售企业内部员工，也包括上游的制造商、下游的商家以及渠道内的所有合作伙伴，多方在一个公共平台上进行更深、更广的合作，实现互利共赢，共同在不断完善的互联网环境下良性发展。

特别关注

全渠道零售策略[①]

"全渠道"是诞生于美国的一种新兴零售策略，"全渠道"策略在理论界引起广泛关注是美国贝恩公司资深合伙人达雷尔·里格比（Darrell Rigby）在2011年《哈佛商业评论》第12期发表的《购物的未来》(*The Future of Shopping*) 文章。里格比在文中认为：传统零售商为了生存，必须寻求"全渠道零售（omni - channel retailing)"的战略，即一种将实体店的优势与网上购物信息丰富的好处进行全面融合的销售实践。文章对"全渠道零售"场景进行了描述，即"零售商能够通过多种多样的渠道与客户互动，包括网站、实体店、售货亭、直接邮件与商品目录、呼叫中心、社交媒体、移动设备、游戏机、电视机、联网电器、家庭服务，以及更多的其他可能渠道。"里格比还特别强调，"传统零售商应该设法将购物变成一种有趣的、令人兴奋的、能让人投入情感的体验，而这恰好也是线上零售商难以企及的一个方面"。全渠道零售的核心要义是零售商通过渠道间（线上与线下）的深度融合，为顾客提供全天候且多维度的集购物、娱乐、社交于一体的服务，而且消费者的购买过程往往会同时利用多种不同的渠道。

4.5.3 新零售发展面临的问题

新零售目前还处于探索过程中，新零售存在的问题如下。

1. 忽视与新制造的紧密结合，无法从根本上保证产品质量

新零售时代，线上与线下商家比以往更注重零售本身，纷纷从原来单一的线上或线下渠道运营转向同时开拓线上与线下的多渠道发展，使原有渠道间的边界被打破，出现了前所未有的崭新局面。但很多零售商家与其所售商品的源头即制造商的结合不充分，这些商家只是负责代理一些品牌的产品，没有真正验证产品的生产制造，无法从根本上保证产品的质量。

[①] 杜睿云. 新零售：内涵、发展动因与关键问题. 价格理论与实践，2017（2）：139.

2. 与消费者互动的体验场景化局面尚未广泛形成

目前,新零售的服务创新并未随技术创新同步跟进,线上渠道的产品与服务无法与线下完全一致。"用户体验"与"消费场景化"还没有落到实处。

3. 物流支撑无法做到广泛履约

近年,每逢"双十一"和重大节假日,比如黄金周、元旦、春节等,物流会变得格外繁忙和拥挤,线上购买的商品往往需要很长时间才能到货,暴露出当前零售业的经营机制大多还处于传统物流阶段,缺乏适应时代发展的创新经营机制,因此一旦供需矛盾突出,问题暴露,难以有好的解决方法。"新零售"渠道内很多企业经营机制陈旧,组织形式也亟待更新。

4.5.4 新零售的发展趋势

目前以全渠道零售为基础的新零售思路在美国领先的零售企业中已有所展现,在它们的发展创新中,新零售主要体现了以下特点与未来发展趋势,对我国新零售思路创新具有参考价值①。

1. 渠道全面化与零售无间隙和无边界化

为更好地满足顾客需求,无论是传统电商还是实体零售企业,都在努力拓展与目标顾客的沟通渠道。例如,以亚马逊、谷歌为代表的电商企业不断地通过收购兼并或自行开设实体店等形式拓宽零售渠道通路。而以沃尔玛为代表的传统实体店商,则纷纷通过加强网站建设、开发功能更加强大的 App,利用先进的数字技术强化网上销售渠道。特别是伴随着 AR/VR 虚拟与增强现实技术、人工智能与移动通信技术在零售领域的应用,一个全新的虚拟无边界零售通路开始呈现在顾客面前。全渠道的概念发展为以消费者为中心的无间隙和无边界的新零售概念。

2. 个性化与定制化

在众多基于新技术开发的零售服务系统中,提供个性化和定制化服务是其共同特征。例如,完美鞋子梦工厂(Shoes of Prey)的顾客可以利用数字技术工具直接参与设计和定制自己的鞋子。这个系统为顾客提供不同的材料、脚型、鞋跟和其他制造完整鞋子的各个组成部分的选择,使顾客可以很方便地把自己想象中的鞋子变为现实,并直接下订单将它们生产出来。互联网男装定制龙头品牌 Indoehino,顾客购买定制西装,只要输入自己的尺寸、选择款式和面料就可以了,西装在几周内就会送货上门,而且价格比传统的定制西装还要便宜。

3. 零售体验化与服务增值化

在实现个性化和定制化的同时,众多零售商的定制化服务系统给顾客带来了独一无二的定制产品的兴奋体验,使顾客感受到将心中所想由图纸变成真实产品的神奇过程。这种顾客深度投入的定制化服务模式可以大幅提升顾客的参与感和体验感。Indoehino 首席执行官格林(Green)说:"体验非常重要,我们的业务就像出售产品一样出售体验。"由此可见,对 Indoehino 来说,服务体验已经具有了与有形产品同等重要的地位。丝芙兰虚拟艺术家(Sephora Virtual Artist)通过虚拟与增强现实技术,不仅可以为化妆品顾客提供 24 小时实时美容顾问式咨询,将美容咨询专家装入顾客口袋,同时还可以让使用者尝试超过 3 000

---

① 齐严. 商业模式创新与"新零售"方向选择. 中国流通经济,2017,31(10):10-11.

多种口红和 100 多种假睫毛的效果,而这在没有使用虚拟现实技术的传统商店是不可能做到的。宜家也已经整合了虚拟现实技术,开发了让消费者可以"体验"重新装修房间,甚至可以打开抽屉、从孩子的角度看空间等多种体验功能。可见,零售体验化与服务增值化正在成为新型零售业的潮流和趋势。

4. 社会化与透明化

利用社交媒体建立新的沟通和销售方式是"新零售"商业模式社会化与透明化趋势的具体体现。利用社交方式让消费者在社交活动中了解产品,培养消费信心的同时,在社交平台直接提供销售链接,通过简化销售过程直接为消费者提供销售服务,节省顾客购买时间和精力。例如,耐克利用社交平台,根据顾客整合上传的健身数据,为顾客建立详细的客户档案,在为其提供教学视频专业指导的同时,推荐相关配套的产品。

信息沟通更加便利是促使零售业透明化发展的另一个重要原因。零售业透明化发展趋势不仅体现在产品定制化带来的设计制造过程趋向透明、产品性能功效质量趋向透明,同时也体现在产品成本和价格及企业管理成本的透明化上。

5. 管理效率更高、成本更低

定制化模式使顾客直接参与产品设计和自行下订单,将减少大量的产品设计成本和销售人力成本,同时,订单式生产模式使商家没有闲置的库存,因此,在提供同等服务质量和服务效率的同时,可以有效降低销售成本。此外,社会化与透明化等发展趋势都可以在不同程度上提升管理效率,降低管理成本,所以,管理效率更高、成本更低是"新零售"商业模式发展的另一个显著趋势。

案 例 分 析

新零售的典范——盒马鲜生[①]

"盒马鲜生"是阿里巴巴投资的重要"新零售"项目,该项目创新性的 O2O 生鲜零售经营模式,被认为将"颠覆传统超市""改变生鲜业竞争格局"。"盒马鲜生"分为线上与线下两部分业务:线下开设门店,以场景定位的方式销售来自 100 多个国家、超过 300 种的商品;线上依托其实体店,提供 5 km 以内、半小时送达的快速物流配送服务。

"盒马鲜生"作为生鲜零售商,对传统零售超市以及 B2C 生鲜电商都产生了冲击。相对于传统零售超市,"盒马鲜生"线下实体店的创新点在于体验式消费。如"盒马集市"("盒马鲜生"的线下实体店),生鲜与餐饮类商品占比高达 50%,消费者到店,不仅可以买到所需的生鲜、食品半成品,还可以直接将挑选的原料(如海鲜)当场在餐饮区加工,直接堂吃或者带回。这种新鲜的体验式消费,解决了年轻上班族的吃饭问题,是对"家庭厨房"的革命。相对于老牌 B2C 生鲜电商,"盒马鲜生"依托线下实体店,进行快速配送,确保了产品更新鲜,购物模式更方便,且实体店"所见即所得",会对线上购物更加信赖。

---

① 曹祎遐. 盒马鲜生:生鲜行业"新零售"践行者. 上海信息化,2017 (6):24-25.

为了满足目标客户群的需求,"盒马鲜生"设计了新的消费价值观。

第一是"新鲜每一刻",将售卖的商品做成小包装,购物方便、配送快捷,可以今天买、今天吃完,保证买到、吃到的商品都是新鲜的。

第二是"所想即所得",线上购买与线下购买的商品完全是同一品质、价格,直接从超市包装运输,手机下单为消费者提供了随时随地、全天候的便利购买。

第三是"一站式购物",线上、线下高度融合,产品的种类丰富,即使在线下超市买不到的东西,也可以通过线上订购,甚至可以买到稀有产品。

第四是"把做饭变成一种娱乐",针对上班族没时间做饭的情况,可以直接在超市购买和制作,这种新鲜、健康、即时的餐饮体验对年轻消费者很有吸引力。

"盒马鲜生"的高效率有赖于"全自动物流模式"。其在门店后台设置了三百多平方米的合流区,前后台采取自动化传输系统,从前端门店到后端仓库装箱,都由物流带传送,在门店中消费者可以看到头顶上方的传送带包裹"飞来飞去"。店铺接到App订单后,在门店分拣取货,放入专用保温袋,通过自动传输系统把商品传送到后台合流区,装入专用的配送箱,用垂直升降系统送到一楼出货,从接单到装箱只需十分钟即可完成。"盒马鲜生"的线上App从早上七点配送到晚上九点。在下班路上,通过App下单,回到家,购买的新鲜蔬菜水果和处理好的海鲜与肉即可同步送到,只要稍微加工,一顿丰盛的晚餐就完成了。这样的配送速度和便利程度,传统电商无法与之相比。

此外,"盒马鲜生"提供新奇的体验式消费和便捷的配送服务,使得至少5 km范围内的客户对其有着较高的信任度,他们大部分消费需求在"盒马鲜生"就能得以满足。并且,这些用户大都逛过"盒马鲜生"的实体店,对店内环境、卫生、产品质量都有直观感受,在线上购买时不会有顾虑,会更放心。

讨论题

1. "盒马鲜生"业态创新体现在哪些方面?
2. "盒马鲜生"针对的客户群体具有哪些特点?
3. "盒马鲜生"的发展模式目前可能存在哪些问题?应该如何解决?

案例点评

"盒马鲜生"的商业模式完全不同于传统的平台型电商与B2C电商,它是基于实体门店的精确流量运营的第三种模式。盒马用实体店解决了生鲜电商几大核心痛点:一是移动互联网流量运营。盒马实体门店实现了低成本的引流,彻底改变了流量的来源。二是5 km半径的精确流量运营,其复购和转化率大幅优于传统电商。三是冷链物流成本相当低,通过这样的模式能实现盈利。四是快消品和生鲜全品类运营,消费者能够实现不同场景下的一站式购物。五是门店的体验和互动,门店成为消费者休闲娱乐的场所。六是全渠道数字化运营,大幅提高了经营效率、降低了成本。

盒马所做的,表面上看是门店+App(线上+线下)的全渠道的商业模式,实质上是"人、货、场"的重构,这是零售的革命,创造新的消费价值,引领新的生活方式。传统零售针对"人、货、场",重点讲究的是目标顾客定位(人)和商品定位(货)以及二者之间如何更好地进行匹配,是二维思考。但是"人"不是孤立不变的"人","人"在不同的场景下会产生不同的消费需求和消费习惯。因此,需要加上"场",不同场景下对"人"与"货"

的影响,这是三维的考量。盒马模式背后的商业逻辑,就是实现"人、货、场"的无缝链接与高度融合。"人"的变化在于,依托阿里大数据,可以对消费者进行多维、清晰的分析,然后精准地切入新需求;"货"的变化在于,盒马模式融合线上、线下,盒马运用产地直采供应链,同时兼顾成本和品质,采用小份包装,灵活结算,切中消费者购物习惯;"场"的变化在于,从"盒马鲜生"到盒马集市,再到盒马便利店,盒马对消费场景不断升级,增加客户体验感,培养客户形成新的消费习惯。通过对场景的升级,对客户群进一步精准划分。

◇ 本 章 小 结 ◇

本章介绍了网络零售与新零售的一些基本概念和目前主流的网络零售业态。其目的在于为企业进行渠道设计时提供网络零售类型的选择。本章具体介绍了什么是网络零售,它有哪些特征,B2C 网络零售、C2C 网络零售和微商网络零售的基本概念及特点,传统零售在网络零售冲击下的现状与转型尝试,新零售的基本概念与特点、存在的问题及发展趋势。

本章的重点是网络零售的基本业态及其特点,B2C 网络零售下的三种基本业态及特点。传统零售与网络零售的结合,新零售业态及特点。

本章的难点是如何掌握几种网络零售业态的特点、理解传统零售与网络零售的结合思路,对融合线上、线下渠道和借助"互联网+"与大数据进行全渠道营销的新零售有清晰、深刻的认识。

学习资料

1. http://www.ccfa.org.cn/.
2. http://crrc.sem.tsinghua.edu.cn/.
3. 陈德人. 网络零售. 2 版. 北京:清华大学出版社,2015.
4. 拉塞特,拉比诺维奇. 网络零售实务. 北京:中国财富出版社,2015.
5. 翁怡诺. 新零售的未来. 北京:北京联合出版有限公司,2018.
6. 永恩. 智能新零售:新场景、新科技、新物流、新消费. 北京:人民邮电出版社,2018.

中英文关键词语

1. 网络零售　　online retail
2. 大数据　　big data
3. 全渠道零售　　omni-channel retailing
4. 新零售　　new retailing
5. B2C　　business to customer
6. C2C　　consumer to consumer
7. O2O　　online to offline

思考题

1. 网络零售有哪些特点？网络零售模式主要有哪些类型？
2. B2C 网络零售与 C2C 网络零售有什么不同？
3. 传统零售与网络零售相结合过程中，线上和线下渠道各扮演什么角色？
4. 微商零售有什么特点？解决了当前零售的哪些痛点？
5. 新零售的核心是什么？

自测题

判断正误，说明理由。

1. 网络零售将全面替代传统零售。
2. B2C 渠道对产品的宣传面比 B2B2C 渠道更广。
3. C2C 零售渠道最终会被更规范化的 B2C 零售淘汰。
4. 微商零售监管更便利。
5. 新零售的未来是打破线上、线下壁垒，实现随时随地的无界零售。

第 5 章

批　　发

导读案例

阿里巴巴 1688 批发网[①]

阿里巴巴批发网又名1688批发网，是全球最大的线上B2B采购批发市场，为供应商提供销售平台，为采购人员提供进货场所，充当生产商尤其是中小型生产商与批发商之间的媒介，为双方提供便利的交易、交流服务。

1. 入驻流程

生产商入驻阿里巴巴1688平台的流程如下：① 生产商注册成为阿里巴巴会员（企业会员及个人会员）。② 生产商开通支付宝账号。③ 申请成为诚信通会员。④ 生产商提交公司的营业执照、税务证明、开户许可证、法定代表人身份证及相关的荣誉证书。⑤ 进行装修商铺，发布产品信息。

2. 阿里巴巴1688提供的工具服务

为协助生产商商家在1688平台上迅速与批发商对接，阿里巴巴推出了一系列工具服务。

① "生意参谋"。"生意参谋"诞生于2011年，最早是应用在阿早巴巴B2B市场的数据分析工具；2013年10月正式走进淘系，2014—2015年，"生意参谋"在原有规划基础上，分别整合"量子恒道""数据魔方"，升级成为"阿里巴巴"商家端统一数据产品平台。"生意参谋"里有"普通拿样、VIP批发、网销宝、橱窗推荐、一分钱拿样、倒批转场"6种营销手段。目前效果最好、最直接的要属"网销宝"和"橱窗推荐"。"网销宝"会选好关键词和时段进行针对性推广，给商家带来直接的效应，但并不是所有的关键词都适合商家，也并不是所有的产品都要去推广，了解自己和市场才是最重要的。

② "量子恒道"。"量子恒道"为商家提供直接的数据显示，能清楚地告诉商家的流量来源于哪里。如果想做好生意，需要站内和站外推广，阿里巴巴提供的"量子恒道"可为商家推广渠道的选择提供参考。

③ 平台培训。阿里巴巴后台给了商家很大的学习空间，提升商家的经营能力。阿里巴巴平台举办系列平台活动和培训，可以紧密商家与平台的联系，使商家与时俱进，跟上市场的游戏规则，更好地发展。

[①] 内蒙古扎赉特旗草原天健生态农业开发有限公司．"阿里巴巴1688"网＋批发市场的生存之道．中国合作经济，2017（2）：44-45．

3. 阿里巴巴 1688 的"升级"

2017 年 11 月，阿里巴巴 1688 宣布升级，计划在三年内把 1688 平台从交易平台升级成为营销平台，同时推出首个专属于中小企业的节日——"商人节"。1688 平台目前拥有 2 亿注册会员，2.5 亿个在线商品量，中小企业能随时随地进行在线交易。

升级后的 1688 平台将通过商家成长体系、数据体系、营销体系、广告体系、开放平台、交易支付体系、物流体系、金融体系等八大矩阵打造数字商业基础设施，帮助中小企业实现线下交易线上化，线下营销线上化。阿里巴巴在推动互联网＋中小企业方面形成了独特的模式和基础，平台升级同时也有利于构建中小企业社会化服务体系。

总体来看，阿里巴巴的 1688 采购平台定位于中小型生产商群体，为其提供便捷的媒介式平台服务，帮助中小型生产商在面对大型生产商的竞争时能够站稳脚跟，为批发商等线下客户提供更丰富多样的选择。

问题思考 互联网时代批发商如何获得竞争优势？

任何厂家的产品都需要通过批发来实现零售，但在现实的企业产品销售过程中，批发的功能常常不是由传统的批发商来承担，制造商的销售分支机构、销售代理、经销商（分销商）甚至零售商等都会取代批发商的作用。因此，本章将忽略批发商和分销商或经销商的差别，只要承担批发职能，都视为批发商。

从企业渠道建设的角度考虑，批发商当然是不可忽略的一类成员，企业要了解批发商的功能，选择适当的方式处理本企业的批发业务。

5.1 批发的职能和类型

5.1.1 批发的概念

批发是商品流通过程中重要的一环，也是企业产品分销渠道的主要成员。批发的过程是一种通过提供销售渠道使产品增值的过程，是连接产品制造与产品消费的中间环节。

按美国普查局的定义，批发是指那些将产品卖给零售商和其他商人或行业机构、商业机构，但不向最终消费者出售商品的人或企业的相关活动。根据我国批发业发展的特点，可将批发定义为：一切将商品和服务销售给那些用于经营用途客户的商业活动。

相对于产品制造和零售环节来说，批发具有其自身的特点。

① 批发交易和批量作价。批发交易通常都有最低交易量的规定，一般要达到相当的交易规模才进行，其意义在于：一是在交易量上与零售的区别；二是批量与价格相对应，批量交易的价格往往与交易量成反比。

② 批发的区域范围较广。批发的企业数量较少，并要保证较大范围内商业企业、生产企业和其他业务单位的批量需要。一般中小批发企业多集中在中小城市，并以此为交易范围。

③ 批发的购销双方关系相对稳定。批发交易的对象是专门的经营者和使用者，他们购进的品种和数量一般比较稳定，购进行为随机性小，因此批发交易中很容易使双方的关系稳定下来。

讨论题 批发交易的对象是否只是有形产品？是否可以有服务或无形产品？

5.1.2 批发的职能

1. 商品流通

商品流通是批发业务的重要职能。由于生产部门一般是批量生产，但品种单一；零售部门往往经营品种多，交易量小；生产消费企业则是连续消费，但库存量要求小。为了调节生产与零售、生产与消费之间存在的这种矛盾，则在它们之间出现了批发环节。通过它从各生产部门采购数量多，品种、规格与花样齐全的商品，经过编配，再分别批发给零售商或其他业务单位。这样既满足了生产部门单一品种大批量生产、大批量销售的需要，又满足了零售多品种、小批量购进、勤进、快销及生产消费企业按生产需求进货的需要；同时，又使生产部门可以集中精力搞好生产，解决了销售渠道不畅的问题，满足社会分工专业化的需求。通过批发业务把生产部门与零售商、批量生产消费企业和其他业务单元有机结合起来，疏通了商品流通渠道。

2. 调节供求

生产与销售、生产与消费在时间与空间上存在间隔，有的商品是常年生产、季节消费；有的商品是此地生产、彼地消费；还有的商品一段时间内供不应求，另一段时间供过于求。生产与消费之间存在这种矛盾，很难完全统一。为此，批发需要解决供和求的矛盾。批发企业一方面要及时向生产部门提供市场需求信息引导生产；另一方面要指导消费，提供资源方面的信息，以及新产品的功能、特点等情况。同时，批发企业必须经常保持一定量的储备，即正常的供过于求，只要产品适销对路，就应该增大储备量；供不应求时，就应减少储备量，从而调节社会生产和消费，保证供应，稳定物价，发挥"蓄水池"作用。

3. 商品加工

批发过程需要对商品进行重新包装、组合、分等、定级、理货、配货、加工及配套送货等活动，以满足零售和生产性批量消费的需求，达到流通社会化和物流现代化的目的。

5.1.3 批发的类型

批发交易根据不同的分类标准，可分为不同的类型。

1. 按批发交易经营的许可范围

① 普通批发。它是指经营商品范围很广，商品种类、规格繁多的批发贸易。一般多指综合批发贸易或百货批发贸易。这种批发经营，能适应各种综合性零售贸易的需要。在一般情况下，逐渐向经营专业化方向转化，如在五金交电、医疗设备、农机等生产资料商品上，这种转化倾向尤为突出。

② 专业批发。它是指专业程度较高，专门经营某种类商品的批发贸易。其优点是能够掌握所经营商品的性能、特征、用途、营销等多种专门知识，品种、规格、花样更加齐全，便于采购者进货时进行挑选比较。其批发对象多于专业商店及生产消费单位。

2. 按销售地区

① 全国性批发。它是指在全国范围内进行的批发贸易。全国性批发贸易往往在全国设有若干分支机构或经营网点，即具有全国性的销售网络。其经营的优点是利用大批量采购来降低成本，取得规模效益，对销售有利；不足之处是销售范围太广，与消费者接触少，有时提供的商品不一定适合于某地的需求。

②地方性批发。它是指在一个城市、一个较小的交易地区内进行的批发贸易。地方性批发贸易,因批发企业与采购者和消费者接触多,所以能够详细了解地区的需求情况,迅速提供适销对路商品。但因其规模小,不能大量采购和充分备货。

③区域性批发。它是介于全国性批发与地方性批发之间的批发贸易。其经营范围比全国批发小,比地方批发大。其知名度往往也是如此。

3. 按商品流通环节

①头道批发。它是指直接从生产企业采购商品后进行的批发贸易。

②二道批发。它是指从头道批发企业采购商品后进行的批发贸易。

③三道和多道批发。它是指从二道批发企业或二道以上批发企业采购商品后进行的批发贸易。由于三道或多道批发贸易流通环节多,流通费用增大,商品成本增加,导致商品价格猛涨,因此不宜采取。

5.2 批 发 商

批发商处于商品流通中间阶段,交易对象是生产企业和零售商,一方面它向生产企业收购商品,另一方面它又向零售商业批销商品,并且是按批发价格经营大宗商品。其业务活动结束后,商品仍处于流通领域中,并不直接服务于最终消费者。批发商是商品流通中的关键性环节,它是连接生产企业和商业零售企业的枢纽,是调节商品供求的蓄水池,是沟通产需的重要桥梁,对企业改善经营管理及提高经济效益、满足市场需求、稳定市场具有重要作用。

批发商在中间商中的地位如图 5-1 所示。

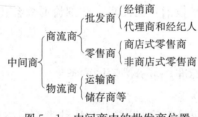

图 5-1 中间商中的批发商位置

5.2.1 批发商的概念

批发商(wholesaler)是指那些主要从事批发经营的组织或个人。批发商处于商品流通的中间环节,其销售对象不是最终消费者,当商业交易职能结束时,商品仍处于流通领域或进入生产消费。

批发商是一种市场中介,批发商能够存在发展的根本原因在于批发商能够以较低的成本将制造商的产品迅速推向市场,并且占领市场。批发商在把产品从制造商手中转移到经营用途的客户手中,充当制造商和客户的"桥梁"。

从生产厂家角度来看,批发商有如下作用。

①批发商是制造商开拓市场的"敲门砖"。制造商的产品在上市之前,利用批发商进行试销,销售情况不好时,可以迅速转移投资;若销售量显示出强大的市场潜力时,制造商则

可以加强对批发商的支持和管理力度。

② 批发商是生产厂家的"销售经理人"。批发商通常对其经销区域的市场十分熟悉，能够利用自己成熟的客户网络，有较好的经营实力、人力、物力等优势，迅速打开市场。并且，批发商对客户的信誉状况也比较了解，能帮助生产厂家得到更多的订单，并安全收回货款。

从客户角度来看，批发商是客户的购物代理。

批发商的任务在于沟通产销，调节供需。人们经常认为批发商依赖厂商提供产品，赚取利润，他们是生产厂家的推销员。销售生产厂家的产品固然是批发商的责任与功能，但是批发商销售产品的一个基本原则就是要销售消费者所需要的商品。从本质上看，经销商是以满足顾客需要来赚取利润的。批发商要以顾客为核心，按照他们的需要，寻求不同的产品来源，评估各种品牌和生产厂家，接洽生产、获取情报、组合产品、提供服务，成为客户的"购物代理"。

5.2.2 批发商的功能

批发商在交易过程中参与分销渠道的一部分或全部业务流程。如前所述，这些流程包括实体流、所有权流、促销流、洽谈流、融资流、风险流、订货流、支付流等。在产品（服务）分销系统中批发商承担功能的多少，取决于系统满足不同市场对产品、编配和储运的需求等情况。批发商的功能主要体现在面向上游渠道供应商和面向下游渠道零售商两方面。

1. 针对上游渠道供应商

① 收集市场信息的功能。批发商直接接触客户和最终生产用户，能够直接了解和掌握客户和最终生产用户的需求变化趋势以及对本企业产品和服务的态度等。批发商通过市场调研收集和整理有关消费者、竞争者以及市场营销环境中的其他影响者的信息，并通过各种途径将信息反馈给制造商。

② 销售和促销功能。批发商通过销售人员的业务活动，可以使制造商有效地接触众多的小客户，从而促进销售。

③ 监督检查产品功能。批发商在订购产品时就考察了制造商在产品方面的设计、工艺、生产、服务等质量保证体系或根据生产厂家的信誉、产品的名牌效应来选择产品；进货时，将按有关标准严格检查产品；销售产品时，一般会将产品划出等级。这一系列的工作起到了监督检查产品的作用。

④ 仓储服务功能。批发商可以投入资金储存产品，直到出售为止，从而降低供应商的存货成本和风险。

⑤ 运输功能。由于批发商一般距零售商较近，可以很快将产品交到顾客处。

⑥ 降低和承担风险功能。降低风险是指由于批发商的活动而使整个渠道风险降低。承担风险是指在分销过程中，随着产品所有权的转移，批发商承担了客户需求不确定性的风险和市场价格波动的风险。

⑦ 融资功能。一方面，批发商可以向客户提供信用条件，提供融资服务；另一方面，批发商能够提前订货或准时付款，也为供应商提供了融资服务。

⑧ 订单处理功能。由批发商完成订单处理功能可以大大降低渠道成本，因为批发商同时销售许多制造商的商品，其订单成本能够分摊到所有大量的批发产品中去。

2. 针对下游渠道零售商

① 采购和组织货源功能。批发商代替客户选购产品，并根据客户需要将各种产品进行

有效的分类和搭配，再提供给客户。

② 整买整卖功能。批发商整批购进产品，再根据零售商的需要批发出去，从而降低零售商的进货成本和运输费用。

③ 管理咨询服务功能。批发商经常帮助零售商培训推销人员、设计商店布局及建立会计系统和存货控制系统，从而提高零售商的经营效益。

④ 售后服务功能。批发商可以在零售商完不成产品销售任务时接受库存产品的退还；还可以及时调换零售商手中有缺陷的产品或延长零售商赊欠货款的时间等。

讨论题 批发商保持一定的库存对制造商有什么意义？

5.2.3 批发商交易渠道模型

批发商交易的渠道模型如图 5-2 所示。基本存在三种情况：一是批发商直接面对生产用户，进行商流和资金流的交换；二是通过零售商服务于最终用户；三是作为代理商，一方面通过零售商服务于最终用户，另一方面也直接服务于最终用户。

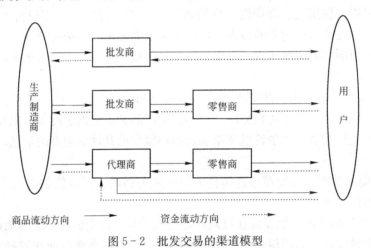

图 5-2 批发交易的渠道模型

5.2.4 批发商的类型

现代批发业由三种主要类型的批发商所组成，即经销批发商、代理商、制造商的分销机构和销售办事处。

1. 经销批发商

经销批发商是指自己进货，取得商品所有权后再批发售出的商业单位，也就是人们通常所说的独立批发商。经销批发商是批发商的最主要类型。

经销批发商按经营商品的范围来分类，可分为三种类型。

① 一般商品批发商，指经营一般货物，而且经营商品的范围很广、种类繁多的经销批发商。其销售对象主要是普通商店、五金商店、药房、电器商店和小百货商店等。产业用品的一般商品批发商是工厂供应商，这种批发商经营品种规格繁多的附件和供应品。

② 单一种类或整类商品批发商，这类经销批发商所经营的商品仅限于某一类商品，而且这一类商品的花色、品种、规格、厂牌等齐全，同时还经营一些与这类商品密切关联的商品。

③ 专业批发商，指专业化程度较高，专门经营某一类商品中的某种商品的经销批发商。

专业批发商的顾客主要是专业商店。产业用品的专业批发商一般都专门从事需要有技术知识或服务的产业用品批发业务。

经销批发商按职能和提供的服务是否完全来分类，又可分为两种类型。

① 完全职能或完全服务批发商，指执行批发商业全部职能的经销批发商。

② 有限职能或有限服务批发商，指为了减少成本费用，降低批发价格，只执行批发商业的一部分职能和提供一部分服务的经销批发商。这种经销批发商又可分成三种类型。

一是邮购批发商。指那些全部批发业务采取邮购方式的批发商。他们经营食品杂货、小五金等商品，其顾客是边远地区的小零售商等。

二是卡车批发商。他们从生产者那里把货物装上卡车后，立即运送给各零售商店、饭馆、旅馆等顾客。所以，这种批发商不需要有仓库和商品库存。由于卡车批发商经营的商品是易腐和半易腐商品，他们一接到顾客的要货通知就立即送货上门。卡车批发商主要执行推销员和送货员的职能。

三是直运批发商。他们拿到顾客（包括其他批发商、零售商、用户等）的订货单，就向制造商等生产者进货，并通知生产者将货物直运给顾客。所以，直运批发商不需要有仓库和商品库存，只要有一间办公室或营业所就行了，因而这种批发商又叫"写字台批发商"。

经销批发商按服务地区范围大小，可分为三类：全国批发商、区域批发商、地方批发商。

经销批发商按照和厂家的关系划分，可分为两类：一类是一级批发商，直接从厂家拿货的批发商；另一类是二级批发商，不直接从厂家拿货，但负担着二、三级城市批发业务的批发商。目前这样的分类在实战中较为流行。

特别关注

制造商选择二级批发商要考虑的问题

制造商在选择二级批发商时，常常只是简单地关注回款目标，不重视市场格局的规划，导致二批区域划分不合理，价格战不断。制造商在选择二批时要考虑如下问题。

（1）二批区域内有效终端售点数。不同区域经济发展水平不同，销售终端的数量和质量不同，厂家在设置二批时要了解二批所在区域能够保证一定量销售业绩的零售点数。这要求厂家和一批对区域的零售终端要了如指掌。

（2）二批的实力。包括资金状况、仓储能力、运输能力、对销售网点的掌控能力。根据二批实力配置市场区域，如二批实力强，配置的市场区域过窄，二批则不能发挥自己的作用；如配置的区域过宽，二批对零售终端的服务不到位。

（3）二批是否诚心做自己的产品。如果二批没有积极性做自己的产品，只是为了带货，会失去终端销售动力。

（4）渠道是否冲突。要注意协调不同批发商之间的势力范围，二批与连锁终端是否冲突是最需要关注的问题。

2. 代理商和经纪人

代理商（agent）和经纪人（broker）与经销批发商的主要区别在于，他们没有商品所有权，只是在买卖双方之间起媒介作用，促成交易，从中赚取佣金，代理商和经纪人一般都是专业化的，专门经营某一方面的业务。代理商有制造商代理商、销售代理商、采购代理商和佣金商等；经纪人多见于房地产业、证券交易及保险业务、广告业务等。通过代理商和经纪人促成交易开拓市场，是现代市场营销的一种通用的手段，在市场经济发达国家十分普遍，目前在我国也发展迅速。例如，洛阳第一拖拉机制造厂自1991年起在全国发展了140多个产品销售代理商，效益卓著。

（1）制造商代理商。

制造商代理商是指在签订合同的基础上，为制造商销售商品的代理商。通常在某一地区专卖，销售非竞争而又相关的商品，对商品售价及条件的决定权力有限，可能被指定销售其委托人总产出的特定部分。制造商通常利用这种代理商推销机器设备、汽车产品、电子器材、家具、服装、食品等。

制造商代理商通常和几个制造商签订长期代理合同，在一定地区，按照这些制造商规定的销售价格或价格幅度及其他销售条件，替这些制造商代销全部或部分产品；制造商（委托人）则按销售额的一定百分比付给其佣金，以鼓励代理商积极扩大推销，获得最好价格。可见，这种代理商类似制造商的推销员。

制造商代理商的主要服务是替委托人推销产品，但是他们通常还负责安排把货物从工厂运送给买主，有少数制造商代理商还负责保管货物。此外，由于这种代理商与市场有密切联系，他们能向制造商提供关于市场信息及市场所需要的产品样式、产品设计、定价等建议。

制造商使用这种代理商的情况，主要有以下两种。

① 有些制造商往往使用这种代理商在某一地区开辟新市场，等到市场销路打开、销量大增以后，再使用自己的推销员去推销产品。

② 自己设有推销员的大制造商，在有大量潜在买主、生意较多的地区，使用自己的推销员去推销产品；而在潜在买主不多、生意较少的地区，因为使用自己的推销员去推销不合算，往往委托制造商的代理商去推销产品。在这些地区，虽然潜在买主不多，但由于这种代理商同时替许多制造商代销非竞争性的、相互关联的品种，仍能赢利。

（2）商品经纪人。

商品经纪人是指不实际控制商品，受委托人委托进行购销谈判的代理商。他们联系面广，认识许多买主和卖主，了解哪些卖主要卖什么，哪些买主要买什么。他们拿着货物说明书和样品，替卖主寻找买主，或者替买主寻找卖主，把卖主和买主结合在一起，介绍和促成卖主和买主成交。成交后，由卖主把货物直接运给买主，而经纪人向委托人收取一定的佣金。

在西方国家，农场主、小罐头制造商等生产者往往在一定时期委托经纪人推销产品，因为这些产品的生产和销售有季节性，生产者不值得建立自己的固定推销力量，也没有必要与制造商代理商或销售代理商等建立长期的代销关系。此外，有些生产者因为要推销新产品，或者要开辟新市场，或者市场距离产地遥远，也利用商品经纪人推销产品。

（3）销售代理商。

销售代理商是指在签订合同的基础上，为委托人销售某些特定商品或全部商品的代理商，对价格、条款及其他交易条件可全权处理。销售代理商与制造商代理商一样，也和许多制造商签订长期代理合同，替这些制造商代销产品，但他们之间也有显著的不同。

① 一般来讲，每一个制造商只能使用一个销售代理商，而且制造商将其全部销售工作委托给某一个销售代理商办理以后，不得再委托其他代理商代销产品，也不得再雇用推销员去推销产品；而每一个制造商可以同时使用几个制造商的代理商。此外，制造商还可以设置自己的推销机构。

② 销售代理商通常替委托人（制造商）代销全部产品，而且不限定只能在一定地区内代销，同时在规定销售价格和其他销售条件方面有较大的权力；而制造商代理商要按照委托人规定的销售价格或价格幅度及其他销售条件，在一定地区内，替委托人代销一部分或全部产品。总而言之，制造商如果使用销售代理商，实际上是将其全部销售工作委托给销售代理商全权办理，就是"把委托人（制造商）的全部要上市行销的鸡蛋都放在一个篮子里"。销售代理商实际上是委托人（制造商）的独家全权销售代理商。

3. 企业的销售机构

企业的销售机构或销售办事处是属于生产企业所有，专门经营该企业产品批发业务的独立商业机构。此类批发商在批发体系中起重要作用，目前许多企业仍然采取销售分公司体制来处理批发业务。

5.3 我国批发业的变迁和现状分析

5.3.1 我国批发业的变迁

在计划经济时代，制造、批发、零售三部分企业的管理线条是有严格区别的。制造企业属经委系统，批发网络的核心是商业系统的一、二、三级批发供应站，零售商店则是由各地的商业局管理。批发体系非常完整：物资系统有一个生产资料的批发体系，另外还有农副产品的批发体系，包括粮食、棉花等，整个批发业实行无所不包的垄断计划。在物品短缺的计划经济时代，这样一个比较完备的批发体系对保证我们国家生产建设的运营及保障人民的生活，起了非常大的作用。

20世纪50年代开始，当时的商业部在上海、天津、广州三地，分6个行业（纺织、针织、五金、交电、百货、文化）成立了面向全国的采购供应站，这是一级站，负责收购这三个中心城市相应制造企业的产品，向全国销售。以后又逐步成立各省市、地区、县的相应的二、三级站，从而建立起面向全国的流通百货供销网络。这种销售网络基本上是摊派式的。对列入一级站收购目录的产品，基本上是包购包销的。由于内地工业的不发达，国内流通百货商品总体来说是供不应求的，在一个相当长的时期内，沿海的工业产品通过这种方式输送到全国各地，能达到商品流通的目的。但到了20世纪70年代，随着各地工业的逐步发展，二、三级站所在地的工业产品也纳入联销网络（以珠江三角洲和江浙等地最为突出），由一级站收购产品的制造企业，大都缺乏迅速更新换代的动力，这种体系就开始受到冲击。

改革开放以后，各地流通百货制造业大大发展，产品都要求面向全国销售，市场经济的浪潮一下子就冲破了原来这个流通体系，计划经济的联销网络自然萎缩了。改革开放以来，大量国外流通百货商品涌进了国内市场，国内制造业的竞争压力越来越大。而零售商为了减少中间环节，往往尽可能地直接从制造企业进货，以降低成本。这样一来，计划经济体制下的批发企业对于上、下游企业的作用越来越小。制造业为推销产品，要建立自己的销售网络；零售商为提升自身的竞争力，要向成百上千家供应商联系进货。20世纪80年代末，由于我国的信息渠道还不畅通，只要有上述两方面的"关系"，就可能开一家公司，作为供应商来获得批发商业利润。拥有销售渠道的供销人员，就变得奇货可居。这就是"全民经商"的由来，这种情况至今还没有完全消失。

市场经济的发展，极大地刺激了零售商业和流通百货制造业的发展。流通领域的繁荣，使中国的消费者从此摆脱了长期凭票证购物的局面，中国的市场由卖方市场向买方市场转变。现在的问题是，无论制造商扩大销售网点，还是零售商扩大自己的经营品种及数量，都无法回避本企业销售成本不断增加且难以控制的局面；对于许多尚未打出产品知名度的中小制造企业来说，其产品往往只能通过零售店代销；对于目前参与流通的大部分新老批发企业来说，由于渠道的随机和不规范，都难以做大规模。怎样才能塑造一个适合中国市场经济的批发业和批发体系，市场经济条件下批发业该向何处发展，是中国商业经济发展的现实提出来的严峻课题。

5.3.2 我国批发业的发展现状

我国批发市场起源于20世纪80年代初期，20世纪90年代以来，进入了一个快速发展时期，成为我国经济发展的一个新的增长点。批发商业作为流通部门内部分工深化的产物，在商品流通中的地位举足轻重。我国的批发业经过改革后的重组，已形成国有批发企业和非国有批发企业、商业批发商和制造批发商、批发机构和小商品批发市场并存的多元化新格局，从而在根本上扭转了商品批发渠道单一化的局面，实现了当初"搞活流通"的改革初衷。

1. 批发主体的多元化

改革开放后我国逐渐放开了企业的经营权，特别是加入WTO后，允许外商进入国内的批发和分销领域，由此就逐步形成三大批发业主体。

① 工业企业成为批发业的主体。这是由历史原因形成的，改革开放后工业企业资本投入到商品资本和自营批发，直接获取利润。在不少产品领域，工业企业自身成了最大的批发业主体。

② 非公有制经济逐步进入批发业，成为批发业的重要力量。民营企业逐渐成为我国经济的重要部分，在流通领域更是如此，民营企业在零售业有了一定的资本积累后逐步已进入到批发业。另外，外资也开始进入到了批发环节。

③ 公有批发企业经过改制仍然是批发业的一支主力军。特别是在一些生产生活必需品的生产领域显得更为突出，有些已经成为批发代理商和批发经纪人。

2. 批发形式的多元化

目前比较认同的批发形式主要有以下几种形式。

① 生产企业通过代理商与经纪人及直销，用契约方式进行批发。

② 生产企业通过契约直接批发给需求者。

③ 通过批发市场进行交易。虽然这些批发交易市场大多是批零兼营，但仍是目前中国许多商品特别是农副产品与部分工业品的重要批发方式。

④ 通过网上批发进行交易。随着电子商务的发展，通过互联网交易已经成了许多企业批发的重要形式。

⑤ 通过展销会批发交易。由于加入 WTO 带来的推动作用，展销会的形式也会成为批发交易的重要形式，但目前中国除上海和广州外并没有形成真正的会展中心城市。

3. 批发市场体系逐步形成，但整体经济效益低下

目前，已形成了以深圳布吉农产品批发市场、浙江义乌小商品批发市场、山东寿光蔬菜批发市场等全国性的特大型批发市场为主体，以农副产品批发市场为主要形式，有形市场和无形市场相结合的，门类齐全的批发市场体系。据统计，通过批发市场交易的商品销售额已占全社会商品零售总额的 1/3，但总体来看，批发市场效益不高。

4. 批发业竞争压力加大

加入 WTO 后，批发零售业的进一步开放使传统批发市场面临生存压力。我国零售业自 1992 年引进外资，其开放发展的步伐大大快于批发业，发展至今，不少仓储式零售业实际具备了批发功能。由于其灵活的经营方式、先进的管理手段，正抢占着传统批发市场的客源。

5.3.3 我国批发业存在的主要问题[①]

由于我国尚处于新体制形成的初期，存在着商品市场流通秩序不佳，特别是假冒伪劣商品屡禁不止，市场各种假食品、假药品及各种虚假广告、价格欺诈、非法买卖等现象。究其原因，除了流通体系的其他各个领域的问题外，其中批发领域存在的问题不可忽视。

1. 认识上的误区

目前在流通领域，"重零售、轻批发"的思想烙印还很深。有人提出，在现代市场经济和现代流通方式充分发展的情况下，根本没有必要存在批发业；有人则认为生产商越过批发环节进行直销是一条更好的发展路径。这些认识都完全否定了消费通过流通决定生产这一规律，不愿向批发环节让利，否定了流通所固有的规律性。

2. 批发组织缺位

改革后，生产企业自主扩大批发体系，零售企业不断向批发体系延伸，大量兴起的商品交易市场形成了各种批发中心，各种经济主体和自然人均可从事批发业务。这种格局的更换在很大程度上繁荣了市场，搞活了商品流通，但却存在一个严重问题，就是适应市场经济发展的以专业化分工为特征的新型批发组织的形成，严重滞后于旧的批发组织的瓦解，特别是在一些重要的商品经营领域，缺乏一些发挥商品流通枢纽作用的批发组织。

3. 专职批发商发展滞后

批零分工是商品经济发展的客观要求。只要存在以分工为基础的社会化大生产，只要在大量生产和大量消费之间存在着各种结构性矛盾，批发商就有其存在的必要性，并且市场经济越发展，这种必要性也就越突出。我国目前专职批发商数量的减少和在批发业中的比重下降，并不意味着专职批发商的过剩。与市场经济发达国家相比，我国批发业的密度和分布还处于一个较低的水平。据统计，我国的每千家零售店拥有批发店的数目远远低于美、日、英、法等发达国家。因此，与社会发展的需要相比，我国的批发商不是多余，而是不足。问

---

① 上创利，赵德海. 中国批发业的现状分析及发展战略. 商业研究, 2005 (18): 203-206.

题还在于现代市场经济需要的是现代批发业，而我国的批发商大多还未完成现代化的转变，由此造成批发商过剩的假象。这种局面如不改变，必将成为商品流通进一步发展的障碍，影响到整个经济的发展。

4. 批发企业的规模过小

批发贸易本身就是指商品的批量销售，因此要求批发企业必须达到一定的规模，实行规模经营。但是由于批发经营主体的多元化，使得市场被重新分割，原有的专职批发商规模缩小，而大量分散的、兼营的、贩运式的批发经营也难以形成规模。除了进出口贸易与生产资料批发交易中有小部分规模较大的批发商以外，各类批发市场中基本没有大批发商。由小商贩为主体与支撑的传统批发市场已相对过剩，而依托现代科技、先进管理的大批发商严重不足。批发商"小、散、差、乱"，极大地损害了中国批发业的形象，过小的经营规模使我国的批发企业经营成本高而效率低，难以形成规模效益，影响了批发功能的发挥，反过来又制约了批发业的发展。

5. 批发业管理的滞后

自我国改革开放以来，特别是加入WTO后，随着商品市场的不断繁荣，批发业务的不断扩大，与之相适应的新型批发管理体制尚未真正建立，特别是非综合性的批发市场的管理基础极为薄弱，这在很大程度上影响了我国批发业的发展。

6. 商品流通效率低下

现代化的专职批发商的缺乏，必然导致大量非专职批发交易的发生，而多头分散的批发经营带来的直接后果就是无法通过批发交易的集约化实现流通费用的节约，造成流通效率低下，流通费用增加，具有很大的不经济性。一般来说，生产企业自销和零售企业直接向生产企业进货，其目的就是要减少流通环节，降低流通费用，但事实上，生产企业为此往往需设置自己的销售机构，而零售企业也必须设置自己的采购机构，从而使批发机构重复设置，不仅没有减少流通环节，反而呈增加的趋势，反映出我国批发体系的功能不全和效率低下。

7. 市场交易秩序混乱

由于批发业的发展滞后，生产企业和零售企业避开批发商直接交易，造成多头插手、百家经商的局面，这就必然促使偶然性、随意性的交易活动蔓延，给市场供求关系带来混乱。特别是大量的批发交易通过各种小商品批发市场进行，而这些小商品批发市场还带有很大的原始性和自发性，缺乏有效的市场规范和管理，市场交易秩序混乱的状况十分严重。

8. 缺乏品牌意识

品牌是企业产品识别的重要标志，品牌化经营能有效地提升企业的形象。我国批发市场的品牌意识不强，创名牌市场的积极性不高，很多同类的批发市场千篇一律，不具特色。

特别关注

"腰部策略"尚未过时[①]

中国企业以前多依靠经销商（批发商）开拓市场的"腰部"策略取胜，而宝洁等国际大公司，削减处于边缘的小分销商，靠拢大型卖场的策略，引起市场巨大反响，

[①] 销售与市场编辑部. "腰部策略"过时了吗. 销售与市场，2005（6）：1.

使许多企业认为"终端制胜"时代已经来临,开始渠道的精耕细作,跨越经销商,直接运作终端。但在需求潜力巨大又地广人稀的三、四级市场,企业直插终端式的"深度分销",只能是投入大、产出小,"腰部策略"还不能废止。

渠道扁平化改革和"挺腰"策略同时并举,才是渠道双赢之道。既要下沉渠道中心、精耕细作、接近终端,又要扶持经销商,通过经销商能力的成长来实现企业渠道出货、回款能力的增长。尺有所短,寸有所长,渠道越下沉,"挺腰"的重要性越大,利用经销商的长补企业之短,才能真正做好市场。无论是宝洁公司对经销商加大投入提高其运作管理水平,还是娃哈哈"联销体"模式,实际都是一种"挺腰"政策,把厂家的利益和经销商的利益进行捆绑,使经销商能够放心做事。

讨论题 中国批发商面临的挑战主要有哪些?

专　栏

我国农产品批发市场的发展[①]

农产品批发市场上连农产品生产和加工环节,下连各农贸、超市等零售终端和酒店、餐馆、食堂等消费终端,是我国现阶段农产品流通的主要枢纽。经过30多年的建设和发展,已初步形成专业性与综合性相结合,产地、集散地与销地相衔接的农产品批发市场体系,在我国农产品流通领域发挥着核心作用。

目前我国农产品批发市场发展稳定,流通主渠道地位不变。截至2015年年底,我国农产品批发市场已超过4 400多家。年交易额亿元以上的农产品批发市场1 671家,全国有各类农贸市场2.7万个。从市场结构看,在亿元以上的专业农产品批发市场中,蔬菜市场占30.5%,水产市场占14.8%,干鲜果品市场占13.2%,肉粮禽蛋市场占12.8%,粮食市场占10.5%,棉麻土畜烟叶产品市场及其他农产品市场占18.2%,形成了以蔬菜水产等鲜活农产品为主的大型专业市场流通网络。从发挥作用上看,通过批发市场交易的农产品特别是鲜活农产品的数量占全国农产品商品总量的70%以上,农产品批发市场在"南菜北运""西果东送"等跨区域流通链条中的支撑作用凸显,在当前及在相当长时期内,农产品批发市场都将是我国农产品市场体系的核心和枢纽。

随着我国农业现代化的发展和农产品消费市场的快速成长,农产品批发市场的功能不断完善,服务能力和水平不断提升。在国家发改委、商务部、农业部等中央部委和地方政府的支持下,农产品批发市场的商品化处理、冷藏冷冻仓储、交易厅棚的改扩建、农产品质量安全检测、市场地面硬化、水电路系统改造、商户生活服务设施、管理信息系统等基础设施显著改善,为批发市场实现保障供应、稳定价格、发布信息、快速检测等功能,提升交易效率奠定了物质基础。

一些批发市场如辽宁北镇窟窿台批发市场等,通过由内部与商户、向前与基地、向后与销售终端、并行与直供直销模式等进行调整关系和优化资源配置,建立从生产到消费的全产业链一体化的经营模式,形成产地市场、集散地市场、销售市场、零售环节等多层次、集团

[①] 周丹丹. 我国农产品批发市场的现状与未来. 农产品市场周刊, 2016 (47): 46-47.

化的农产品批发市场体系。发挥农产品批发市场的平台效应和带动影响力，实现农产品生产、加工流通、消费有效对接，推动农产品由数量增长向质量提升、从分散布局向产业集聚转变，促进一产种植养殖业、二产加工业和三产商贸服务业之间紧密相连、协同发展。

5.4 批发业的发展与创新

我国独特的营销环境，决定了批发商在区域市场范围内还将大有所为。由于地域广阔和经济发展的不平衡，目前至少存在着三种类型的市场：中心城市市场、三四级城市市场和农村市场。在中心城市，由于超市等大型卖场的崛起，大型生产企业的渠道重心已由批发商直接转移到连锁超市和大卖场，但这并不代表批发商没有生存的空间，任何生产企业不可能自己建立遍布全国的物流分销系统。首先，一个地域的配送业务，生产企业无法完成细小地方的物流，承担此项功能的角色无疑是批发商；其次，任何一种产业，在不同的时段将会出现很多中小企业，这些企业大多缺乏自己的分销网络，那么新产品的推广和分销就只能依赖那些拥有一定营销网络和推广经验的批发商来完成。最后，在三、四级城市和农村市场，消费群并不集中，很多的销售业务还得依靠数以万计的小零售店。这就必然会需要各级批发商的配合参与，单靠生产者自身的力量是无法面对这么多分散的小零售店，做到物流及时、畅通无阻，因而市场经济发展需要批发商的存在。

最有实力的跨国公司如宝洁公司（中国），除了直接给重要的零售商店和特大卖场供货外，依然将批发商作为最重要的营销渠道之一，承担市场批发及农村市场和中小零售店的销售工作。批发商业的地位是不可替代的。目前的问题是，批发商业企业如何面对激烈的市场竞争进行营销模式和营销战略的创新，摆脱目前的困境呢？目前发达国家批发业中专职批发商的功能呈现多角化趋势，批发企业趋向大型化、集团化、国际化发展，系统分析、模型技术、线性规划、价值工程、决策技术、网络分析、库存技术等现代管理方法在现代批发业中得到广泛使用。我国正在大力推进流通现代化，充分借鉴、消化这些成功的经验，对于加快批发业的改革与发展，按照现代流通方式的要求，建立和完善符合我国国情的现代商品批发体系，推进全国统一市场的形成，无疑具有十分重要的作用。

特别关注

批发商的发展战略[①]

在激烈竞争的市场环境下，批发商们可以采取以下战略，获取竞争优势。

（1）渠道品牌战略。批发商树立自己的品牌可以降低进货成本，获取价格优势；在渠道中获取主动权；提高自身的知名度和美誉度，增加商机。

---

① 张广玲，邬金涛. 分销渠道管理. 武汉：武汉大学出版社，2005：224-225.

（2）国际市场拓展战略。通过国际市场战略，扩大顾客服务范围，满足跨国机构的跨国服务要求，增强竞争的主动性和灵活性。

（3）增值服务战略。通过提供增值服务，如提供仓储服务、信息咨询、技术帮助、融资服务等，加强与关键客户之间的联系，增强竞争优势。

（4）市场补缺战略。中小批发商通过选取特定的顾客、特定区域、特定产品或产品线、特定工作程序、特定产品特色和风格、特定价格、特定服务、特定渠道，实行专门化经营，获取高额利润。

（5）新技术战略。通过运用在线订货系统、高级存货管理系统、仓储机械化和自动化及其他电子装置等新技术，规范批发运作流程，提高运作效率，获取竞争优势。

5.4.1 积极探索网上批发模式

1. 网上批发模式的优势

电子商务的产生是流通业的一场革命。电子商务活动可以在网上虚拟市场、虚拟银行，实现网上采购与网上结算，通过物流系统送达千家万户。电子商务有B2B、B2C、C2C等多种形式，但以B2B，即企业对企业的网上批发交易量为最大。有人预测，在未来10年，国际贸易额的1/3将通过互联网进行。

伴随着电子商务的出现和兴起，传统批发业遭遇了很大的挑战。以阿里巴巴为例，截止到2017年年底，阿里巴巴批发网站已是全球首个B类注册用户超过1.2亿的平台，每天超过1 200万客户来访，每天产生1.5亿次在线浏览，有1 000万企业开通公司商铺，覆盖服装、家居、工业品等49个一级行业，1 709个二级行业。

网上批发的优势主要体现在以下方面。

（1）网上批发能降低获取和发布市场信息的成本。

网上批发利用因特网技术使企业获取信息和发布信息变得非常便捷。企业可以通过建立网站，或者通过专门的批发网站获取和发布企业信息、产品信息、供求信息，并且能够通过网络进行市场调研、网络广告、产品测试、产品报价、技术支持和售后服务等活动。与此同时，企业通过网络能够方便快速地收集到供应商的信息、经销商的信息、竞争对手的信息和消费者的需求信息，在以前这些信息的收集往往需要投入大量的资金。

（2）网上批发能节约寻找合适的买卖双方的时间和费用。

在传统批发业经营模式中，要找到合适的客户或供应商，花费是很大的，其中包括住宿费、交通费和大量的时间。而网上批发模式，跨越了时空的限制，使企业能够不受地理区域的限制与全世界的客户或供应商随时进行简单、快捷、低成本的沟通，增加了买卖双方的交易机会。寻找、转化和维系客户的低成本有助于企业找到更加优秀的供应商、合作伙伴和客户。通过应用电子商务技术，企业能够进入那些在地理上比较分散但又具有相当规模的目标市场。

---

① 周江. 专业批发市场开展电子商务研究. 商业现代化, 2006 (1).

(3) 网上批发能对交易双方的企业行为进行有效的约束和激励。

通过网络，企业都能很方便获得交易对方的信息，如果某个企业有欺诈或不履约的不良记录，那么，企业或消费者很快就可以知道，这样那些不诚信的企业将丧失大量现有的和潜在的客户。由于自己的信用记录能够简单方便地被对方获得，这促使企业不敢有违规的举动，严格按照合同履行，同时将其主要的精力放在提升产品质量、改善流程、降低成本和产品的创新上。与此同时，守信用的企业将会获得更高的信用度，从而获得更多的正面评价，进而获得更多的交易机会和利润，这就促使企业更加遵守信用，同时将其主要精力放在提高企业经营管理和产品的更新换代上，由此企业发展进入良性循环。

总之，凡是适宜进行大批量批发的商品，采用了网上批发的新模式，可以有效地延伸交易半径，扩大交易商圈，加速交易过程，降低交易成本。

2. 网上批发模式下批发业的职能再造

如前所述，传统批发业的职能主要集中于商品的集散上，即批发商把不同的生产商生产的产品先集中起来，然后再将其分散到众多的零售商手中。但经营的一体化和连锁化的发展使批发的"集散商品"这种传统职能越来越淡化。网上批发的模式再造了批发商的职能，为其赋予了更广阔、更丰富的内容。

流通包括了商流、物流和信息流三种物质的运动。传统的批发业事实上主要承担了这三种职能中的前两种，即商流和物流的职能。网上批发作为一种新模式，以信息流作为核心职能。这样，批发业由一般的商品集散中心转变为信息集散中心；由提供一般的商品交换服务转变为提供信息管理服务；由一般的商业转变为流通信息服务业。

首先，从宏观角度看，网络时代，最重要的生产要素是信息。因此，网络时代的企业竞争，在很大程度上是信息获取、信息处理和信息使用的竞争。因特网固然为信息的传递和获取提供了更为便捷的条件，使企业更容易获得其所想要的信息，但是原始、无序的信息本身并不是生产力，由信息到生产力的转化，还依赖于企业对信息的处理及应用。

其次，从微观角度看，并非所有的企业都有充分的信息处理及应用的能力，而信息的处理及应用同样有一个规模经济的问题。对于一些大型的企业，可以建立大规模的信息处理系统，雇用一些高水平的信息管理专家，从而对所需的信息进行有效的管理；但对大多数中小企业来说，花巨资购置昂贵的计算机信息处理设施，聘请高水平的专家，均非其能力所及，即使做得到也是不经济的。因此，对于中小企业来说，将这些信息职能分离出去，请一些专业化的公司为其代理，是更好的选择。

网上批发的新模式就是传统的批发行业通过技术改造，实现职能再造，以适应市场发展的需要。

3. 传统批发企业或市场实行网上批发模式的优势分析

(1) 品牌优势。

传统批发企业或市场，尤其是一些大型专业批发市场一般都经过十几年的发展，在人们心中留下极其深刻的印象，成为有一定影响力的品牌。品牌是顾客忠诚度、信任度的体现，这就使得大型专业批发市场具有新型网络商品交易中介无可比拟的优势。专业批发市场建立电子商务网站，可以充分利用专业批发市场现有的品牌声誉，使得专业批发市场的网站能够在花费相对少、时间相对短的情况下，形成较大的影响力和较高的知名度。

(2) 物流配套优势。

一般来说，传统批发企业，尤其是大型专业批发市场或企业都有规模庞大的物流系统与之相配套。如与中国义乌小商品市场一同发展起来的联托运市场，目前货运线路辐射除台湾地区外的全国所有省、自治区、直辖市的250个大中城市，年货运量突破150万吨。巨大货运量，使得联托运市场内物流企业能够以较低的成本提供一站式货运服务，不论在运输时间，还是在运输成本上都是全国最少的、最低的。一个有着强大物流系统作为支撑的专业批发市场网站，拥有其他电子商务企业所不可比拟的竞争优势。目前我国的B2B网络商品交易中介大都处在应用电子商务的初级阶段，主要是为买卖双方提供一个信息交换平台，而双方的谈判、合同的签订等都还是要通过传统的非电子方式完成。

(3) 庞大的客户群。

传统批发企业或市场经过多年发展拥有固定和庞大的客户群，在开展网上批发时，这些宝贵的客户资源有利于形成极具优势的网络资源。

4. 网上批发的几种形式

(1) 独立网上批发形式。

由单个企业建立网站，在网上开展批发业务的形式称为独立网上批发形式。这些网站通常都实现了企业信息展示与供求信息发布的功能，但实现网上订单发送或网上支付功能的还不是很多。

(2) 实体中介形式。

由一个或一个以上从事传统批发业务的企业建立网站，在网上汇集多家企业共同开展批发业务的形式，称为实体中介形式。目前，大多数实体中介网站是依托于传统商品交易市场的垂直型行业中介，即一家中介机构在网上汇集销售商或采购商，以便有关商业机构的采购代表快速、便捷地从中介网站上查询销售商或产品资料。代表性的网站有义乌小商品城的"中华商埠"电子商务网站（www.sunbu.com）、中国金属网（www.ccicp.net）、中国电子元器件交易网（www.chinaecnet.com）等，它们实质上是行业交易市场的网上延伸。

(3) 虚拟中介形式。

虚拟中介的基本形式与实体中介类似，不同的是，虚拟中介只提供交流和交换的平台，没有从事实体经营的企业做依托。

网上批发正处于快速发展过程中，有调查显示，目前从事网上批发的网站仍以独立网站形式为主，而大部分虚拟中介网站都是B2B、B2C、C2C同时进行。

讨论题 网上批发的出现会取代传统的批发方式吗？

▶ 专　栏

义乌小商品城：全球最大的小商品批发市场[①]

1. 中国小商品城

坐落于浙江省义乌市的中国小商品城，创建于1982年，经过多年发展，形成了由国际商贸城、篁园市场、宾王市场三个批发市场簇群组成的规模宏大的小商品城。现拥有营业面积470余万平方米，商位7.5万个，从业人员21万多，日客流量21万余次，经营26个大类300万种商品，是国际性的小商品流通、信息、展示中心。被联合国、世界银行与摩根士丹利等权威机构称为全球最大的小商品批发市场。

义乌小商品城是我国最大的小商品出口基地之一，商品出口到219个国家和地区，年出口57万多个标准集装箱，外贸出口占65%，外国企业常驻代表机构数达3 059家，常驻外商超1.3万名，有83个国家和地区在市场设立进口商品馆，"买全球货、卖全球货"的格局初步形成。

2. 浙江中国小商品城集团股份有限公司

浙江中国小商品城集团股份有限公司是义乌小商品城的发展商，该公司创建于1993年12月，系国有控股企业。2002年5月9日，公司股票在上海证券交易所挂牌交易，股票代码600415。公司现有总股本27.216亿股，拥有17家分公司，11家参控股企业，5 000余名员工。公司发展战略目标是：以市场为核心，以资本运作为纽带，打造"现代贸易服务集成商"，以此增强商品集聚，提高贸易服务能力，促进市场转型升级。

公司以独家经营开发、管理、服务义乌中国小商品城为主业，带动相关行业发展。公司创建以来，大力发展市场基础建设，创新市场功能，先后建成国际商贸城一、二、三、四、五区市场和篁园服装市场，致力于将中国小商品城打造成国际一流的现代化贸易平台。

3. 义乌购

义乌购（www.yiwugo.com）①是义乌小商品官网，依托全球最大小商品市场——义乌中国小商品城，线上线下融合，打造全球货源基地。义乌购，覆盖义乌国际商贸城一区至五区、义乌篁园服装市场、义乌国际生产资料市场、义乌进口商品城等7.5万商铺、26个大类、300万种商品，网上商铺与实体市场一一对应，每一笔交易都有诚信保障。

义乌购不断推出新功能，完善服务。① 义乌购App，让采购更方便。数百万商人安装了义乌购App，每天超过一半的流量及订单来自手机App。② 义乌购"快递通"。快递通2016年10月上线，通过义乌购手机客户端智能派件、接单定位、移动支付等技术，大大提高快递员接单效率，降低快递资费。③ 推出"国家馆"。2017年5月，义乌购"国家馆"项目发布，打造海外企业和海外商品进入义乌市场的"桥头堡"。④ 上线社区"圈子"。2017年12月，义乌购App上线社区化产品"圈子"，推动商人之间的交流互动，扩大商人的社交圈。⑤ VIP会员服务。2018年6月，义乌购上线"VIP会员"服务，成为义乌购优选推客，享受选商选品、VIP专享价、纠纷处理、采购陪同等深度服务。

5.4.2 建立渠道伙伴关系

越来越多的生产商尤其是一些大型企业开始自建营销渠道，除了为减少中间环节，让利给最终消费者，同时获取最新的市场信息外，还有一个原因在于，批发商对厂商的忠诚度低，经常会出现为了几个点的返利而"易主"的现象，导致厂商在渠道控制上非常被动。产生这种情况的原因，一方面是因为对于商业日益趋向大型的业态，厂商没有联盟性组织来达到一个平衡；另一方面是因为经销商与厂商之间除了利益以外，没有其他的联系。

建立渠道伙伴关系的目的是批发商和企业由交易型关系向战略伙伴型关系转变。渠道伙伴关系的特点是注重提供高服务水平来满足现有渠道成员，关心长期合作利润的最大化，着

---

① http://www.yiwugo.com/.

眼于未来交易和长期利益。厂家与批发商结成伙伴关系，联合起来进行一体化经营，既可以实现厂家对通路的有效控制，又能使分散的经销商形成一个整合体系，渠道成员为实现自己或大家的目标共同努力，实现双赢（或多赢）。

1. 分享详细的顾客信息

信息在企业市场竞争中正发挥着越来越重要的作用。批发商作为制造商和零售商的天然沟通渠道，可以比较方便地掌握市场信息和顾客信息。制造商与批发商如能建立起良好的关系型的、协同的渠道关系，通过相应机制共享信息，能够更接近和了解用户，从而降低经营决策的非理性程度。制造商通过相关信息改进产品设计、调整促销策略，并把有关产品、促销的信息及时反馈给批发商，也将对批发商的业绩产生积极的促进作用。

从另一个角度讲，制造商及时获取批发商各种不同规格产品的销售、存货数量的信息，既使得制造商可以预测产品的销售，合理调节生产计划，也使得批发商能够把库存降到最低程度并杜绝缺货现象。

2. 分享对方企业能力，实现企业能力的递增收益

建立渠道伙伴关系可以使批发商与制造商借用对方的企业能力。每个企业应该集中在其涉足的领域内培育和拓展自己的企业能力，而共享伙伴的企业能力。与其他有形资源不同的是，企业能力的共享遵循知识产品的收益递增规律，而非收益递减。建立渠道伙伴关系提供了这么一种可能性，成员之间可以互相分享对方的企业能力，一定程度实现企业的递增收益。

3. 有效管理营销渠道

制造商通过建立渠道伙伴关系可以对渠道各环节的服务与监控进行有效管理，使得自身的产品能够及时、准确、迅速地通过各渠道环节到达零售终端。提高产品的市场覆盖率，有效推动终端市场的促销，提高产品的出售率与促销力，激发消费者的购买欲，促进销售。同时，批发商强化配送功能，做到和企业信息对流、风险分担、利益共享。

5.4.3 推进批发商主导型的供应链管理

1. 供应链管理的实质

供应链管理的实质就是探索市场经济条件下如何加强产、供、销衔接，建立新型工商、商商之间的战略联盟和互动关系，使分工而隔离的生产商、批发商、供应商和零售商之间的关系，通过链式架构，建立起更紧密、更稳定的纵向关系。整合生产、采购、加工、调运、储存、配送、销售的综合功能，进行不间断、无缝隙的连接，以实现多功能整合、信息化、网络化、数字化管理，达到资源共享的目的。这种链接是价值的提升和流程的简化的紧密结合，使其产生最大的整体效应，从而降低流通费用。

2. 建立以批发商为主导型的供应链管理模式，是批发商业改革与创新的基本途径

实施供应链管理，上游与下游企业涉及供应商、生产商与销售商。生产商可以以自己为核心，建立供应链，如海尔集团。批发商与零售商也可以以自己为核心建立供应链，如香港利丰集团与美国沃尔玛连锁集团。建立自己的供应链与进入别人的供应链都是企业的必然选择。但整个供应链的运行中，批发业由于处于生产与生产、生产与零售的中间环节，往往成为运行中的主导。因为供应链管理必须以现代物流配送为条件，以物的整合为基础实现价值的整合。供应链管理是对上游产品和下游产品全过程的统一管理，

实现原材料采购、产品制造和加工、商品运输和销售的一体化流程。不论哪一环节和过程，都必须以物质流通为基础，充分发挥现代物流集合、衔接、沟通、延续的功能，通过物流的承载达到环节的衔接、功能的整合和部门的合作。因此，可以这样说，没有现代物流配送，就没有供应链管理。因此，批发业为主导实施供应链管理也就顺理成章。没有供应链管理和现代物流配送，也就没有批发商业的创新，适应流通现代化发展需要的现代批发商业体系也就无法创立。

5.4.4 向现代物流中心过渡

和传统批发业相比，物流配送中心是现代批发业的主要形式。目前，连锁经营方式在各种零售业态中的引进，为物流配送中心的发展提供了广阔的前景。我国的批发企业所具有的良好信誉和庞大的进货渠道是许多零售企业所无法比拟的，可以对现有仓库、网点、设施、设备加以改造，逐渐发展成为集仓储、包装、加工、分货、配送、运输等功能于一体的社会化专业物流配送中心，为其他连锁企业提供高效率、少批量、多品种的商品配送服务，帮助零售企业实现零库存。

目前，日本丸红和上海一百已经正式成立了我国第一家合资批发企业，该企业向社会各类零售企业提供物流配送服务。而除大型百货商店、街头各小型非连锁便民店需要物流配送外，即便是沃尔玛这样的国际连锁店也需要社会物流配送服务。因此，我国的批发业与物流业整合势在必行。

在我国，物流运作的真正主体是制造商，批发商和零售商物流意识的觉醒才是近两年的事情。绝大多数传统物流企业仍然停留在低水平的服务层面上，真正意义上的物流是一种高水平的服务，而将来批发市场要做到一切以满足客户需求、开发客户需求和创造客户价值为基本出发点和终极目标，可以说，这恰与"物流"理念不谋而合。物流配送服务旨在解决企业管理创新和商品的流通速度问题。批发业通过与物流业进行整合，通过降低物流成本，减少中间环节费用来提高产品竞争力，以速度制胜，才能使国内的批发业达到一个质的飞跃。

案例分析

大连金三角批发市场发展战略[①]

一、大连金三角批发市场背景

金三角综合批发市场位于大连市东纬路、西安路、东方路与松江路交汇处，占地23万平方米，经过20多年的稳步发展，已成为粮食储存、经营、加工、运输为一体的综合性大型企业，在中国500家最大服务企业中位居第46位，已成为大连地区成品粮油的主要集散地。金三角批发市场经历了一个较为曲折的发展过程，其前身是大连金三角粮食批发市场，开业于1993年8月份，当时主要经营品种为粮油、食品饮料及日用百货，营业面积7 200平方米。由粮食系统8个单位进驻设立摊位，同时向全国招商。由于当时市场规模有限，除上述粮食企业设的点外其他均为小业户，且粮油流通市场化程度不高，市场经营比较困难，批发功能未能得到真正发挥。后来随着国营粮油流通渠道的萎缩、粮油贸易的放开及大连市口粮供应的取消，1996年下半年市场状况开始好转起来，外地客户不断进入市场并发展成为市场的主体。2000年，企业进行改制建设，以母子公司建制，实行集团运作模式。以资产连接形式和投资份额以及经济契约关系，协调集团内各个成员企业。目前集团包括1个核心企业、5家紧密层成员、2个半紧密层成员和50个松散层成员。招商引资方面，公司与日本公司合资，建立了大连粮红食品加工有限公司，具有年产高品质小麦粉7万吨的能力；与烟台开发区日达粮油经销公司合作，成立合作公司，发展状态良好。

金三角目前经营范围可划分为七大专业市场、九大交易区，包括粮油交易区、花卉交易区、农副产品交易区、食品百货交易区、装饰材料交易区、家具交易区、洁具家装交易区和面积巨大的库房及两条铁路专用线。另外，公司拥有现代化的储粮设施和机械设备，拥有较先进的立筒仓群和钢板仓群，年经营能力达百万吨；在市场管理、粮情检验、生产加工上实现了电子屏幕反映和微机监控；在财务系统上实现了计算机管理，为全面提高质量，迅速传递信息提供了保证。金三角粮食批发市场是东北最大的成品粮交易市场，在大连乃至东北都拥有一定的知名度。公司的工业产品已通过英国摩迪公司的ISO 9002质量认证，其中"槐花"牌大米已成为地方名牌。这些都为公司的长远发展打下了良好的基础。

二、企业的改革发展模式

1. 金三角市场定位

金三角市场要在未来5年内，坚持"做强主业，多元发展"的方针，成为大连地区批发与零售相结合，主营业务与辅营业务相配套，仓储销售与超市经营相依托，商流、物流与信息流相融合的大型地区性交易中心，成为东北地区最有影响的以粮食交易为主的综合性大市场。综合式大市场的特点是：市场功能全，集批发、零售、仓储、运输、加工、展览、维修、服务于一体；辐射面宽，在扇形、半圆形和圆形辐射中，综合市场呈圆形辐射；综合性强，发展多种交易方式、多种业态形式、多种所有制形式。

2. 未来发展的战略措施

(1) 品牌经营。

品牌是企业的核心资源，是其他企业无法模仿的无价之宝。金三角目前已是大连知名度比较高的"品牌"，"槐花"面粉也是东北地区粮食产品的知名品牌，应在此基础上实施品牌战略，以金三角品牌做统一宣传，因为首先金三角知名度高，可以降低推广成本；其次金三角品牌是个中性名词，既可以用于交易的产品，也可以用于企业或服务；最后，对于原有的产品品牌，如"槐花"，可以考虑在品牌前面加上金三角的字样，发挥两者的优势。关于品牌的内涵或定位，可根据企业的经营理念加以概括、提炼，并做持之以恒的宣传，使金三角大市场真正成为一个大连的知名品牌。

(2) 集团运作。

目前，大连第一储运粮食工业公司已更名为大连金三角集团，实施集团化运作，为企业

---

① 大连金三角批发市场发展战略. 北京市哲学社会科学首都流通业研究基地网站, http://www.liutongye.org.

在今后的发展中开拓更大的发展空间。集团化发展的最大优势就是实行多元化发展,有的触角遍及多个领域。

(3) 提升业态。

21世纪流通业的重大变化之一就是流通业态的改组、改造。新的流通业态与经营方式将很快取代传统的流通形式,成为流通业的主导。金三角市场要将批发业态升级作为工作重心之一。在具体做法上:一是按照时间先后分别对各个交易市场进行设施改造,业态升级,如花卉市场,缺乏基础设施,改造成本低,障碍小,改造投资小,见效快;二是根据市场交易发展的轻重缓急进行改造,如小商品交易市场经营环境不佳,周边超市的不断兴建,给企业经营带来极大压力,如不尽快改造,市场将拱手让出;三是根据企业招商引资情况,实行联合开发或建设,如家居装饰、建材和洁具市场,有外商的积极介入,有改造或升级条件。

(4) 完善服务。

知识经济时代,企业之间的竞争已由产品的竞争、价格竞争、资源竞争发展为服务竞争、核心能力竞争和人才竞争。特别是与服务密切相关的产业,服务的完善与否甚至关系到企业的生死存亡。金三角市场经营还应在提高服务水平、完善服务内容、坚持在服务制度上做文章。一是市场为经营业户提供的服务设施要不断完善,如经营场地无暖气设施,应尽快改进;业户在租用场地、库房、运输专用线等市场经营设施上,要在价格、手续等方面优惠和简化。二是市场在为业户争取的优惠政策和办理相关手续上要尽量考虑业户利益,为其提供更多的方便和实惠,如税费减免、租场费优惠等。三是市场管理人员在为业户服务的态度上,以及技能、管理手段等方面要转变,急用户之所急,想用户之所想,正确处理好市场管理人员、业户和消费者三者的关系。四是进一步完善服务管理制度,制度中的条例要细,颁布实施后要坚持执行不走样,要定期检查,市场监管人员要带头执行。

讨论题

1. 批发市场的发展定位依据是什么?
2. 新形势下批发市场的发展方向是什么?
3. 如何进行批发市场的升级?

案例点评

大连金三角公司在残酷的市场竞争中站稳脚跟,稳步发展,有如下原因。其一,大连金三角公司对市场的变化和需求有着准确的把握和深刻的理解;并通过科学的分析,对本公司的优劣势有着精准的把握。这种把握和认识使得公司树立了准确的市场定位。公司在此基础上,制定了战略目标,着眼于长远发展。其二,大连金三角公司坚持走创新之路,不落窠臼,不断学习,积极探索。公司把握住了流通业的变革趋势,在坚持发展的过程中积极变身,开辟新路,不断提升业态。其三,以客户需求为导向,完善服务,提升品质。加强品牌建设,提升企业的核心竞争力。其四,利用先进的技术和管理理念,提升企业的管理水平,提高运作效率。

综上所述,可以看出大连金三角公司深谙市场经济之道,不断创新,拓展职能,使得该企业在激烈的竞争处于优势地位。

◇ **本 章 小 结** ◇

本章首先介绍了批发的职能和类型，然后介绍了批发商的功能和类型，批发商能够以较低的成本将制造商的产品迅速推向市场，并且占领市场。批发商在把产品从制造商手中转移到经营用途的客户手中，充当制造商和客户的"桥梁"作用。本章在对批发商进行理论分析的基础上重点介绍了我国批发行业面临的问题和挑战，最后对我国批发业发展的出路进行了探讨，提出了批发企业发展网上批发业务的重要性，并对网上批发业务的优越性进行了分析。

本章的重点在于批发商的类型划分及其功能。

本章的难点在于理解网上批发业务流程，以及如何推动我国批发业实现良性发展。

学 习 资 料

1. 上创利，赵德海. 中国批发业的现状分析及发展战略. 商业研究，2005（18）：203-206.
2. 周江. 专业批发市场开展电子商务研究. 商业现代化，2006（1）.
3. 童一秋. 批发商. 北京：中国时代经济出版社，2004.
4. http：//www.cmmo.cn/.
5. 中国学术期刊网上关于批发的文章。

中英文关键词语

1. 批发　　wholesaling
2. 批发商　　wholesaler
3. 分销商　　distributor
4. 供应链　　the suppy chain
5. 电子商务　　electronic commerce
6. 虚拟中间商　　virtual intermediary
7. 代理商　　agents
8. 经纪商　　brokers

思考题

1. 批发商有哪些类型？
2. 批发商承担哪些渠道功能？
3. 我国批发企业做不大的根本原因是什么？
4. 网上批发业务的优势是什么？
5. 目前存在哪些类型的网上批发商？
6. 推动我国批发业良性发展的对策有哪些？

自测题

判断正误，说明理由。

1. 电子商务时代不需要批发商。
2. 企业渠道扁平化改革，就是要取消批发商的服务。
3. 中国市场幅员广阔，批发行业不可或缺。

第 6 章

渠道战略选择

华为技术有限公司企业业务的渠道战略①

华为技术有限公司成立于 1987 年,目前是全球领先的 ICT(信息与通信技术)基础设施和智能终端提供商,主要业务包括运营商业务、消费者业务、企业业务和云服务。华为是一家由员工持有全部股份的民营企业,目前有 18.8 万员工,业务遍及 170 多个国家和地区。2018 年,华为销售收入 7 212 亿元人民币,其中,运营商业务实现销售收入 2 940 亿元,消费者业务 3 489 亿元,企业业务 744 亿元。2017 年净利润 593 亿元人民币,同比增长 25.1%。

关于 IT 销售通路,更多的是围绕业务驱动以及用户需求为核心展开,业界已不再停留于传统意义上的渠道合作,而是将目光聚焦在以方案商(SI)、独立软件开发商(ISV)以及分销伙伴为一体的合作生态体系,深度挖掘潜在的市场价值。

华为 BG 企业(企业业务部门)自成立以来,坚持"聚焦"与"被集成"战略,秉承公平、公正、透明的渠道合作理念,坚持稳定并不断优化的渠道政策,确保价值链上的合作伙伴都能共同成长并得到合理的回报。"客户是中心、渠道是一线、华为是支撑"是华为渠道战略的核心理念。其渠道战略内容如下。

1. 打造"渠道为王"的合作生态链

华为的合作生态体系无论是行业还是区域,皆体现出了极富活力的业务驱动能力。华为的渠道收入占 80% 以上。目前华为企业业务中国区合作伙伴超过 5 000 家,其中年度业绩超过一亿的有 20 多家,超过 6 000 万的合作伙伴有 50 多家,国内 Top10 的集成商 100% 与华为合作,70% 以上的服务由合作伙伴交付。

华为渠道生态圈的卓尔不凡,除合作、共赢和互信等渠道胜经外,华为提出"聚焦"与"被集成"战略。第一,华为聚焦渠道价值和商业模式,希望更多的是由合作伙伴面向客户签约,实现渠道价值;第二,华为聚焦企业 ICT 管道产品和解决方案集成到合作伙伴的方案中,提供给最终客户。两者背后的所有"被集成"所需的资源,华为统统开放,一并呈现给合作伙伴,所以,合作伙伴深信,华为的"被集成"战略与开放的合作体系决定了"渠道为王"的核心地位。2017 年渠道战略上,华为重点构建"4+1"合作生态体系,即解决方案

---

① 华为官网,https://www.huawei.com/cn/about-huawei/corporate-information;赵珏.华为:渠道建设立体化即是最清晰的方向.C114 中国通信网,http://www.c114.com.cn/news/126/a946036.html.

合作体系、智慧城市合作体系、云上生态合作体系、分销合作体系,加上优选合作伙伴体系。

2. 渠道的立体化支持

渠道的立体化支持是拉近厂商与渠道的重要纽带,也是构建高效、敏捷、诚信渠道体系的重要基石。所谓立体化支持,就是渠道规则更加精细,行业领域更加细分,聚焦渠道伙伴的能力建设,支持手段也更加贴近于新ICT时代的发展趋势。

华为通过"一平台、两能力、三实现"来实现合作伙伴的能力提升。"一平台"指华为中国合作伙伴大学,持续完善赋能体系,助力合作伙伴转型;"两能力"指提升自主报价和自主交付能力;"三实现"指逐步实现赋能的精准化、课程的实用化、管理的IT化。

华为在2016年的合作生态圈建设也顺应了这一立体化的发展基调,分别从智慧城市、分销生态、云生态以及解决方案领域分别推出了合作新政,核心要旨是在新ICT市场环境中驱动生态圈向方案转型、向软件创新、向增值跃进。

随着渠道合作规模、模式和市场环境的变化,渠道支持的内涵与外延也在发生变化,特别是对于更加强调创新、集成以及行业价值挖掘的华为渠道伙伴而言,可谓是立体业务对应立体需求,综合价值对应综合能力。华为针对性地推出合作生态圈的立体布局,重点从能力建设、智慧城市建设、行业拉通建设三大层面助力合作伙伴稳住机遇,快速获取增值价值。以智慧城市为例,作为新成立的业务部门,华为在内部通过智慧城市平台实现跨行业、跨产品、跨领域的拉通。在外部,通过构建智慧城市生态圈,以华为ICT解决方案为平台,对接合作伙伴的行业能力形成完善的解决方案,无疑,这都需要能力提升与行业渗透的相互融合。再如与ISV合作上,能力提升的目的即是让合作伙伴可更好地实现转型,ISV对行业的理解强于华为,华为要做的是为其提供标准接口、开放平台,保证ISV的方案在华为的平台上能高效呈现。为此,2016年,华为在ISV生态布局上重点从技术支撑体系(eSDK平台、实验室与社区)、ISV战略资源体系(人才培养、技术支持、营销支持)、ISV分层体系(认证、优选、领先)上进行精细化的助力,做到面面俱到,高效对接。

3. 渠道的精细化层级运作

在渠道精细化建设层面,2016年,华为高接触的价值客户(NA),从2015年的2 000多家缩减到1 000家左右。华为把增值空间、利润空间以及客户跟进空间,更大力度地开放给渠道合作伙伴,让合作伙伴向自己所覆盖的领域开足"火力",收获利润。

另外,交易界面也是合作伙伴关注的重点,华为加大了商务授权和鼓励伙伴自主提单,提高了合作伙伴返点使用比例并延长了一年有效期,渠道返点使用比例提升至50%;在授信上,设备+服务的全部授信得到完美覆盖,而面向所有500万以上项目授信已进入发展期;渠道授信支撑,从总代落实到了二代,持续总代和一级经销商的市场发展费用(MDB)投入,授予金牌MDB使用额度。

问题思考 华为企业业务渠道战略核心是什么?

6.1 渠道战略概述

6.1.1 渠道战略的概念

战略原是军事术语,指有关指导战争全局的谋略,即指重大的、全局性的或决定全局的计谋。在企业管理中,企业战略指为实现各种特定目标以求自身发展而设计的行动纲领和方案,是关于企业大政方针方面的决策。企业战略是一个庞大的系统,由不同层次的战略组成。渠道战略就是企业战略的一个子系统,营销渠道战略是指厂商或其他渠道成员为实现自己的任务和目标,针对各种变化的市场机会和自身资源而制定的带有长期性、全局性、方向性的渠道规划。渠道战略的制定和实施要符合企业总体战略的要求,并且要和企业的其他子战略相互配合。

渠道战略有以下特点。

1. 全局性和纲领性

渠道战略所规定的是渠道的总体行动,是渠道活动的总体效果,不是研究局部的单项活动,如运输、仓储、中间商协议等,也不是包罗万象的具体活动,而是研究企业营销渠道的总目标和总的行动规划。

渠道战略确定的是渠道活动的长远目标、发展方向、发展重点、前进道路及实施总体规划所采取的基本行动方针、重大措施和基本步骤。这些都是原则性的开拓性规定,具有行动纲领的意义,必须通过展开、分解和落实等过程,才能变成具体的行动计划。

2. 长远性

渠道战略不是着眼于短期的效果,而是着眼于长远的成败得失。针对短期的形势变化,灵活地进行适应的渠道活动,是战术。渠道战略把握的是一种趋势,是针对环境变化的趋势制定的较长时间内基本不变的行动目标和实现目标的行动方案,谋求长远发展,渠道战略具有一定的稳定性。当然,渠道战略制定的依据是企业外部环境和内部条件的变化,如果这些内外环境发生了较大变化,超出了制定渠道战略时的预期,渠道战略就需要及时修正、调整或重新制定。

3. 抗争性

渠道战略是如何与对手抗衡的方案,是针对来自各方的冲击、压力、威胁和困难等挑战做出的基本安排。

讨论题 企业战略与渠道战略之间存在什么样的关系?

6.1.2 渠道战略制定的程序

渠道战略制定的过程如图 6-1 所示。

制定渠道战略的过程分为以下步骤。

① 渠道战略分析。渠道战略制定的基本依据是企业外部环境和内部条件,要在对这些内外环境进行分析的基础上,才能够制定出切合实际的渠道战略目标。这些内外环境因素大

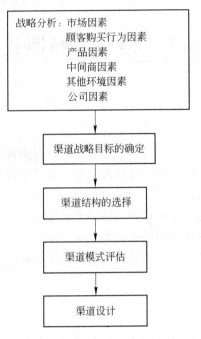

图 6-1 渠道战略制定的过程

体可以归纳为以下方面：市场因素、顾客购买行为因素、产品因素、中间商因素、其他环境因素和公司因素。

② 渠道战略目标的确定。渠道战略目标决定了渠道长短期的行动目标。

③ 渠道结构的选择。渠道目标确定后，就要选择可能的渠道结构，如长度结构、宽度结构和系统结构等。

④ 渠道模式评估。针对不同的渠道结构模式，可以通过一些具体的方法来对其进行评估，以便选择最佳的渠道模式。

⑤ 渠道设计。确定了最佳的渠道模式后，如何实施，需要更具体的方案。渠道设计就是要具体分析渠道成员如何分工才能够以最有效率的方式提供给顾客最好的服务。

在渠道战略制定的这 5 个过程中，本章重点讨论前 4 个过程。第 5 个过程是第 7 章的研究任务。

6.2　渠道战略分析

影响渠道战略的环境因素很多，下面从 6 个方面给予归类。

6.2.1　市场因素

市场因素是影响营销渠道战略的基本变量，因为营销渠道存在的意义在于满足市场需要，因此要对市场进行不同层面的研究。

1. 市场区域

市场区域是指市场的地理位置，以及与制造商的距离。从渠道战略制定的角度看，就是要发展什么样的渠道结构，才能有效地覆盖市场，并向这些市场有效地供货。制造商与市场间的距离越远，使用中间商的成本比使用直销方式的成本可能越低。

2. 市场规模

一个市场内购买者数量构成市场规模。市场规模越大，企业就可能越需要中间商渠道；市场规模越小，企业可能越倾向于直接渠道。

3. 市场密度

市场密度是指单位市场区域内购买者的数量。市场密度高的市场，能够降低渠道成本。总体来说，市场密度越低，分销的难度就越大，使用中间商渠道的可能性大。而市场密度高，顾客密集，使用直接渠道的可能性大。

6.2.2 顾客购买行为因素

渠道的直接服务对象是顾客，因此对顾客购买行为的研究是制定渠道战略的基础。

布克林提出了一个分析框架，反映的是不同类型的商店与不同类型的商品的搭配，适合具有什么样顾客行为的顾客细分市场，并且提出了相应的市场覆盖战略。其核心是根据顾客行为细分市场，具体内容见表6-1。

表6-1 商店和产品类型的分类

分 类	行 为	相匹配的渠道覆盖战略
方便店——方便品	消费者会在最近的分销点购买最容易到手的品牌	密集战略
方便店——选购品	消费者会在最近的分销点对不同的品牌进行比较、选择	密集战略
方便店——特殊品	消费者从最近的、有其最喜爱品牌的分销点进行购买	选择/排他战略
选购店——方便品	消费者对品牌漠不关心，但会基于价格和服务对分销点进行比较	密集/选择战略
选购店——选购品	消费者会对品牌和分销点同时进行比较	选择/排他战略
选购店——特殊品	消费者会购买其最喜欢的品牌，但也会基于价格和服务对分销点进行比较	选择/排他战略
特殊店——方便品	消费者会忠诚于特定的商店而对品牌毫不关心	选择/排他战略
特殊店——选购品	消费者忠诚于特定的商店但会对店中的品牌进行比较	选择/排他战略
特殊店——特殊品	消费者忠诚于特定的商店和特定的品牌	选择/排他战略

对于顾客购买行为对渠道战略影响的更进一步的分析可以从购买时间、购买地点、购买方式和购买人4方面进行。

1. 购买时间

顾客对产品的购买有其时间性和周期性。如对于消费品而言，周末常常是顾客购买的高峰时间，春节、十一黄金周，是旅游产品的销售旺季，而寒暑假是培训产品的销售旺季。为了更好地为顾客提供便利，一些零售商为顾客提供一天24小时的服务，以满足不同购买时间购买商品的顾客的需求。

许多产品销售有淡季和旺季之分，旺季供不应求，淡季供过于求。生产者常常希望淡季保持生产，希望渠道成员能够在淡季保持一定的存货。因此，是否能够保持存货，成为生产商挑选渠道成员的一个标准。

2. 购买地点

顾客喜欢在什么样类型的销售点购物及销售点的位置决定了购物地点。第一，顾客会选择最方便的购物地点，因此，好的销售地点是顾客方便的地点，如离顾客很近，顾客步行或驾车不要多少时间就能够到达，或者靠近大的中转站，顾客下班路上可以顺便购买。第二，顾客还会对店家的形象给予关注，如对于选购品而言，顾客更关心店家的形象，如是否时髦，是否实惠，是否高档等特点。

3. 购买方式

购买在购买行为中的喜好，表明了市场购买方式。购买方式不胜枚举。

渠道战略的制定要考虑到目标顾客的主要购物方式。一个不可忽视的情况是，消费者越来越习惯在家中购物，企业需要建立网上销售、电视销售、电话销售等方式来适应消费者购物方式的这个变化。

对于产业市场上的购买方式也有一些有价值的分类研究。如芭芭拉·邦·杰克逊提出了两个基本模式，即朝三暮四型和从一而终型。这是两个极端的模式，现实中，许多产业市场上的购买行为介于两者之间。

从渠道战略的角度看，对于朝三暮四型的购买者，需要多增加销售渠道和渠道成员，增加销售机会；对于从一而终型的购买者，渠道决策中要更多地考虑渠道关系营销的功能。

4. 购买人

渠道要了解购买人是谁。按消费者在家庭购买决策过程中所起作用的不同，可分为5种不同的角色。一是发起者。第一个建议或想到要购买某种产品或服务的人。二是影响者。他的意见或建议对最后决策有直接或间接影响的人。三是决定者。对购买决策，如是否购买、如何购买、何处购买、何时购买等，做出最后决定的人。四是购买者。从事实际购买的人。五是使用者。实际使用和消费产品的人。渠道必须要找到真正的购买人和决策人。然后研究其行为，才能获得良好的销售效果。

6.2.3 产品因素

渠道战略也要与产品相适应。产品的以下方面影响着渠道战略的制定。

1. 产品的物理特征

① 体积与重量。体积大、重量重的商品装卸和运输费用高。因此，这类产品的渠道结构是越精简越好，常常由生产商直接供货给客户。只有当客户要求数量少且要求快速交货时，才会采用中间商渠道。另外，此类产品以代理商的方式销售也较适用，因为代理商没有增加运输渠道的长度。

② 产品的易腐易毁性。容易腐烂的商品，如鲜活产品、新鲜食品等；容易毁坏的商品如淘制品、工艺品等，渠道设计原则是渠道结构应该被设计成能够使生产商迅速向消费者交付的形式，以降低因产品的易腐易毁性导致的风险。

2. 产品的技术特征

① 产品识别程度。产品识别是指人们是否熟知这个产品,产品是否有明确的使用范围和目的,有很清楚的收益,即产品的定义程度是否很高。多数产品识别程度高,如日用品、打印机等,我们知道它们是什么、用于何处、可以带来什么收益,但 ERP 软件、咨询服务等产品的识别程度相对较低,要想精确地识别它们是什么、用于何处、购买它们可以带来什么收益是困难的。产品的识别程度越低,产品和服务的定义越模糊,在销售产品时,就需要更多地解释和说明产品的使用目的和收益,需要的渠道服务就越多。因此,对于高识别度产品,产品很容易被辨认,有明确的使用范围和收益,可以通过任何渠道销售。对于难以识别的产品,需要通过专业人员参与销售过程,因此,需要设计短渠道。

② 产品的标准化程度。即产品是标准化的产品,还是需要定制的产品,会影响渠道决策。完全标准化的产品,可以在任何渠道中销售;半标准化产品,如工业市场中的配件和消费者市场中的家具等产品,可以通过低成本的短渠道销售;完全定制的产品,需要与购买者发生直接接触,甚至是购买者在得到专家的帮助前不能准确地阐明他们想象的实物,生产方在与购买者接触前,也不能确定定制的程度。这类产品需要高接触性的短渠道。

③ 聚合性。指产品是一个独立的销售物,还是一个大的解决方案中的组成部分。如果产品是一个独立的销售物,适合任何销售渠道;如果产品是一个大的解决方案中的组成部分,客户需要的是全面的解决方案,不是单个的产品,厂商则需要渠道中介提供完整的解决方案。

3. 产品的市场特征

① 单价。单价低的产品需要长渠道,如消费市场中的日常便利品,工业市场中的营业用品等,因为这些产品通常不能产生足够的净利润,从而制造商无法消化直接的分销形式所带来的高成本。只有中间商通过销售其他产品来分担其分销费用,产生一定的规模效应。而单价高的产品,由于其分销成本只是其产品总价值中的一小部分,其产生的净利润足以弥补直接分销的成本,因此直接分销较为有利,并且能够降低销售中的损坏、丢失、假冒等风险。

② 产品的成熟度。关于产品的生命周期对于渠道决策的影响参见 1.2 节。简单地说,新产品需要大规模、强有力的促销和客户培养,短渠道容易达到目的。成熟产品渠道的适应性较强。

③ 产品的替代性。产品替代性程度高,容易被其他产品替代,中间商对产品的重视程度差,中间商渠道就不够稳固。则需要控制性强的渠道,如直销渠道。不可替代的产品可以依赖中间商渠道。

④ 产品的时尚性。样式和款式变化快,商业生命周期很短的商品,适宜采取少环节的短渠道。以避免长渠道导致的产品积压而过时;同时,短渠道有利于信息反馈,使厂家能够及时了解需求变化的信息。

⑤ 产品定位的消费者数量。产品如定位于大众消费者,可以通过大众营销渠道销售。产品如定位于高端用户,就要求渠道的高接触性和独特性。渠道的选择是要让顾客认同它"物有所值",顾客需要更好的服务,渠道要独特,渠道要反映出产品的品位和价值,顾客需要可感知的迹象,以证明他们是在购买一种高品位、高价值的产品。

讨论题 在渠道战略选择和产品的关系中是否存在着逆向的因素,即产品渠道化,由产品来适应特定的渠道?请举例说明。

6.2.4　中间商因素

制定渠道战略的任务之一就是选择合适的中间商。影响渠道战略制定的中间商因素如下。

① 中间商的能力和服务。每个中间商在促销、顾客接触、配送商品、金融信用等方面的能力不同，企业需要哪些方面能力强的中间商，需要决策。

② 中间商的可获得性。能否获得适宜的中间商会影响渠道结构，如果没有适合的中间商，企业常常要被迫选择直销方式。如戴尔电脑公司就是由于现有的零售商不能满足其技术服务的要求，而设计了直接邮购的渠道模式。

③ 成本。中间商成本包括由中间商的服务效率决定的经营成本，以及与中间商合作的谈判、矛盾协调等的交易成本。如果中间商成本过高，将影响渠道选择。

6.2.5　其他环境因素

严格地说，以上4类因素都是影响企业渠道战略的环境因素，而且是最直接的因素。除此以外，还有更宏观的一些环境因素，也是进行营销渠道战略规划所不能忽视的因素。

1. 经济环境

每个渠道成员的活动都受经济环境的影响。如在经济衰退时期，消费者对经济预测和收入预测不乐观，因此谨慎消费，这影响着他们购买商品的品种和购买方式，如减少对非必需品和价格贵的商品的购买，中间商也会随之改变进货品种和价格，渠道经理必须制定可行的渠道决策，来满足渠道成员的要求。对于渠道战略规划的制定者而言，必须制定一个具有灵活性的渠道规划，以适应经济衰退或经济膨胀时期对渠道结构的影响。

2. 竞争环境

渠道战略的制定受竞争类型的影响。渠道竞争的类型有以下几类。

① 水平竞争。指同一渠道级别中相同类型公司之间的竞争。如一家汽车制造商与另一家汽车制造商之间的竞争、一家超市与另一家超市之间的竞争等。

② 类型竞争。指同一渠道级别中不同类型公司之间的竞争。如折扣店与百货店之间的竞争、大批发商与代理商之间的竞争等。

③ 垂直竞争。指渠道中不同级别的渠道成员之间的竞争。如零售商与批发商之间的竞争、零售商和制造商之间的竞争（零售商希望销售零售商自有品牌的商品）等。

④ 渠道系统竞争。指一个渠道系统与另一个渠道系统之间的竞争。

了解渠道的竞争类型，有利于渠道战略规划制定者了解渠道竞争环境的变化，明确哪些类型的中间商能够为公司的产品提供快捷有效的渠道服务，明确渠道系统将面临什么样的竞争。

3. 人口环境

人口是构成市场的主要因素，人口决定着市场的潜在容量。人口变量因素对渠道战略制定的影响主要体现在以下方面。

① 人口数量和增长速度。我国是人口大国，众多的人口形成了一个有巨大容量和发展潜力的市场。不同类型的渠道结构都有其广泛的实用空间。

② 人口的地理分布和区域流动。我国人口分布是东部密集，西部稀少。城市人口集

中，北京、上海、重庆等大城市人口超过 1 000 万，农村人口分散。渠道设计要适应城市、农村市场的不同需要。农村人口向城市流动和城市人群居住地向郊区流动，使渠道战略的制定者要关注城市中与低收入群相适应的渠道形式，以及城市郊区中大型购物中心的渠道。

③ 人口结构。分析人口的年龄结构，可以根据不同年龄人群的购物方式，建设相应的渠道形式。如年轻人比较青睐网上购物形式，则渠道战略中要考虑网络营销渠道。

4. 社会文化环境

社会文化环境是指一个国家、地区的民族特征、价值观念、生活方式、风俗习惯、宗教信仰、伦理道德、教育水平、语言文字、社会结构等的总和。它渗透到社会的方方面面，成为影响渠道结构的重要因素。渠道战略的制定必须要考虑到社会文化环境变化的因素。如随着人们对健康关心程度的提高，人们宁愿支付比传统的医疗方式更多的钱来获取良好的健康服务，这导致一些新的医疗服务分销形式的产生，如卫星诊所、网上医院、上门护理等，给传统的医疗服务分销渠道带来一定的冲击。

5. 政治、法律环境

政治、法律环境是指与营销渠道有关的各种法规、执法机构及社会团体的活动。渠道战略制定者必须识别有关营销渠道的政治、法律环境的变化，并且在政治、法律允许的范围内，制定相应的营销渠道战略。

在我国，与渠道建设相关的法律有：《中华人民共和国反不正当竞争法》（2017 年），该法第二条规定，经营者在生产经营活动中，应当遵守自愿、平等、公平、诚信的原则，遵守法律和商业道德。《中华人民共和国价格法》（1997 年），该法第十三条规定，经营者销售、收购商品和提供服务，应当按照政府价格主管部门的规定明码标价，注明商品的品名、产地、规格、等级、计价单位、价格或者服务的项目、收费标准等有关情况。经营者不得在标价之外加价出售商品，不得收取任何未予标明的费用。《中华人民共和国产品质量法》（2000 年），该法第五条规定，禁止伪造或者冒用认证标志等质量标志；禁止伪造产品的产地，伪造或者冒用他人的厂名、厂址；禁止在生产、销售的产品中掺杂、掺假，以假充真，以次充好。此外，还有关于消费者权益保护、商标、广告、市场监管等方面的法律法规。

6. 技术环境

技术环境通过对渠道管理的影响和对分销方式的影响，从而对营销者的渠道决策产生影响。

信息技术的发展和应用对渠道管理的影响：一是改善了库存，从而改善了物流渠道；二是改善了信息传送方式，从而改善了信息渠道和服务渠道；三是改善了对外联络方式，从而改善了渠道伙伴合作方式。

新技术带来了新的分销方式和手段，如自动售货机、邮购、电话订货、电视购物、网上销售、网上商店等，这些都是制定渠道战略规划不容忽视的问题。

6.2.6 公司因素

前述的五大类因素是渠道战略制定的外部环境因素，影响渠道战略制定的另一方面的因素当然是公司的内部环境因素。内因是主导，公司因素是影响渠道战略的最主要因素。

① 公司的实力。公司规模大、实力强，在渠道结构的选择方面余地大，因为公司可以

对渠道进行有力的投入和控制，对中间商依赖性小。

② 公司的渠道管理能力。渠道管理能力是企业的一个需要长期培养的才能，如果公司的渠道管理能力强，在渠道的选择方面可选择的空间大；如果公司的渠道管理能力不足，则需要更多地依赖中间商，渠道结构的选择性小。

③ 公司整体的目标和策略。渠道策略要与公司整体目标一致。

6.3 渠道战略目标的确定

6.3.1 渠道战略目标与企业其他目标的一致性

渠道战略目标的确定必须服从公司的整体目标和公司的营销目标，并且要与营销组合中的产品目标、价格目标和促销目标相适应。它们之间的相互关系如图6-2所示。

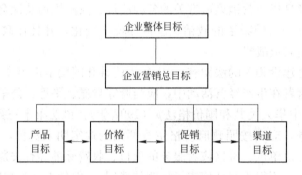

图6-2 渠道目标与公司其他目标之间的关系

渠道战略必须与公司总目标相一致。如美国高档瓷器生产商 Lenox 公司，多年来其产品一直为上流社会家庭所使用，其中包括入住白宫的10位总统，因此，其产品高品质的品牌形象深入人心，而与其相对应，该公司产品的分销目标一直强调通过最著名的百货公司，以及与其产品品牌形象相称的专卖店和珠宝首饰店来销售其产品。如果公司改变渠道，通过大众化渠道销售产品，必将毁灭公司产品的品牌形象。

渠道目标与企业营销总目标是一致的，可以说企业营销目标中的关于销售目标就是要通过渠道来实现的。当然，渠道目标与营销目标中的其他目标，如产品目标、价格目标、促销目标之间是相辅相成的关系。

6.3.2 以顾客为导向确定渠道战略目标

纵观现实市场中的企业，在确定渠道战略时，有两个差别明显的思路。一是传统的渠道目标确定方式，主要以市场销售量或市场份额来确定渠道目标。如某公司2016年的渠道目标是销售量达到20 000台，市场份额达到10%。这样的渠道目标的确定，明确具体、可操作性强。但其以企业产品销售为中心，而不是以顾客需求为中心考虑问题制定目标，在激烈的市场竞争中，不能为营销渠道的设计提供一个很好的导向。二是以顾客对渠道的需求为中心来制定渠道目标。如某电脑公司将其渠道目标表述为:"可以让想买电脑的人在驱车距离内就能够方便地购买。"可口可乐公司的渠道目标是:"随处可见,随手可得。"这种渠道战略制定的思路能够很好地引导渠道结构的具体设计。但对于短期内的渠道实际操作来说,不够具体。

因此,渠道战略目标的确定应该是一个目标系统,既有以顾客为导向制定的作为纲领性的渠道目标;又有分步骤的渠道目标,如在具体的某个阶段,渠道建设应该达到什么样的目标。如方正科技公司2004年的渠道计划的具体目标是"100%的地市级市场覆盖和70%的县级市场覆盖"。为此,该公司已经筛选出600多个地级市和1 000多个县级市场作为目标。

分步骤的具体目标的确定一般要考虑如下因素。

① 顾客购买的便利性。如渠道目标的确定要考虑顾客走多少路程、等待多长时间能够买到商品,从而来确定零售商的密度和铺货率。

② 企业的营利性。企业营销渠道目标的确定当然需要考虑成本和利润的因素,因此,分销目标中必然要确定相应的利润和销售额指标。

③ 成员的支持度。就是要通过目标的制定,实现渠道成员对企业渠道活动的全力支持,如使中间商全力配合企业的各项营销策略、产品推广,包括促销活动、公共关系活动等方面的支持。

④ 售后服务。渠道目标要考虑到售后服务的水平,确定一个基本的售后服务水平来实现。

> 专栏

国美公司的全零售渠道目标及其实现

2015年,国美全渠道战略全面升级为"全零售战略"。在全新战略的指导下,国美以消费者需求为核心,通过消费场景虚实交互加速融合,依托于强大的后台供应链、具有持续盈利能力的门店网络资源,以及大数据工厂,大力发展电子商务和移动微店,带动线上、线下、移动端的全场景粉丝经济,打造国美拥有亿级消费者的生态圈。新渠道战略目标是:以满足消费者的极致需求为主导,根据全零售的发展场景,布局界面平台和价值平台,营造包含1.3亿会员,1.2万供应商,近1万商户和10万员工的粉丝经济。国美全零售生态圈如图6-3所示。

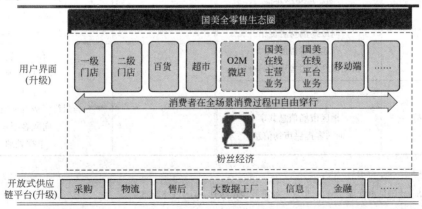

图6-3 国美全零售生态圈

为实现其新的渠道目标，国美依托大数据工厂对消费者需求的精准分析，引入潮流商品，丰富通信产品，在二级市场扩充品牌品类，挖掘来自年轻群体、移动端及二级市场的新兴需求，营造出涵盖全年龄段、全渠道、全市场的粉丝经济。在国美全零售场景下，来自不同入口的消费者，都可以享受到丰富的产品，多元化的导购、查询、支付、安装、售后、晒单等服务。

在界面平台上，国美以微店为纽带，链接线上线下，利用社交平台，以层层关联的个人对个人信息传播体系为核心，以门店10万人为引爆商业模式的种子力量，覆盖线上线下全渠道。微店能将海量的商品上架、分享，实现跨品类、跨品牌销售。不仅可以打破时间、空间的局限，也打破店员坐等顾客上门的局限，变"坐商"为"行商"，为消费者提供一对一的个性化服务，从而结合店铺端、互联网端、数据运营端，三端合一打造超级体验平台。2015年国美设立超过10万个移动微店。

在线下，国美继续致力于打造体验式卖场，提升品类数量；通过与消费者互动，提升满意度；让消费者在逛、玩、娱乐中实现购买。在二级市场，国美通过每年新开80~100家门店的速度，在未来三年实现新进三、四线城市100个，让网络进一步覆盖到县镇。

在线上，国美在线加速线上线下供应链衔接，发展电器品类直营化、非电器品类平台化，发展成为国内领先的电子商务平台。加速利用移动资源，发展移动电商。

未来，基于全零售战略，国美将拥有1700家线下门店＋百亿线上交易平台＋10万微店的1.3亿会员的全渠道交易平台，以中国最大的家电物流服务平台、家电售后服务平台、超过千亿的家电采购平台，构成核心竞争力，形成区隔于行业的壁垒。

6.3.3 根据渠道战略目标明确渠道任务

渠道战略目标制定后，需要通过渠道行为去实现。这就需要将渠道目标分解为渠道任务，通过渠道成员对渠道任务的完成来实现渠道目标。

渠道任务常从渠道功能的角度考虑，因企业渠道目标和产品特点的不同而不同。一般来说，渠道目标可以分解出如下的渠道任务：推销、渠道支持、物流、产品修正与售后服务和风险承担等。具体情况如表6-2所示。

表6-2 主要的渠道任务[①]

推　销	新产品市场推广 现有产品的推广 向最终消费者促销 建立零售展厅 价格谈判与销售形式的确定	渠道支持	与最终消费者洽谈 选择营销商 培训经销商的员工
渠道支持	市场调研 地区市场信息共享 向顾客提供市场信息	物　流	存　货 订单处理 产品运输 与最终消费者的信用交易 向顾客报单 单据处理

---

① 冯丽云. 分销渠道管理 [M]. 北京：经济管理出版社，2002：82-83.

产品修正与售后服务	提供技术服务 调整产品以满足顾客需求 产品维修与修理 处理退货 处理取消订单	风险承担	存货融资 向最终消费者提供信用 存货的所有权 产品义务 仓储设施投资

6.4 渠道结构的选择

渠道目标和任务确定后,就要实际地选择渠道结构,确定渠道成员,来落实渠道任务。渠道结构的选择主要有:渠道的长度结构、渠道的宽度结构和渠道的系统结构。

6.4.1 直接渠道、间接渠道和复合渠道

1. 直接渠道

直接渠道是没有中间商参与,产品由生产者直接销售给消费者(用户)的渠道类型。如果公司决定采取单一的直接渠道结构模式,公司要负责承担渠道的全部任务。直接渠道的好处是企业对渠道的控制力强。直接渠道模式中又可以细分为直营专卖店模式和其他无店铺零售方式。

直营专卖店是企业自己直接在终端开设零售自己商品的专卖店。好处是企业可以自己直接掌控销售全过程,并与市场保持密切接触,对市场的变化可以作出最快反应,对企业营销策略可以作出最快调整。专卖店也有助于企业树立品牌形象,培养忠实的客户群体。但采用直营专卖店方式须满足三个基本要求:一是产品单位价值不能太低,并且产品品种不能太少,最好是在一个专业领域内形成一个较丰富的产品群,单店销售所产生的利润能够担负得起店铺费用;二是企业的产品采取直销专卖店的渠道模式比通过经销商或代理商模式,在营销效果上不差的前提下,同时还能降低企业营销的渠道费用,更有利于企业从该产品销售中获取利润;三是专卖店的渠道模式能够适应企业生产经营规模的需要,不会对生产造成库存压力。

2. 间接渠道

间接渠道有中间商参与,公司和中间商共同承担渠道任务。根据间接渠道类型的不同,渠道任务有不同的分工。间接渠道有时也称为分销,是与直营相对应的一种流通模式。

间接渠道是由外部成员来承担分销任务,具有以下优势。

(1) 动机。

第一,外部成员做分销工作更加努力,因为他们是独立经营的公司,必须为将来的报酬承担风险。积极的动机(获取利润和创业)和消极的动机(害怕亏损)都驱使其努力经营。

第二,中间商在某个特定的财务模式下进行经营的意愿强。分销商的经营是一些细节性的业务,利润薄,主要集中在存货周转和成本的管理方面。生产商常常不适应这些专业领域的工作。

第三，在充分竞争的背景下，分销商是可以替代的，因此，分销商之间存在着激烈的竞争，这威胁和激励着分销商努力满足制造商的需求。如与制造商共享节约的分销成本、集中力量销售特定的产品、展示产品、做广告、持有更多的存货等。如制造商自己承担分销任务，内部政治阻碍了员工积极性的发挥；先行存在使得激励制度很难发生大的变动；分销部门也不能够轻易地撤销或重组，在欧洲国家，劳动法使解雇员工很困难，即使在雇佣关系由雇主决定的美国，要想解雇一个员工或撤销一个部门，都会遇到管理上的巨大困难。

(2) 专业化。

分销商具有专业化的优势。如对于批发商来说，分销是他们的全部工作——没有别的业务来分散他们的精力。

(3) 经济上的适应性。

由于分销业是一个进入壁垒和退出壁垒都很低的行业。高度的竞争会使经营不善的公司很快地退出市场，如果不是做得比别人好，就无法生存。

(4) 规模经济。

分销商可以把许多制造商的营销渠道流需求集中起来处理，通过为多方提供大量相同的服务，达到规模经济。可以分摊分销设施的固定成本、物流软件等。

(5) 更大的市场覆盖面。

分销商具有很大的市场覆盖面，能够满足顾客更大范围的需求。顾客到销售点来购买，买了某种商品以后，会使他们想起需要另一种商品，产生新的购买，制造商不像分销商拥有那样宽的覆盖面，即使其产品线很宽，他也不能像分销商那样通过挑选最好的产品，拥有最优的产品线，即专业的分销商可以实现潜在的协同效应，而纵向一体化的制造商却不能复制这个模式。

这就是为什么纵向一体化的制造商常常愿意销售竞争对手的产品，但竞争者和互补产品的制造商却不愿意通过该制造商的分销网络销售他们的产品，因为他们担心该制造商会利用他们的费用偏向销售自己的产品。

(6) 独立于任何单一的制造商。

分销商能够独立于单一的制造商，给顾客公正的建议，因此能够得到顾客的信赖。而且分销商是当地机构，每年有相同的人员为顾客提供稳定的服务，他们有更多的机会了解顾客，常常能够拥有更高的顾客忠诚度。

讨论题 在什么样的背景下，企业更倾向于选择间接渠道？

3. 复合渠道

复合渠道是直接渠道+间接渠道，由于直接渠道和间接渠道各有优劣势，一些公司采取两者结合的方式，且基本是间接渠道为主，直接渠道为辅。保持一定的直接渠道，能够使企业了解客户的需求，保持对顾客市场的快速回应；并且获得一手的营销经验，便于对间接渠道的指导。图6-4是某饮料企业的复合渠道结构。

6.4.2 经销与代理的选择

如果选择间接渠道，就要确定具体的间接渠道类型。一般按照产品是否发生所有权转移为标准，将间接渠道分为经销和代销两类，一些创新的渠道模式也可以归纳到这两个类型中，如特许经营和专卖店，也可以根据商品所有权是否转移为标准，大体划入到这两个类型

第6章 渠道战略选择

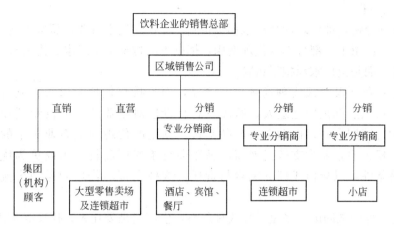

图6-4 某饮料企业的复合渠道结构

中去。在制造商与间接渠道商关系中，主要是要明确"贸易关系组合"，包括价格政策、销售条件、地区权利，以及每一方所应提供的特殊服务等。价格政策是生产企业制定的销售价格表和折扣明细表，这些价格方案要保证对所有渠道商的公平性。销售条件对渠道商而言，是付款条件和对生产企业所做的担保，多数制造商会给付款较早的渠道商以现金折扣的优惠。销售条件对于制造商而言，常常是向渠道商提供有关商品有缺陷时，以及价格下降时的风险担保。在不同的间接渠道类型下，制造商与渠道商具有不同的权利和义务关系。

1. 经销

经销是经销商从厂家那里先把产品买来，然后制定适当的价格进行分销。厂家可以在经销商把产品卖给最终顾客前收回货款，使资金尽快回笼。如果经销商产品卖不完，一般不退还厂家，只能自行处理产品，有时甚至因此而出现亏损。经销使原本属于生产厂家的一部分利润，转化为经销商的风险收入。经销有利于提高经销商对产品销售的积极性和压力。

在不同经销类型下，经销商和生产商的权利和责任也要通过合约来规定，关于经销商的权利和责任的规定常常有：经销商在规定的价格浮动范围内，自行决定商品的售价，如生产商有规定，经销商不得将多余的库存削价出售；经销商在授权的范围内使用生产商的专利、标记、商标，不得滥用；经销商不得超过自己的销售范围，在其他地域销售；经销商只能将产品卖给最终的顾客或经过授权的中间商；经销商应配合生产商进行促销，如厂家进行让利销售时，要保证让的"利"达到最终顾客处，不得截留；按照合同规定，做好自己负责的售前、售后服务等；在自提产品时按合同规定的日期提货；按合同规定按时付款；保守合作中的商务机密等。

合约对生产商的权利规定常常有：有权限制经销商向最终顾客销售产品时的最高价和最低价，以维护大多数网络成员的利益，防止恶性竞争；依据分销方式的情况，有权控制销售范围；对其专利、商标、设计等拥有主权，可以限定其使用范围；有权监督合同商定的经销商对产品的售后服务及维修等事项；有义务制止不公平竞争，限制经销商不得将产品卖给没有授权的中间商，打击假冒产品等。生产商的责任规定常常有：应给予经销商产品宣传、促销上的支援，如经销商为产品做广告，其费用支出按一定的比例由生产商承担，生产商应该向经销商提供产品简介、资料、宣传材料等；按合同约定，保证产品的技术标准，产品的类别、品种、型号、规格和等级；保证产品的数量；对产品进行适当的或约定的包装；在供方提供运输的情况下，按约定的运输路线和运输工具运输，按规定的期限到达指定的地点等。

2. 代销或代理

代销是代理分销，即代理商从厂家那里得到产品，并先不付款，而是等到产品销售给最终顾客以后，自己留下一部分作为代理费用，把剩下的货款交给厂家。代销对于代销商来说基本没有风险，而是由厂家承担了风险。

代理是指企业不仅授权代理商销售其产品，而且授权代理商参与并支持企业的营销活动，两家公司虽然都是独立法人，但代理商有责任对企业的任何营销活动按照代理合同提供充分的支持配合，以推动企业产品销售。真正的代理商向企业买下的货原则上已经拥有了所有权，但企业为支持代理商，仍然会给予代理商较经销商更为优惠的退货条件及其他交易条件，以分担代理商风险与责任。这种类型的代理制是当今流行的营销渠道模式。

生产商与代理商之间的关系是委托代理关系，生产商是委托人，代理商是代理人。

作为委托人的生产商的权利是：有权要求代理人按照代理权限进行代理活动；有权要求代理商及时移交代理活动的法律后果，代理商按照权限进行代理活动，不承担代理活动产生的法律后果，但必须将其及时移交给生产商；有权了解代理商完成代理工作的情况；代理商不履行职责而给生产商造成损害，生产商有权要求代理商承担法律责任。生产商的责任有：按合同规定的数额和方式支付佣金，有权检查核对代理商的账册，以确信对其支付的佣金准确无误；对于代理商介绍的买主，生产商有权决定接受或拒绝订货；确保代理人的合同利益；按合同规定进行促销活动，提供促销费用。

专 栏

产品销售代理协议书

甲方：＊＊＊＊科技有限公司　　　　乙方：
地址：　　　　　　　　　　　　　　地址：
邮编：　　　　　　　　　　　　　　邮编：
法定代表人：　　　　　　　　　　　法定代表人：
电话：　　　　传真：　　　　　　　电话：　　　　传真：
（以下简称甲方）　　　　　　　　　（以下简称乙方）

甲、乙双方根据民事及中国软件相关法律，并根据诚信及互利的原则，经友好协商一致，签订此合同。双方申明都已理解并认可了本合同的所有内容，同意承担各自所应承担的权利与义务，严格执行本合同如下内容：

一、甲方授权乙方为_____地区总代理，享受甲方制定的一切优惠政策。

二、甲方的权利与义务：

1. 甲方保证给乙方提供产品均为正版产品并保证乙方所在区域即_____地区的独家代理权，且不得自行直接向乙方所在区域的客户销售本合同的标的物。

2. 甲方新品上市应及时通知乙方，甲方有义务及时为乙方提供与产品销售相关的技术支持、信息及资料便于乙方开展销售及宣传工作，乙方在销售方面应积极密切配合。

3. 甲方对乙方所提供的销售、市场库存等信息严格保密，不得泄露给第三方。

4. 每次发货量由双方协商决定。首次订货量不得低于4万元（折扣后）。

三、乙方权利与义务：

1. 乙方应积极主动推广甲方的产品并配合甲方做好相应的市场活动，便于促进销售。
2. 如果发现产品存在质量问题，应在三日内书面通知甲方进行调换。（乙方造成的人为损坏如划伤、压裂等情况不在甲方负责调换范围内）。
3. 乙方对甲方所提供的产品相关价格、代理规定等情况严格保密，不得泄露给第三方。但是，甲方如有欺诈行为，即销售给乙方的价格高于其他代理商的，那么乙方不受上款规定约束。
4. 乙方保证不对甲方产品做任何侵权行为，不侵害产品发版权及商标权，在销售过程中，一旦发现版权被他人侵犯，应及时通知甲方并提供帮助。
5. 乙方可自行向其下属经销商或专卖店供货。

四、违约责任：

1. 乙方一旦发生违约，违规行为对甲方名誉、经济造成损失时，甲方有权立即取消其特约经销商的资格，同时乙方向甲方支付违约金20万元。
2. 甲方如果在乙方代理区域内增设代理或者直接实施销售行为的或有价格欺诈行为的，甲方向乙方支付违约金20万元。

五、销售政策：

1. 乙方须销售甲方的全部产品，甲方销售给乙方价格为零售价的3折（除特殊产品以外）。
2. 结算方式为：款到发货。

六、交货方式：

1. 甲方收到乙方货款后三天内将货发出。
2. 铁路：甲方负责将乙方所有产品走铁路运输运送到乙方所在城市的车站，由乙方负责从车站提货。
3. 公路：甲方负责将乙方所有产品走公路运输公司运送到乙方所在城市的货运公司，由乙方负责从货运公司提货。
4. 乙方在收到货后应立即验货核查，如有问题须在三天内书面通知甲方，甲方三天内没收到乙方的通知视为本批货与甲方的出库单数量、品种核对无误。
5. 运输费用由甲方承担，但调货时的运输费用由乙方承担。

七、其他事项：

1. 本协议一式两份，双方各执一份，本协议经双方签字盖章后生效。
2. 本协议传真复印件有效。
3. 本协议有效期限为_____年___月___日至_____年___月___日。

甲方（盖章）：　　　　　　　乙方（盖章）：
法定代表人（签字）：　　　　法定代表人（签字）：
经办人（签字）：　　　　　　经办人（签字）：
签约地：　　　　　　　　　　签约地：
日期：　　　　　　　　　　　日期：

6.4.3 分销模式的选择

分销模式是通俗的说法，不是一个严格定义的概念。根据不同的标准可以进行不同的分类，如根据厂家许可分销商从事代理或经销活动的区域范围的大小，可以分为大分销模式和小分销模式；按照厂商对渠道的区域划分，分为总代理制、区域代理制；根据同一层次的分销商数量多少，可以分为独占式分销、选择式分销和密集式分销；根据厂家参与分销的程度，可以分为介入式分销和非介入式分销；渠道模式按照层次可分为单层模式、双层模式、多层模式和混合模式。

1. 大分销模式和小分销模式

区域范围较大，一般来说存在省级和省级以上分销商，就是大分销。在大分销模式下，存在二级甚至更多级别的分销商，渠道窄而长，其主要有利之处是充分利用社会资源，减少管理成本，获得较高的销售效率；不利之处在于难以激发渠道能量，销售被渠道结构所束缚。

小分销模式，也称深度分销，其分销区域范围小，设立地市级和地市级以下的分销商。小分销模式下，渠道结构短而宽，也称渠道扁平化，并且对区域市场进行空间细分，可以通过密集分布的"毛细血管"将产品流向每个市场角落。对于小分销模式，厂家需要投入极大的管理成本。如在区域细化方面，明基电脑公司做得比较典型。2003年，明基显示器代理商600余家。明基采取的是城市代理制度，一级城市有3～5家，二级城市有代理商2～3家。明基的渠道基本上已经处于最扁平的状态，对终端市场的掌握和反应速度很快，信息比较通畅。但是明基要管理这600多家代理商，投入的资源是相当大的。例如，从客户下订单打款开始到客户收货都是由明基统一来安排，通过网上订单系统收单，通过E-logistics系统进行货物的分配和配送，然后通过合作的物流运输公司将货物送达经销商。明基投入资金建设专门的库存及物流管理系统E-logistics，并在一些大城市设有自己专门的物流车队以备市内货物配送。其中仅E-logistics系统的购置费用就达上千万元。

2. 总代理制和区域代理制

总代理制和区域代理制，也是按照厂家许可的代理商的数量和区域范围来划分的。

总代理制营销渠道模式是指企业在全国指定一家代理商为全国总代理机构，企业只把产品卖给总代理商，而由总代理商组织营销渠道一层层往下、往消费者方向输送。总代理制的特点是产销分离，企业与总代理商之间分工合作，双方往往签订有长期代理合同，利益均沾，风险共担，合作双方组合得好，可以更好地发挥各自的优势。总代理制的好处是最大限度地降低了营销渠道的建设成本与管理成本，操作简便省事，在产品生产与质量改进及产品创新上可以有更多力量投入。但最大的风险也是企业把自己的营销渠道完全寄托在总代理商手中，一旦总代理商发生变故，企业的营销就可能遭遇灭顶之灾；除此之外，企业还容易在决策和发展上受到总代理商的掣肘。

区域代理制渠道模式则将市场按照区域划分，在每一块区域市场上都建立起自己的代理商，一般按省份划分区域。根据单个区域内同一级别的代理商数量的多少，又可以分为区域独家代理制和区域多家代理制。根据区域范围可分为区域代理制、省级代理制和城市代理制。

区域独家代理制指的是在同一个区域，每一个层次和级别的代理商都只有一家，然后由这一家向下游的代理商和零售商供货。显然，层层独家代理的营销渠道模式，条理分明，产品顺着单一渠道往下流，在管理上比较容易控制；但在商品流通速度和市场覆盖面上可能会有某些环节或地方照顾不周。

区域多家代理制渠道模式则在同一区域内，存在多家相互独立的代理商，每个上游代理商都可能有多个下游代理商，同一级别的代理商之间理论上有市场范围的划分，但如管理不善，极容易造成代理商之间的矛盾和窜货。对于企业来说，区域多家代理制营销渠道模式比区域独家代理要增加更多的管理工作。区域多家代理制的好处是，企业产品流通的速度可以加快许多，在产品的市场覆盖率和覆盖面上，也占有一定优势。企业的营销往往可以快速启动，在很短的时间内，将企业的产品送往各个目标销售点，从而能够形成强大的市场销售网络优势和终端气势，有利于产品赢得营销竞争与抢夺市场。

3. 独占式分销、选择式分销和密集式分销

第2章营销渠道理论概述中，在分析渠道的宽度结构时，已经分析了营销渠道的独家分销渠道、选择式分销渠道和密集式分销渠道三种类型，与此相应，分销模式也分为独占式分销、选择式分销和密集式分销三类。

独占式分销就是一定的市场区域内，厂家只选择一家分销商销售，给予其独享市场资源的权利，同时分销商向厂家承担一定的销售责任。在市场竞争格局比较稳定的情况下，独占式分销较为合适，对于制造商而言，独占式分销降低了与分销商之间的交易成本、管理渠道的成本及相关的市场成本。但由于缺乏渠道竞争，独占式分销有时不能有效驱动分销商对市场进行深度开发；同时，独占式分销模式下，常常要求分销商不得经营竞争品牌产品，由此导致分销商经营品种单一，成为厂家的专业销售机构，而不是综合性的渠道平台，这削减了分销商的生存空间和竞争能力。制造商也反受其害：获得了忠诚，失去了效率。

选择式分销是在同一区域市场中选择多家分销商。选择式分销又可以分为两种情况：一是封闭式选择性分销，即多个分销商所辐射的下线零售网点不交叉，相互区隔；二是开放式选择性分销，即分销商可以向区隔内所有的零售网点供货，下线零售商可以多头进货。

密集式分销就是对分销商基本不加选择，凡符合要求者都可代理或经销制造商的产品。这种分销方式对于顾客密集、分布广泛、消费量大且产品差异小、附加值小的商品的分销很适合。

4. 介入式分销和非介入式分销

对于制造商而言，介入式分销是指厂家影响流通领域。非介入式分销是指厂家不影响流通领域，流通领域的事情由分销商全权负责。

介入式分销在现实中常常有两种表现形式：一是参与或承担一些本该属于分销商的职能，如与分销商共同开发零售网点，管理零售商，制定零售进货及回款计划等；二是跨越分销层面，与零售商发生关系，并直接管理零售终端。

介入还是不介入，实际上也是对分销商功能的不同定位，如果是将其定位为"辅助型"，则厂家就要采取介入式分销模式，如果将分销商定位为"全能型"和"中间型"，厂家则可以选择非介入式分销方式。

> **特别关注**
>
> **传统经销商遭遇双面夹击**
>
> 随着市场形势的变化,原先作为食品、日化等消费品制造业生死兄弟的经销商们,其身份和地位开始变得日益尴尬,遭遇双面夹击。
>
> (1) 厂家向经销商开刀。食品巨头可口可乐、日化巨头宝洁等先后发起的大规模经销商整合。目前无论宝洁、立白,还是纳爱斯,都特别注重向经销商强化"专营专注"的概念,很显然,他们希望通过整改,更进一步掌控下属分销商。而这些劳苦功高的分销商曾是厂商们攻占中国市场的功臣,尤其跨国公司刚刚踏入中国市场时,对市场渠道和网络的建设,主要依靠数量众多的总代理、二级代理等代理商网络。当时,这大批经销商担当的职能是"物流配送+资金+仓库",但等这些行业巨头发展到了一定阶段,经销商这些功能便可由企业本身或一些大卖场来代替了。制造厂商们还尝试自己开专卖店销售。比如,双汇集团、茅台、五粮液、汇源等都在大城市开出了自己的专卖店,尽管店面销售情况差强人意,但也显示了对经销商的压力。
>
> (2) 卖场对分销商的挤压。随着沃尔玛、家乐福、麦德龙等越开越多,许多品牌产品开始越过经销商环节,直接从制造环节进入销售终端,即直供分销。因为跨国公司和国际大卖场在全球各个市场间都有合作,国际卖场总能拿到比一般的分销商更好的价格和销售支持。即使一些普通小卖场正在进行的低价抛货也让分销商们无从接招。这些小卖场能从店铺的整体销售中获得平衡利润,而这是普通经销商没有办法做到的。
>
> 所幸到目前为止,大卖场的强势更多只是体现在一线城市,厂家在二、三线城市和农村市场对传统分销渠道的依赖度还是比较大的。

6.4.4 第三方渠道和渠道联盟

1. 第三方渠道

第三方渠道是相对于现行运作的渠道而言的,就制造商来说,第三方渠道主要是来自其他制造商的渠道;对于渠道商而言,则指来自其他渠道商甚至是制造商的渠道。因此,对于制造商而言,第三方渠道是自营渠道、传统的中间商渠道和现代的强势终端渠道以外的一种新的渠道模式选择。

第三方渠道常常具有如下特点:

① 通常是由某个关联行业内的全国或区域性的强势企业所构成;
② 品牌影响力强,渠道完善,网点渗透能力强,渠道队伍精干,物流配送体系健全;
③ 与现行的渠道的互补性强。

第三方渠道的拥有者之所以将渠道拿出来与其他企业共享,将渠道作为一个独立的盈利中心来运作,主要原因如下:

① 分担成本。制造商自营渠道,能够使其很好地控制渠道,经营品牌。但构建和维系

成本高，同时单一品牌专卖需要品牌具有一定的影响力，因此，广告、公共关系、促销等投入费用高。这都使企业希望通过搭载销售其他企业产品来分担成本，减轻成本负担。

② 单一品牌销售，顾客的选择性差，而且销售增长总量有限，影响渠道效益。

对于有机会借用大企业已有渠道模式的中小企业来说，在一定时期或一定条件下，借用大企业营销渠道不失为好的选择。因为大企业营销渠道已然建立，而且经过时间和市场的考验，已经拥有一大批固定的客户群。中小企业如果能有机会借用大企业的渠道，如与大企业产品进行捆绑式联合销售，中小企业能够在花费较小的情况下大量地卖出自己的商品。

但是企业和企业之间的合作是互利的，中小企业想要借用大企业渠道必须满足以下一些基本条件，才能实施和排除较大风险。

① 中小企业的产品对于大企业的产品是良好补充的配套产品或必不可少的一部分，没有该产品的配合，会影响大企业自己产品的销售业绩；或者有关联的产品，能够满足同一消费群体的多种需求。

② 中小企业生产的该工业品市场空间与利润空间有限，是大企业所不感兴趣或不愿生产的。

③ 中小企业的产品在生产方面具有技术壁垒，虽然市场空间大、利润丰厚，但大企业和其他企业一定时期内无法生产能与之竞争的同类或同质产品。

④ 中小企业的该产品在同类产品中具有较强市场竞争力，虽有竞争对手，但对手不强，大企业连带销售中小企业产品能保证大企业声誉。

⑤ 要注意给自己的产品在第三方渠道中争取到合理的位置，并要加强督导和销售执行，以确保这种"位置"得以良好地维系和强化，防止第三方渠道商将自己的产品作为可有可无的产品来销售，避免自己花费了相关的费用作陪衬。

特别关注

第三方渠道将成为独立赢利的渠道商吗[①]

1998年，奥康鞋业集团打破鞋业传统的批发和百货商店渠道，开始了鞋业连锁，随后的5年中在全国开设了3 000家专卖店。2002年年底，奥康的专卖店"名品空间"，销售本公司和其他公司生产的名品，成为地道的第三方渠道商。

2002年，在技术、海外拓展等合作的背景下，TCL与飞利浦公司进行渠道合作，飞利浦的产品进入TCL渠道，2003年，松下的产品也进入TCL渠道，TCL逐渐向第三方渠道商演变。

通过互换，西门子产品进入波导渠道；蒙牛明确提出其专卖店将经营不超过10%的其他品牌的产品。拥有强势渠道的企业们正在向第三方渠道商转移。面对自有渠道成本高和渠道产出压力大的经营现状，面对"不听话"的传统渠道和家乐福、国美等现代渠道的"霸权"，第三方渠道有了供求基础，将会有更多的企业开放自己的渠道，努力向第三方渠道转变。

第三方渠道的发展是我国渠道变革中的一个新现象，尤其是第三方渠道商的形成正在由被动变为主动：不是将发展为第三方渠道看成是分担成本不得已而为之的行为，

---

① 李政权. 转向第三方：自营渠道终于扛不住了 [J]. 销售与市场，2005 (4)：10.

而是主动开放自有渠道,要成为渠道独立盈利的强势经销商,从而使第三方渠道成为现有渠道模式的补充,可以说在我国,第三方渠道正在从萌芽期向发展期转变。

讨论题 在我国第三方渠道会成为主流渠道方式吗?

2. 渠道联盟

渠道联盟常常是指实力相当的制造商之间进行渠道合作。产品相互进入对方的渠道,以实现扩大销售、分担成本、完善产品线等目的。

专栏

安溪铁观音和信阳毛尖互相进入对方销售渠道[①]

2011年1月23日,福建安溪铁观音集团与河南信阳五云茶叶集团签订战略合作框架协议。一南一北两个"茶叶大佬"签约后,"凤山"安溪铁观音和"龙潭"信阳毛尖、信阳红将分别进入对方销售渠道上架销售。以后,在这两家茶叶企业的任一家销售终端,都可以同时买到顶级的安溪铁观音和信阳毛尖、信阳红。

建立于1952年的福建安溪铁观音集团,是国家农业产业化龙头企业。依靠出色的品牌战略和市场渠道建设,该集团旗下"凤山"牌铁观音一直占据着中国半发酵茶的半壁江山,稳坐全国茶叶市场的龙头老大宝座。安溪铁观音集团通过连锁加盟模式,在全国开设了500多家终端连锁店,"凤山"牌铁观音一直畅销日本、东南亚、中国香港、俄罗斯等国家和地区,在多个国家和地区拥有分店。之前,安溪铁观音在河南市场也有可观的销售业绩。到人口近一亿的中原大省河南开拓市场,是该集团的近期发展目标。

河南信阳五云茶叶集团目前在河南省建立了直营专卖店100多家,各种加盟店、专柜总计600余家,在省外市场的北京、河北、山东、湖北建有几十家专卖店。做强信阳毛尖,从省内"走出去",甚至走出国门,是五云茶叶集团的凤愿。

两家企业强强联合,相互进入对方的销售渠道,能拓展销售渠道、扩大双方的销售额、丰富产品线、增强品牌的影响力。安溪铁观音和信阳毛尖功能不同,文化不同,各有其固定的消费群体,该渠道联盟不会相互冲击对方的市场。两家企业表示,双方将在茶产品研发、产业链条拉长、茶企业管理等方面进行更进一步的合作。

问题思考 安溪铁观音和信阳毛尖渠道联盟的基础是什么?通过渠道联盟能够实现什么样的目标?

6.5 渠道模式的评估

渠道结构模式的最终确立要以科学的评估为基础,一般企业在进行渠道决策时,要确立

[①] 李红,何正权,张洪涛. 铁观音和信阳毛尖联姻可互相进入对方销售渠道. http://www.chinadaily.com.cn/dfpd/henan/2011-01-24/content_1634667.html.

一些渠道模式的备选方案，通过评估，选择最优模式。

6.5.1 渠道模式评估的内容

对渠道模式评估的内容主要有三方面，即经济性评估、可控性评估和适应性评估。

1. 经济性评估

不同渠道的经济性不同，即在销售量、利润和渠道成本方面的表现不同，渠道建设首先就要评估其经济价值。

2. 可控性评估

一般来说，长而密的渠道难以控制，短渠道容易控制。控制性最强的渠道是直接销售渠道，对渠道的有效控制，是每个企业所期望的，但控制本身不能带来收益，因此，渠道常常需要在收益和控制之间进行权衡，当收益相同的情况下，企业会选择可控性强的渠道模式。

3. 适应性评估

适应性评估是指营销渠道对不同渠道环境适应性的评估，由于市场环境和渠道环境的不断变化，需要渠道建设中要兼顾渠道的适应性和稳定性问题。一般来说，在渠道环境稳定的情况下，渠道成员倾向于长期合作，对渠道进行较多的资源投入，相互依赖和信守承诺。但在渠道环境不断变化的情况下，渠道成员之间会减少依赖，较少对渠道投资，降低相互之间的承诺水平，以降低风险。

关于渠道模式评估的内容，有的专家提供了更为细致的内容。如法国营销学教授雅克·朗德维在其《市场营销学》一书中提出了7个方面的评价标准。除了前述三个内容外，还包括：目标市场的覆盖率和渠道潜能，渠道形象、活力和市场开发能力，渠道兼容性，渠道成员的营销策略与厂商的兼容性等。

6.5.2 渠道模式经济性评估的方法

经济性评估的基本思路是评估渠道销售量，评估渠道成本，然后进行比较分析，选择最佳渠道模式。这里先介绍经济性评估的基本方法，然后介绍经济性评估的具体方法，如投资收益率法、费用率法等。

1. 经济性评估的基本方法

1）评估销售量

对不同渠道模式可能产生的销售量进行评估，如直接销售、利用中间商销售和第三方渠道，哪种方式可以产生更多的销售量？在利用中间商销售方式下，哪种分销模式能够产生更多的销售量？在直接的销售模式下，企业的销售力量只销售本企业的产品，而且了解对本企业产品的特点和使用方法，能够更细致地进行产品宣传和服务，有时顾客更愿意与企业人员直接打交道，因此企业的直销力量在推动销售量增长方面有特殊的优势。但从另外一个角度看，中间商销售网络覆盖面大，销售人员多，销售产品种类多，可选择性强，在销售中更能够坚持等原因，使中间渠道有时在扩大销售量方面更有力量。利用第三方销售渠道的销售量，这些都需要进行科学评估。由于不同渠道模式所产生的销售量有多种可能性，有时需要借助于规范化的分析工具来帮助决策，决策树分析就是一个可行的工具。

决策树分析是在不同行动方案之间进行交替选择的一个逻辑推理结构，这种逻辑推理结构通常用一个树形图形象地加以表示，如图6-5所示。

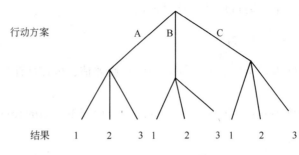

图 6-5 决策树的基本模型

构建决策树形图的基本方法是：第一步，找出行动的可行方案；第二步，列出每个行动方案的可能结果；第三步，估计出各个行动方案与其结果可能组合的收益值；第四步，指定每个特定行动方案可能产生不同结果的概率；第五步，将可能产生最合乎理想结果的行动方案挑选出来。

利用决策树来分析不同渠道模式的销售量可以按以下步骤进行。

第一步，销售模式的行动方案有三种：直接渠道、中间商间接渠道和第三方渠道。

第二步和第三步，这里每个行动方案可能的结果和每个行动方案结果可能的收益值是一致的，因此将两个步骤合并。假设直接渠道可能的销售量是 4、5、6 个单位，中间商间接渠道可能的销售量是 2、6、12 个单位，第三方渠道可能的销售量是 1、2、5 个单位。

第四步，假设在直接销售模式下，销售量是 4、5、6 个单位的概率分别是：0.3、0.3、0.4；中间商间接渠道模式下，销售量是 2、6、12 个单位的概率分别是：0.2、0.4、0.4；第三方渠道模式下，销售量是 1、2、5 个单位的概率分别是：0.4、0.5、0.1。

第五步，每种决策的期望是：

直接渠道　　　　　　　　$4\times 0.3+5\times 0.3+6\times 0.4=5.1$
中间商间接渠道　　　　　$2\times 0.2+6\times 0.4+12\times 0.4=7.6$
第三方渠道　　　　　　　$1\times 0.4+2\times 0.5+5\times 0.1=1.9$

因而在以上假设情况下，最大销售量的渠道模式应该是中间商间接渠道模式。

2) 评估渠道成本

评估渠道成本就是要评估不同渠道模式下，在不同的销售量下的渠道成本。一般情况下，在销售量较小时，利用企业的销售队伍进行销售的成本，高于利用销售代理的成本。因为企业使用一家销售代理机构支付的固定成本要比自己建立一支销售队伍支付的固定成本低。但随着销售量的增加，企业的销售队伍成本的增加率低于销售代理成本的增加率，因为销售代理机构获得的佣金费用比企业销售人员高。这样，销售量增加到一定程度时，利用销售代理的成本就会高于利用公司销售队伍的成本。两种渠道的成本情况如图 6-6 所示。

在图 6-6 中，横轴上的 S 点，表示当销售量为 S 时，公司利用自己的销售队伍销售和利用中间商销售的销售成本相同；当销售量大于 S 时，公司利用自己的销售队伍销售比利用中间商销售更经济。

3) 比较不同渠道模式下的成本和销售量

在以上两步的基础上，作出比较。因为渠道变动的成本非常高昂，因此渠道建设决策十分重要，企业应该首先预测产品的销售潜力，即潜在的销售量，然后根据销售潜力的大小确

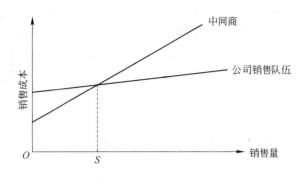

图6-6 不同渠道模式下的销售量与销售成本关系图

定直接渠道和间接渠道的成本,在销售潜力确定的情况下,选择成本最小的渠道模式。

2. 投资收益率法

投资收益率法是由经济学家兰伯于1960年提出的,他认为影响渠道模式选择的最重要的变量是财务变量。因此,选择一个合适的渠道模式类似于资本预算的一种投资决策,要比较使用不同的渠道模式所要求的资本成本,以得出的资本收益来决定最大利润的渠道。此外,还要考虑到渠道投资的机会成本,如果一项渠道投资的投资收益率大于资本用于生产制造或其他功能的投资收益率,就应该投资;否则,就应该放弃该渠道投资。

应用财务方法对渠道模式的评估,先分别估计各种渠道模式的投资收益率,然后选择投资收益率最高的渠道模式。公式为:

$$R_i=(S_i-C_i)/C_i$$

式中:R_i 为营销渠道 i 的投资收益率;S_i 为利用 i 渠道可能达到的销售额;C_i 为利用 i 渠道的估计成本。

在其他条件相同的情况下,R_i 最大的营销渠道就是最佳的营销渠道。

3. 费用率法

费用率=渠道的平均交易成本/平均订单金额

如某商品的平均订单金额是400元,平均交易成本是40元,则分销商的费用率就是10%。费用率越低,渠道效益越好。

渠道的平均每笔交易成本=全部渠道费用/交易数量

如渠道的销售队伍花费了1 000万元的费用,完成了5 000个交易,则每笔交易成本为:10 000 000/5 000=2 000元。

算出了每种渠道的交易成本,就能够算出渠道的费用率,不同渠道的盈利能力就可以进行比较了。表6-3是某公司不同渠道盈利能力的示例。

表6-3 某公司不同渠道盈利能力

渠道	每笔交易的成本/元	渠道费用率
直接销售队伍	600	24%
直营专卖	350	14%
分销商	275	11%
电话营销	70	3%

从表 6-3 可知，电话营销是最具有盈利能力的渠道，如果公司只选择一种最具有盈利能力的销售方式，该例中就是电话营销。但公司对渠道常常还有销售额目标，一个低成本的渠道也许不能达到销售额目标，公司就需要兼顾成本和销售额来选择渠道。如果上例中，该公司决定14%的渠道费用率是可以接受的，那么，直营专卖、分销商和电话营销都可以是有效的渠道形式。

4. 盈亏平衡点分析法

利用盈亏平衡点分析法可以比较不同渠道方案的销售额和费用水平。可以用以下例子来说明。

假设某公司销售某产品，生产成本为1 700元/件，销售价格为3 000元/件，现有三种分销渠道供选择：人员直销，人员直销的开支项目包括住宿费、广告费、座谈会、交通费等，每月需要销售费用80 000元；直营专卖店自销，直营专卖店自销的开支项目包括房租、办公费、广告费等，每月销售费用为110 000元，另外，由于能够整批发运，能够节省运费2元/件；委托代销，每销售一件需要支付佣金8%。试用盈亏平衡点分析法对三种渠道的经济性进行比较。

首先，分别计算三种渠道的盈亏平衡点：

人员直销　　　　80 000元/(3 000元/件－1 700元/件)＝62件
直营专卖店自销　110 000元/(3 000元/件－1 700元/件＋2元)＝84件
委托代销　　　　0

以上分析可知，当销售量达到62件时，可以采取人员直销方式；当销售额达到84件，就可以采取直营专卖店自销方式，但为了保证经济收益最大化，还要分析比较在不同的销售量下，采取何种渠道最有利。

设：P 为单位售价，R_1 为人员每月直销利润，R_2 为直营自销每月利润，R_3 为委托代销每月利润，Q_1 为人员直销月销售额，Q_2 为直营专卖店自销月销售额，Q_3 为委托代销月销售额，则：

① 人员直销和委托代销比较如下：

$$R_1 = PQ_1 - (1\ 700Q_1 + 80\ 000) = 1\ 300Q_1 - 80\ 000$$
$$R_3 = PQ_3 - (1\ 700Q_3 + 8\% \times PQ_3) = 1\ 060Q_3$$

令 $R_1 = R_3$ 得到的临界值是 $Q = 333$(件)

通过比较分析得知，当月销售量为62~333件时，两种渠道都能够获得利润，但 $R_3 > R_1$，即公司采取委托代销的方式比人员直销的方式有利；当月销售量为333件时，$R_1 = R_3$；当月销售量超过333件时，$R_3 < R_1$，即公司采取人员直销的方式比委托代销的方式有利。

② 直营专卖店自销和委托代销比较如下：

$$R_2 = PQ_2 - (1\ 700Q_2 + 110\ 000 - 2Q_2) = 1\ 302Q_2 - 110\ 000;\ R_3 = 1\ 060Q_3$$

令 $R_2 = R_3$ 得到的临界值是 $Q = 455$(件)

则当月销售量为84~455件时，两种渠道都能够获得利润，但 $R_3 > R_2$，即公司采取委托代销的方式比直营专卖店自销的方式有利；当月销售量为455件时，$R_3 = R_2$；当月销售量超过455件时，$R_3 < R_2$，即公司采取直营专卖店自销的方式比委托代销的方式有利。

③ 人员推销和直营专卖店自销比较如下：

$$R_1 = 1\ 300Q_1 - 80\ 000;\ R_2 = 1\ 302Q_2 - 110\ 000$$

令 $R_1 = R_2$，得到的临界值是 $Q = 15\ 000$(件)

当月销售量为 84～15 000 件时，两种渠道都能够获得利润，但 $R_1>R_2$，即公司采取人员推销的方式比直营专卖店自销的方式有利；当月销售量为 15 000 件时，$R_1=R_2$；当月销售量超过 15 000 件时，$R_1<R_2$，即公司采取直营专卖店自销的方式比人员推销的方式有利。

④ 三种渠道综合比较得如下结论：

$Q<333$，委托代销能够获得较大利润；$333<Q<15\,000$，人员推销能够获得较大利润；$Q>15\,000$ 时，直营专卖店自销能够获得较大利润。

6.5.3 渠道模式评估的其他方法

1. 交易成本分析法

交易成本分析最早由经济学家威廉姆森提出，后来作为一种基本的分析方法在经济问题研究中广泛地应用。

用交易成本法来分析渠道，就是将渠道交易成本作为评估选择渠道的标准。制造商是应该采用垂直一体化渠道完成所有的渠道任务，即自建渠道，还是中间商来完成渠道任务，即间接渠道，主要看哪种渠道模式交易成本低。因此，对渠道交易成本的确定至关重要。

渠道的交易成本，是指渠道建设中所花费的所有成本，包括显性的财务成本和隐性的各类成本，如谈判成本、渠道控制成本、制度建设成本等。

用交易成本法来评估渠道的基本思想是，如果竞争是充分的情况下，市场效率高，制造商可以以较低交易成本获得中间商渠道，就应该选择中间商渠道。但在竞争不充分，存在渠道专用性资产投资的情况下，制造商与中间商之间交易成本高，应该实行纵向一体化，制造商直接建设渠道。

准租是衡量资产专用性的一个概念，一项资产的专用性就是其最优使用者超过次优使用者价值。因此，某一资产的准租越高，其专用程度就越高。如果它的次优使用价值为 0，那么，这项资产就是完全专用性的。在一项专用性的资产投资后，准租就产生了。根据威廉姆森的分析，由于交易双方都有占有准租的动机，机会主义行为就会产生（如出现毁约行为）。解决的办法是专用性资产的纵向一体化。如渠道中间商对专用性资产进行了投资，则一方面，渠道中间商在谈判中处于优势：你不用我的渠道资产，你找不到替代者，所以会产生"敲竹杠"的心理，漫天要价。另一方面，制造商也有机会"敲竹杠"：我不用你的渠道资产，你的渠道资产由于极高的专用性，残值为零。尽管合作对双方都有好处，不合作对双方都有损失，但机会主义的存在，使双方合作成本极高，甚至高于自己投资，因此在这种情况下，制造商会选择自建渠道。

2. 经验法

经验法是依据管理经验来进行直接判断，从而进行渠道决策的方法。这种方法简单、常用。常用的经验法有直接定性判断和权重因素记分法两种。

直接定性判断是决策者根据他们认为比较重要的决策因素，对其进行比较评估，然后进行渠道决策。这些因素包括：渠道成本、渠道收益、渠道控制等，对这些因素的重要性没有明确的界定，只是根据经验来判断。

权重因素记分法是比较精确的经验方法。具体包括 5 个步骤：一是明确列出渠道选择的决定因素；二是以百分比给每个渠道因素分配权数；三是每个渠道选择依每个决策因素顺序打分；四是每个因素的权数与其分数相乘，加总后得到每个渠道选择的总权重因数分数，即总分；五是将各个渠道模式按总分排序，获得最高分的渠道模式即为最佳渠道模式。

案例分析

苹果中国公司的渠道布局

苹果中国公司的渠道有自营渠道和第三方渠道两类，自营渠道包括苹果直营店、苹果官网、苹果天猫旗舰店，第三方渠道包括各类经销商渠道和分销商渠道。

1. 苹果中国官网（https：//www.apple.com/cn/）

苹果官网商城销售Mac、iPad、iPhone、Watch、Music、iTunes、iPod Touch、配件、App Store充值卡等全系列产品。苹果官网商城有教育应用商店和商务应用商店。在教育应用中，分为学习工具、教学工具和课程模块，在课程模块，苹果设立了多个项目帮助教师们彼此学习，创造多种资源建立教师使用iPad和Mac的技能和信心，苹果开发了一套课程，方便课堂上教授编程，从而使Apple产品成为强大的教学工具。在商务应用中，苹果产品使员工能够以更简单、高效的方式工作，创造性地解决问题，为共同的目标而相互协作。

2. 苹果直营店（Apple Store零售店）

Apple Store零售店是苹果公司的直营店，截止到2018年8月，在华的Apple Store零售店遍布全国14个省，总共有41家。

苹果零售店提供的服务和功能是"买到更学到"，帮助顾客探索和体验苹果产品，安排专家帮助顾客了解苹果的产品，并解答顾客的所有问题。零售店体现了苹果公司通过零售店与顾客的交流和体验的一贯追求，有利于让中国顾客了解更多关于苹果产品的知识。苹果零售店具体提供如下服务：

（1）私人设置服务。让顾客在离店之前便可启动并使用所购买的苹果产品。

（2）一对一服务（one to one）。帮助购买Mac电脑获得one to one会籍的顾客设置全新Mac，把顾客的文件从旧电脑转移到新Mac上，通过面对面的私人培训教顾客使用Mac的基础知识，并指导顾客完成高级别的项目。

（3）天才吧（genius bar）服务。如果顾客有关于Mac、iPhone、iPod或iPad的任何技术问题，天才吧可以为顾客提供免费建议、深入的知识以及面对面专业技术支持。回答顾客的技术问题，排除故障并提供维修服务。

（4）讲座。苹果零售店为顾客提供内容丰富的免费讲座，从Mac入门到数码摄影、音乐和影片制作，不一而足。

（5）青少年活动。零售店为孩子们及其家人提供青少年免费讲座，让全家共同体验Apple产品。每年夏天，零售店举办Apple夏令营，为孩子们提供免费的数码摄影、音乐、电影制作及其他许多课程。

（6）商务服务。零售店的商务伙伴为顾客提供一对一的商务服务。内容包括帮助客户购买适合办公用途的Mac，升级网络和商用软件，为客户的员工提供专门的培训等。

3. 天猫 Apple Store 官方旗舰店（https://apple.tmall.com/）

天猫苹果旗舰店提供 Mac、iPhone、Watch、iPad、iPod 系列产品，以及教育专区和配件选购服务。

4. 苹果经销商

苹果经销商有如下类型。

（1）Apple 优质经销商。

苹果优质经销商（Apple premium reseller）是经 Apple 认证、独立运营的零售商，训练有素的店员可以为顾客提供解决方案。无论在专业还是客户服务方面都达到第三方最高标准。截止到 2018 年 8 月，Apple 优质经销商为 255 家。

（2）苹果店中店（Apple shop）。

Apple shop 位于多品牌电脑电子产品商店的个人电脑专区，属于店中店。每家 Apple shop 都装有大型背光 Apple 标识，有经过 Apple 培训和认证的 Mac 技术专家，可以为顾客提供称心的解决方案。截止到 2018 年 8 月，Apple shop 为 118 家。

（3）Apple 授权经销商。

Apple 授权经销商数量有数千家，就近为顾客提供服务。

（4）Apple 授权校园店。

为校园店所在的高等院校学生、教师和职工提供教育优惠服务。截止到 2018 年 6 月，Apple 授权校园店为 116 家。

（5）Apple 授权教育经销商。

为中小学及高等院校提供定制解决方案。截止到 2018 年 6 月，Apple 授权教育经销商为 67 家。

（6）行业授权经销商。

行业授权经销商为行业客户提供服务，针对包括打印、出版、摄影、音频/视频制作、政府和商业客户等客户提供面向不同市场的定制解决方案。行业授权经销商有专业顾问帮助客户购买、安装、学习及支持基于 Apple 的解决方案。经销商和顾问都经过 Apple 精心挑选，专业技能强。截止到 2018 年 8 月，苹果行业授权经销商为 42 家。

5. 授权分销商

（1）Apple 授权分销商。

Apple 授权分销商是为购买产品再销售的购买者提供的购买渠道。截止到 2018 年 8 月，Apple 授权分销商为 12 家。此外，三家运营商的终端公司，即移动终端公司、联通华盛公司、电信天翼终端公司都是授权分销商，这三家公司负责将苹果产品供货到各自的营业厅。

（2）Apple 授权线上经销商。

Apple 授权线上经销商是已经获得 Apple 认可，能提供出众的线上购买 Apple 产品的客户体验，专注于线上销售及服务的经销商。截止到 2018 年 8 月，Apple 授权线上经销商平台自营或自有网站有 10 家，包括：国美在线、京东、亚马逊中国、五星享购、顺电网上商城、山姆会员网上商店、苏宁易购、当当、百联网上商城、天际购。Apple 授权线上经销商入驻第三方平台的有 4 家，合作入驻到工行、建行等 13 家。

讨论题

1. 苹果中国公司渠道布局有什么特点？
2. 苹果中国公司渠道战略的利弊分析。

案例点评

苹果中国公司渠道布局的特点体现在其渠道覆盖面和渠道控制力方面。

(1) 市场覆盖面广。从管理层次和市场覆盖来分类，苹果销售渠道可分为四类：第一类是自营渠道，覆盖一线市场，除销售外，还承担品牌和销售渠道的把控职责；第二类是独立分销商，分销商分销网络强大，通过其营销网络，产品能够覆盖到全国各地、市、县的各级零售店；第三类是大规模零售商，和苹果公司签有直供协议，根据协议可不通过全国代理商直接从苹果公司进货，这比普通零售商享有更大的价格优势和市场支持，京东、苏宁、国美、迪信通均属此级别，国内约有80余家大规模零售商，大规模零售商覆盖一线和二线市场；第四类是普通零售店，从分销商处采购产品进行终端销售。

(2) 渠道控制力强。苹果公司对渠道销售价格进行较严格的控制，为维护品牌形象，苹果收拢市场定价权，门店、官网、天猫旗舰店的定价权把握在苹果手中，与此同时通过延迟供货为主来加强对经销商的管控。苹果对渠道商的管理细到店面层面，对店面进行分级管理，各级别之间在店面管理规范、接受培训程度、产品供给、系统延伸（主要是POS系统）等方面有所差异。

◇ 本 章 小 结 ◇

在前几章论述了制造商营销渠道的各种类型以后，就要进一步研究制造商的渠道设计和管理问题，而渠道设计和管理的前提是企业的渠道战略规划。因此，本章论述的渠道战略选择的内容具有承上启下的作用。6.1节论述了什么是渠道战略，渠道战略制定的程序以及渠道战略的制定、执行和控制，这一节是全章的导论，后四节是关于渠道战略制定过程的展开论述。渠道战略制定的过程主要有以下步骤：渠道战略分析、渠道战略目标的确定、渠道结构的选择、渠道模式的评估和渠道设计。在6.2~6.5节中，分别论述了渠道战略过程的前四个步骤，渠道设计因为涉及更复杂的内容，将在第7章专门论述。

本章的重点是渠道战略制定的过程，以及各个过程之间的有机联系。

本章的难点是渠道结构的选择和渠道模式的评估。

学习资料

伯特·罗森布洛姆. 营销渠道：管理的视野[M]. 8版. 北京：中国人民大学出版社，2014.

中英文关键词语

1. 渠道战略　　channel strategy

2. 渠道战略分析　　　channel strategic analysis
3. 渠道结构及其战略选择　　　channel structure and strategic choice
4. 渠道目标　　　channel aids
5. 渠道联盟　　　channel alliances
6. 分销商　　　distributor firm
7. 制造商　　　manufacturer firm
8. 直接营销渠道　　　direct-marketing channel
9. 间接营销渠道　　　indirect-marketing channel
10. 独占式分销　　　exclusive distribution
11. 选择式分销　　　selective distribution
12. 密集式分销　　　intensive distribution
13. 交易成本分析　　　transaction cost analysis，TCA
14. 投资收益率　　　rate of return on investment

思考题

1. 什么是营销渠道战略？它有哪些特点？
2. 简述营销渠道战略制定的过程。
3. 影响渠道战略制定的环境因素有哪些？
4. 什么是直接渠道？什么是间接渠道？直接渠道和间接渠道各有什么优势和劣势？
5. 什么是第三方渠道和渠道联盟？

自测题

判断正误，说明理由。
1. 厂商应该以顾客为导向来确定渠道目标。
2. 代理商只代理销售产品，不参与企业的营销活动。
3. 深度分销是厂家将分销区域细化，直接对小区域进行分销，分销渠道宽而短。
4. 利用交易成本方法分析渠道决策关键在于比较自建渠道和利用中间商渠道的交易成本。

第 7 章

渠 道 设 计

中国市场上手机渠道模式的设计①

手机渠道模式一直是国产手机厂商和国外手机厂商竞争的焦点。国产手机厂商曾靠着人海战术,靠代理模式和自建模式,取得了不俗的业绩。但是,从 2003 年开始,随着国外手机厂商在渠道模式上的进步,国产手机厂商的代理模式和自建模式的弊端逐渐暴露出来。再加上产品技术含量、推出速度、质量和服务方面的差距等因素,造成国内厂商不利的市场竞争局面。

在中国市场上,手机渠道模式主要有以下类型。

1. 自建模式

手机厂商自己建立销售终端,只销售自己的产品。国产手机厂商大多数脱胎于家电企业,以原有的家电营销渠道为依托,成了自建渠道的急先锋。早期自建渠道以 TCL、波导、康佳、科健为代表,现在以 OPPO 和 VIVO 为代表。

2. 代理模式

手机厂商将手机卖给代理商,代理商通过下级代理商的销售终端销售或者通过直接控制销售终端销售。国产手机厂商和国外手机厂商实施代理模式,由于资源和经验的差异,呈现出不同特点。

(1) 国产手机厂商。如 TCL 的"三包路线"("国包""省包""地包")。依托家电企业原有的销售网络,直接控制各种不同的代理公司,这些代理公司有的直接控制销售终端,有的通过下级代理商控制销售终端。

(2) 国外手机厂商。受限于自有销售网络资源,早期进入中国市场的诺基亚和摩托罗拉等欧美手机厂商采取了将产品子品牌总包给 1~2 个"国包"级代理商的模式。三星等韩国企业则更细致一点,将同一子品牌下的不同机型包给 1 个或几个"国包"级代理商或"省包"级代理商。如三星手机分机型、分区域分别授权给深圳全网、北京百利丰、深圳爱施德股份有限公司、鹰泰数码等公司包销。

由于代理模式固有的渠道存货和利润层次多的弊端难以从根本上得到解决,这种模式在

---

① 手机渠道模式创新的本质和未来趋势. 慧聪网,http://www.HC360.com,2005-12-13.

毛利率20%以上的情况下，是可行的。因此，随着毛利率逐渐下降，从2003年开始，其市场空间逐渐被直供模式、网络模式和运营商定制模式所压缩。

3. 直供模式

手机厂商将产品卖给连锁型销售企业如国美和苏宁，这些企业直接通过销售终端进行销售，属于渠道扁平化的主流形式之一。这种模式最大的优势是避免了代理模式的渠道存货和利润层次多的弊端。在毛利率8%～15%的情况下，是比较合适的。该模式已经保持了连续两年17%的增长速度，目前的市场份额已经达到了37%以上。

直供模式是对代理模式的否定，也有一个弊端，就是话语权的不对等导致的利润率难以保持，连锁销售企业拥有较强的谈判地位。这对追求"利润率第一"的国外手机厂商而言，是难以忍受的。对国产手机厂商而言，加上内部运营效率低等因素，这种模式使他们丧失了跟踪新技术和产品差异化所需要的资源积累可能性。因此，网络模式就自然而然地出现了。

4. 网络模式

随着电商的发展，网络成为客户与企业之间开展有效沟通的渠道，淘宝、天猫、京东商城等网络销售平台的用户流量十分庞大，深受大众的信任，因此，越来越多的手机品牌将网络渠道作为产品销售的重要渠道，包括华为、中兴、小米等国产手机品牌，以及苹果、三星等国外手机品牌，都拓展网络渠道作为主要销售渠道，实施网络渠道与实体渠道并行的销售模式。

大部分手机品牌的网络销售渠道以"网络直销＋网络间接销售"的模式运行，以苹果公司为例，苹果的网络直销渠道，即苹果官网和天猫旗舰店，网络直销注重用户体验，通过网络媒体来宣传产品。苹果的网络间接销售渠道，包括京东商城、苏宁易购等电商平台。网络间接渠道管理工作的重点是加强与第三方电子商务平台之间的联系，增强产品的销售效果，提升手机品牌的知名度。

5. 运营商定制模式

随着手机娱乐化和智能化趋势的发展，除了简单的话费捆绑外，运营商会对手机应用提出越来越多的具体要求，目前，运营商定制模式的市场份额已经达到17%以上。

总之，营销渠道模式的设计和创新必须是因地制宜、因势利导和因时而变的一个动态过程，决不可生搬硬套。

问题思考 中国手机市场不同渠道模式设计和建立的基础是什么？

第6章讨论了渠道战略制定的前4个过程：渠道战略分析、渠道目标的确定、渠道结构的选择、渠道模式的评估，为渠道设计分析做了铺垫。渠道设计是指为实现分销目标，对各种备选渠道结构进行评估和选择，从而开发新渠道或改进现有渠道的过程。本章的任务就是具体分析如何进行渠道的系统设计，渠道系统设计要对哪些因素进行基本的分析。

渠道设计的基本原则应该是效率的原则，效率的原则对于制造商来说，就是在成本最小的情况下，最大限度地实现企业的渠道目标。效率的原则对于顾客而言，就是在花费最小的情况下，获得满意的渠道服务。因此，渠道设计的起点应该是首先了解消费者对渠道服务的需求，然后研究企业如何最有效率地满足消费者的渠道服务需求。

7.1 营销渠道系统设计的步骤

斯特恩（Stern）等学者总结出"用户导向分销系统"的渠道设计模型[①]，如图7-1所示，该模型将渠道系统设计过程划分为5个阶段，共14个步骤。

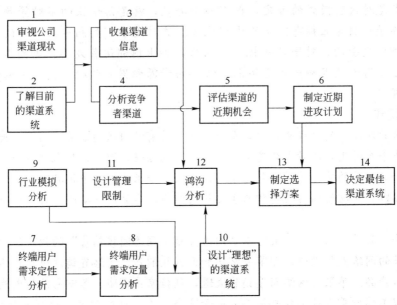

图7-1 用户导向分销系统设计步骤

1. 当前环境分析

本阶段包括图7-1中第1～4步。通过这些步骤，能够对目前分销渠道的状况、覆盖的市场范围及其对公司的绩效、面临的挑战等有一个清晰的认识和准确的把握。

第1步：审视公司渠道现状。通过对公司过去和现在销售渠道的分析，了解公司以往进入市场的步骤；各步骤之间的逻辑联系及后勤、销售职能；公司与外部组织之间的职能分工；现有渠道系统的经济性（成本、折扣、收益、边际利润）。

第2步：了解目前的渠道系统。目前的渠道系统受外界环境的影响，宏观经济、技术环境和消费者行为等环境要素对分销渠道结构都有重要影响。渠道设计和改进始终面临着复杂的、不断变化的环境挑战。一般来说，渠道环境越复杂、越不稳定，客观上就越要求对渠道成员进行越有效的控制，而同时也要求渠道更具有弹性，以适应迅速变化的市场。这种高弹性和高控制是相矛盾的。设计者必须根据对环境要素和行业发展状况的分析，考虑不同的备选渠道方案，对现有渠道进行改进或建设新渠道。

第3步：收集渠道信息。对公司及竞争者的渠道环节、重要相关群体和渠道有关人员进行调查分析，获取现行渠道运作情况、存在问题及改进意见等方面的第一手资料。

---

① 周文，包焱. 至尊企业至尊营销[M]. 北京：世界知识出版社，2002：80.

第 4 步：分析竞争者渠道。分析主要竞争者的渠道策略，分析他们如何维持自己的地位，如何运用营销策略刺激需求，如何运用营销手段支持渠道成员等。一般避开竞争者的渠道较容易取得成功，但有时利用竞争对手的渠道也能够获得成功。

讨论题 这里讨论的环境分析与第 6 章战略制定时的环境分析有何异同？

2. 制定短期的渠道对策

在这一阶段，设计者要根据前面调研分析结果，把握渠道战略可能作出某些调整的机会，进行短期"快速反应"式调整。

第 5 步：评估渠道的近期机会。综合第 1~4 步获得的资料，进一步分析环境变化，特别是竞争者的渠道策略变化带来的机会。

第 6 步：制定近期进攻计划。这是一个将焦点放在短期策略上的计划，即"快速反应"计划。这种计划通常是对原渠道策略的适时、局部调整。其全面调整则要到第 14 步结束后才能真正完成。

3. 渠道系统优化设计

本阶段包含图 7-1 中第 7~10 步，要求设计人员"忘掉"以前已有的分销系统，摒弃惯性思维，一切从零开始进行全新渠道的设计。

第 7 步：终端用户需求定性分析。这一步的关键是了解在服务输出过程中，最终用户想要什么。一般要考察 4 个因素，即购买数量（最终消费者希望购买多个还是一个单元的产品）、分销网点（最终用户是否要求就近购买，是否需要信息、技术支持，能否接受远程服务等）、运输和等待时间（最终用户关心的是运输时间还是运输安全性）、产品多样化或专业化（最终消费者愿意选择综合性商店还是专业性商店）。

第 8 步：终端用户需求定量分析。在了解消费者（用户）需要何种服务产出的基础上，本步骤将进一步了解这些服务产出（如地点便利性、低价、产品多样性、专家指导等）对用户的重要程度，并比较分析这些特定要求对不同细分市场的重要性。

第 9 步：行业模拟分析。这一步骤的重点是分析行业内外的类似渠道，剖析具有高效营销渠道的典型公司，发现并吸纳其经验与精华。

第 10 步：设计"理想"的渠道系统。这是关键的一步。目标是建立能最好地满足最终用户需求的"理想"分销渠道模型。为此，首先要评估将图 7-1 中的第 7~9 步调研分析得出的服务产出聚类特性整合到渠道中去是否可行。其次要论证渠道将上述服务产出传递到相应的细分市场需要做出哪些努力，即设置哪些渠道功能才能保证满足客户的期望。最后要确认各分销功能由何种机构承担，才能带来更大的整体效益。这里的关键，是要解决渠道功能即营销流程的设计，怎样才能以最低成本来有效传递服务产出。分销流程是渠道成员行使的系列职能，是推动服务产出传递给最终用户的能源。完成每一流程都会带来其相关成本。例如，为了满足某细分市场用户"快速发货"（立即买到所要的货品）的要求，"理想"的渠道就必须强化物流功能，提供较多的产品储存，而这样做就会增加当地经销商的存货成本。因此，构建"理想"渠道系统时，应尽可能周密考虑下列问题：

——有哪些没有价值的职能（如过多的销售访问）可以削减，而又不会损害客户或渠道成员满意程度？

——有没有多余的行为可以削减，以使整个系统成本最低？

——某些任务是否可以删除、重新确定或合并，以使销售步骤最少、周转时间减少？

——能否使某些行为自动化（如电子商务），以减少产品到达市场的单位成本？

——是否存在改进信息系统以减少调研、订单进入或报价阶段的行为成本的机会？

"理想"渠道设计的另一个问题是明晰公司主要以什么手段（精力、努力和奖金等）来满足各个细分市场终端用户的需求，即对某些渠道功能是采取"拥有"（垂直整合，自己行使所有的营销职能），还是"外购"（让其他合作成员行使）。从理论上说，任何组织都不可能将所有的营销流程全部列入其"核心能力"系统。一个公司往往希望利用"外购"一些功能（如批发、零售、代理业务、运输等），而不是负担所有的分销成本。尽管信息技术进步已使企业有可能整合分销系统，但若资金在别的地方可以用得更有效益，那么，更多的"拥有"就不是良策。但是，如果某些分销功能是企业的核心能力或该服务产出的传递无法依赖第三方或外部企业，则应由自己来完成（或通过垂直整合掌握在自己手中）。因此，为了发挥公司的技术和资源优势，理想的做法通常是将两种战略方法结合起来。一方面，将企业的主要资源集中于核心竞争力上，并为其他客户提供独特的价值；另一方面，将非关键又无特殊能力的其他行为，包括许多传统上认为是公司必不可少的某些业务采用外购方式，让外部成员承担。

4. 限制条件与鸿沟分析

本阶段要求对拟出的"理想"渠道方案的现实限制条件进行调研分析，并比较分析"理想"渠道系统同现实渠道系统的差异，为最后选定渠道战略方案提供依据。

第11步：设计管理限制。包括对管理者的偏见、管理目标和内部、外部威胁的详尽分析。

第12步：鸿沟分析。就是对"理想"渠道系统和现有的渠道系统进行比较，分析其差异即鸿沟。

5. 渠道战略方案决策

本阶段要根据前面调研分析的结果选择分销渠道方案，设计构建最佳渠道系统。

第13步：制定选择方案。

第14步：决定最佳渠道系统。最后一步是让"理想"渠道系统（第10步得出），形成充分吸纳了整个过程（第13步）中的合理要求的最佳分销渠道系统方案。最佳系统可能并不是"理想"系统，但它将能最大限度地满足管理层的质量（传递最终用户的满意度）、效率、效益、适应性标准。

7.2　渠道设计的需求方分析

从7.1节介绍的渠道设计步骤看，有几个最关键的步骤需要进行专门的论述，即第7步和第8步的终端用户的需求分析，第11步的设计管理限制，第12步的鸿沟分析和第13步的制定选择方案，以及第14步的决定最佳渠道系统。这些关键步骤将在以下各节中进行专门的论述。

渠道设计的需求方分析就是要了解消费者对渠道服务的需求是什么，并且要根据不同类型的消费者对渠道服务需求的差异对消费者进行市场细分，然后为不同类型的消费者提供不同的渠道服务。终端顾客的需求分析是渠道设计的实际起点。

7.2.1 消费者对渠道服务的需求：服务产出

营销渠道不仅仅是一个产品的销售渠道，也是一个服务的生产渠道，渠道成员为产品提供一系列的附加服务，正是这些附加服务的提供，才能使消费者对产品的购买和消费行为真正得以实现。

渠道成员提供给终端顾客的增值服务称为服务产出（service outputs）。按照路易斯·P.布克林的分类，服务产出分为以下类型。

1. 批量拆分（bulk-breaking）

产品或服务基本是大批量制造的，但终端顾客可以以他们想购买的数量购买产品或服务，其原因是渠道提供了批量拆分服务。

批量是顾客在购买过程中，营销渠道为其提供的一次购买的产品数量。营销渠道提供的批量拆分服务水平越高，终端顾客的一次性购买量就可以越小，而能够允许终端顾客少量购买，顾客就不需要购买存货。

渠道提供大批量拆分的服务水平，承担了储存成本、资金成本、管理成本等，顾客获得大批量拆分水平的服务，相应地，也应该为其付费。这就是为什么批量拆分服务水平高的终端商品高定价的原因，如零售店比批发店商品定价高。而超市中的大包装和小包装的同一产品，单位产品价格大包装要低，因为大包装和小包装在包装成本、货架空间、仓储、收银台成本等方面的成本相差无几，分摊到单位产品的成本就有了大的差异。如果终端顾客大批量地购买承担了资金和储存成本，商品定价应该相应较低。

2. 空间的便利性（spatial convenience）

空间的便利性是营销渠道为顾客购买产品所提供的空间上的方便程度。批发和零售市场越分散，空间的便利性就越强。空间的便利性可以降低消费者的交通成本和搜寻成本，如便利店、自动售货机销售都能够给顾客提供很大的空间便利性。同样，顾客也需要为获得的空间便利性付费，这就是为什么在大超市购买商品价格便宜，而在便利店购买商品价格贵的原因。大超市设在商业中心，销售能够有规模效应，因此可以降低销售成本，降低售价。大超市不能满足顾客对空间的便利性需求，而便利店能够满足顾客对空间的便利性需求，但牺牲了规模效应，因此便利店的商品销售价格较高。

3. 等待时间（waiting time）与递送时间（delivery time）

等待时间指渠道的顾客在订购商品以后等待获得货物的平均时间。通常，终端顾客愿意等待的时间越长，价格就越低。绝大多数商品是现货交易，制造商需要在顾客购买前，将商品提前生产，放到货架上，为顾客提供高水平的递送服务，制造商需要提前生产，承担储存、资金等成本及承担市场风险，所以现货交易的商品价格相对较高。有些商品的制造商是获得订单以后再生产，则减少了商品储存、资金占用成本，以及不承担市场风险，因此生产成本低，商品定价可以较低，但顾客等待时间较长。因此，顾客愿意等待的时间越长，价格就越低。

递送时间到底多长实际是根据渠道总成本最小化原则来确定的，因为不论这个成本是由厂商来承担，还是由顾客来承担，最终都要由顾客承担，因此其目的应该是一致的：渠道总成本最小化。

递送时间与渠道成本的关系如图7-2所示。

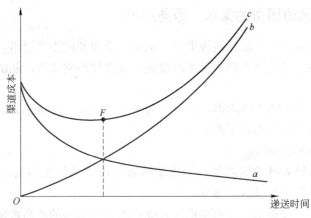

图 7-2 递送时间与渠道成本关系图[1]

曲线 a 显示制造商把产品送到终端顾客手中的成本与所需递送时间的函数关系。允许的递送时间越长,制造商可以使用的递送方法的成本越低。曲线 b 表示终端顾客的商品持有成本与递送时间的函数。当递送时间很短时(非常快的递送),终端顾客没有存货成本。随递送时间的增加,终端顾客必须进行推测并在商品用完之前预先购买"安全存货",因此,他们的存货持有成本会上升。

曲线 c 是某一特定递送时间下渠道和终端顾客获取产品的成本之和。由于最终由终端顾客支付所有的渠道成本,包括渠道成员的利润。因此,应该寻求使存货总成本最低的方法。即图中的 F 点,F 点能够使提供特定的递送时间的渠道总成本最小。

4. 花色范围(breadth of assortment)或产品品种(product variety)

花色范围指渠道提供给顾客的商品花色、品种数量。花色范围越广,产品品种越多,渠道的产出水平就越高。一般来说,顾客希望有较多的花色、品种供选择,这样更容易买到称心如意的商品。而商家为了实现"总有一款适合您",提供商品的花色、品种越多,整体分销成本会越高,因为更多的品种导致更多的库存及其他成本。

5. 服务支持

服务支持指分销渠道为顾客提供的附加服务,如信贷、配置、安装、维修、担保等。分销渠道的服务支持越多,渠道工作量越大,顾客的花费也越大。

6. 产品信息

产品信息指在产品销售前后正式或非正式的信息提供。顾客希望对产品信息了解得越多越好,尤其是那些新产品或技术复杂的产品。有时需要向消费者详细解释和介绍产品的特征和功能,来培育消费市场。一件商品需要的消费者培养的费用越大,商品的售价也会越高。

渠道的服务产出还会因商品种类的不同而包括其他的内容。总体来看,终端顾客对服务产出的需求水平越高,渠道结构就越可能包括更多中间机构,渠道成员就要付出越多的代价。如终端顾客越希望小批量的购买,就会在大批量制造商和终端用户之间存在大量的中间机构来进行产品的批量分拆业务;如终端用户希望减少等待时间,市场必须更分散化,渠道结构中会出现更多的中间机构。

---

[1] 科兰,安德森,斯特恩,等. 营销渠道[M]. 6版. 北京:中国人民大学出版社,2003:124.

不同的产品、不同的地域市场，尤其是不同的顾客群要求不同的服务产出水平。渠道设计者必须了解哪些顾客群需要何种水平的渠道服务，才能够设计出最佳的渠道结构。如两个不同的饮料购买者：一个是办公室职员，在下午休息时买一杯饮料；一个是家庭主妇，为家庭消费而购买。她们对服务产出有不同的需求，如表7-1所示。

表7-1 不同的饮料购买者对服务产出需求的区别

服务产出需求	家庭主妇		办公室职员	
	描述	服务产出需求水平	描述	服务产出需求水平
批量拆分	每周为家庭购买	低	休息时买一听	高
空间的便利性	开车到超市买	低	只有15分钟的休息时间，需要随手可得	高
等待时间与递送时间	家里有储存，如没有合适的，可下次再买	低	如3点钟拿不到饮料，就没有时间再买	高
花色范围	大人喜欢可乐，孩子喜欢果汁饮料	高	买到含咖啡因的饮料就可以	中等
服务支持	开车到超市，自己运输	低	就近购买，最好送货上门	高
渠道	超市		自动售货机	

特别关注

"服务型制造"发展中渠道服务的责任

制造向服务角色转移成为流行趋势，海尔说他们是为用户提供服务的，联想说他们是提供服务的。

1999年是汽车厂家转变经营销售模式，即从制造业向消费者服务业转变的重要一年。这一转变的领先者是美国福特汽车公司，它在1999年5月宣布了"从组装到销毁"的全程服务新战略。他们指出，一个消费者购置新车只占其一生的汽车相关开销的20%，因此还要在更大的80%部分下功夫。福特公司已通过收购、兼并手段，积极进入修车、二手车买卖及租赁车等业务领域。日本丰田公司也采取了增加服务业务的战略，但与福特公司不同。丰田公司先将其生产的汽车实现无线通信网络化，再由自己或合作建立的网络公司为汽车业主们提供内容丰富且有数字信息内容的直接服务，如行驶导向、股票汽车信息、网上银行服务等。

为什么越来越多的制造商宣称他们是提供服务的呢？究其原因是越来越多的制造商意识到他们不仅仅是制造商产品，而是通过产品为顾客提供某些服务，或者是他们为顾客提供某些服务，产品只是其提供的"服务包"里的一小部分内容。该趋势的发展，逐渐形成了"服务型制造"新业态，制造业的价值分布从制造环节向服务环节转移，产品开发、改进、销售、维护、回收等服务性活动所占比重越来越大。供应链管理是一种典型的服务型制造模式，制造业企业应用工业物联网、大数据等现代信息技术，加强与上下游企业、第三方物流供应企业开展外包合作或建立战略联盟，采用智能化物流装备和仓储设施，做好订单管理、物料配送、仓储库存等服务，优化生产管理流程，提高供应链的市场响应效率，保障原辅料和产品销售库存稳定有序。

在制造商角色转换过程中，渠道的责任重大，制造商许多服务的内容需要渠道成员承担，渠道服务产出的内容也随之发生变化。渠道成员参与到"服务型制造"过程中，能够获得更大的发展空间。

7.2.2 市场细分与渠道设计

对于同一产品，不同的顾客有不同的渠道服务产出需求，因此需要运用顾客对渠道服务产出的不同需求来细分市场，然后为不同的细分市场提供不同的渠道类型。

这里提供一个根据终端用户服务产出的不同需要细分市场的方法——常数总和量表。

在市场调查中，如果你询问购买者需要什么样的服务产出，多数购买者会选择更多的服务产出，这样你实际找不到细分市场。但如果让被调查者选择，让他们决定是否愿意放弃一种渠道服务属性从而获得另一种渠道服务特性，就能够探求出他们真正需要什么样的服务产出，并为其付费。常数总和量表就是这样的调查分析工具。

例如，如何为一个高新技术产品识别出相关的细分市场。如表7-2所示，表格的左边列出了相关的服务产出类型，纵栏是从聚类分析中得出的细分市场。每个细分市场名称显示了对该种具体的服务产出的最强偏好，如推荐信和证书市场在服务产出的"推荐信和证书"因素上给了25分，在所有服务产出因素中得分最高，即在该细分市场中，购买者对"推荐信和证书"的需求最为强烈。表7-2列出了4个细分市场，当然也可以按照服务产出的种类列出10个细分市场，实际是根据调查的结果来判定需要细分出几个细分市场。

表7-2 一项高新技术产品的B2B渠道细分市场[①]

被调查者按照重要性程度对下列供应商提供的服务产出项目进行打分（各项分数和为100）				
可能的服务产出	最低总成本市场	响应性售后支持市场	全服务关系市场	推荐信和证书市场
推荐信和证书	5	4	6	25
财务稳定性与长期性	4	4	5	16
产品描述与检验	11	10	8	20
主动的建议与咨询	10	9	8	10
决策过程中的响应性辅助	15	9	10	6
一站式解决方案	4	1	18	3
最低价格	32	8	8	6
安装和培训支持	10	15	12	10
售后解决问题的响应	8	29	10	3
与供应商的持续关系	1	11	15	1
总计	100	100	100	100
占被调查者的比例	16%	13%	61%	10%

根据细分市场的类型，所提供的相应的渠道设计类型如图7-3所示。全服务细分市场可以通过两个渠道为其提供最好的服务：增值再售商和经销商。他们能够提供特定的较高水平的服务产出；最低总成本细分市场可以通过外包大部分渠道功能给第三方的方式来提供合

[①] 科兰，安德森，斯特恩，等. 营销渠道[M]. 6版. 北京：中国人民大学出版社，2003：57.

适的服务和降低成本。响应性售后支持细分市场可以运用经销商渠道、电话营销渠道,增加更多的内部支持。推荐信和证书细分市场可以通过电话营销渠道,增加利用行业协会、重大活动及知晓度等努力,提供渠道价值,同时增加内部支持。

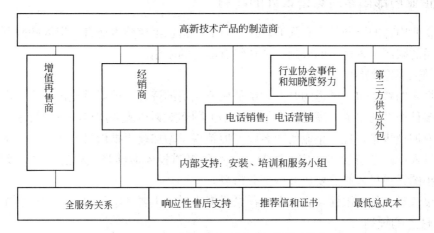

图 7-3　销售该项产品的理想渠道系统[①]

运用常数总和量表方法来细分市场设计渠道应注意两个问题。

① 某一细分市场中,其他因素也十分重要。如最低总成本细分市场中,被调查者对最低价格评价是"32",对"产品描述和检验"评价是"11",对"安装和培训"评价是"10"。因此渠道设计时,这些因素都要考虑进去。

② 相对权重和绝对评价应该结合使用。常数总和量表是一种相对评价,它不能反映终端顾客对服务评价的绝对水平及愿意付费的情况。如在全服务关系细分市场中,对"安装和培训支持"的评价是12,而在推荐信和证书市场中,对"安装和培训支持"的评价是10,并不能说明全服务关系市场中的顾客"安装和培训支持"服务的付费会大于推荐信和证书市场中的顾客。因此,在实际的渠道设计中,要考虑终端顾客对服务产出评价的绝对数和愿意付费的情况。

7.3　渠道设计的供应方分析

渠道设计的供应方分析就是分析企业因素对渠道设计的影响。

7.3.1　选择目标市场

根据渠道服务产出的需求方分析,可以识别出不同的顾客细分市场,并且能够为每个细分市场配置最佳渠道,但由于种种限制,企业不可能将每类顾客都作为目标市场,而必须作出决策:哪些细分市场是企业可以达到的市场?这些市场就是企业选定的目标市场。

通过渠道配置的分析,还可以鉴别目前的目标市场是不是能够很准确地通过渠道达到,现

---

① 科兰,安德森,斯特恩,等. 营销渠道 [M]. 6 版. 北京:中国人民大学出版社,2003:57.

有的渠道形式是不是对这个目标市场很有吸引力。

企业对目标市场的选择主要受内部和外部两方面因素的影响。

7.3.2 企业内部因素对渠道设计的限制

任何企业内部的资源都是有限的。对于企业的营销渠道建设而言，资源的限制主要表现在渠道费用的限制、管理上的限制、公司特有能力的限制。

1. 渠道费用的限制

渠道投入的费用包括渠道的开发和维护所要花费的资金。就渠道建设而言，高额投资有利于建设多种类型的渠道，满足多个细分市场上顾客对渠道服务产出的不同要求，从而扩大销售网，增加销售量，提高企业的知名度，但销售量增加能否抵偿渠道建设的花费，需要制造商进行投入产出分析后作相应的决策。较小的渠道投入能够降低渠道费用，实现低价促销，但较小的渠道投入必然要放弃一部分市场。

由于渠道投入的有限性，企业在选择渠道模式时，主要考察不同渠道的盈利能力。

2. 管理上的限制

企业的渠道建设目标之一是必须要保持对渠道的良好控制，保持渠道畅通。要及时了解产品的销售去向、销售时间、销售地点和销售数量等，准确评价产品在市场上竞争地位的变化趋势，为企业制定营销策略提供信息；同时，保证终端价格的控制和对厂家销售政策的贯彻落实。但有时由于种种原因，使厂家难以对多种类型的渠道都能够进行良好的控制，导致各种渠道冲突的产生，打乱了整个销售体系，也损害了厂家的形象。因此，企业需要根据自己对渠道的管理和控制能力，来选择进行哪些类型的渠道建设。

3. 公司特有能力的限制

公司建立直接的销售渠道，其良好的运作常常需要公司具备某些专长，即具有某些核心优势；否则，建立直接的渠道就不是很有效率的选择。如计算机的直销比中间商销售更节省成本，但只有戴尔公司将直销运用得如鱼得水，因为戴尔公司拥有强大的物流和后台支持系统的运作能力，以及先进的信息系统和信息管理能力。因此，公司在设计营销渠道时，要具体分析公司在渠道建设上的优势和劣势，才能扬长避短，建设适合公司特点的渠道体系。

▶ 专 栏

京东获谷歌投资[①]

2018年6月，京东集团宣布与搜索巨头谷歌达成战略合作伙伴关系，谷歌以5.5亿美元入股京东。京东将和谷歌在东南亚、美国、欧洲等核心市场进行零售解决方案的合作开发，结合京东在供应链、物流领域的专业能力和谷歌的技术优势，携手打造下一代零售基础设施的解决方案，同时京东也会在Google Shopping上销售一系列中国产高品质商品。

谷歌此次投资是在零售搜索领域的进一步布局，缓解了公司在零售搜索业务方面的焦虑。

---

① 虞海安. 谷歌5.5亿美元入股京东——葫芦里卖了什么药? 华尔街见闻网站, https://wallstreetcn.com/premium/articles/3363891.

电商搜索是一个完全天然独立的搜索需求,其明确的指向性使得搜索功能在整个电商平台外难以独立生存,数据显示49%的用户通过亚马逊直接搜索商品,而通过搜索引擎搜索的只占到了36%,电商行业的迅猛发展以及广告业务的疯狂增长使得许多搜索引擎一直想要参与到其中。该协议为谷歌提供了一条从中国市场获益的途径,同时更进一步创造了零售解决方案的业务增量,扩大了其对于除亚马逊和阿里以外的零售商的影响,为未来公司业务打开了新的可能性。

而京东将通过谷歌的Shopping Actions平台销售产品,增强在东南亚、欧洲和美国的市场影响力。Shopping Actions是谷歌推出的一项举措,允许大牌零售商通过一个在线购物平台销售产品。京东得到了一个关键的海外流量入口,配合自身在物流等方面的优势,获得了真正进入海外市场的机会。

问题思考 京东和谷歌通过合作打破了哪些企业内部因素限制?

7.3.3 外部因素对渠道设计的限制

1. 外部宏观环境的限制

第6章我们详细讨论了环境对渠道战略的影响,这里重点讨论环境对渠道建设最直接影响层面的问题。

首先是政策法律环境。公司的渠道建设要受政策法律环境的制约,必须要在法律许可的范围内进行。所有的渠道成员必须是合法经营的商品生产者和销售者,销售模式也必须是政府允许的销售方式。如2005年11月1日,中国政府颁布实施了《中华人民共和国禁止传销条例》,使通过传销渠道销售的公司必须改变渠道模式。如对于国际营销者来说,一些国家对于外国投资法律上的限制,会阻止外国公司建立纵向一体化的渠道结构。如美国法律规定,在美国的外国公司最多只能拥有一家国内航空公司25%的权益。印度政府于2004年5月将外国投资者投资电信业的股权限制比例由49%提高到74%,为外国电信公司在印度建立一体化销售渠道放松了环境限制。再如专卖制度、反垄断法、进出口规定、税法等因素都影响企业对分销渠道的选择,当烟酒实行专卖制度时,则烟酒的生产企业就应当依法选择分销渠道。

特别关注

欧盟汽车销售品牌授权模式的终结

国内汽车销售的4S店模式方兴未艾,而欧洲新的法规体系宣布了汽车销售品牌授权模式的终结。

欧洲原有的汽车销售模式是品牌授权模式,即遵循独家经销法则:授予分销商指定的排他性的销售区域;分销商不能同时销售其他品牌的汽车;在价格上,经销商定价只能遵从一个范围很小的价格浮动区间。这样品牌经销商之间,品牌经销商与其他渠道成员之间都缺乏合理而有效的竞争。影响经销商的利益,更使消费者的利益受损。

> 2003年改革后,欧盟实行新的汽车销售法则,新法则取消了对于经销商多品牌同时销售的限制;经销商也有充分的权力向未经授权的其他渠道成员销售汽车,而后者反过来也可以把产品销售到欧盟的任何地方去。利用非授权的其他渠道成员的分销能力成为经销商扩大自己销售成果的最有效办法;经销商也能在出厂价和其他非授权的渠道成员所能接受的价格之间赚取差价。
>
> 生产企业必须要面对市场上跨区域窜货、价格秩序紊乱、品牌忠诚度急剧下降这样的压力,并且要想办法缓解来自市场与新政这两方面的环境压力。戴姆勒·克莱斯勒的做法是以直营和半直营的方式进行重卡渠道管理,加强控制,以尽量避免渠道混乱。沃尔沃的做法是更好地服务经销商,以避免渠道混乱给经销商经营带来不利影响,公司成立跨区域、跨职能的绿色服务团队,活动于沃尔沃的各个区域市场与各个经销商之间,其职能是对各个区域市场进行摸底调查,对于各个区域经销商给出详细的调查报告,并对其进行具体的销售指导。

其次是宏观经济环境的限制。宏观经济环境实际上是通过影响顾客对渠道服务产出的选择而对渠道建设起作用的。在经济繁荣时期,人们工作紧张,对未来收入乐观,因此就对渠道服务产出水平有较高的需求;而在经济衰退期,收入不稳定,闲暇时间多,人们对渠道服务产出水平需求低。因此,渠道设计要考虑到经济周期因素的影响。

再次是人口环境。香港的人口密度是6 000人/平方公里,洛杉矶只有170人/平方公里,因此,香港的公共交通系统很发达,只有少数人有汽车,在香港试图以山姆俱乐部(沃尔玛拥有的仓储式大卖场)的方式去销售,是注定要失败的,因为香港人不可能乘地铁往返提回大量的物品储藏在他们的小公寓里。

最后是行业竞争环境,行业中竞争对手的渠道模式常常对公司有极大的影响。如在计算机行业中,"电子一条街"或"百脑汇"等专业市场曾经是计算机销售的主要方式。因此,所有的计算机生产厂商都需要在这样的专业市场上拥有一席之地。

2. 技术环境的限制

技术环境是外部宏观环境的组成部分,因其对分销渠道设计的影响更直接深入,需扩展论述。技术环境对分销渠道设计的影响和限制体现在如下方面。

(1) 对分销渠道输入环节的影响。

科技发展为厂商带来了新材料、新工艺,每天都有新品种、新款式、新功能、新特色的商品问世,大量新产品进入分销渠道,为分销者提供广阔的市场空间和更多的发展机遇。同时,新产品的高科技含量又对分销人员素质和分销渠道结构提出新的要求和挑战,这给分销渠道的输入带来威胁,陈旧、保守的分销渠道将无法输入和消化新产品。

(2) 对分销渠道管理方面的影响。

科学技术尤其是信息技术的发展和应用带来了企业管理与决策的革命。信息及网络技术的普及与发展,第一,使"零库存"成为可能,分销者既可以降低库存成本,又保证了经营的灵活性。第二,使建立庞大的"战略关系网"成为现实,分销者通过电子商务与利益相关者发展业务,建立长期客户关系,构筑巩固的"战略网"。第三,使进军更广阔的国内、国际市场成为可能,一方面网络技术提高了工作效率,以往看起来十分复杂烦琐的存货管理、客户管理及财务管理现在只需轻敲键盘或打个电话、发个传真便可轻松、准确地完成;另一方面分销者可通过现代化通信技术获取更多、更全、更新的市场信息，足不出户便可了解到某一国家或地区某一行业甚至某一细分市场的规模与特征，为营销决策做好更充分的准备。这些都为分销者扩展业务奠定了基础。第四，使建立灵活的内部管理体系成为可能。网络技术的发展打破了传统的企业管理制度，SOHO（small office，home office）一族的出现使得企业内部固定的上下隶属的行政关系变得平面化、网络化，每一个员工面对的不是固定的上司，而是电脑，彼此间可以自由平等地交流，灵活地形成工作团体，提高了工作效率和积极性。

（3）对分销方式的影响。

科学技术给分销者带来新的分销方式和手段，自动售货机、邮购、电话订货、电视购货、网上虚拟市场、网上商店等已逐渐扩展，对传统分销渠道造成越来越大的冲击。分销者应重点考虑如何将新的分销方式手段与传统分销渠道相融合，更好地满足目标市场的需求。

3. 基础设施的限制

渠道设计要受现有市场的物质和基础设施的影响。如不发达地区的道路、运输和仓储设施不完善，销售体系的落后，妨碍着公司建立满意的渠道。如戴尔公司来到中国，其直销模式曾经受到中国物流业发展落后的掣肘。

4. 市场销售方式的限制

市场的销售方式对渠道建设也形成环境约束。如零售业，由于发展阶段的不同，美国的零售业已经是大型连锁集团占统治地位，而中国的零售业，连锁集团的势力正在形成中，零售业还是多种业态共掌天下。因此，在美国销售商品，常常是厂商销售员和大型零售连锁集团洽谈全国性的销售合同。而在中国，销售员需要拜访个体杂货店老板，说服和鼓励他们进货。因此，在中国的渠道建设中，需要配备更多的销售员才能有更好的销售业绩。

7.4 渠道差距分析

既能够满足服务产出的需求，又能以最低的成本执行必要的渠道流的渠道，安妮·T. 科兰等称之为零基渠道（zero-based channel）[1]，也可以说是理想的渠道。零基渠道实际上不存在，或说很难建立，但企业应该以理想的渠道为标准来分析现有渠道的差距，同时差距分析也可以以竞争者的渠道为标准来分析目前的渠道。

7.4.1 以理想渠道为标准的差距分析

1. 渠道差距的类型：需求方差距

如果渠道差距存在于需求方，即为服务-价值差距（service-value gap）。有两种情况会产生需求方差距。

（1）服务产出供应低于服务产出需求。

这种情况即供应给目标市场的服务产出水平太低了，达不到目标市场的要求。如在北京，商场的休息区太少或者休息区就是餐饮服务区，使顾客不能自如地休息，将导致顾客极

---

[1] 科兰，安德森，斯特恩，等. 营销渠道 [M]. 6版. 北京：中国人民大学出版社，2003：30.

不满意。再如在银行办业务排队问题，引起社会的广泛关注。

供应给目标市场的服务产出水平太低，能否通过降低价格来弥补，实现顾客满意呢？有的产品可以，如农贸市场的购物环境比超市差，但蔬菜价格比超市便宜，所以百姓能够接受。而有些商品服务产出水平低，即使通过降低价格也不能弥补，不能实现顾客满意。

（2）服务产出供应高于服务产出需求。

提供高于市场需求的服务产出，会导致产品加上服务后价格过高，不被消费者认可；或者渠道承担没有价值服务的生产成本，导致利润下降。如某些商品的人员直销方式，常常所提供的顾客教育服务过量，高价格得不到认同，需求方差距可能会同时出现在几种服务产出中，有可能某种服务产出的水平太低了，而另一种服务产出的水平又太高了。而一种服务产出的过量并不总能够很好地弥补另一种服务产出的不足。

2. 渠道差距的类型：供应方差距

供应方差距是指供应方提供的服务产出符合顾客的要求，但提供这些产出所花费的成本太高。如果供应方共同执行所有渠道流的成本高于必要的成本，就产生了供应方差距。如果某个渠道流执行成本很高，但所有渠道流的共同执行成本低，不会产生供应方渠道差距。如电子商务使渠道执行信息流成本高，但由于信息通畅，使运输、储存等成本下降，渠道总成本不高，没有供应方差距。

供应方差距导致高成本、高价格，得不到顾客的认可，或者是制定的价格得到顾客认可，就一定是某些渠道成员承担了成本，降低了利润。

3. 联合渠道差距

经常存在的情况是，渠道服务既存在着需求方差距，也同时存在着供应方差距。

综合来看，渠道服务的需求方差距和供应方差距存在6种情况，如表7-3所示。

表7-3 需求方差距和供应方差距

供应方差距	需 求 方 差 距		
	不足差距：服务产出供应低于需求	无差距：服务产出供应等于需求	过剩差距：服务产出供应高于需求
没有供应方差距（高效的低渠道流成本）	1. 顾客的服务需求没有得到满足	2. 无需求方差距也无供应方差距	3. 顾客的服务需求得到过剩的满足
有供应方差距（低效的高渠道流成本）	4. 高成本下的服务产出不足：质次价高的服务产出	5. 高成本下的供求平衡：服务产出符合需求，但价格和成本太高	6. 高成本下的过量服务：服务产出超出需求，价格或成本太高

情况1：服务产出供应低于需求，没有供应方差距。解决的方法有两个：一是增加服务产出的供应水平；二是改变目标细分市场，寻找新的较少需求的细分市场，以与较低的供应水平相适应。

情况2：既没有供应方差距，也没有需求方差距，是理想的渠道。

情况3：服务产出供应高于需求，没有供应方差距。解决的方法有两个：一是减少服务产出的供应水平；二是改变目标细分市场，寻找新的较多需求的细分市场，以与较高的供应水平相适应。

情况4：服务产出供应低于需求，服务产出的供应成本高。解决的方法是以下两方面同时进行：一是增加服务产出的供应水平或改变目标细分市场，寻找新的较少需求的细分市场，以与较低的供应水平相适应；二是降低供应成本。

情况 5：无需求方差距，但供应成本高。

情况 6：服务产出供应过量，成本过高。解决的方法是以下两方面同时进行：一是减少服务产出的供应水平或改变目标细分市场，寻找新的较多需求的细分市场，以与较高的供应水平相适应；二是降低供应成本。

在存在供应方差距的情况下，即上述情况 4、5、6 中，降低渠道供应成本的方法如下。一是改变当前渠道成员的角色。通过改变他们的角色和渠道流的责任来提高成本的效率。二是在新的分销技术方面进行投资以降低成本，如计算机订票系统，可以降低航空公司或铁路公司的查询和出票成本。三是引进新的分销功能专家以改变渠道的运行，如网络销售公司将递送的任务交给快递公司。

4. 渠道差距分析模板

可以用渠道差距分析模板来具体分析某产品或服务的渠道差距。渠道差距的分析模板中，横行分别标出渠道服务产出的供应水平、供应效率，以及原因分析、预期采取的手段和结果等。纵列标出渠道服务产出的种类，不同的产品、不同的细分市场，其项目不同。

表 7-4 是利用渠道分析模板进行的关于银行服务产分析。

表 7-4 银行大众市场的服务分析

	服务态度	空间的便利性	等待时间	花色品种
供应水平 （低—尚可—高）	低：顾客不满意	低：网点少	非常低：等待时间长	高：能够提供各种服务
供应效率 （低—尚可—高成本）	低	尚可	低	低
原因分析	沟通不足，愿意改进	环境限制，也无动力改进	业务增加，服务没有跟上，愿意改进	有些服务利润低
期望的结果	改进与顾客的关系	维持现状	减少等待时间	维持现状
缩小差距的战术	员工教育；加强与顾客沟通	无	引进电子排队管理系统，开辟"绿色通道"，引导客户使用电子银行、自助银行、网上银行等服务渠道，系统提速数据集中	无
渠道绩效的预期变化	改进	维持现状	降低了等待时间	维持现状

7.4.2 对比竞争者渠道的差距分析

对于渠道服务中的差距，提供者有时能够意识到，但如果缺少竞争，提供者就没有动力改善。如北京商场休息区少的问题，一些商家认为，别的商场都没有设休息区，我为什么要花成本设休息区？但反过来，如果别的商家设了休息区，你就必须设，否则会影响客源。因此，竞争者的渠道都提供了什么样的服务，自己的渠道与竞争者渠道相比的差距在哪里，就成为营销厂家关心的问题。

与竞争对手的渠道相比较，首先也要寻找比较的维度，来确定究竟应该在渠道的哪些方面进行比较。这个比较的维度也存在于顾客的需求中,即要了解顾客最关心渠道能够给他们提供哪些项目的服务产出,然后针对这些项目,比较本公司的渠道与竞争对手渠道在满足这些项目方面有什么差距。

与竞争者的渠道进行比较分析的步骤如下:寻找顾客对渠道服务产出的需求;根据顾客的重视程度对这些服务产出进行排序;画出本公司顾客满足曲线;画出竞争者顾客满足曲线;进行比较分析。

假设一家公司采用的是分销商渠道,可以从产品的花色品种、信用期限等方面给顾客提供良好的服务,而竞争者运用的是直销渠道,能够在产品信息、产品质量保证、应用技术支持等方面为顾客提供良好的服务。与竞争者的渠道相比较,顾客需求及其排序的情况如图7-4所示。在大客户细分市场上(见图7-4(a))是:产品信息,产品质量保证,技术支持,(补充产品的)花色品种,信用条款;而在小客户细分市场上(见图7-4(b))是:(补充产品的)花色品种,信用条款,产品质量保证,产品信息,技术支持。

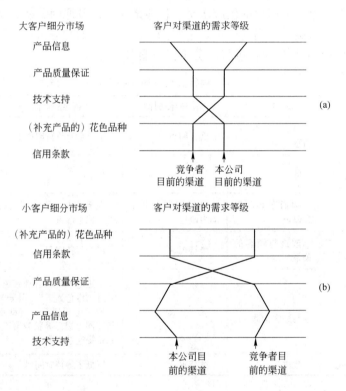

图7-4 本公司与竞争者的渠道比较①

从图7-4可知,在大客户细分市场上,本公司现有的分销商渠道在产品信息、产品质量保证、技术支持方面都远远落后于竞争者的直接渠道,而在提供(补充产品的)花色品种和信用条款方面,则优于竞争者的渠道。但大客户最看中的是前三个方面的渠道服务产出,因此,公司要进行渠道改进,才能够满足大客户细分客户的需求。而在小客户细分市场上,

---

① 多兰,米克,多布查. 营销战略[M]. 北京:中国人民大学出版社,2003:74.

本公司的分销商渠道在提供（补充产品的）花色品种、信用条款方面，远远超过竞争者的直接销售渠道，而在产品质量保证、产品信息、技术支持方面落后于竞争者。但小客户最看中前两个方面的渠道服务产出，因此，公司现有的渠道在向小客户提供服务方面很有吸引力，但仍然要在产品质量保证、产品信息、技术支持方面进行相应的改进。

讨论题　与竞争者的渠道进行对比，来进行本公司的渠道差距分析有什么实际意义？

7.5　备选方案的产生与渠道系统的设计

7.5.1　不同渠道所提供的服务产出分析

不同类型的渠道，可以提供不同的渠道服务产出水平，如直营专卖店渠道可以提供更高水平的品牌形象服务，人员推销渠道可以提供更高水平的客户咨询服务，中间商渠道可以提供更高水平的商品花色品种服务等，渠道设计首先要对不同的渠道服务产出水平进行分析，然后结合不同细分市场消费者的需求来设计渠道。

1. 直销渠道所提供的服务产出

① 信息服务。直销渠道能够提供给顾客更细致、更专业的关于商品知识、信息等的服务。为消费者提供购买决策的参考资料。

② 技术支持和其他售前、售中、售后服务。

③ 产品良好的质量保证。

④ 批量拆分。顾客可以按照自己的需要决定购买商品的数量。

⑤ 品种服务。直销渠道的商品花色品种比较单一，顾客能够购买到同一厂商生产的各类商品。就同品牌商品而言，商品的种类齐全丰富。

⑥ 货品新。顾客通过直销渠道如直营专卖店等一般能够得到最新款式的商品。

⑦ 等待时间。在一些直销形式下如直营专卖店等，顾客等待时间短。而在订购、邮购情况下，顾客等待时间长。

讨论题　请具体分析电话销售、网络销售的渠道服务产出水平。

2. 间接渠道所提供的服务产出

① 批量拆分。顾客可以按照自己的需要决定购买商品的数量。

② 等待时间。顾客等待时间短。

③ 花色品种服务。在间接渠道下，顾客不仅能够购买到本公司生产的各类商品，还可以选购其他公司生产的同类商品，间接渠道所提供的补充商品种类丰富，能够很好地满足顾客需求。

④ 等待和递送时间。间接渠道基本都是现购，顾客不必花费时间等待。

⑤ 很好的产品展示。

⑥ 产品良好的质量保证。

⑦ 信息服务。介绍产品提供相关信息，为顾客购买提供决策建议。

讨论题　经销和代销渠道所提供的服务产出水平是否有区别？

7.5.2 备选方案的产生

在需求方分析、供给方分析和差距分析的基础上,可以为每个细分市场提供不同的渠道备选方案。如针对大客户市场可以采用直销渠道,针对小客户市场可以采用分销商渠道。但针对大客户市场,也可以采取直销和分销相结合渠道,用直销完成产品信息服务、产品质量保证和产品的技术咨询和支持等功能,用分销来完成批量、花色品种等功能。因此,针对大客户市场的渠道就可以有以下渠道方案。

① 直销渠道:销售人员承担所有的渠道职能。单一的直销渠道也许在满足花色品种等方面能力不足,但只要改变政策,如允许销售人员代销其他同类厂家产品,就可以解决问题。这样,单一的直销渠道也是一个可行的渠道。

② 分销商渠道:分销商承担所有的渠道职能。单一的分销商渠道也许在提供产品信息、技术服务和信息服务方面有欠缺,但只要加大投入,加强分销商培训,就可以解决问题,因此单一的分销商渠道也是一个可行的渠道。

③ 直销和分销混合渠道:销售人员和分销商共同承担职能。

④ 代理商和分销商混合渠道:代理商和分销商共同承担渠道职能。

具体如图 7-5 所示。

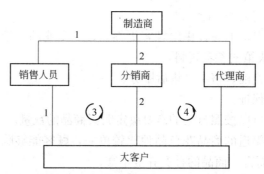

图 7-5 大客户市场备选渠道方案

7.5.3 渠道系统的最终设计

各种备选方案产生以后,需要对每一个方案进行系统的评估,渠道评估的各种方法在第 6 章已经论述过。评估过程中,主要是要对渠道的成本和收益,如交易成本、启动成本、机会成本、市场份额、利润等要素进行对比分析。渠道成本和收益受渠道类型、渠道的宽度及深度等因素的影响。这些都要通过调研,获得一定的财务数据后,经过定量分析,得出结论。

拥有多个目标市场的公司要为不同的细分市场设计不同的渠道形式。如一家公司将目标市场确定在三个细分市场上,即行业大客户市场、中小企业客户市场、消费者市场,并且为这三个细分市场设计了符合各自顾客对服务产出需要的最优渠道:直接销售渠道、经销商渠道、分销商和经销商渠道。如图 7-6 所示。

但在实际运作中,也许会出现冲突,如行业大客户和中小客户很难界定,因此直接销售渠道和经销商渠道的服务对象也许是重叠的,这样可能会产生渠道冲突,带来较高的渠道协调成本。如果渠道冲突的协调成本高于这两个最优渠道带来的收益，就可以考虑放弃这两个最优的渠道，退而求其次，设计次优渠道。如合并这两个细分市场，为这两个细分市场设计直销渠道和经销商渠道混合的渠道，直销人员和经销商共同承担渠道服务的各项职能。如图7-7所示。

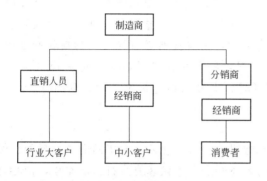

图7-6　针对三个细分市场的渠道设计

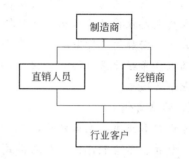

图7-7　针对行业客户的复合渠道设计

总之，具体的渠道系统设计方法需要通过实际的案例研究才能够真正掌握。

案例分析

特斯拉中国的渠道设计

一、公司背景

特斯拉公司于2003年成立，总部设在美国加州，用IT理念专注于高性能纯电动汽车的生产和销售。从其选址硅谷开始，便注定走上了一条与传统汽车制造商完全不同的发展之路。在经营十几年的时间里，它生产出最畅销的电动汽车，通过技术、营销和售后服务上的创新，引发了一场全球汽车行业的颠覆性变革。2016年特斯拉在美国《消费者报告》的汽车品牌满意度排名中拔得头筹，高达91%的受访者显示出极高的忠诚度。

2013年年初，特斯拉中国营销团队组建，2014年4月特斯拉首批中国用户交车。特斯拉在中国市场销售Model S和Model X两款车型，2017年销售量为14 883台，特斯拉在中国营收增长迅速，从2015年的2.9亿美元，到2016年的10亿美元，再到2017年的接近20亿美元，占2017年特斯拉总营收的17%。2018年7月，特斯拉与上海临港管委会和临港集团共同签署纯电动车项目投资协议，规划年产50万辆纯电动整车的特斯拉超级工厂正式落户上海临港地区。

特斯拉的成功与其在营销策略上的创新密切相关。从饥饿营销到病毒式营销，从绿色营销到售后服务集中化，从跨界营销到马斯克的网红营销，无不透露出互联网科技公司的气质。在销售渠道上，与传统4S店不同，特斯拉采用线下体验店与网络直销结合的模式，赢得了消费者的青睐并取得骄人的销量。

二、特斯拉的直销模式

1. 体验店

特斯拉的体验店通常在人流量大、交通便利、购物氛围浓厚的商场中心。门店规模不大，陈列了一到两辆车，高端、创新的设计呈现极简主义风格。工作人员的主要任务是讲解电动车与传统汽油车的区别，碳排放等环境问题，以及介绍特斯拉汽车本身。在试驾阶段，工作人员会鼓励试驾者尝试电动车各项优越性能及新鲜功能。整个体验过程不涉及谈生意，工作人员也无权将产品卖出，并且特斯拉没有存货，需要提前数月预订。特斯拉的理念是，给用户一个安静的环境做决策。截至2016年6月，特斯拉在中国建设完成了18家体验店，体验店仅分布在北京（5）、西安（1）、成都（2）、上海（4）、杭州（2）、深圳（2）、广州（2）七个大城市。

2. 网络直销

当用户真正决定购车之后，可以在特斯拉官网上预订。官网上有不同的车辆型号、续航里程、配置、车漆颜色、轮毂的样式、内饰的材质和颜色等供客户自行搭配组合，价格也会随着组合的不同而变动。客户确认款式，支付定金后，工厂接单定制生产，工作人员上门安装充电桩。车辆完工用户支付尾款后，交付专员送货上门，此时会再次详细讲解特斯拉的使用方式。客户使用时有任何疑问，可通过车辆的远程装置与相关人员联络，以获得最及时的帮助。

三、特斯拉的服务渠道

特斯拉服务包括金融服务和售后服务，金融服务是为消费者提供的在线金融服务，包括购车贷款及融资租赁方案。售后服务渠道有如下类型。

1. 服务中心

自营的特斯拉的服务中心，为用户提供全方位的售后服务。特斯拉在中国已在北京、上海、杭州、深圳、成都、西安六个城市设有最高级别的10个服务中心。

2. 钣喷中心

钣喷中心是特斯拉建立的汽车车身维修店网络，确保提供良好的保修期外的车身修理服务。特斯拉的维修店铺有直营店，也有授权店。钣喷中心，顾名思义是以维修车辆外观钣金件以及车体车架结构的修理中心。由于特斯拉在中国仅在6个城市设立服务中心，而类似目前特斯拉车型保有量较大的江浙，以及尚未在当地建立起服务中心的地区，特斯拉通过设立钣喷中心的方式，帮助Model S车主在遭遇日常用车剐蹭或钣金损伤后实现就近的维修与养护。钣喷中心对车主提供等同于特斯拉官方所提供的保养维修服务。目前，特斯拉在全国各主要城市陆续设立授权钣喷中心有30多家。

与服务中心不同，钣喷中心属于协议性质，是特斯拉与当地具备一定资质的维修中心签订合作协议，特斯拉提供技术支持与设备，而当地维修中心专门为特斯拉车主提供服务。特斯拉授权钣喷中心在服务技术、价格体系、车辆配件等方面，与特斯拉线下直营服务中心保持一致。所有特斯拉授权钣喷中心的钣金技师，均在上岗前接受特斯拉官方的服务培训和Model S车型培训，并通过了特斯拉严格的铝焊接测试和考核。以确保所有关乎安全的焊接头符合OEM规格，以及Model S制造过程中所使用的胶接和机械连接技术要求。授权钣喷中心全部使用特斯拉原厂配件，维修工时收费按照当地工时费收取，配件收费不会超过特斯拉官方零售价格。所有特斯拉授权钣喷中心都由特斯拉服务中心和特斯拉全球钣喷项目团队进行支持和监督，以确保车主在这里能够享受到与特斯拉直营服务中心相同的优质服务体验和顶级维修品质。

3. "特斯拉移动服务"（Tesla mobile service）的维修卡车

维修卡车提供移动维修服务，有助于简化特斯拉的维修过程，因为大多数的维修都可以由一名技术人员完成，而不需要占据维修店铺内重要的空间和时间。这对顾客来说也更方便，因为他们不需要安排时间到维修中心进行维修，只需一名移动技术人员到家里或工作场所来与他们对接即可。

除了提供更多移动维修卡车外，特斯拉还致力于提升已有实体店铺的效率。通过远程诊断以提前解决汽车问题，使特斯拉能够在问题恶化之前就将其消灭在萌芽状态，在过去的一年里，特斯拉因此减少了 35% 的维修时间。特斯拉维修服务目标是进一步减少维修时间。

讨论题

1. 特斯拉的渠道设计有何特点？
2. 特斯拉直销渠道与汽车销售 4S 店模式相比有何优劣势？

案例点评

特斯拉的直销模式与传统 4S 代理经销模式相比，缩短了中间环节，简化了购买流程，可降低用户的购买成本。自营的线下体验店可提供标准化、专业化以及不以现场直接成交为目的的体验服务，特斯拉被誉为"汽车界的苹果"与其追求极致的顾客体验不无关系。线上购买明码标价，实现消费者公平、透明消费。车辆采用定制化生产，为消费者提供了选择的多样性，凸显消费的差异化和个性化。采用直销模式，接单生产，可有效降低产品库存和资金占用。通过直营门店，可减少与消费者之间的隔阂，获得最直接有效的信息反馈，以提高产品的适应性和快速应变能力。

但自营线下体验店，从店面选址、内部装修、消费者体验设计和店内员工招聘培训等各个方面都由特斯拉公司全权负责，严重影响门店的拓展速度。体验店多设立在城市购物中心，加之高端、创新的设计需较大花费，公司需要支付高昂的租金和装修成本。由于采用按订单生产的模式，而电动车的生产周期为数月的时间，漫长的等待对消费者来说是一种挑战和煎熬。

◇ 本 章 小 结 ◇

本章研究营销渠道的系统设计问题，首先讨论了渠道设计的步骤，然后沿着渠道设计的步骤线索，进行了具体的分析。要想设计最佳渠道，就要从顾客的需求方和厂商的供给方两个角度来进行细致分析。从需求方角度看，顾客的需求是渠道设计的出发点，因此，本章具体分析了顾客对渠道服务产出的需求，不同类型的顾客对渠道服务产出有不同的需求，据此可以对顾客进行细分，为不同细分市场的顾客设计不同的渠道模式。但从供给方的角度看，渠道选择要受到外部环境因素和内部资源因素的约束，因此，首先要对顾客细分市场进行取舍，选择那些企业资源和能力可以达到的市场。然后以最佳渠道和竞争对手的渠道为标准进行渠道差距分析。最后设计渠道的备选方案和形成最后的渠道系统。

本章的重点是渠道设计的步骤和营销渠道的服务产出分析。

本章的难点是营销渠道的差距分析和渠道系统的最终形成。

学习资料

1. 科兰，安德森，斯特恩，等. 营销渠道 [M]. 6 版. 北京：中国人民大学出版社，2003.
2. 多兰，米克，多布查. 营销战略 [M]. 北京：中国人民大学出版社，2003.

中英文关键词语

1. 省级直控分销商　　fullfillment distributor，FD
2. 渠道设计　　marketing channel design
3. 服务产出　　service outputs
4. 零基渠道　　zero-based channel
5. 渠道差距分析　　channel gap analysis
6. 需求方差距　　demand-side gaps
7. 供给方差距　　supply-side gaps

思考题

1. 顾客对渠道服务产出的需求主要有哪些方面？
2. 渠道设计中为什么要对顾客进行市场细分？怎样对顾客进行细分？
3. 如何针对理想渠道进行渠道差距分析？
4. 如何针对竞争者渠道进行渠道差距分析？
5. 举例说明企业最终渠道系统的形成。

自测题

判断正误，说明理由。

1. 渠道成本最终由顾客来支付。
2. 渠道服务产出的内容越多越好。
3. 选择什么样的渠道由客户的需求决定。
4. 差距分析的意义在于渠道改进。

第 8 章

渠道建设与治理

快速消费品渠道管理[①]

1. 快速消费品的定义

快速消费品(下称快消品)指使用周期较短,短时间内需被重复购买和使用的产品。生产企业常采取薄利多销的方式在广大的市场范围内推动市场群体的高频次消费获取利润。一般快消品行业包括:①以家庭日用为主的家庭日化用品行业,如洗衣液、洗面奶、护肤品等;②以日常餐饮为主的食品行业,如饮料、面包以及瓜子、糖块等;③香烟、酒水等行业。

2. 快消品的特点

与耐用消费品相比,快消品有如下特点。

① 快消品消耗时间短,需频繁多次购买。快消品营销重点是积极采取有效措施尽量缩短产品的留存周期,提高消费者的购买积极性。

② 购买无计划。消费者在购买快消品之前,大多数没有计划,根据当时的需要购买。大部分快消品的价格较低,消费者有能力购买。因此,消费者在购买快消品时常为冲动购买,不需听取别人的意见,自己需要或喜欢就会购买。

③ 科技含量较低,不具备市场垄断性。加入快消品行业的门槛较低,创业相对简单。

④ 价值低,购买多从众。快消品价格较低,一些消费者在购买时会有从众心理。

3. 快消品渠道成员选择的原则

快消品的上述特点,使其渠道建设的要求是分布广泛,网点密集,以方便消费者购买。因此,快消品销售对分销商依赖程度高。一般地,只要企业能提供物美价廉的产品满足消费者的需要,产品有一定的市场认可度,经销商也乐意销售。但想寻找到一直配合公司的营销策略,愿意与公司共赢发展,长期合作的经销商也并非易事。因此企业在选择渠道成员时需遵循以下原则。

第一,接近目标市场原则。快消品的营销渠道要给消费者提供方便,销售网点需接近消费者,需布点到城市的街头巷尾和广大乡村,以尽量方便消费者购买。

[①] 孙国钦. 我国快速消费品行业营销渠道管理研究[J]. 现代商业,2017(32):12-13.

第二,效率原则。营销渠道效率是在这条分销渠道上流通的商品数量与所花费用之间的比例。快消品行业竞争激烈,单品利润较低,属薄利多销的行业。渠道的效率原则就是尽量用最少的花费来流通最多的商品,控制好营销成本,以便尽量让利给分销商,提高其销售积极性。

第三,诚实信用原则。快消品行业在选择地方经销商时,要看重诚实信用这一选择标准,与良好声誉的经销商合作,有利于产品销售和渠道长期合作。

4. 快消品渠道关系处理

快消品生产企业对代理商没有行政命令权,只能发挥影响力。代理商根据市场上消费者的需求决定进货量的多寡,有时生产企业会受制于代理商。因此,生产企业必须建立完善的渠道奖励制度激励代理商,使代理商引导消费者选择本企业产品。通过一系列激励措施的实施,生产企业尽可能地实现对渠道的自主控制。处理渠道关系时,企业要做到不依赖、不偏袒。不依赖是指快消品行业不能太过依赖那些大的有实力的经销代理商。不偏袒是指对某些实力较弱的经销商不能给予过多的扶持和帮助,该放弃时要放弃。在不依赖、不偏袒的基础上,企业要做到和代理商紧密配合,相互商讨策略,平等合作、共赢发展。

问题思考 对比快消品,耐用品渠道管理有哪些特点?

渠道设计工作完成以后,就要按照渠道系统设计来构建渠道或进行现有渠道的改进。本章从构建新渠道开始来讨论渠道管理问题。

8.1 渠道成员的选择

生产商、中间商、零售商和终端消费者之间和谐关系的建立需要一个长久的建设过程,需要投入足够的时间、精力和财力,在渠道建设之初就必须要有长久的规划。因此,慎重选择渠道成员是很关键的一步,因为合作关系一旦确定,签订了合同,再更换渠道成员是非常困难的事情,也是成本极高的事情。要想选择理想的渠道成员,首先要确定渠道成员选择的标准。

8.1.1 选择中间商的标准

渠道成员的选择,就是从众多的同类渠道成员中,选择出适合公司渠道系统的,能够有效地帮助公司完成分销任务的渠道合作伙伴的过程。对于每个企业来说,这个标准都是不同的,这里只从一般意义上来介绍制造商选择中间商要关注的方面。选择中间商一般要从中间商的销售能力、业务经营水平、资信能力、合作意愿、企业目标等多方面加以考察,从多方面制定相应的标准,才能使选择中间商的工作有序进行。

1. 中间商的市场范围

中间商的市场范围首先是指中间商经营的地理范围与本企业产品规划中的销售区域是否一致,只有是一致的,才能够保证本产品销售区域规划得以实现;其次要看分销商在销售区域范围内对市场的覆盖率如何,覆盖率越高,就越能够实现厂家的分销目标;最后要看分销商的销售对象是否与厂家的目标市场一致,厂家选择分销商,就是希望自己目标市场上的顾客能够就近、方便地购买本企业商品，随心随意地消费。

2. 中间商的区位优势

位置优势对于零售商来说，就是占有客流量大的地理位置；对于批发商来说，就是其所处的位置有利于产品的批量储存和运输。

3. 中间商的分销网络情况

分销商常常要负责其责任区域范围内的市场开拓工作和网络建设工作，如果分销商已经拥有了现有的分销网络或者有较强的网络开拓能力，就是厂家所乐意寻找的中间商。

4. 中间商销售人员的数量和质量

中间商所拥有的销售人员的数量和质量，也是其分销能力的集中表现。

5. 中间商对产品的知识和经验

中间商对产品的知识和经验影响产品的销售，尤其是对于那些技术含量高的产品来说，销售人员的产品知识影响着顾客的培养、售前售后服务等工作。如用友软件有限公司，要求地区级及县级代理商必须拥有专职技术服务人员，负责本地区所有用友用户的服务。

中间商销售同类产品的知识和经验，有利于中间商打开市场，尤其是销售该类产品时间较长的经销商，已经为周围的顾客所熟悉，拥有一定的市场影响力和忠诚的顾客，应该是选择中间商时的首选。

6. 中间商的经营实力

经营实力强的经销商对商品的吞吐规模大，销售流量大；物流配送能力强，对网络零售商的综合服务能力强；对市场开发的投入大，市场开拓能力强。

7. 中间商的财务及管理水平

中间商的财务能力强，回款及时，能够降低资金风险。

中间商的经营管理水平决定其发展的潜力，分销商的终端销售管理工作是非常复杂的工作，包括人员管理、产品配送管理、资金信用管理等，对人的管理，要管到"每个人每天的每件事情"，对货品的管理要管到"每件货品在何时以何种价格流向哪些客户"，对客户的管理要管到"何时进货、何时销售完、应进多少货"，对资金的管理要管到"每笔货款何时回款"。中间商的管理能力强，管理成本低，竞争力强，选择管理能力强的分销商能够降低经营风险。

8. 中间商的产品政策及其对本产品的投入情况

中间商的产品政策指其承销的产品种类极其组合情况。研究其产品政策，首先，要看其有多少产品供应来源，产品供应来源越广泛，其对本公司产品的支持力就会越弱。其次，要看其各种产品组合的关系，如果其产品组合是同品牌的竞争关系，要看本公司产品与竞争者产品竞争实力对比情况，如本公司产品处于弱势地位，要尽量避免与这样的中间商合作，以防止自己的产品成为对手产品的"陪衬"，如中间商经营的产品组合属于互补类产品，则对本公司的产品销售较为有利。最后，要了解中间商对销售本公司产品的重视程度和投入情况，如果重视程度高，本公司产品成为其产品的"当家花旦"，中间商会花较多的投入进行促销支持等，则有利于本公司产品的销售。

9. 中间商的道德水准和信誉能力

中间商的信誉能力主要体现在两个方面：一是在顾客中的信誉度，是否能够为顾客提供良好的售前、售中和售后服务，满足顾客的需要，赢得信誉；二是指合作中的守信程度，是否能够信守合同中的相关条款，及时归还货款及货物，以及忠诚度等。

　　10. 中间商与企业的共同抱负和合作的意愿

　　制造商与中间商是合作和双赢关系，是共同开拓事业。因此，应该有共同的愿望和抱负，有强烈的合作愿望和合作精神，才能相互支持、同舟共济，共同实现事业发展。这种合作的愿望甚至来自企业共同的价值观、相似的企业文化等方面。因此，在选择中间商时需要从更广泛的层面进行考察。

8.1.2　选择中间商的方法

1. 评分法

对中间商选择可以通过定性分析和定量分析方法进行。评分法在实践中应用很广泛。其步骤如下。

（1）选定标准，确定影响因素。

一家制造商要先根据自己的实际情况，来确定选择中间商最重要的因素有哪些。前面从一般意义上介绍了选择中间商的标准，对于一个特定的企业而言，这个标准是特定的。

（2）分配权数。

由于每个影响因素的重要性是不同的，因此要根据每个影响因素的重要性来为其分配权数。

（3）评定得分。

对潜在的候选中间商进行逐项评价、打分。综合评定后，得分最多者最优。

选择中间商的方法如表 8-1 所示。

表 8-1　强制评分法的应用①

评价因素	重要性权数	A		B		C	
		打分	加权分	打分	加权分	打分	加权分
地理位置	0.20	85	17	70	14	80	16
顾客流量	0.15	90	13.5	85	12.75	90	13.5
经营规模	0.15	70	10.5	80	12	85	12.75
市场声望	0.1	75	7.5	80	8	85	8.5
合作精神	0.15	80	12	90	13.5	75	11.25
信息沟通	0.05	80	4	60	3	75	3.75
贷款结算	0.2	65	13	75	15	60	12
总　　分	1.00		77.5		78.25		77.75

假设该制造商认为其选择中间商的最重要的因素有 7 个：地理位置、顾客流量、经营规模、市场声望、合作精神、信息沟通、贷款结算，为各个因素分配的重要性权数分别为 0.20、0.15、0.15、0.1、0.15、0.05、0.2。然后对三个中间商 A，B，C 进行逐项评分，综合得分的结果是：B 最高，为 78.25；C 次之，为 77.75；A 最低，为 77.5。

---

① 周文，包燚. 营销渠道［M］. 北京：世界知识出版社，2002：107.

2. 销售量评估法

中间商的主要任务是销售,在其他条件相同的情况下,厂家当然要选择销售量最大的中间商合作。销售量评估法就是实际考察分销商的销售量的相关数据,如顾客流量、月销售额、销售额的近期变化趋势等,在此基础上,对被考察的分销商的实际分销能力、可能承担的分销任务和可能达到的销售量进行评估,然后选择最佳的中间商。

3. 销售成本评估法

利用中间商销售,厂家要花费渠道管理和运作成本,这些成本包括:谈判和履约监督费用、市场开拓费用、让利促销费用、货款支付的延迟或拒付带来的损失等。这些费用构成了厂家的销售成本,它减少了厂家的净收益,因此厂家要通过控制销售成本来增加净收益。使用不同的中间商,销售成本是不同的。因此,厂家将销售成本也作为选择中间商的一个指标。评估销售成本常用的方法有三种。

① 总销售成本比较法。在分析有关目标中间商的营销策略、市场声誉、顾客流量、合作态度、销售状况等基础上,估算每个目标中间商如作为渠道成员,在执行分销职能过程中厂家所花费的总销售成本,据此选择理想的中间商。

② 单位商品销售成本比较法。总销售成本一定时,销售量越大,单位销售成本越低,渠道成员的效率就越高。因此,选择中间商要结合总销售成本和单位销售成本因素综合评价。

$$单位销售成本 = \frac{总销售成本}{销售量}$$

③ 成本效率分析法。就是以成本效率,即销售业绩和总销售费用的比率作为评价中间商的依据。

$$成本效率 = \frac{总销售额(或总销售量)}{总销售费用}$$

成本效率是单位商品销售费用的倒数。

8.1.3 招募和筛选中间商

确定了选择中间商的标准和选择方法以后,就要付诸行动,开始招募和筛选中间商。招募中间商的途径很多,主要有五种。一是传统的广告招募。通过在媒体上做广告来寻找合作伙伴是十分常用的方式。二是互联网招募。互联网招募费用低,信息沟通充分。三是中介公司服务。可以将整个招募工作委托中介服务公司来做,付一笔佣金即可,中介服务公司承担招募工作的好处是较为公正和客观。四是顾客推荐。通过市场调查,了解当地市场上的顾客更喜欢哪种类型的中间商。五是商业展览。参加商业展览和年会也是招募中间商的有效途径。

招募中间商常常要将对中间商的要求、权利、义务和责任一并通告。

▶ 专 栏

微信支付推广中的合作伙伴

财付通是腾讯集团旗下中国领先的第三方支付平台,致力于为互联网用户和企业提供安全、便捷、专业的在线支付服务。自2005年成立以来，财付通以"安全便捷"为产品和服务的核心，为个人用户创造200多种便民服务和应用场景，为40多万大中型企业提供专业的资金结算解决方案，2013年8月财付通联合微信，发布微信支付，强势布局移动端支付。

"微信支付服务商"是推广微信支付战略布局过程中的重要合作伙伴。

1. 服务商申请条件

"微信支付服务商"项目仅面向通过微信认证的企业类型服务号开放申请。申请需提供如下资料：① 公司联系方式：包含联系人姓名、手机号码、邮箱；② 客服电话；③ 公司对公账户信息：包含开户行省市信息，开户账号；④ 营业执照信息：包含营业执照号，有效期，需提供高清扫描件；⑤ 组织机构代码证信息：包含组织机构代码，有效期，需提供高清扫描件；⑥ 业务经办人或法人证件信息：身份证或护照。

2. 关注"微信买单商家版"

在申请成为服务商并通过审核后，服务商所有员工（包括管理员及拓展员）需提前关注"微信买单商家版"公众号，否则无法成功收到小程序发送的通知。

3. 使用"微信买单商户拓展助手"

"微信买单商户拓展助手"是微信支付提供给微信支付服务商，用来拓展微信买单商户的工具，服务商管理员登录进入小程序后，首先要完成身份校验，其次要让其他服务商员工扫码成为拓展员，每个拓展员有自己的拓展码，通过扫描该拓展码申请微信买单的商户将记录在该拓展员业绩名下。

4. "星火计划"奖励政策

腾讯于2017年推出"星火计划"鼓励服务商为更多线下商户提供技术服务和运营支持，丰富和完善线下用户的使用场景。奖励计算方式如下。

① 服务商当月日均线下有效交易订单数量超过上两月的日均线下有效交易订单数量，且订单金额≥5元，则超出部分的有效日均增量订单，按照4元/笔给予现金奖励，每个服务商企业主体每月奖励金额最高不得超过100万元。

② 计算开始月份：从成功报名的当月开始计算。

③ 计算公式：当月"星火计划"奖励金额＝{（当月日均交易有效订单笔数）－[（前一个月日均交易有效订单笔数＋前第二个月日均交易有效订单笔数）/2]}×4元

例如，某普通服务商，扣除退款订单笔数后，6月份日均有订单金额≥5元的有效订单2 000笔，7月份日均有订单金额≥5元的有效订单3 000笔，则6月和7月的两月日均线下有效交易订单数量，按（2 000＋3 000)/2计算，值为2 500笔；8月份日均有订单金额≥5元的有效订单4 000笔，则8月份可获得（4 000－2 500)×4＝6 000元奖励。

"星火计划"有效地激励了合作伙伴拓展微信支付市场。

8.1.4 中间商对供应商的选择

渠道成员的选择还有另外一个方向，就是中间商对供应商的选择。一些大型的中间商和零售商在渠道中处于控制地位，他们要以顾客对产品的要求和自身利益的需要来选择产品和供应商，也常常制定苛刻的条件。中间商对供应商的选择常常考察以下几个方面：产品质量、销路、品牌管理、包装设计；市场策划；价格体系；大众媒体宣传力度；通路与终端推广支持力度；对产品流向和价格体系的维护能力；管理层的素质与销售政策的稳定性；业务操作流程的严谨性，即客户服务水平与信誉；对经销商管理系统的贡献；销售人员的素质与业务能力等。

专 栏

如何成为沃尔玛的供应商？

沃尔玛一直把供应商称为"合作伙伴"，对供应商既紧密合作又有严格要求。在中国，沃尔玛采购总部不仅为在中国的分店采购，也在中国采购优质的产品出口到美洲及欧洲的沃尔玛分店。许多供应商认为"进入沃尔玛就等于拿到通往全球市场的通行证"。

1. 沃尔玛选择供应商的条件

（1）所提供的商品必须质量优良，符合中国政府及地方政府的各项标准和要求。

（2）所提供的商品价格必须是市场最低价。

（3）必须提供全部的企业及商品资料。

（4）首次洽谈（或新品洽谈）必须带样品。

（5）有销售记录的增值税发票复印件。

（6）能够满足大批量订单的需求。在接到沃尔玛订单后，如有供应短缺的问题，应立即通知。连续三次不能满足沃尔玛订单将取消与供应商的合作关系。

（7）供应商应提供以下的折扣。① 年度佣金：商品销售总额的 1.5%；② 仓库佣金：商品销售总额的 1.5%～3%；③ 新店赞助费：新店开张时首批商品免费赞助；④ 新品进场费：新品进场首单免费。

（8）供应商不得向采购人员提供任何形式的馈赠，如有发现，将做严肃处理。

（9）沃尔玛鼓励供应商采取电子化手段与其联系。

2. 申请沃尔玛供应商的标准程序

要成为沃尔玛供应商，可以通过多种渠道与沃尔玛进行接触。但不管通过哪种渠道，都需要经过如下程序。

（1）了解沃尔玛包括商品、质量、价格情况、业务及要求，以及顾客情况。

（2）提供相关资料：包括最新的财务状况与财务报告副本、产品责任保险副本、标准条形码情况等。

（3）汇集相关报价、样品等：沃尔玛要求供应商集齐所有的产品文献，包括产品目录、价格清单等，选择好样品提交。

（4）提交审核：将上述所有文件及产品样品提交给沃尔玛的供应商发展本部，收到供应商完整的相关资料与样品后，沃尔玛经审核会在 90 天内给予答复。

（5）签订协议并供货。供应商的申请一旦被沃尔玛审核通过，经过谈判双方就可以签订正式的"供应商协议"。在付款条件上，沃尔玛按不同的行业有不同的规定。

沃尔玛选择供应商的周期一般是 3～6 个月。通常先是搜集信息，如有进一步意向，会去工厂考察生产流程、质量控制、管理环节等，然后以一个小单进行试行生产，如考察合格，才会进行大单采购。

8.2 渠道成员的培训与认证

渠道成员确定后，需要对渠道成员进行培训，才能够使渠道成员按照厂家所设计的任务去完成。而中间商也常常将接受厂家的培训看成是其成长的一个过程或是其承担销售任务的一个收益，因此对渠道成员的培训也成为培养渠道成员忠诚度的一项重要内容。

8.2.1 渠道成员培训的必要性

在当今激烈的市场竞争下，厂商与其渠道商之间必须形成更加紧密协作的互动关系，以增强整体对用户的亲和力和吸引力。厂商需要在渠道商的帮助下为用户提供全方位的产品和服务，厂商希望渠道商贯彻厂商的经营理念，统一管理方式、工作方法和业务模式，便于相互的沟通与互动；希望渠道商提高售前、售中、售后服务质量，把产品品牌深入用户人心；还希望渠道商及时反馈用户对产品及非产品部分的需求反应，把握产品及市场走向。厂商对渠道商的这些要求在充分沟通的基础上，得到渠道商的认可之后，还必须使渠道商获得相应的能力，就是要通过为渠道商提供相关的培训来解决。

实际上，渠道培训已经成为提高渠道整体核心竞争力的重要手段之一。渠道培训对于IT行业生产厂商来说尤其重要，因此，目前的渠道培训工作也是IT企业做得最为完善。从最早的IBM、HP、诺基亚等公司将渠道培训带入中国以来，越来越多的IT供应商将渠道培训列为重要的渠道支持政策，各种各样的渠道培训计划纷纷出台，因为供应商已经意识到只有提高渠道的管理水平，使其进入良性的发展轨道，才能提升整体渠道的价值，从而实现企业自身的增值。

渠道培训对供应商来讲，至少有以下几点好处：提升中间商对产品的了解和认识，提高中间商对客户信息服务的能力，提升销售额；在市场竞争中建立自己的标准；拉近供应商与渠道的关系，加强对渠道的影响和控制，有利于供应商提高渠道成员的忠诚度；帮助渠道认同供应商的企业文化和经营理念；直接提升渠道的综合竞争力。

8.2.2 渠道成员培训的内容

1. 产品技术培训

产品技术培训主要是要提高渠道的专业化水平。专业化，对渠道而言就是要实现厂商与渠道商之间在产品技术、服务体系、业务模型、管理模式等方面的同步。专业化的渠道可以对内提高企业素质，对外提高服务质量，提高用户对厂商的信任度。渠道是厂商产品在市场销售这个过程的执行者，所以渠道商是生产厂商形象的代表，其服务质量所产生的影响对厂商至关重要，用户会更多地将其归于厂商的服务质量，况且就其对用户的影响来说，在多数情况下服务质量是产品质量的附属物，生产商向渠道商提供相关产品的专业技术、服务支持，以及相关的业务运作，是企业专业化向最终消费人群的有效延伸。

因此，关于产品技术的培训一直是渠道培训的重点内容。如端对端客户/服务器数据库产品 Superbase 的技术培训的主要内容是介绍如何用 Superbase 的产品构造用户需要的完整解决方案，Superbase 产品与 ERP 等企业内部系统的无缝连接技术等。再如华为 3Com 公司自 2005 年 8 月 27 日—9 月 11 日在全国五个核心城市推出了 39/56 系列交换机、65/85 新增特性、8500 系列交换机重要新功能使用方法、IRF 新技术等相关技术的免费渠道培训活动。华为 3Com 公司还将培训与合作伙伴的评估等联系起来。首先，参加培训的渠道合作伙伴将纳入代理商评估体系之中，评估结果将影响该合作伙伴以后业务资源及合作机会的获得。同时，是否参加过培训也将成为华为 3Com 向客户推荐运营维护服务商的一个重要依据。其次，通过培训还可以提高该渠道合作伙伴在华为 3Com 产品的运营维护方面的实力，从而大大加大在市场上的竞争力。最后，参加本次培训人员还将进入华为 3Com 渠道服务体系人才信息库，作为今后各类培训、新产品、新资料投放的首选对象。

2. 销售培训

对于任何一个用户来说，经销商销售人员对产品的理解、对产品能够给用户带来的好处的理解，以及对用户企业本身的应用环境的理解，都将对销售的成功与否起决定作用。销售培训的重点在于介绍产品的功能、竞争优势、竞争对手分析、成功案例分析、产品报价方法及其销售技巧等。

3. 管理培训

管理培训主要集中在企业文化、营销战略、战术及围绕厂商经营理念方面的培训，使渠道成员对厂商的经营理念、发展目标等有深刻的认识和认同。把厂商的思维方式、经营理念及科学的销售、服务理论和技能传递给渠道商。如 LG 公司在培训中十分重视企业经营理念的培训，LG 把统一经营理念作为渠道建设的立身之本，同时也满足了渠道商"希望 LG 能将好的管理经验及模式介绍给经销商，能与 LG 共同成长"的愿望。LG 公司的培训包括以下内容。一是营销管理认识类：LG 顾客观念，营销中的组织行为，市场导向与战略计划。二是营销机会分析类：营销市场信息与衡量市场需求、消费者行为、行业与竞争者的分析，确定细分市场与选择细分市场。三是开发营销类：管理生命周期战略、营销战略设计。四是其他类：产品线、品牌和包装、产品支持服务、销售技巧、制订年计划、基本员工绩效管理、财务与物流等。

8.2.3 渠道成员培训的方式

1. 建立专门的培训学院

许多有实力的大公司专门建立培训学院，以承担对渠道成员及自身员工培训的职能。

(1) 惠普公司的经销商大学。

惠普公司是最早进入中国的跨国企业之一，为了提升其经销商的业务、管理能力，惠普公司创建了"经销商大学"。该机构的设立是惠普一直关注其渠道合作伙伴的成长与建设、一切以渠道为中心的管理理念的直接结果。惠普公司经销商大学共设有技术学院、销售学院、管理学院、师范学院以及为无法参加惠普公司经销商大学课堂的人员提供培训的远程教育学院，全面提升其经销商的业务管理能力，使经销商和惠普共同成长、进步。

(2) 联想公司的大联想学院。

联想公司成立了"大联想学院",作为专门为代理商提供各类培训服务的机构。1997年,联想提出"大联想渠道策略",即把联想和合作伙伴构建成一个风雨同舟、荣辱与共、共同发展的"共同体",把联想的渠道合作伙伴纳入到联想的销售体系、服务体系、培训体系、分配体系和信息化体系中来,一体化建设。为了建设"大联想",加强对渠道成员的培训,1998年正式成立了"大联想学院"。"大联想学院"的职责就是规划并建立渠道培训体系,策划并组织实施渠道培训。"大联想学院"的培训目标是,提高代理的企业管理水平,协助渠道进行功能转型,保障商务、客户服务、市场宣传规范化,完成新上市产品的培训。

(3) 清华同方的经销商大学。

清华同方也成立了经销商大学,从产品与技术、市场与营销到管理与文化等对经销商进行系列的培训。清华同方的经销商培训体系是以全方位服务为核心,与经销商建立起一种信息沟通思想交流体系,传递清华同方服务理念和服务思想,提高经销商整体服务水平,更好地服务于广大用户。清华同方经销商大学的教师队伍由清华同方和清华大学优秀的人才组成,每期培训后经销商要参加考试,合格者颁发 THTF-CMR 证书。

2. 公开课培训

公开课培训是最为常见的培训方式。常常针对新产品的市场开拓情况,进行定期、不定期的培训。公开课培训由培训师介绍实践经验,面对面授课,互动性强,培训效果好。

3. 项目现场培训

对于一些技术性强的培训,采取项目现场培训方式,培训效果好。

4. 送经销商到高校参加培训

一些制造商将经销商送到高校参加相关的项目培训。如早期的伊利集团旗下的液态奶事业部曾经选送30多名优秀经销商到清华大学进行学习培训,使经销商接受现代营销理念。伊利集团负责人表示:这是基于企业可持续发展战略的长远考虑,经销商是维系企业与消费者最直接的桥梁。其眼界与素质的提高将能使企业更加深入地了解消费者的需求,这不仅有利于企业产品战略的调整和创新,也将有利于厂商及消费者的三方共赢。

5. 网上培训

网上培训具有突破时间和空间的限制、节约培训成本、培训双方互动性强、实施方式灵活便捷等特点,因而成为一些大型的供应商乐于采用的培训方式。但网上培训缺乏人与人之间面对面的交流,尤其是缺乏渠道成员之间的相互交流和沟通,培训效果受到一定的影响。

8.2.4 渠道成员认证

对渠道成员的认证是目前IT行业渠道管理中通行的做法,并常常与培训紧密相连。

1. 认证的分类

对经销商的认证大致可以分为三类:销售性认证、技术性认证及服务认证。

(1) 销售性认证。

销售性认证是以经销商的销售业绩为主要评价指标。它主要根据经销商的规模业绩分为不同类别,为不同类别经销商提供差异化的支持。同时销售性认证也有助于衡量厂商与其不同经销商之间关系的紧密程度,从而使厂商可以更好地使用其有限的资源。

例如,微软将其普通经销商分为两类:一是"经销商联盟"会员,二是"核心经销商"。加入经销商联盟的微软产品经销商必须交纳几千元的会员费,微软通过这个形式来界定它的经销商。这样做的目的有二:一是规范经销商队伍,二是希望能给经销商以更好的支持。由于代理商的培训和提供最新的软件产品都需要费用,微软通过入会认证、设立门槛的形式更好地从众多销售其产品的经销商中区分出愿与微软长期合作的伙伴,从而实现资源和支持的集中投放。总体来说,销售性认证有利于厂商更好地净化渠道、管理渠道,更有效地使用资源。对经销商来说,获得更高级别的销售认证意味着得到厂商更好的支持。这种支持包括更好的价格、更多的培训机会等。但目前,纯粹的销售性认证已经有弱化的趋势。一方面,供应商越来越重视经销商的忠诚度,一些新兴的供应商甚至将经销商100%忠诚放在选择渠道的第一位。单纯靠销量已经不再能取得供应商的一贯支持。另一方面,竞争到今天,问题的关键在于谁有客户,谁能把握客户。而纯粹的销售性认证主要发生在供应商与渠道商之间,对客户并不具备实质的意义,因而不少公司并未设立或已经弱化纯粹的销售性认证。

(2) 技术性认证。

技术性认证关注渠道成员的技术实力和支持能力,技术含量越高的产品,对渠道成员的技术认证越必要。思科公司的技术认证较具有代表性,下面通过对思科公司技术认证的介绍来了解技术性认证。

思科有十分丰富的产品线,其认证政策也十分周密。思科有对工程师的认证,也有对销售商的认证。对工程师的认证售后支持系列由低到高的顺序是:CCNA、CCNP、CCIE。思科对集成商或销售商的认证是一个金字塔结构:由上而下是金牌代理、银牌代理、认证代理商。认证标准主要有三方面:目前,思科在中国有24家金牌代理;更多的是银牌代理、认证代理等。对于金牌代理、银牌代理和高级认证代理,其营业额最低限分别为600万、200万和50万元人民币,这是一个很容易达到的数字。支持能力的要求是,金牌伙伴要有呼叫中心,提供每周7×24小时的技术支持能力;银牌伙伴要能够提供每周5×8小时的技术支持能力。金牌代理至少要有4名CCIE,银牌2名,同时要有一定数量的其他级别认证工程师。

(3) 服务认证。

服务认证则主要是对一家经销商服务能力的考核。随着IT业的竞争从产品、技术向应用、服务的延展,服务越来越受到供应商的重视。供应商往往会培养一些技术实力较强的经销商,并对其进行认证,通过经销商为用户提供服务。服务认证也因此应运而生。

以方正科技为例,方正科技专门成立了技术服务公司,并以服务为主线对旗下的经销商进行分类。第一个层级是服务联盟。所有方正科技的授权代理商,只要具有加入这一联盟的意愿都可加入,所有申请加盟的授权代理商都要通过国家有关的服务行业资格考试,并遵守方正科技有关的服务政策。经销商通过相应的考试认证后,方正将向其发放《方正科技"全程服务"联盟成员资质证书》,并为其提供包括定期发放新产品技术资料、定期组织各种形式的技能培训、向有购买意向的用户优先推荐联盟成员在内的各种服务。第二个层级是方正科技"全程服务"授权服务商。授权服务商能为用户提供更全面的服务。目前,方正在全国约有300家授权服务商。

2. 认证的作用

对认证存在的行业来说，认证起着规范行业标准的作用。

对厂商（认证标准制定者）来说，认证有以下作用。

（1）认证形成技术壁垒，提高了竞争门槛。

企业纷纷推出自己认证的原因就在于制定某种标准，并使自己的标准尽可能地被社会所接受。如在国内，华为是首家推出全套完善的认证体系的供应商，网络市场竞争激烈，技术要求高，华为要打破思科的垄断就必须首先建立自己的自有知识产权的认证体系。

（2）认证有利于规范渠道。

在这方面，认证具有三个功能。第一，分类功能。如IBM在服务器方面通过认证将代理商分为两类：认证行业代理商和区域经销商。对认证行业代理商，IBM主要希望其攻行业；而对区域经销商，IBM则主要希望其开拓中小城市的三、四级市场。IBM对认证行业代理的支持主要是对项目的技术支持、销售方面的价格支持，对区域经销商的支持主要是市场基金的支持，满足中低端产品向中低用户的推广。第二，汰劣功能。供应商往往每年都会对其代理商进行重新认证，通过相关的认证考核，吸纳核心的经销商，汰劣不能达到供应商要求的代理商。第三，资源调配功能。由于资源的稀缺，供应商往往需要合理调配资源。有调查发现，供应商往往将80%的精力投注在20%的代理商上，对这20%的代理商，供应商不仅要提供物质资源上的支持，甚至需要占用供应商大部分的时间。认证为这些资源的调配提供了合理的依据和公平的标准。

（3）认证是供应商控制经销商的手段。

要通过供应商的各种级别的认证，获得厂商更多的资源和更大的支持，经销商必须将其大部分资源倾斜到这一供应商身上，形成对该供应商的依赖。另外，供应商通过各种级别的认证合理地将大部分资源分配到获得高级别认证的经销商上，对没有获得认证或仅获得较低级别的经销商另眼相看。这样，通过认证，供应商吸引经销商将其大部分资源和能力投入到自己身上。

对经销商来说，认证作用如下。

① 通过认证可以获得厂家的政策和资源支持。对经销商而言，在获得不同级别认证的背后是来自厂商的不同级别政策和资源的支持。如思科公司，得到高级认证的代理商或集成商能从厂商处拿到更好的价格、更多的信息和支持。当一种产品十分抢手时，这样的代理商肯定能获得更充足的供应。

② 技术认证有利于提高工程服务的质量。从工程角度讲，拥有更多的认证工程师更有利于项目完成。例如，经过思科认证的工程师都经过严格的笔试和实际操作考试，对所代理的产品系列有很强的应用能力，这会大大提高其工程质量，增加用户的信任感，减少售后维护的成本。

③ 认证有利于销售。认证被用户所认可，可以在经销商争取订单的竞争中起到充分的作用。认证资格至少给顾客提示以下信息：第一，我们是这个知名品牌产品的合法销售者；第二，我们的售后服务是有保障的；第三，我们的价格应比较合理。

可以说，认证是渠道的黏合剂。它不仅稳固了渠道的框架，而且加固了认证代理商与客户的关系，因为它们之间的信任度会因认证而增强。

讨论题 非IT企业的渠道是否应该开展认证工作？

8.3　渠道成员任务与利益分配

8.3.1　渠道成员任务的分配

渠道成员任务的分配是与其权利和责任的确定密切相连的，常常在招募渠道成员时就进行了明确的规定，并且通过合同的方式固定下来。制造商与渠道成员各自的权利、义务、责任的界定会依据渠道合作方式的不同而不同。但一般来说，制造商与渠道成员签订的合作协议的条款基本上要涉及以下内容。

1. 双方的任务和责任

在不同的合作模式下，制造商和渠道成员的任务和责任的确定各不相同。如麦当劳公司采取特许经营模式，总公司向加盟的特许经销商提供人员培训、促销支持、记账制度、房屋、技术协助和一般的行政管理，而加盟商必须在物资设备方面符合公司的要求，对公司的促销方案给予支持，提供公司需要的信息，并向特定的买主购买原料。

2. 价格政策

价格政策对制造商有两个含义：一是指制造商针对中间商制定的价格表和折扣细目单，使中间商能够明确自己的利益；二是指制造商针对渠道体系而制定的产品销售价格方面的要求，以避免渠道价格的混乱，市场窜货现象的发生。

3. 交易条件

在合作合同中要对交易条件进行明确的规定，交易条件具体包括付款条件、制造商的担保条件等。付款条件常常规定了支付货款的结算办法、支付时间，以及当中间商不能及时付款时与制造商的协商机制和处理办法。一些制造商常常对于付款较早的中间商给予现金折扣，以鼓励其提早付款。

制造商的担保包括产品质量担保或产品价格下跌时对中间商的风险担保。

4. 地区权利

地区权利就是对中间商销售区域的权利规定，如娃哈哈公司对特约一级经销商给予其一定地区范围内独家代理的权利，并且严格打击窜货现象，使特约一级经销商的地区权利能够得到落实和保障。

中间商不仅要明确自己的地区权利，常常也要了解制造商打算在哪些地区给其他分销商以特许权利，希望了解制造商整体的地区权利规划。

8.3.2　渠道利润分配的效率模板[①]

渠道利益分配在制造商和渠道成员的合作合同中进行了明确的规定，但如何分配更加合理仍然是制造商不断探寻的问题。

渠道利润分配的原则应该是公平原则，即渠道体系中成员的报酬应该与各成员承担的任

---

① 科兰，安德森，斯特恩，等. 营销渠道 [M]. 6版. 北京：中国人民大学出版社，2003：86-89.

务相一致。渠道的过程也是创造价值的过程，渠道成员所获得的利益要与其在渠道中创造的价值相一致。

按照公平原则，必须要了解渠道成员付出了多少成本，创造了多少价值，并且要在渠道成员中达成共识。因此，首先需要收集必要的信息，进行渠道效率分析。

安尼·T. 科兰等提出的效率模板是分析渠道成员贡献与利润很实用的工具。

效率模板基于三类信息：渠道成员在执行营销流时所做工作的种类和数量；每一个渠道流对于提供消费者所需服务产出的重要性；每个渠道成员所能分享到的渠道利润。

表8-2是利用效率模板对某建材公司渠道成员贡献和利润的分析。

表8-2 建材公司为通过零售商购买的终端用户提供服务的渠道效率模板

	渠道流权重			渠道成员执行的渠道流比例			合计
	成本	潜在收益	最终权重 X	制造商 Y	零售商	终端用户	
实物拥有	30	高	35	30	30	40	100
所有权	12	中	15	30	40	30	100
促销	10	低	8	20	80	0	100
谈判	5	低	4	20	60	20	100
财务	25	中	29	30	30	40	100
风险	5	低	2	30	50	20	100
订购	6	低	3	20	60	20	100
支付	7	低	4	20	60	20	100
合计	100		100				
标准利润份额				28%	39%	30%	100

在效率模板表上有两列：一列是渠道流权重，合计为100；一列是渠道成员执行的每个渠道流的比例。

填写渠道效率模板的第一步是给每个渠道流分配权重。最终权重的确定主要考虑两个因素：执行该渠道流的成本占全部渠道运营成本的比例；执行该渠道流所创造的价值如何。

成本栏可以通过确切财务数据计算出来。潜在收益栏是基于主观判断的，用高、中、低列出。利用对潜在收益的判断，来调整成本栏中基于成本的权重估计，得出每种渠道流的最终权重。如上例中对实物拥有渠道流潜在收益的判断是"高"，最终的权重被调到35，而不是纯粹成本权重的30。

下一步是要确定每个渠道成员在每个渠道流中所承担的份额。在上例中，渠道成员包括制造商、零售商和终端用户，这里终端用户主要是小型承包商，他们提前购买产品并且保持小批量的存货，他们执行了40%的实物拥有流，而制造商和零售商分别执行30%的实物拥有流。终端用户没有参与促销，其在促销流中分担的成本为0，而制造商和零售商各为20%、80%。

因此，制造商、零售商、最终用户所获得的渠道利润的比例（标准利润份额 normative profit share）分别为：28%、39%、33%。计算方法是表中的 X 乘 Y，如制造商：

$0.35 \times 0.3 + 0.15 \times 0.3 + 0.08 \times 0.2 + 0.04 \times 0.2 + 0.29 \times 0.3 + 0.02 \times 0.3 + 0.03 \times 0.2 + 0.04 \times 0.2 = 28\%$

要为每一个分销产品的渠道设计一个单独的效率模板，也要为每一个细分市场设计一个效率模板。在产品通过多个渠道销售的情况下，可以通过比较效率模板看出运营不同渠道的成本差别。

8.4 渠道成员的激励

渠道成员需要共同合作、密切配合，才能实现渠道目标，实现共赢。但渠道成员的管理是跨组织管理，渠道成员有各自的目标，制造商需要给予中间商激励，才能使中间商对其尽职尽责。从制造商的角度看，对中间商的激励主要有以下方面。

8.4.1 利益激励

中间商销售产品的目的是获得盈利，因此对中间商进行利益激励，增加中间商的直接利益，激励效果明显。对中间商的利益激励主要有以下形式。

1. 返利制度

返利是指厂家根据一定评定标准，对达到标准的中间商进行奖励的激励制度。根据评判标准的不同，可以分为销售额返利和综合返利，根据返利的方式不同可以分为现金返利和非现金返利，根据返利的时间不同可以分为月返、季返和年返。

（1）销售额现金返利。

销售额现金返利是最为传统、最为简单和最为典型的返利方式。它是根据中间商在销售时段内（月、季、年）完成了厂商规定的销售额，就可以按规定的比例及时享受厂商支付的现金返利。这种返利方式最受中间商欢迎，因为好处能够马上兑现，实实在在。对厂商而言，这种返利制度容易操作、易于管理。但对于厂家来说这种返利制度的弊端在于增加了现金压力，缺乏对渠道的后续控制能力。

（2）销售额货款折扣返利。

这种返利制度仍然以销售额为标准，但支付返利的方式是货款折扣，即返利不以现金的形式支付给渠道，而是让中间商在下次提货时享受一个折扣。这是目前较为常见的一种模式，采用这种返利制度，对于制造商而言能够减少自身的现金压力；同时，在对渠道的返利拉力上形成环环相扣的局面，提高了渠道后续控制能力。但这种返利制度不受中间商的认可，中间商认为这种返利制度看得见、摸不着，只是在账面上存在，因此，回应这种返利制度的积极性不高。

（3）综合返利。

指厂家通过考察中间商的综合情况进行返利的政策。综合情况包括销售量、铺货率、安全库存保有量、区域销售政策的遵守、配送效率、及时回款情况、售后服务、价格执行、终端形象，如终端位置、装修、生动化等，根据这些项目，设定综合评判指标和权数，进行定量考核，以此为标准，给予返利奖励。这种返利制度考核全面、公平，有利于中间商在渠道中的规范运作和渠道的长久发展。但这种返利制度操作起来烦琐，对中间商的激励也不够直接有效。

总之，返利制度的设计是希望推进销售和渠道建设；同时，又能够使制造商在渠道关系中获得一定的主动权。它只可能是一种补充的激励制度，在销售困难的情况下，中间商是不可能为了获得一定返利而冒库存积压风险的。

2. 职能付酬方案

制造商根据中间商完成的职能、相应的业绩及合作程度给予报酬激励。如制造商不是将35%的佣金直接付给分销商，而是安排这样一个奖励计划：如完成基本销售任务付20%，保持60天的存货付给5%，按时付款付5%，提供消费者购买信息再付5%，以激励中间商对单项任务的完成。

3. 补贴政策

针对中间商在专项职能中所付出的能力，给予奖励性质的各种专项补贴。如广告补贴、商铺陈列补贴、新品推广补贴等。

4. 放宽回款条件

资金流的管理对制造商和中间商而言，都是非常关键的问题，因此制造商常常将能否及时回款作为考察中间商的重要条件，并在合作协议中有明确的关于回款期限的规定。对于中间商来说，一些有实力的中间商常常将及时回款，甚至是提前付款作为其承担职能的重要内容，也是其竞争优势的表现。而对于资金实力不足的中间商来说，放宽回款条件是极大的优越条件，能够提供充分的激励。

5. 渠道建设投入

在渠道建设中进行一定的专有资产的投入，承担较长期的责任。如果制造商针对企业和分销商的关系进行必要的投资，能够在这个支持的过程中逐步建立与分销商之间的"双边锁定"。同时，这个支持本身也是对中间商的极大的物质激励。如宝洁中国公司投资1亿元人民币用于其经销商信息系统和运输车辆的配置；又如广州本田公司对4S店的投资给予一定的补贴，成为对4S店的一个特殊的鼓励政策，有的4S店投资1 000万元，能够得到广州本田公司的200万～300万元的补贴。

8.4.2 参与激励和关系激励

制造商通过和渠道成员的及时交流信息，加强沟通，让渠道成员参与到渠道计划工作中来，共同制定渠道发展规划，明确生产厂家和中间商在渠道发展的责权利关系，同时进行经常性的感情交流，发展长久的紧密关系，能够对中间商起良好的激励作用。参与激励和关系激励可以表现在以下方面。

1. 建立经常性的磋商和沟通机制或组织

建立经常性的磋商、沟通机制或组织，能够使沟通和交流工作常规化、制度化。如联想建立的"大联想顾问委员会"就是经销商参与渠道规划工作的一个交流平台，联想公司定期召开"大联想顾问委员会"会议，征求经销商们对联想渠道建设的意见和建议，共同商讨渠道发展大计，起到良好的沟通和激励的作用。目前许多企业定期召开的经销商大会，除了规划销售任务，宣传企业的渠道政策以外，也听取经销商们对渠道工作的意见和建议，参与激励的效果明显。

2. 定期的高级和中级领导层的会谈

定期的高级和中级领导层的正式和非正式会谈，操作简便，沟通效果好。

3. 遵从渠道关系建设的基本准则，致力于建设成功的渠道关系

建立成功的渠道关系，既是制造商的目标，也是中间商所希望的。而建立成功的渠道关系，需要双方都遵从一些基本准则，从制造商的角度看，自身遵从这些准则，起表率作用，

就是对中间商重要的关系激励。建立成功渠道关系的基本准则如表8-3所示。

表8-3 建立成功渠道关系的基本准则①

准则	表述
合作双方应从彼此关系中受益	建立以双赢为结果的关系，使双方都能够成功
每一方都能被尊重	关注于了解对方的文化背景（而不是资产），且要注意所有的行为
不作夸大其词的承诺	合作伙伴应真诚地建立相互的期望
对双方来说努力建立长远关系是重要的	有些行动在短期内不能很快获益，但将会有长期收获
每一方都应该花一定的时间来了解对方的文化背景	了解对方的需求，学习"内部工作关系"，欣赏对方的优势
双方应建立关系的维护人	每一方都应任命一个主要联系人，负责双方的工作
渠道保持顺畅的沟通	在主要冲突升级以前，双方能够相互信任地讨论问题
双方共同决策	避免单方面的决定，强迫一方作出决定将造成不信任的感觉

4. 开展经常性的情感沟通活动

策划开展多种形式的非正式活动，加强感情的交流，密切合作关系。这类活动包括定期的走访、节日联谊活动、财年末的答谢活动，甚至是生日祝福活动等。这类活动能够使中间商获得较强的关系需要的满足。

8.4.3 发展激励

中间商参与到渠道工作中来，进行一定的渠道投入，不仅希望短期的利益回报，还希望长期的事业发展，不断成长。因此，制造商对中间商的发展激励在整个激励体系中具有举足轻重的地位。发展激励主要体现在以下方面。

1. 产品的市场前景好，业务发展潜力大

制造商要与中间商充分沟通企业的战略愿景和市场开拓的远景目标，让中间商充分理解和认同制造商和中间商共同的事业目标，对事业发展有信心、有热情、有自豪感。

2. 制造商渠道管理工作规范有序，可以将优秀的管理方法向经销商渗透

中间商愿意和大制造商合作，不仅是因为产品流量有保证，获得好的利润，也因为大的制造商有先进的企业管理理念和管理经验，大制造商能够将先进的管理经验和方法向中间商渗透，使中间商的素质获得提高。

3. 帮助中间商成长

帮助中间商成长也符合制造商发展的长远目标，因为随着市场的扩展，企业实力的增强，要求中间商同步提高，才能提升产品的品牌形象和提高产品的市场总体竞争实力。当然，制造商实力增强以后，也可以发展实力强的新渠道合作伙伴，但渠道成员不可能完全改换，这样交易成本太大，而且风险也极大，稳妥之策是辅助原有的渠道伙伴一起成长，使渠道整体获得提高，竞争力增强。辅助中间商成长可以通过渠道培训、渠道咨询和诊断、渠道管理指导、提供成长机会等方式来实现。

---

① 宿春礼. 营销渠道管理方法. 北京：机械工业出版社，2004：132-133.

4. 共同开发新的市场机会

对于新的市场发展机会，如果能够和中间商共同开发，是提供成长激励的好途径。

8.4.4 渠道支持

制造商对渠道的各种支持措施是制造商渠道政策和渠道管理的重要内容，同时也可以看成是重要的渠道激励手段，各种渠道支持政策实际是渠道整体运作的基础，有时比实际的各种奖励措施更加重要。制造商的渠道支持政策常常有以下方面。

1. 信息支持

制造商通过给中间商提供产品相关的信息，帮助中间商提高销售能力，扩大销售量。信息服务对于 IT 企业来说尤其重要，因为经销商如果不能先于竞争对手及时掌握最新信息，就会在竞争中处于劣势；如果不能及时向用户提供最新的产品信息和准确的产品性能价格比较，就会失去用户的信任。因此，许多公司都开通专门的经销商 Internet 站点来提供相关的信息支持。如惠普公司信息产品事业部于 1998 年向各级经销商正式开通了 APCIC（Asia Pacific Channel Information Center）渠道专用站点。服务对象为惠普公司的一级和认证二级经销商。各级经销商可以从 APCIC 上获得惠普公司最新发布的产品信息、市场活动报道、服务支持等，并且一级分销商还可以通过站点查询各自的业务状况，惠普公司也能通过网页平台从经销商那里获得必要信息，在网上进行业务往来。当惠普重点开发某一产品，并将以某种策略进行市场大力推广时，经销商也要全面迅速地掌握信息，并及时配合开展自己的销售活动，抓住机遇以取得较好效益。除了 APCIC 的使用之外，惠普还向经销商提供《经销商纵横》、产品资料等大量信息资源的支持。

2. 市场支持

市场支持是指厂商围绕拓展市场而对渠道提供的一系列支持，包括广告、市场推广活动、提高核心渠道向下一级的拓展力度等。有时厂商也针对区域提供市场推广活动支持，如帮助个别区域代理召开渠道大会，从会场布置到一切的活动安排，都是厂商在做，弥补了区域代理在这方面能力的不足。

3. 技术支持和维修服务

技术支持是指厂商针对渠道在技术方面的缺陷所提供的包括技术指导、帮助渠道培训和培养技术人员等的一系列支持。通常厂商会用在大区设立专门技术支持人员的方式，对渠道提供技术上的帮助和指导。对于渠道来说，由于技术能力的相对落后，对厂商的技术支持依赖性比较强。产品线较多的厂商，通常会按照产品线划分技术支持，由不同技术人员负责不同产品线的技术支持。

维修服务是中间商销售的后盾，厂商良好的维修服务能够使中间商专心做销售，没有后顾之忧。同时，优质的售后服务能够在顾客心中树立对产品的信心，促使更多用户向经销商购买产品，并且经销商也能够赢得许多"回头客"。总之，服务完善的维修网络能够提高经销商在市场竞争中的生存能力，如惠普公司自己建立的维修网覆盖全国近 50 个重要城市，由近百家授权维修机构组成。所有授权维修中心的发展、建立都要经过严格的考核、认证，并由惠普公司各地的维修管理中心统一管理。惠普的维修和销售是独立的，强大的维修服务支持使得经销商能专心搞销售，不会担心出现一开始赚钱后来赔钱的局面，增强了经销商对惠普的信心。

4. 融资支持

融资支持是指厂商为合作伙伴提供直接的融资或帮助渠道合作伙伴借用外部资金,包括从银行、租赁公司、投资公司或上市公司等机构获取资金。

融资支持的操作方式可以是由厂商牵线搭桥为渠道伙伴寻找资金来源,或者在融资谈判过程中厂商提供信誉担保,最终帮助渠道伙伴获得所需资金。

特别关注

渠道的非承诺性利益激励[①]

对渠道成员常见的激励手段是基于销售的返利等承诺性的利益,即与渠道成员之间明确订立的基于业绩的利益提供。实际上,厂商对渠道成员的激励,在适当情况下,可以基于渠道成员所做贡献的价值,为他们提供"非承诺性利益"(unpublished benefit),以弥补书面承诺虽然公平但不灵活、没有针对性的缺陷。

所谓非承诺性利益,是指厂商事先并不向渠道成员承诺,但可以根据渠道成员的业绩灵活分配利益,如潜在客户资源的分配。非承诺性利益激励有以下优势。

(1) 在对渠道成员的期望值管理上,承诺性利益仅仅能够满足其期望值,而非承诺性利益激励能够让表现卓越的渠道成员喜出望外,大大增强渠道对于厂商的忠诚度。

(2) 非承诺性利益由于其非公开性,难以被竞争对手了解,因此更难以被克隆。完善的非承诺性利益激励规则可以成为厂家的竞争利器。

(3) 承诺性利益激励往往成为厂商的负债或义务,非承诺性利益激励可以赋予厂商更多的灵活性。

渠道成员有时对某些非承诺性利益的欢迎更甚于普通的承诺性利益。

8.5 渠道成员的绩效评估与渠道改进

制造商期望拥有稳定的渠道,但更需要拥有高效率的渠道。因此,要对渠道效率进行评价,并且据此来改进渠道。

8.5.1 对中间商的绩效评估

1. 对中间商绩效评估标准的确定

一些学者对该问题进行了专门的研究,形成了一定的理论成果。制造商对中间商绩效评估的标准主要有销售绩效、财务绩效、竞争能力、应变能力、销售增长、顾客满意、合约遵守、存货定量等方面。具体见表 8-4。

[①] 邹骅. 将渠道关系管理纳入 CRM 版图. 哈佛商业评论, 2005 (1): 70-82.

表 8-4 制造商评价中间商绩效的指标对比和说明[①]

评价指标（一级）	二级指标		目的
	路易斯·斯特恩等人的观点	劳伦斯·G.弗里德曼等人的观点	
销售绩效	*年销售量 *实现的市场占有率 *本产品经营占中间商总经营额的比例	*销售量 *实现的市场份额 *本产品经营占中间商总经营额的比例	评价中间商的销售能力和竞争能力
财务绩效	*经营利润	*经营利润	评价厂商产品对中间商的利润支持和中间商的财务能力
竞争能力	*中间商的经营技能 *经营知识 *销售队伍	无	评价中间商竞争能力
应变能力	*适时调整销售措施 *大胆进行经营创新 *努力迎接竞争挑战	*实际销售与计划的比例 *潜在客户达成交易的比率	评价其管理水平、达到目标及利用机会的能力
销售增长	*中间商成为厂商收入来源 *中间商为厂商提供收入的增长趋势	*中间商年销售增长率	评价中间商业务的成功性及未来对厂商的重要性
顾客满意	*厂商是否受到消费者的抱怨 *中间商特色化地使顾客满意 *中间商帮助厂商提供服务	*不同客户的评定登记 *一定时期的投诉次数，如每月5次	评价中间商的客户关系
合约遵守	听从指导，遵守合约	无	评价中间商的合作意识
存货定量	无	*平均存货储备	评价中间商能否满足不断变化的需求

2. 依据标准对中间商进行绩效评估

评估的具体方法可以采用加权标准法来进行，具体步骤是：确定评估标准；根据重要性为每个标准分配权数；对中间商进行打分，分数可以是 0～10 分；得分和权数相乘得出每个标准的加权分；每个标准的加权分加总，得出每个中间商的综合绩效得分。

表 8-5 展示了加权标准法的具体应用情况。

表 8-5 用加权标准法评估渠道成员的绩效

标准	标准的权数	得分	加权得分
销售绩效	0.3	7	2.1
财务绩效	0.2	6	1.2
竞争能力	0.1	8	0.8
应变能力	0.05	8	0.4

---

① 李飞. 分销渠道设计与管理. 北京：清华大学出版社，2003：205-206.

续表

标　　准	标准的权数	得　　分	加权得分
销售增长	0.05	7	0.35
顾客满意	0.1	6	0.6
合约遵守	0.1	6	0.6
存货定量	0.1	5	0.5
综合得分			6.65

用以上方法对每个中间商进行打分评估以后，就可以用综合得分的情况对中间商的绩效进行排序分析。如果在中间商数量较多的情况下，也可以对综合得分进行频率分布分析，以了解整体渠道成员绩效水平。如假设有100名中间商，其综合绩效得分情况如表8-6所示。综合得分在6分以上的中间商占中间商总数的68%，综合得分在4分以下的中间商占中间商总数的14%，说明中间商总体绩效水平尚可，也有需要改进的中间商。

表8-6　100名中间商综合绩效分值的频率分布

综合绩效分值范围	中间商数量	累计百分比
8~10	13	13%
6~<8	55	68%
4~<6	18	86%
2~<4	9	95%
<2	5	100%
总　　计	100	

8.5.2　渠道改进

通过对中间商的绩效进行评估以后，结果存在三种情况：完全不满意，需要进行渠道的全面改革；绝大多数中间商绩效水平尚可，少数中间商需要进行改进；完全满意。中间商绩效水平高，不需要改进，保持就可。

1. 渠道改革

如果渠道成员的绩效全部不理想，制造商需要认真分析其原因，针对原因对渠道提出综合改革计划。

① 渠道政策的完全改变。如改变渠道的价格政策、市场推广政策、渠道支持政策、铺货政策、奖励政策、信用政策等，以促进中间商绩效的提升。

② 渠道结构的调整。调整原有的渠道结构，如实施渠道扁平化改革，调整渠道的长度结构，减少中间层次，加强对渠道成员的控制。也可以调整渠道的宽度结构，如由原来的密集性分销调整为选择性分销，以提升中间商的质量，从而提高渠道成员的绩效。

③ 渠道体系的变革。完全改变渠道原有的网络系统，重新建立渠道系统，对渠道功能和任务进行重新安排，对渠道利益进行重新分配。渠道体系的完全变革涉及面大、阻力大、风险大。只有渠道面临极大危机时才可以使用。

无论是怎样程度的渠道改革，都要处理好因渠道改革而带来的冲突和摩擦；否则，会给公司带来不利的影响。

2. 针对少数中间商的渠道改进

制造商对渠道成员的综合绩效提出一个最低标准，对综合绩效不达标的少数中间商需要提出改进措施。针对制造商和中间商关系的渠道改进措施有以下内容。

① 帮助改进。少数渠道成员综合绩效不理想，制造商可以为其提供帮助，以促进其改进，这样可以加强渠道成员的合作，构建和谐关系。尤其是一些中间商是制造商的老合作伙伴，在制造商开拓市场时期立下了汗马功劳，如果制造商发展了，而将老合作伙伴抛弃，过河拆桥，不利于制造商良好信誉的建树和渠道关系的发展。因此，制造商可以采取帮助其寻找差距的原因、共同制定规划等方式，帮助中间商改进绩效。

② 提出改进绩效的建议，限期整改。对于一些合作关系一般的中间商，可以提出改进建议，限期整改。以传递一定的压力，促动其改进。

③ 降低合作层次。对于整改效果不明显的中间商，可以降低合作层次，在货品供应方面给予一定的限制。

④ 解除合作关系。对于长期改进无效果的中间商，可以终止合作关系，以提高渠道的综合绩效。

8.6 渠道治理[①]

渠道既然是产品或服务转移所经过的路径，由参与产品或服务转移活动以使产品或服务便于消费的所有组织构成。在多数情况下，它就是由许多企业参与的一种"超级组织（super-organization）"。在一条渠道中，各参与者要密切合作，共同努力才能保持渠道的高效和通畅。这就需要对渠道进行治理，因此，渠道治理是渠道参与者建立、维持和结束交易关系的约定或制度安排，以及对约定的监督和执行过程，它是一种渠道合作各方互为约束者和被约束者的跨组织治理，目的是促进企业间合作关系的稳定发展，减少摩擦与冲突，抑制针对彼此的投机行为。

渠道治理有三种治理机制：权威（authority）、合同（contract）和规范（norms）。权威机制是指渠道成员通过权力或者权力的使用来实现相互控制，该内容下一章展开论述。本节学习渠道治理中的另两种方式，即合同治理和关系治理（即规范治理），对应于交易成本理论中的正式治理（formal governance）和非正式治理（informal governance）两种机制。

8.6.1 渠道合同治理

1. 渠道合同治理的含义

渠道正式治理对应于市场治理，基于价格机制，通过独立的法人之间签订交易合同和实

[①] 庄贵军，周云杰，董滨. IT能力、合同治理与渠道关系质量. 系统工程理论与实践，2016（10）：2618-2631；张闯，周晶，杜楠. 合同治理、信任与经销商角色外利他行为：渠道关系柔性与团结性规范的调节作用. 商业经济与管理，2016（7）：55-63；詹志方，王辉，周南. 关系型治理机制与渠道资产：关系营销导向的作用. 商学研究，2018（6）：86-94.

际的市场交易来实现。因其与正式合同的使用密切相关,所以,也被称为合同治理(contractual governance)。根据《中华人民共和国合同法》规定,合同是"平等主体的自然人、法人、其他组织之间设立、变更、终止民事权利义务关系的协议"。合同法认可书面、口头和其他形式的合同。在渠道交易中,企业大多采用书面形式的合同,包括格式合同与非格式合同。格式合同指合同条款是一方当事人为了重复使用而预先拟定的、且在订立合同时未与另一方协商的合同,如特许经营合同。非格式合同则是一对一签订的,虽然可以参照各类合同的示范文本,但是非格式合同的条款是双方通过协商确定的。因为非格式合同的起草和签订需要花较长时间和投入较多的人、财、物和精力。所以,企业一般只会和重要的、预期会有持续性合作关系的企业签订非格式合同。如果非格式合同充分考虑了合作双方的诉求、关切、担忧和针对彼此的特殊要求,开列出许多合同执行的细节和只有在合同签订者之间才可能出现的问题及其解决方法,那么就是定制化的合同。一个高度定制化的合同,很难被合同签订者用于处理它们与其他合作者之间的事务。

合同治理指企业通过签订合同以及对合同执行的监督对交易关系进行的治理。在合同中,通过详细规定生产商和经销商企业应当履行责任和双方应享有的权利和义务,参与合作的流程,应承担的任务,渠道成员按劳计酬的收入和渠道内产品的所有权流动等问题来规范所有渠道成员的行为。

2. 渠道合同治理的影响因素

关于正式治理或合同治理的前因,学者们研究发现如下。

① 交易风险(资产专有性、业绩衡量的难度、环境不确定性)。资产专有性和业绩衡量的难度对企业采用定制化合同有正向影响,但是业绩衡量的难度和环境不确定性二者的交叉项对企业采用定制化合同则有负向影响,即当环境不确定性所带来的交易风险很大时,企业会失去对合同治理的信心。

② 合作伙伴对企业的单边依赖程度和二者边界人员的亲密程度对企业使用合同治理(明确的合同)有正向影响。

③ 与交易特点相关的风险(如任务互依性和交易范围)会提高企业在合同治理中使用合同的复杂程度,选择合作伙伴时对各项指标的重视程度(对合作伙伴的选择性)有中介作用。

④ 交易关系的国际化程度会增大企业对正式合同的使用。国际化程度越高,使用合同治理的可能性越大。

⑤ 企业 IT 能力对合同治理起正向作用。IT 能力指与信息(包括声音、图片、文字等形式)的获取、处理、存储和传播有关的传感、电信和电脑技术,它通常以电脑终端、电脑软硬件、数据库、网络设备和网络平台等形态出现。IT 能力可分为 IT 技术能力和 IT 人员能力。通过 IT 的使用,企业可提高获取、处理、交换、共享与保存信息等方面的能力,从而高效率地实现企业的目标。企业 IT 能力强,对于合同的订立和监督都起重要的正向作用。

3. 渠道合同治理的内容

(1) 合同的订立。

企业之间签订合同是一个要约、承诺、签约、合同生效的过程。合同的签订是渠道合同治理的关键环节。由于渠道合作双方的利益不同,各有自己的诉求、担忧和关注点,所以在谈判中要达成一致并不容易。双方的谈判代表需要反复磋商,会有大量的沟通、互动、讨价还价和文书往来。在网络环境下，很多事务性的协商和洽谈工作可在 IT 的帮助下完成。例如，在发出要约时，一个企业可通过电子邮件的方式表达合作意向，传递自己拟订的合同条款；受要约企业则可以根据要约企业拟订的合同条款，提出修改合同条款的新要约。再如，要约和新要约以电子文档的形式传递，很容易在原稿上修改，有助于合作双方快速和清晰地表达自己的关切和担忧，了解彼此的特殊要求和合作底线。

(2) 合同的监督。

企业与合作伙伴签订合同的目的，一是明确双方的权利、责任和义务，以便更好地合作；二是降低合作伙伴可能发生的投机行为给自己造成的损失。因此，签订的合同要转化为合同的执行才有意义。另外，合同治理发生作用的机制是违约后的法律制裁，而这一机制的成功运行是有条件的。从某一企业的角度看，就是在一个运行良好的法律体系内，企业能够提供法庭可验证的证据，这就需要企业对合同的执行情况进行监督。

IT 技术能够提高企业的信息储存能力，有助于企业保留合同洽谈时信息交换的原始证据（包括签订合同前的前期文件、合同书正本和履行合同过程文件等），提高企业合同档案的管理水平，由此为企业进行合同监督提供条件。如果没有 IT 技术的支持，合同档案都以纸质文本存放，既占用空间，又不易查找。当企业的合同档案数量很多时，更是如此。

4. 渠道合同治理与渠道关系质量

渠道关系质量指渠道合作者之间基于交易成败的经历而形成的一种关系状态，表现为交易双方对这一关系状态的总体评价或感知，包括合作伙伴之间的互信、彼此承诺、互依、相互理解以及彼此满意的程度等方面。它既是合作双方互动的结果，也是新一轮合作与互动的基础。高质量的渠道关系不但使合作双方能够获得商品交易带来的利益，而且使交易关系更加稳定和长久。

两家企业之间合同的定制化，反映合同适用于两家企业之间合作或交易的状况，通过合同的签订过程，合同的定制化可以影响渠道关系质量。如前所述，企业之间签订定制化合同是一个复杂的过程，需要双方的谈判代表进行反复的磋商，这一过程有助于双方加深了解，建立互信。另外，合同的定制化还可以通过合同条款详细而明确的规定影响渠道关系质量。定制化程度越高的合同，事前越是充分考虑了双方的诉求，会有更加详细而明确的条款规定双方的权利、责任和义务以及偶发事件出现时的处理方案和解决方法。这有助于双方提高针对彼此的信任和承诺。

合同监督有了解和督促的作用，即通过合同监督，企业能够了解合作伙伴的合同执行是否顺利，是否有意外情况发生，双方是否能够按要求完成合同任务；一旦发现合同执行中出现问题，能够及时解决。这有助于双方在合同执行过程中加强沟通和加深了解。另外，合同监督还是一种信号，本企业对合同的执行和完成非常重视，有专人负责监督合同的执行和完成情况，这一方面表示本企业重视与合作伙伴的关系，另一方面也是一种警示：任何针对本企业的投机行为都会被发现，本企业将予以惩罚，这有助于合同的执行和合同任务的完成，提高企业之间的合作绩效和关系质量。

8.6.2 渠道关系治理

1. 渠道关系治理的含义

渠道非正式治理因其与企业之间关系规范的使用密切相关，所以也被称为关系型治理

(relational governance)。关系型治理作为一种规范治理,是渠道成员之间达成默契,通过互信、承诺、合作等关系规则或规范,来协调双方的活动,并管理关系,从而实现相互控制。

正式合同是一种刚性的治理机制,渠道关系双方必须遵守合同的约定。根据交易成本理论,有限理性的企业是无法在合同中对未来可能发生的各种不确定性进行准确的预测,并在合同中做出约定。因而,在交易持续过程中,当交易环境存在未曾约定的不确定性状况时,合同的作用就会被限制。在这种情况下,建立在渠道关系双方不断互动基础上的关系规范,尤其是柔性规范可弥补正式合同刚性的不足。当企业间的柔性规范水平较高时,刚性合同的适应性问题就会得到渠道关系双方柔性规范的适当补充,面对环境的变化,双方愿意主动适应与调适,保证合作的稳定。

2. 渠道关系治理的实施

关系型渠道治理主要通过渠道成员之间共同制定计划和共同解决问题来实施,这是一种有效的跨组织控制方式。共同制定计划是渠道成员针对未来可能发生的事情,以及发展情况通过协商与讨论制定应对方式,明确彼此的责任和义务,以更好地进行下一步合作。共同解决问题是渠道成员基于互信、双赢和承诺水平,以讨论和协商的形式来解决已发生的争议事件。

秉持关系营销导向理念的企业,强调要与其交易伙伴以及重要利益相关者建立合作双赢、互信互惠、共同成长的长期稳定合作关系来获取可持续竞争优势。因而,企业在渠道领域执行关系营销导向,就会注重通过信任(trust)、联结(bonding)、沟通(communication)、同情(empathy)和互惠(reciprocity)、价值观共享(shared value)等要素和渠道伙伴建立合作双赢的关系,更倾向于与渠道伙伴沟通交流来共同计划和共同解决渠道领域中的相关问题。渠道实施关系治理应遵循的主要规范如下。

(1)信任。

组织间信任指组织成员对其合作伙伴的相信、认可程度。组织间信任可促进组织间的合作,增强企业间的关系。当企业很相信其合作伙伴时,会更愿意履行合同规定的义务,同时,也更愿意主动承担合同规定之外的责任,促进企业间的合作关系。

(2)团结。

组织间信任是企业单方面的意愿,只代表合作一方企业对另一方的心理预期。在长期持续的渠道关系中,如果只有制造商或经销商单方面的信任,并不能有效地形成互惠合作关系。关系治理的团结性规范是一个关于交易双方意愿的概念,双方在合作过程中考虑的是整个渠道关系本身的利益,而非企业单方面的利益,这可弥补组织间信任只能表现出单方面意愿的不足。在一个高团结性规范的环境下,双方合作意愿高,这时企业越信任合作伙伴,就越愿意承担更多的责任。相反,当企业感觉双方的团结性规范较低时,即使对对方企业比较信任,也会因为对方对合作的低意愿而不愿意承担更多的责任,只是做好合同规定内的事情。

(3)沟通。

有效的沟通可使渠道成员间实现充分的信息、知识交流和共享,使双方的期待、认知和目标逐渐趋于一致,减少角色模糊和彼此间的误解,增加双方的信任。而且,由于沟通途径较多,信息交换畅通,企业可以相对较好地评估渠道伙伴的行为,如果渠道伙伴从事投机行为,企业可更准确地获取信息,加以控制。因此,沟通可以有效地减少由于信息不对称引发的投机行为,强化渠道伙伴关系。

根据复合治理理论，渠道关系中往往同时存在多种治理机制影响渠道成员的行为和渠道绩效，不同的治理机制之间也存在着相互作用机制。在既定渠道关系中，渠道成员之间可能签订了正式的合同作为治理机制，而随着关系的持续，信任和关系规范则会慢慢产生，形成非正式的治理机制。因此，多数企业的渠道治理是合同治理、关系治理和权威治理的混合。

讨论题　渠道关系治理对渠道资产有何影响？

案例分析

某市电信运营商社会渠道分层分级管理[①]

电信运营商的社会实体渠道以网点形式存在，而其中一部分网点归属共同的经营主体（代理商），因此，某市社会实体渠道的管理重点是针对网点实行分级管理，针对大连锁代理商实行分层管理。

1. 分层分级在实施和运行过程中遵循的原则

① 公平公开原则：评定标准一致、评定过程透明；② 动态调整原则：以季度为周期进行调整；③ 业绩导向原则；④ 资源倾斜原则：等级越高待遇越优；⑤ 物质奖励与商誉激励并举原则；⑥ 风险控制原则：避免引发网点的"假连锁"行为；⑦ 省市兼容原则：确保分公司分层分级框架与省公司一致。

2. 网点分级管理

网点分级管理是根据网点的价值对其进行星级评定，不同星级匹配相应的资源和服务。网点星级的评定周期为一个季度，即每年的1、4、7、10月分别根据网点在上年第四季度、当年第一、二和三季度的经营表现，按网点星级评定办法计算综合考评分数，网点得分对应相应的星级：6星级到1星级的得分分别为：85分、65分、55分、35分、25分和0分。

网点的价值由两部分体现：网点的业绩和网点自身的客观价值。在打分的过程中，可赋予渠道管理运营人员对网点进行主观评价的权力。网点星级评定标准如表8-7所示。

表8-7　网点星级评定标准

项目		分值	计分办法
业绩类	网点新发展用户的收入	60	网点评级前12个月固话、宽带、ITV、移动和无线宽带的出账收入，须剔除SP收入。按合作年限折算单位收入，计算公式：网点评级前12个月新发展用户收入/((1+合作月数)×合作月数/2)，其中合作月数＝min（12，实际合作月数），按阈值分阶段计分： 0～150元，0～10分；150～350元，10～20分；350元～450元，20～30分；450元～600元，30～40分；600元～2 400元，40～50分；2 400元～3 000元，50～60分；60分封顶
客观类	商圈位置	15	一类商圈15分、二类商圈8分、不在商圈0分
	排他性	5	全排他5分、宣传排他或专区3分、不排他0分
	合作年限	10	满36个月10分、满18个月5分、未满18个月0分

[①] 钟广宏. 新电信竞争时代电信运营商实体渠道管理研究. 北京邮电大学，2012.

续表

	项目	分值	计分办法
主观分数	工作配合	10	默认满分。若在未事先沟通且无正当理由的情况下，网点拒绝：①按要求落实宣传布置工作，或②按要求开展促销工作，或③按要求参加经营分析或业务培训，每次扣2分，扣完即止
扣分项	违规操作	—	一般违规扣5分/宗，重大违规扣20分/宗，异常操作扣5分/宗
否决项	媒体曝光	—	市级主流媒体曝光扣30分，省级及以上主流媒体曝光直接退出

不同星级网点享受不同等级的资源配备，包括：① 网点运营补贴。② 网点业务权限：星级越高的网点配备越高的业务权限。③ 号卡配售、终端供货、宣传资源、培训支撑和促销员投入，由各渠道管理/运营部门按照资源倾斜原则区别投入。④ 各渠道员按网点星级区别投入服务工时和工作精力。

3. 大连锁合作商分层管理

分层管理内容是根据合作商的价值对其进行层级评定、资源分配和考核。某省大连锁合作商实行名单制管理，省、市级大连锁合作商的名单及分层资料分别由省、市公司统一确定和管理。大连锁合作商从合作紧密程度和价值由高到低依次分为核心层、紧密层和松散层，核心层合作商是社会实体渠道的核心，需进行重点管理和维系。

参与层级评定的市级大连锁合作商条件是：同一经营主体在全市范围内拥有10家及以上星级网点，其中至少有1家5星级或6星级网点，或拥有3家及以上4星级网点。

按照大连锁合作商层级评定办法计算综合考评分数，得分在85分及以上的为核心层合作商，得分在[70分，85分)的为紧密层合作商，得分在70分以下的为松散层合作商。代理商的价值由两部分体现：业绩和拥有网点的价值（数量、等级）。合作商评级标准如表8-8所示。

表8-8 大连锁合作商层级评定标准

指标项目	指标内容	权重	评价标准	备注
业绩类指标（60%）	上季度3个月月均移动放号量（含后付费和预付费）	40	放号量≥10 000，40分；放号量≥6 000，38分；放号量≥4 000，35分；放号量≥2 000，33分；放号量≥800，28分；放号量≥500，25分；其他情况得20分	取数同网点评级
	用户在网率	10	用户在网率≥80%，得10分；用户在网率≥70%，得8分；用户在网率≥60%，得6分；用户在网率≥50%，得4分；用户在网率≥30%，得2分；其他情况不得分	说明：分母取上一个周期最后一个月在网数，分子取考核周期最后一个月的在网数；计算公式：本考核周期网点在网用户数（号码锁定在大连锁商上一个考核周期最后一个月的在网号码）/上一个考核周期大连锁商在网的号码数
	新用户平均ARPU值	10	月均ARPU≥100元，得10分；月均ARPU≥70元，得8分；月均ARPU≥50元，得6分；月均ARPU≥30元，得4分；月均ARPU≥20元，得2分；其他情况不得分	发展了3个月的用户，平均ARPU值=（3个月的出账费用）/3；发展了2个月的用户，平均ARPU值=（2个月的出账费用）/2；发展了1个月的用户，ARPU值直接取出账费用

续表

指标项目	指标内容	权重	评价标准	备注
综合类指标（5%）	代理商门户系统接入比例	5	接入比例≥90%，5分；接入比例≥80%，4分；接入比例≥60%，3分；接入比例≥40%，2分；接入比例≥20%，1分	取考核周期上个月最后一天数据。分母门店数，分子有工号的门店数
硬件指标（25%）	月均有销量网点数量	10	有销量网点数≥300个，10分；300个＞网点数≥200个，9分；200个＞网点数≥100个，8分；100个＞网点数≥50个，7分；50个＞网点数≥10个，6分；其他情况得3分	大连锁商所属有发展量的网点数
硬件指标（25%）	核心商圈网点数占比	15	核心商圈网点占比≥50%，得15分；核心商圈网点占比≥40%，得12分；核心商圈网点占比≥30%，得9分；核心商圈网点占比≥20%，得6分；核心商圈网点占比≥10%，得3分；其他情况不得分	选择集团统一视图中的"核心商圈区"
主观分（10%）	过往合作的配合度	10	由大服务支撑的渠道经理打分	主观分

讨论题

1. 该市电信运营商社会渠道分层分级管理有何作用？
2. 电信运营商社会渠道激励的重点是什么？

案例点评

在移动互联网时代，虽然电子渠道日趋重要，但线下实体渠道的建设也不能掉以轻心，各类企业实体渠道和电子渠道协同工作，才能获得更好的效果。如线上做推广，线下做订单、支付和服务，利用互联网的放大效应来推动品牌的传播，为线下实体渠道充分引流，再通过实体渠道的体验性来实现销售；线下做推广和服务，线上做订单和支付，将线下实体渠道打造为体验门店，然后在网上实现销售；线上线下将推广、订单、支付、服务全部整合到一起同时开展，将便利性和体验性最直接地进行融合。而电信运营商的社会渠道是线下渠道的重要组成部分，对其进行有效管控是提升渠道绩效的重要保障，该案例展示了运营商市级公司对社会渠道的分层分级管理，绩效指标明确，可执行性强，有一定借鉴价值。

◇ 本 章 小 结 ◇

渠道管理工作涉及渠道的构建、维护和改进等各个环节的工作。构建渠道的第一步是选择渠道成员，企业必须根据渠道建设的目标和任务确定渠道成员的选择标准，然后依据规范化的方法对渠道成员进行招募和筛选。渠道成员确定以后要对渠道成员进行培训，包括企业文化培训、管理培训、技术培训、销售培训等，以使渠道成员能够按照企业的要求完成相应的渠道工作，一些管理先进的企业还对渠道成员的素质情况进行相应的认证管理，以促进渠道成员综合水平的提升。渠道管理的核心工作应该是渠道利益的分配，本章介绍了渠道成员利益分配模板为渠道成员利益的合理确定提供了一个可行的工具。本章还探讨了渠道管理工作中对渠道成员的激励、渠道绩效的评估、渠道改进，以及渠道治理问题。

本章的重点是渠道培训、渠道利益的分配、渠道激励和渠道治理。

本章的难点是渠道利益的分配和渠道改进。

学习资料

1. 安妮·T. 科兰，埃林·安德森，路易斯·W. 斯特恩，等. 营销渠道. 7 版. 北京：中国人民大学出版社，2008.
2. 庄贵军，周云杰，董滨. IT 能力、合同治理与渠道关系质量. 系统工程理论与实践，2016（10）：2618-2631.
3. http：//www.zdnet.com.cn/bizstrategy/marketing/service/story/0.3800029780.39176893-4.00.htm.

中英文关键词语

1. 渠道成员的选择　　selection of channel members
2. 招募　　recruiting
3. 效率模板　　efficiency template
4. 渠道成员的培训　　training of channel members
5. 渠道成员的激励　　motivation of channel members
6. 渠道成员的评估　　evaluation of channel members
7. 渠道改进　　modifying of channel

思考题

1. 制造商选择渠道成员的标准有哪些？
2. 渠道成员培训的内容和方法有哪些？
3. 渠道认证分为哪些种类？
4. 什么是渠道利润分配的效率模板？如何运用？
5. 制造商如何对渠道成员进行激励？
6. 渠道支持通常包括哪些内容？
7. 如何对中间商进行绩效评估？
8. 渠道治理有哪些形式？

自测题

判断正误，说明理由。

1. 在渠道成员的选择中制造商起决定性作用。

2. 渠道成员培训主要是技术培训。
3. 渠道任务的承担情况是渠道利益分配的基础。
4. 绩效差的中间商必须要解除合作关系。

第 9 章

渠道控制与冲突管理

宝洁中国公司的渠道控制①

1. 公司背景

始创于 1837 年的宝洁公司，是世界最大的日用消费品公司。2017 年财政年度，公司全年销售额为 662.17 亿美元。在《财富》杂志评选出 2018 年全球 500 家最大工业/服务业企业中，排名第 42 位。宝洁公司在全球 70 个国家和地区开展业务，在全球经营的 65 个领先品牌畅销 180 多个国家和地区，每天为 50 亿的消费者服务。宝洁公司的产品品类有美容美发、居家护理、家庭健康用品、健康护理、食品及饮料等十大品类。宝洁公司拥有全球技术中心 28 个，十亿美元品牌数 25 个。

2. 宝洁公司在中国的渠道控制

宝洁公司在中国的渠道管理和控制可以分为以下阶段，如表 9-1 所示。

表 9-1 宝洁公司在中国的渠道演变

时　期	渠　道　策　略
初入中国市场	国营的百货批发站、供销社或工贸公司
1996—1997 年	执行以密集分销为主的渠道拓展计划，增加了很多小分销商，在一个城市用很多分销商
1999 年 7 月开始	推出"宝洁分销商 2005 计划"，对小分销商进行整改，加强了和卖场的合作，再次强化了对终端的控制
2009 年后	2009 年开辟电商渠道，开始采用线上+线下的销售渠道

① 宝洁在进入中国的初期，其选择分销商的标准并不严格，基本都是国营的百货批发站、供销社或工贸公司。这些传统的贸易企业在多年的计划体制中，建立了层层的商业辐射网络，自省级站、市级站、县级站一直到村级供销社。这个商业网络帮助了宝洁公司最初的业务发展，海飞丝、飘柔的成功推广，就有这个网络的卓越贡献。

② 1996—1997 年，宝洁开始执行以分销为主要目的的拓展计划，增加了很多小分销商，在一个城市用很多分销商，目的是铺到尽量多的店。此时，宝洁公司的渠道架构是：销售部

---

① 宋雪莲. 宝洁"清洗"分销商谁比谁更痛. 中国经济周刊, 2005 (33); 徐春梅. 宝洁整改分销商. 上海市场营销网, 2005-8-22; 冉孟顺. 宝洁淘汰经销商. 上海市场营销网, 2005-8-20.

下设华南（广州）、华北（北京）、华东（上海）和西南（成都）4个销售区域。每一个销售区域配有相应的区域分销中心（regional distribution center），并有相应的后勤、财务、人力资源和营销行政人员。如图9-1所示。80%以上的销售额由分销商销售，使宝洁和分销商关系非常密切。

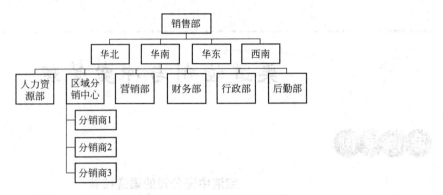

图9-1　1999年之前宝洁公司在中国的销售渠道

③ 1999年7月，宝洁公司在中国的销售渠道进行了重大的调整：客户生意发展部（CBD）代替销售部，全面负责客户生意的发展及服务工作；打破4个大区的组织结构，改为分销商渠道、批发渠道、主要零售渠道和大型连锁渠道及沃尔玛渠道；不久又将批发渠道并入分销商渠道，合并成为核心生意渠道。如图9-2所示。这种按照渠道建立的销售组织，可以使渠道员工集中精力研究该渠道的运作，成为顾问型行销专家，同时可以更好地解决对越来越重要的零售终端的服务。此时，分销商的功能也相应发生改变，宝洁公司提出了分销覆盖服务的概念。全国的分销商数目减少，由原来的300多个减少到100多个。留存分销商的覆盖区域大大增加。

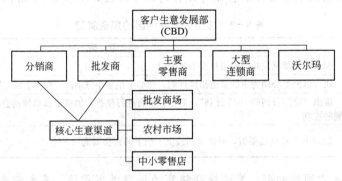

图9-2　1999年之后宝洁公司在中国的销售渠道

2004年年底，宝洁对分销商提出"专营"的要求：分销商必须独立经营宝洁的产品、独立设置账户、独立资金运作、业务员独立办公、宝洁产品拥有独立仓库等。甚至还有600万元保证金等硬性规定。因此，不能满足"专营"要求的分销商被撤换。2005年是宝洁公司分销商变化最大的年份。

整改背后是宝洁渠道的转型策略，即强化专营专注和整合区域分销商。将现有的分销商改为专营商，独立运作宝洁产品，从而实现对分销商甚至终端的有力掌控；而让一个分销商负责几个城市跨区域经营，则有利于提高产品覆盖面，并增强渠道活力。

④ 2008年宝洁公司成立电商团队，开始采用线上＋线下的渠道模式。这个阶段，中国的电子商务突飞猛进，宝洁以前采用"大量广告投放＋渠道铺货拓展"的传统方式，一度取得过中国市场份额遥遥领先的地位，但此时已不适应中国的电商渠道的迅猛发展。2008年宝洁成立电商团队，2009年，宝洁成为第一个在天猫开设旗舰店的快消品生产企业；2014年，中国成为宝洁全球最大的电商市场；2015年，宝洁开设首家天猫海外旗舰店，通过跨境电商引入在美、日、德、澳畅销的20款单品尖货。短短几年间，宝洁中国电商从无到有，迅速领涨快速消费品行业，用户总数持续双位数增长，并通过打造高端化爆款新品，加速消费升级，稳固领跑者的地位。宝洁对线上渠道的定位是：电商是宝洁推出海外新品、与消费者沟通及品牌创新的重要渠道。

问题思考 日用消费品制造商如何加强渠道控制力？

渠道管理中的一个重要任务是对渠道进行有效的控制和对渠道冲突的管理。而这两个任务又是密切联系的，如果能够对渠道进行有效的控制，就能够减少渠道冲突的发生，一旦发生了渠道冲突，也能够较好地处理和解决冲突，并且通过对冲突的处理来优化渠道工作。本章讨论这两个密切联系的主题。

从制造商的角度看，制造商希望对渠道进行有力的控制，渠道商能够遵从制造商对渠道总体的设计意图和系统安排，但渠道其他成员有其独立的利益，有时会脱离制造商的掌控，甚至反过来控制供应商，使渠道体系服从它的利益和安排，渠道系统中谁能够获得控制力，取决于渠道成员拥有权力的大小。

9.1 渠道控制的内容和程序

9.1.1 渠道控制的内容

渠道控制的内容非常广泛，可以从不同的角度来分析，如根据控制的程度来划分，可以分为绝对控制和低度控制；根据控制的重点来划分，可以分为目标控制和过程控制；根据控制的对象来划分，可以分为对分销商的控制和对终端的控制；根据控制的主体来划分，可以分为制造商的渠道控制、分销商的渠道控制和零售商的渠道控制；按照渠道功能来划分，可以分为对渠道信息的控制、对所有权转移过程的控制、对资金流的控制和对物流的控制。这里从营销组合的角度来分析渠道控制问题。

1. 对产品和服务的控制

对于制造商来说，对产品的控制主要内容如下。

① 控制产品的生产制造过程，保证产品质量的落实。

② 企业的产品相关策略能够在渠道中得到实现。如培养渠道成员对新产品的认识，接纳新产品；企业产品差异化策略在渠道中得到实现；产品的品牌管理和品牌形象能够在渠道中得到贯彻；在产品生命周期的不同阶段，对渠道进行必要的调整等。

③ 通过对中间商的监督和管理，保证能够为产品提供各种服务的数量和质量。

④ 通过与中间商合作和对中间商加强监督，不使与本企业产品有关的假冒伪劣产品通

过中间商入市。

对于中间商来说,对产品的控制主要内容如下。

① 控制某一产品的订购数量、品种、规格和质量。

② 产品质量保证的落实。与厂家明确关于产品质量的保证,产品的安装、维修、破损产品的处理等责任。

③ 提供合格产品的售前、售中和售后服务。

④ 严把进货关,杜绝假冒伪劣产品进入市场。

2. 对价格的控制

制造商对价格控制的主要内容是：监督和控制自己产品的批发价格和零售价格；确保企业的定价策略在渠道中得到贯彻落实；监督和控制中间商对于企业折价政策的落实情况。

中间商对于价格控制的主要内容是：根据市场情况和供货合同,确定或建议产品的批发价格和零售价格；落实生产商的折价政策；防止生产商制定对自己不利的价格歧视政策。

特别关注

谨防返利制度对渠道价格政策的不利影响

制造商希望对终端的销售价格有控制力,不希望出现终端价格混乱的现象。往往想尽办法来控制终端的销售价格,如采取在商品包装上打上建议零售的价格或发布指导价等方式。可是,有时其他方便的政策不配套,有可能使控制终端价格的措施功亏一篑。如作为对中间商激励措施之一的返利制度,有可能就成为破坏终端销售价格政策的罪魁。以汽车销售为例可见一斑。

我国汽车经销商大多属于买断经营,这是高投资、高风险、高利润的生意。但随着价格大战的愈演愈烈,经销商把本来的赢利部分——厂家给出的返利点,提前拿出来拼价格,增加销量。一般来讲,厂家的返利是有各种附加条件的,如按年销售数量完成情况进行返利,返利率是汽车总价格的3%~5%不等。这促使本来已经是微利的商家为了争取更大的利润空间,不得已把这部分差额提前拿出来,以此刺激消费者,达到增加销售数量的目的,再向制造商争取更大的返利空间。导致市场上汽车的销售价格几乎和厂家的出厂价格相等,商家的利润就指望返利,甚至低于返利；同时导致不同的商家销售价格差异大,销售量大、返利多的商家能够将价格定到最低,以获得更大的销售量和更大的返利；销售量小的商家得到的返利少,价格高,最终使终端的市场价格混乱。

---

3. 对促销的控制

制造商的促销活动常常分为两种情况：一是对中间商的促销,二是对终端购买者的促销。对于中间商的促销施动者是制造商,促销活动的控制相对简单,主要是做好促销本身的工作,如确定促销目标、制订促销计划、实施促销活动、评价促销结果等。而对于终端购买者的促销活动,施动者是制造商和中间商,控制活动相对复杂,因为还涉及对中间商的控制和监督的问题。

制造商对终端购买者促销活动控制的主要内容是：根据与中间商合作协议的规定，从事产品的促销活动，或根据竞争等的需要推出产品促销活动；对促销活动的计划、实施过程和实施结果进行控制，以保证促销活动完成预定的目标；监督中间商对自己产品的促销活动和促销方式，保证制造商的促销活动得到中间商的贯彻和落实；对中间商自主安排的本产品促销活动进行监督，尽量避免自己的产品成为商家打折的牺牲品。作为牺牲品一是导致终端价格混乱，二是影响产品的形象。如格力电器公司与销售商国美电器公司的矛盾最初的导火线就是促销方案产生的矛盾，2004年2月，成都国美在一场促销活动中将格力一款原本零售价为1 680元的1P空调挂机降为1 000元，原本零售价为3 650元的2P空调柜机降为2 650元。当时格力对被动卷入价格战相当恼火，认为国美电器是在未经自己同意的情况下，擅自降低了格力空调的价格，要求其"立即终止低价销售行为"。刚开始国美并没有理会格力的请求，继续低价销售这两款格力空调，直至格力二度致函成都国美并正式停止向他们供货，成都国美才将格力空调的价格回复正常。

中间商对于促销活动控制的主要内容是：根据与制造商合作协议的规定，实施销售地点的促销活动；根据竞争的需要，自主安排促销活动；对销售地点的促销现场进行管理；向制造商提出安排促销活动的建议。

4. 对分销过程和分销区域的控制

制造商对过程和分销区域控制的主要内容是：控制分销区域，避免不同区域渠道成员之间发生窜货等冲突；控制分销过程，避免不同渠道成员之间发生冲突；控制物流过程，保证物流通畅。

中间商对过程和分销区域控制的主要内容是：在自己的分销区域内建立分销网络；在自己分销区域内进行分销过程的控制；防止制造商的窜货行为。

讨论题 按照渠道功能来划分，渠道控制应该包括哪些内容？

9.1.2 渠道控制的程序

根据庄贵军等人的分析，渠道控制的程序可分为设计渠道控制标准、对渠道运营情况的检测和评价及渠道修正三个过程。[①]

1. 设计渠道控制标准

渠道控制标准的设计与渠道控制目标和内容密切相连，也与渠道成员的评价标准相关，可以从不同的角度来分类。总体来说，渠道控制标准基本包括以下方面：终端客户的渠道满意度标准；不同渠道之间的关系标准；渠道成员功能发挥标准；渠道成员完成任务和努力程度标准；渠道成员的合作态度和成效标准；渠道成员之间关系发展标准；渠道的覆盖程度标准；渠道总体经济效益标准等。

2. 对渠道运营情况的检测和评价

（1）对渠道运营情况进行检测。

对渠道控制的任务主要体现在对渠道运营状态的管理上，而要想对渠道运营状态进行及时的管理，就要通过收集资料，来对渠道运营情况进行了解、把握，收集资料的方法可以是了解销售业绩的统计材料、客户调查、现场观察等。

---

① 庄贵军，周筱莲，王桂林. 营销渠道管理. 北京：北京大学出版社，2004：341-343.

(2) 对渠道运营情况进行评价。

对收集的渠道运营资料和渠道检测的情况进行分析和评价，如果出现渠道的实际运营情况与控制标准不一致，要判断这种不一致的程度和性质，同时要分析原因，寻找问题的症结，并且制定解决问题的方法。

3. 渠道修正

针对渠道运行中存在的问题，进行渠道修正。渠道修正包括两个方面。一是修改渠道控制标准。渠道运行情况与渠道控制标准不一致，有可能是渠道控制标准不合实际，则纠正渠道控制偏差的办法就是修改渠道控制标准。二是改进渠道工作，指导渠道成员改变某些不当的行为，改进渠道工作效率，努力使渠道工作达到控制标准。

9.2 渠道权力

对渠道的控制，依赖于对渠道权力的运用。

9.2.1 渠道权力的概念

1. 渠道权力的内涵

渠道权力是一个渠道成员对渠道中其他成员的行为和决策变量施加影响的能力，是一种潜在的影响力。例如，一个制造商可以运用渠道权力迫使一个零售商储备其全部产品线的产品，尽管该零售商只对制造商的畅销产品有兴趣。相反，一个零售商可以运用其渠道权力迫使一个制造商提供给它货源紧缺的急需型号产品。科兰[1]等人认为，社会学中的权力概念是：随着B对A的依赖性增加，A对B的权力也相应增加。如果对A有所依赖，B就会改变它通常的行为以适应A的需求。B对A的依赖性赋予A潜在的影响力。

那么，什么是依赖性？为什么B对A有依赖性？B对A有依赖性的原因是：

① B从A处得到的效用（价值、利益和满足感）会更多；

② B所能够得到的这些效用的替代来源较少。

这两者缺一不可，如果B从A处得不到太多的价值，那么有没有替代的提供者就无关紧要；如果A能够提供给B较多的价值，而B可以容易找到其他来源的同样价值，则B对A的依赖性也低。

在渠道合作中，一个渠道成员为他们的合作者提供价值，就理所当然地认为自己很有权力。但如果他很容易被替换，则会认为他的权力是有限的。

由于渠道成员是在各自的领域里提供专业化的服务，从而共同完成渠道工作，因此，渠道成员之间实际上存在着相互依赖的关系，每个渠道成员都拥有一定的权力，但由于不同的渠道成员所提供效用的大小及其可替代程度的不同，产生了渠道成员权力大小的不同，这种差异使渠道系统的运行表现出在某一个或几个成员主导下运行的不同形态。

讨论题 在什么情况下渠道成员会高估自己的权力？

---

[1] 科兰，安德森，斯特恩，等. 营销渠道 [M]. 6版. 北京：中国人民大学出版社，2003：169.

2. 渠道中需要权力的原因

可以用博弈论中经典的囚徒困境的例子来说明渠道中为什么需要权力和控制。囚徒困境：两人合谋犯了罪，被抓住了。两个人被分别关起来进行审问，根据审问的结果量刑。如果两个人都不招供，两个都要被判 5 年监禁；如果一人招供，一人不招供，则招供者自由，不招供者判 20 年监禁；如果两个都招供，则两人都判 10 年监禁。如图 9-3 所示。

	B 招供	B 不招供
A 招供	A:10 年 B:10 年	A:0 年 B:20 年
A 不招供	A:20 年 B:0 年	A:5 年 B:5 年

图 9-3 囚徒困境

在囚徒困境的例子中，由于两个人被分别审问，避免了合作的可能性，所以对于任何一方，A 或 B 来说，面临的选择都是：如果招供，或被释放，或监禁 10 年；如果不招供，或监禁 5 年，或监禁 20 年。最后理性选择的结果是：两个人都选择招供，招供最坏的情况是监禁 10 年，监禁 10 年总比监禁 20 年要好。结果两人都被监禁 10 年，这是个选择中的次优结果，可是如果两人合作的话，就能够得到最优结果，就是被监禁 5 年。

这个理性选择的次优结果在什么情况下可以改变呢？假设有个黑社会老大，在这两个囚徒被抓住前和他们说：如果你招供，我们就要杀了你。这样，囚徒的困境问题有了改变，他们的选择是：如果招供，就失去生命；如果不招供，或被监禁 5 年，或被监禁 20 年。当然被监禁 20 年也比失去生命好，结果两个人都不招供，两人都被监禁 5 年。实现了最优选择，这就是权力的作用。当两人被监禁 5 年释放后，会感谢黑老大，是黑老大降低了他们的犯罪成本，提供了增值服务，所以他们愿意拿出部分收入来报答他[①]。

营销渠道成员必须全力合作才能给终端顾客提供好的服务。但由于渠道成员是各自利益独立的主体，有时对渠道总体有利的事情并不一定对每个渠道成员都有利，或者短期看，对某些渠道成员没有直接的利益，最大化整个系统的利润并不等于最大化每个成员的利润。因此，渠道成员有时并不能主动地配合渠道总体的行动，渠道成员常常担心自己的牺牲变成别人的收益。

在渠道成员从自己的利益出发，不寻求合作时，就是一个次优选择的问题，渠道权力可以改变选择的结果，提供增值服务。

因为如果渠道成员不合作，就不能达到渠道目标，这时需要运用渠道权力，促使渠道成

---

① 柏唯良，朱宇. 渠道：控制为王. 哈佛商业评论，2004（4）：13.

员去做本来不愿意做的事情。这种改变可能对整个渠道有利，也可能只对某个成员有利。因此，渠道权力可以用来创造价值和分配价值。

9.2.2 渠道权力结构

渠道中的权力结构与成员的依赖性相关，如果从渠道成员相互依赖的维度来考察，则渠道 A 和 B 的权力结构就可以用图 9-4 来表示。

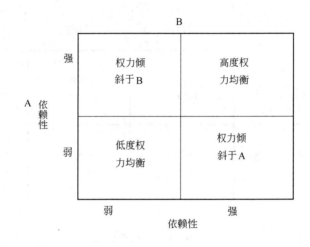

图 9-4 两个渠道成员之间依赖性维度的权力结构

图 9-4 展示了渠道成员 A 和 B 之间存在的权力结构的 4 种形态[①]。

第一，高度权力均衡。在渠道依赖结构四分图的右上角，A 与 B 之间处于彼此高度依赖的状态，这意味着双方彼此拥有高度的权力。这种状态的形成或者由于双方都在占有对方认为"有价值的资源"，都能够为对方提供高效用；或者由于双方各自"有价值的资源"的替代来源具有很高的稀缺性；或者即使存在替代来源，但由于双方之间的"双边锁定"导致了共同的高转换成本。

第二，低度权力均衡。渠道依赖关系结构的另一种极端情况是处于图 9-4 中左下角的状态，A 与 B 之间彼此低度依赖，这意味着双方彼此都缺乏对对方的权力。这种状态形成最重要的原因或许在于两者处于一个竞争比较充分的市场环境中，关系中任何一方所占有的资源对于另一方或者没有吸引力，或者能够轻易从替代来源处获得，关系的解散与重建的成本均很低。

第三，权力倾斜于 A。在图 9-4 中右下角所示的依赖结构中，B 对 A 的依赖程度高于 A 对 B 的依赖，这导致了渠道权力向 A 倾斜，A 对 B 的影响较大。这种权力结构产生的原因在于 A 掌握了更多的在 B 看来"有价值的资源"，而 B 则从 A 那里获得这些资源产生效用，并且这些资源的可替代性来源较少或是存在替代来源，但 B 由于被"单边锁定"在与 A 的关系中，转换成本较高。

第四，权力倾斜于 B。与上一种情况完全相反，处于图 9-4 中左上角的权力关系则向 B 倾斜。在这样的依赖结构中，A 对 B 的依赖程度高于 B 对 A 的依赖，这种依赖关系的直接后果就是渠道权力向 B 倾斜，B 对 A 的影响较大。

---

② 张闯，夏春玉. 农产品流通渠道：权力结构与组织体系的构建. 农业经济问题，2005（7）：29.

9.2.3 渠道权力的种类

渠道权力主要有以下种类。

1. 奖赏权（reward power）

奖赏是某一渠道成员因为改变其行为而得到的作为补偿的利益。奖赏权就是渠道成员A服从渠道成员B的影响时，B回报A的能力。回报通常以实际的经济效益的形式体现，在渠道合作中，各成员都能够获得利益，因此，渠道成员之间能够相互提供奖赏，各自具有奖赏权。在渠道关系中，奖赏权也是最有效的权力的运用。渠道成员获得奖赏权有两个关键因素：一是有能力对渠道其他成员进行奖赏；二是要让其他成员相信你会给他提供奖赏。因此，奖赏权的获得主要体现在提高实力和渠道成员的信任度方面。

2. 强制权（coercive power）

强制权与奖赏权相反，是指一渠道成员在另一渠道成员不服从自己的影响时，对其进行制裁的能力。这种制裁包括削减利润，撤销原本承诺的奖励等。

强制权常常被看成是一种攻击，会导致渠道成员的自我防卫和对立，往往不利于渠道关系的建设。但也并不是说渠道成员永远不能使用强制的方法，有时运用强制的收益会大于成本。如电子数据交换（EDI）的使用，有一半是被供应链中的其他成员强迫采用的，他们提出，如果不采取EDI，就停止向他们订货。结果，渠道中EDI的普遍采用，提高了渠道整体效益。

3. 专长权（expert power）

专长权是指一渠道成员对其他渠道成员充当专家的职能，具有其他成员所不具有的某种特殊知识和有用的专长。

专长权来自拥有宝贵的信息（包括专家判断），这些信息是渠道成员需要，但自身不具备的。专长权很难得，而且渠道管理中的专长权常常难以长久存在，因为一旦其他成员获得了专长，专长发生了转移，初始的专长权就会被削弱。因此，希望在既定渠道中长期保持专长权的公司可以采取以下措施。

一是它可以一部分一部分地转移其专长，在转移专长的同时，保留足够多的重要数据，这样其他渠道成员将不得不依赖它。二是公司要持续地投资于学习，这样它就能够不断有新的和重要的信息提供给渠道合作伙伴，持续专长权。如公司可以收集有关市场趋势、威胁和机会的知识，而这些知识是其他渠道成员难以依靠自身获得的。三是只转移定制化的信息。这意味着鼓励渠道合作伙伴投资于特定的专长，这种专长非常特殊，以至于这些合作伙伴不能轻易地把这种专长转移到其他产品或服务上。

分销商可能常常要依赖制造商在产品技术方面拥有的专长权，而制造商可能会高度依赖其他分销商、零售商以获得有关消费者需求的信息，分销商、零售商作为信息的收集者和处理者，就具有了专长权。

4. 合法权（legitimate power）

合法权来自渠道的行为准则，有时渠道成员会认为按照通常和既定的准则，遵从是正确和合适的。当其他渠道成员感到有责任去做或必须响应影响者的要求时，影响者就具备了合法权。

合法权来自法律、契约和协定，以及行业规范和某一具体渠道关系中的规范和价值观。按照科兰等人的解释[1]，合法权来自两个方面：法律上的合法权和传统的合法权。

---

[1] 科兰，安德森，斯特恩，等.营销渠道[M].6版.北京：中国人民大学出版社，2003：176-177.

法律上的合法权由政府授予，来源于一国的合同法和商法。传统的合法权来源于渠道成员按照他们在关系中确定的标准行事，依靠工作中的相互理解和形成的一些渠道规范和渠道文化。

5. 感召权（referent power）

感召权存在于这样一种情形：B把A看作是参考标准，希望能成为和A一样的类型。

感召权起源于渠道成员希望被认同为另一组织的愿望，这常常是出于假借声望的目的。在营销渠道中，某个组织希望被公众与另一个组织联系起来的重要原因是威望。下游渠道成员愿意支持享有较高地位的品牌以抬升自己的形象。如尽管经销商感觉到了宝洁公司的压力，但仍然愿意承受，是因为宝洁公司产品的形象能够提升经销商自身的形象，而带动其他商品的销售。上游渠道成员也会利用声望很高的下游公司的名声。为了创造和保持感召权，生产商将分销范围严格限制于选定的店铺，而下游组织则限定销售特定几个品牌的商品。

专　栏

双十一购物节的感召力①

双十一购物节起源于淘宝商城（天猫）2009年11月11日举办的网络促销活动，如今"双十一"已成为中国网购的标志性时刻，是中国消费者最盛大的购物狂欢节。

第一年的"双十一"虽只有27个品牌参加，但销售额却达到了5 200万，比平时的淘宝商城单日点销售额还要多。2018年"双十一"天猫、淘宝总成交额2 135亿元，刷新纪录。"双十一"已不是阿里电商一家的购物狂欢趴，各大电商品牌也纷纷加入，例如，京东有"1111全球好物节"，当当打出"同价1111"，其他各大垂直细分电商近年来"双十一"也均有大动作。双十一起源于阿里，为什么所有的电商品牌都纷纷加入双十一购物狂欢节？因为阿里已把"双十一购物"变成一种节日，对供应商、消费者和电商同行形成了巨大的感召力。

①"双十一"率先为网购设置了消费议程。淘宝运作的"双十一"首开了网络购物节先河，自诞生以来，经过阿里的大力运营，国内外媒体的报道和关注，已形成了强大的"双十一"影响力，形成了中国特色的购物节，成功地为消费者设置了消费议程——提示消费者在每年11月11日这天，所有商家均会推出大幅度折扣，消费者此时购物最划算。这样，其他电商平台、线下实体店已很难再营造新的"网购节"。其他电商平台纷纷加入，希望从"双十一"中分一杯羹。

②"双十一"形成了约定俗成的消费仪式和文化。社会学家所提出的"集体欢腾"概念，对理解双十一购物节具有启发意义。在氏族生活中，在特定的时期，人们会结束分散劳作的生活状态，集中到某一地点举行特定仪式；群体聚集在一起狂欢，一起做同样的事情，拥有同样的情绪。购物狂欢节是全民购物的集体欢腾，商家在特定时间点创造活动节点，带动人们疯狂购物，无论是"双十一"，还是欧美国家的"黑色星期五"都是一种购物的欢腾。

通过消费议程的设置，当购物狂欢节到来时，网民无须媒介的触发，其购物欲望在社会情绪热潮的裹挟下高涨起来，自发参与到网购集体狂欢中。对制造商而言，购物节带来了聚媒效应，单个商家做促销或折扣销售活动影响力有限，双十一购物节这样的社会事件成为媒

---

① 庐陵子村. 为什么所有的电商品牌都愿意加入双十一大战. 蓝鲸财经网，http://www.lanjinger.com/news/detail? id=79465.

体主动报道的新闻议题，这种对媒体的影响力摊薄了全体商家的营销费用。其他电商平台参与推送双十一购物狂欢，能够在购物节增大的"消费蛋糕"中分得一部分利益。

问题思考 电商平台还可以通过哪些方式获得对渠道成员的感召力？

在以上 5 种渠道权力中，可以分为强制性权力和非强制性权力。强制权是强制性权力，强制就是剥夺某种渠道成员原本拥有的东西，其余四种权力都是非强制性的权力。

9.3 渠道控制力的获得

制造商与中间商对于渠道控制力的获得和建树有不同的方式。

1. 制造商渠道控制力的获得

① 规模经济和市场份额。实力是渠道权力的根本保证，制造商资金雄厚，生产规模大，销售量大，市场份额高，就能够具有很强的讨价还价的能力。因为销售量大，市场份额高，渠道成员流量大，赢利空间大，具有强的奖赏力。

② 高的品牌忠诚度。顾客对品牌忠诚度高，顾客需求拉动销售量的上升，一方面能够提高对其他成员的奖赏权，另一方面能够提高感召权。

③ 提供较大数量的折扣和较高的销售费用，获得强的奖赏权。

④ 提供较好的渠道培训和支持，获得奖赏权和专长权。

⑤ 对分销商进行分级管理。对紧密的分销商提供紧缺商品；对表现不佳的分销商威胁终止合作关系；对大客户进行直接交易，获得奖赏权和强制权。

⑥ 严格合同管理，获得合法权。

⑦ 采取特许经营的方式销售。通过授予特许权方式销售，在销售指导、采购、店址选择等方面获得更大的发言权，从而获得奖励权、强制权、合法权、专长权和感召权。

⑧ 建立竞争渠道或增加渠道内竞争，在同一销售区域建立新的类型的渠道，增加了现有渠道与新渠道之间的竞争，或者在现有的渠道内部，增加同类型渠道成员的数量，增加渠道内的竞争，能够使制造商减少对单一渠道和少数渠道成员的依赖，获得控制权。

⑨ 实施垂直一体化战略。制造商通过实施垂直一体化战略，自建渠道或合并和兼并现有渠道，获得渠道强制权。

⑩ 建立渠道信息系统。获得奖赏权、专长权和感召权。

2. 批发商渠道控制力的获得

① 规模经济。实力强的批发商通过规模经济，能够提高与制造商讨价还价的能力，同时对零售商能够获得奖赏权、感召权。

② 客户网络和客户忠诚度。发展客户网络，培养客户忠诚度，对制造商获得强制权。

③ 提供大批量订货折扣，对零售商获得奖赏权。

④ 成为制造商的独家代理，获得合法权。

⑤ 发展自有品牌。使供应商提供批发商品牌产品，运作自有品牌，获得渠道感召权、合法权。

⑥ 实施垂直一体化战略。通过前向一体化或后向一体化战略，获得渠道强控制力。

⑦ 控制信息。批发商掌握客户的信息及厂家的信息，通过信息控制，能够获得专长权。

⑧ 提供资金。批发商通过给制造商提供预付款，帮助制造商解决资金周转问题，通过给零售商提供商品信贷，帮助零售商解决资金周转问题，获得奖赏权和专长权。

3. 零售商渠道控制力的获得

① 顾客忠诚度。通过零售商的特色经营，获得顾客忠诚度，从而对批发商或制造商获得强制权。

② 大量销售。通过大量销售，获得一定的市场份额，获得强制权和奖赏权。

③ 品牌建设。通过商店、超市品牌的建设，获得感召力。通过发展自有品牌商品和自有品牌商品的销售，对供应商获得奖赏权和感召权。

④ 连锁经营。通过发展连锁经营，扩大商品销售，获得奖赏权和感召权。并且通过连锁企业的集中采购，获得强制权。

⑤ 签订协议，获得专项权力。一些大的终端销售商，通过签订专项协议，如与制造商签订直接供货协议，保证从厂家处获得直接供货，从而保证销售中的价格优势；签订提供专销品协议，保证独家销售某些商品。这些专项权力的获得，保证了终端的竞争优势，同时获得了渠道中的合法权。

⑥ 实施垂直一体化战略。通过实施后向一体化战略，控制商品的批发或生产，从而获得对渠道的全面控制。

⑦ 收取陈列费或其他费用。通过陈列费、新产品上市费等费用的收取，对上市的商品进行筛选，获得强制权。

⑧ 信息控制。通过对终端顾客信息的控制和研究，获得专长权。

⑨ 参加零售商行业协会。通过参加零售商行业协会，参与行业协会的活动，分享行业协会的集体争取的成果和对行业研究的成果。获得渠道中的强制权、合法权和专长权。

> **特别关注**
>
> ### 如何成为强势经销商①
>
> 成为强势经销商必须要有三个条件。一是决心——在成为强势经销商之前，有忍耐精神；成为强势经销商之后，更需要自觉学习。二是手法——既要善于做市场，又要善于反制造商的控盘。三是专业性——这是发展的方向，是自我宣传重点。
>
> （1）做市场。经销商是靠产品代理赚钱的，因此渠道扩容、增加走货能力、加速回款是经销商必须要做的工作。而这些工作的本质就是"做市场"。但很多经销商不愿做市场，担心把市场做起来后企业会不会故意冲货，企业会不会取消代理权或重新划分代理区域——如果是这样，岂不是为他人做嫁衣了？
>
> （2）反控盘。经销商应该立足在目前代理产品的基础上把市场做好，赚更多的钱。同时，经销商要通过反控盘来影响甚至控制厂家，加强自身在渠道中的影响力，使厂

---

① 韩军，郭金龙. 成为强势经销商需要什么. 中国人民大学报刊复印资料：市场营销，2004（4）：35.

家无法在市场做起来后抛弃"功臣"。再就是通过反控盘来影响甚至控制终端，以降低做市场的成本。一手做市场，一手反控盘，这就是经销商在经营上的发展方向。

(3) 专业化。在业内，要扩大影响力，经销商自身的专业性是必需的，然后是如何提高自身的营业额。因此在专业的前提下，经销商应该在规模、领域、销售模式这三个方面发展，唯此才能更好地操控市场，才会有更快的发展。

9.4 渠道冲突

9.4.1 渠道冲突的概念

渠道冲突（channel conflict）是指渠道成员意识到另一个渠道成员正在从事会损害、威胁其利益，或者以牺牲其利益为代价获取稀缺资源的活动，从而引发在他们之间的争执、敌对和报复等行为。当一个渠道成员把它的上游或下游合作伙伴视作对手时，渠道冲突便产生了。冲突意味着某种程度上的不相容。

竞争和冲突是有区别的。纯粹、健康的竞争是一种间接的、不受个人情感因素影响的、以目标或对象为中心的行为，而冲突是一种直接的、受个人情感因素影响的，以对手为中心的行为。竞争和冲突之间最重要的区别就在于是否干预对方的活动。

从本质上说，渠道冲突是经济利益冲突。渠道冲突表明了一种强大的推动力量，迫使企业管理者不断积极地检讨和提高其渠道管理状况。企业只有及时调解了渠道冲突才能达到与渠道成员的"双赢"。

9.4.2 渠道冲突的发展阶段

渠道冲突是一个渐次发展的过程，借鉴 Pondy 教授关于组织冲突的研究结果，渠道冲突也可分为 5 个发展阶段。[①]

潜在冲突阶段（latent conflict）。这是指冲突的早期潜伏状态，表现为渠道成员之间目标的差异、角色不一致以及对现实的认知差异和缺乏有效沟通等情形。它是冲突的深层诱因。

可察觉冲突阶段（perceived conflict）。渠道成员开始认识到与其他成员之间存在着潜在冲突。

感觉冲突阶段（felt conflict）。在这个阶段，开始出现以一方或多方的紧张、压力、焦虑和敌对情绪为特征的冲突，但尚未出现冲突行为。

公开冲突阶段（overt conflict）。这时表现为渠道成员之间行为上的冲突。渠道成员之间出现争执，甚至出现抵制、报复等对抗行为。

冲突余波阶段（aftermath of conflict）。表现为冲突得到解决后所产生的一些积极的或

---

① PONDY L R. Organization conflict: concepts and model. Administrative Science Quarterly, 1967 (12): 296-320.

消极的影响。

9.4.3 渠道冲突的主要表现形式

渠道冲突的类型可分为4种：水平渠道冲突、垂直渠道冲突、不同渠道间的冲突和同质冲突。如图9-5所示。

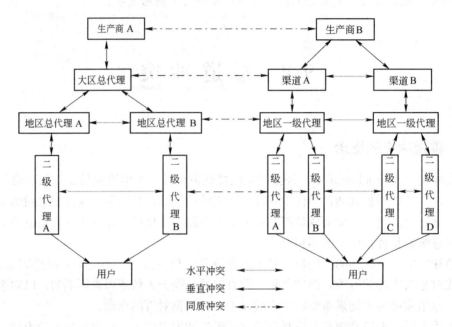

图9-5 渠道冲突类型图示

1. 水平渠道冲突

水平渠道冲突也称横向渠道冲突，是指存在于渠道同一层次的成员之间的冲突，主要是分销商之间、批发商之间及零售终端之间的冲突。

分销商之间的冲突主要表现在越区销售，即窜货（或称冲货）。所谓窜货，就是由于营销渠道中的各级代理受利益驱动，使所经销的产品跨区域销售，危害正常市场组织和经营活动，或以低价直接杀伤目标市场原已确立的价格体系，造成价格混乱，从而使其他分销商对产品失去信心，消费者对品牌失去信任的营销现象。

2. 垂直渠道冲突

垂直渠道冲突也称为纵向渠道冲突或渠道上下游冲突，是指同一渠道中不同层次之间的利害冲突，主要表现为生产厂商和分销商、分销商与批发商及零售终端之间的冲突。它一般情况下在同一区域内发生。

生产厂商和分销商之间的冲突往往在厂商希望改变销售渠道的宽度或引入新的渠道来覆盖原有的市场时产生，原先的分销商会以拖欠或拒付货款（实行信用销售时）、要求增加市场支持、降低产品的批发价等手段来抵制和打击厂商的计划及新渠道的市场信心。企业与分销商的冲突解决起来比较困难，因为冲突的主要原因是目标不同。分销商希望独家经销，并希望通过更高的毛利率、更快的存货周转率、更低的支出及更高的返利获取高额垄断利润。而企业则更愿看到分销商以相反的情况夺取更大的市场份额。

分销商与批发商及零售终端之间的冲突一般都与价格高低、市场支持的大小等利益相关。冲突发生时，批发商及零售终端往往会转移进货渠道，或者以产品退出货架、给予较差的产品陈列位置作为威胁。

▶ 专 栏 ◀

伊利公司的渠道冲突[①]

内蒙古伊利实业集团股份有限公司规模大、产品线健全，位居亚洲乳业第一、全球乳业八强。伊利在渠道管理上采取多级分销模式，全国每个大区通过分销商、经销商和零售商销售，区域市场实现了生产、销售、市场的一体化运作。某些特定产品的销售上采用直销模式。然而因分销商质量参差不齐、目标不同等造成的渠道冲突时而出现。

① 责任冲突。分销商的忠诚度是乳品企业获得持续发展的保障。然而在分销商队伍里，一些资格较老的分销商发展到一定规模后，经营态度发生转变，不愿投入全部精力销售产品，转而主推利润高和市场需求高的新产品，出现"代而不理"的现象。并且这些实力强的分销商在市场信息分销、消费者信息反馈等方面也责任缺失。厂商有时销售和售后支持不到位，品牌推广力度不足，对分销商运作指导不力，也影响合作伙伴对供货商及整个渠道的信任。

② 价格冲突。分销商在销售产品时希望有价格优势，希望厂商尽可能地让利来保证其利润，在销售过程中常扰乱厂商制订的价格秩序，不严格执行厂商的价格策略。而由于品牌、生产工艺等多方因素的制约，厂商的定价政策有刚性，有时在制定产品价格和利润指标时只考虑保证自己利益，对伙伴利益没有充分考虑，其价格政策也难以博得分销商的认同。因此，伊利公司与分销商之间往往由于各自的利益出发点和销售目标不一致而导致价格冲突。

③ 服务冲突。对于乳制品产品销售终端来说，影响销量高低的决定性因素就是保障交货周期，及时而迅速地交付产品是抢占市场的重要保证。而有的分销商不肯提前投入资金备货，有时因节假日或天气突变引起的交货周期延迟而无法履行对零售终端的承诺，丧失商机。在仓储物流服务上，伊利公司希望分销商对产品做一定量的库存准备；而分销商则希望伊利公司在办事处设立足够大的仓库，随时保证库存供应，降低自身的库存成本。厂商和分销商都从自身利益出发去思考问题，各自希望采用不同的交易方式，从而引发矛盾。

3. 不同渠道间的冲突

不同渠道间的冲突，也称为多渠道冲突或交叉冲突，是指企业建立了两条或两条以上的渠道向同一市场分销产品而产生的冲突，其本质是几种分销渠道在同一个市场内争夺同一种客户群而引起的利益冲突。

这种冲突在现阶段有所增加，这与以下几方面原因有关。首先，企业在区域市场运作中存在渠道规划不尽合理，终端过于密集和交叉，导致渠道为争夺顾客而进行价格战和促销战，产生冲突。其次，市场营销策略组合单一，没有针对不同的渠道进行相应的区隔和细分，同时渠道的日常维护简单粗放等。再次，尽管企业对不同渠道的销售政策不同，对有些

---

① 赵艳丰. 乳品企业渠道冲突解决之道, 中国乳业, 2018 (1): 14-17.

个别渠道进行倾斜，但是并没有在各个渠道成员之间进行良好的说明和沟通，导致有的渠道成员不理解。最后，本来企业对不同类型渠道的掌控力度就强弱不同，一般对大型连锁零售终端掌控力较弱，而对规模较小的传统零售终端掌控力较强，再加上对渠道成员的管理力度不够，没有形成一股强有力的凝聚力和达成理念认同及建立起以企业为主导的深度协同合作的营销价值链，结果导致渠道成员在各自短期利益的驱动下各自为政，引发恶性渠道冲突。

4. 同质冲突

同质冲突指的是在一个宏观环境的市场中一家企业的分销渠道与另一家企业的分销渠道在同一水平上的冲突。它是一种广义上的渠道冲突，往往与市场竞争相关。如处在相互竞争中的两个零售商因为相同的市场目标而产生同质冲突。又如，一个批发商与同一层次的另一个制造商的批发商之间的竞争也是同质冲突。

9.4.4 渠道冲突产生的原因

渠道成员之间发生冲突的原因多种多样、错综复杂。渠道成员在冲突公开前，一般都会压抑一段时间，一有机会就可能爆发。引发冲突的事件往往是渠道成员之间冲突的借口，真正的原因可能很模糊。渠道管理者如果将事件误认为是原因，只处理事件，而没有去除冲突的"病根"，就会给再次冲突留下隐患。

1. 渠道冲突产生的客观基础

相互依赖性是渠道冲突形成的客观基础。相互依赖性指的是两个渠道成员之间的一种相互作用，其中一方任务的完成依赖于另一方任务的成功进行。相互依赖性是专业化和社会分工的结果。越来越复杂的社会环境和高精技术的要求，使得各组织几乎不可能独立地发挥作用完成组织的目标要求，而只能扮演分工以后的较为专业化的某一具体的角色。

相互依赖关系表明，一个渠道成员行动的结果会受到其他成员的影响。正是这种相互依赖性充当了冲突的催化剂，如果一方的行动妨碍了另一方的目标的实现，那么冲突就会产生。但是，并不是说相互依赖性就一定会导致不可避免的冲突发生。事实上，相互依赖性不直接引起冲突，只是引起组织冲突的必要条件，而不是充分条件，冲突是否发生还取决于成员间的差异性和合作程度。

2. 渠道冲突产生的内在原因

具有一定相互依赖关系的渠道成员之间，差异性越大（如彼此之间对于要做什么、由谁来做和怎么做等问题），越难达成统一的协议。但由于相互依赖性关系的存在使得双方又不能置彼此之间的差异性于不顾，于是这些彼此之间的差异必然伴随着一定的意见分歧，导致冲突的最后发生。渠道成员间的差异性主要表现在以下几个方面。

（1）信息差异。

信息差异是指渠道成员所获得的信息、了解的事实之间的差异。任何一项决策或选择活动都要经过信息的收集、可行性方案的设计和方案的选择几个阶段。其中，信息的收集是决策活动的第一步，它将为整个决策活动提供各种有用的信息，整个决策活动就是建立在信息收集的基础上的。但由于各种原因，渠道成员之间所获得的信息可能存在差异。

① 信息来源的渠道不同。有自上而下的信息，上游生产商、批发商向下游批发商、零售商的信息传递；也有从下往上的信息，下游批发商、零售商向上游批发商、生产商的信息

传递；还有同级之间传递的信息，同级生产商、批发商、零售商的信息传递。有正式渠道的信息，也有非正式渠道的信息。不同来源渠道的信息会有很大的差异，如果渠道成员之间不进行沟通交流，信息差异就永远存在。

② 信息的非对称性，是指有些渠道成员拥有或掌握着某些"私有信息"，这些信息只有他们自己了解，而其他成员并不了解。其"私有信息"可能是由于这个成员的特殊地位所致，也可能是由于这个成员具有某方面的专业知识、技术专长而获得。

③ 信息传递过程中的偏差遗漏。信息在渠道成员间传递过程中往往会经过比较多的层次，每个层次的成员都会对信息进行自己的处理、筛选、解释，在此期间难免发生一定的信息偏差和遗漏现象。

④ 信息的处理方式不同。在渠道成员间传递的信息，有时只是一个简单的事实，每个成员都会对它进行一定的处理，但由于处理的方法、手段，以及在选用上的差别，也会导致信息差异。

(2) 认识的差异。

即使各方收集的信息完全相同，渠道成员由于各种原因也会有不同的结论，因为成员之间存在认识上的差异，这些认识上的差异性必然伴随着结论分歧，导致渠道中矛盾冲突的发生。一般来讲，认识的差异往往来自大、小公司对于管理的不同理解。一个大的制造商要进入新的领域，进一步扩展业务；而对于小的批发商，扩张意味着其当前控制权的丧失，往往会拒绝扩张业务。在这种情况下，大、小公司的管理层将难以达成共识，冲突也在所难免。

① 渠道成员的背景不同。渠道中的成员都有自己不同的背景、价值观念，当他们加入渠道时，原来的背景不可避免地会影响他们考虑问题的方法，导致认识上出现差异。

② 渠道成员的公司文化不同。不同的成员对于同一问题的认识必然会受到其公司文化的影响。

③ 渠道成员的地位不同。渠道成员各方所处的不同的地位，使得成员间看待问题的角度不同，一般认为，渠道的领导者是从全局、整体的利益出发，其他各级成员往往是从各自的、局部的利益出发考虑问题，作出判断。

④ 渠道成员持有不同的观念。由于各成员的经验和期望是不一样的，每个成员看待或思考问题的方法就不同。他们认为自己的观念与其他成员的观念是平等的，但是他们并没有意识到其他可能对同一事物或事件持相反的观念。如果渠道成员没有学会从其他成员的角度来看待问题，那么渠道冲突就会发生。

(3) 目标要求的差异。

虽然渠道中每个成员公司的管理层，都希望通过结成的渠道共同体来加速其目标的实现，但每个公司都是一个独立的法人，均有自己的目标，各成员的目标可能会部分重叠，也可能与其他成员的目标相反。目标不一致，主要有以下几种原因。

① 目标差异是由渠道的组织结构决定的。渠道是由一定的水平和垂直的分工而形成的具有一定功能的组织结构，处于渠道组织结构中不同位置的成员执行不同的渠道职能，有不同的目标和任务。

② 目标差异是由于渠道各级成员的本位主义造成的。为保证渠道整体目标的实现，渠

道领导者给各成员确定了不同层次的目标。但有的成员只从自己的利益出发，片面强调自己的目标，忽视了渠道的整体目标和其他成员的目标，从而造成与其他成员间的目标差异，导致冲突的发生。

③ 目标差异是由于渠道成员为达到目标，所采用的方法不同而造成的。即使成员之间的目标相容，但达到目标所采取的方法不同也会产生矛盾。如当所有成员认为业务规模扩张是必需的，但就如何实现规模的扩大可能产生矛盾，制造商会要求更好的零售位置和更多的展示空间，而零售商认为制造商的广告宣传是更好地实现目标的手段。为增加销售所采取的不一致的战术也会产生冲突。

3. 渠道冲突产生的外在原因

渠道冲突形成的外在原因主要包括以下几个方面。

(1) 信息沟通不善。

在相互依赖的渠道成员之间，彼此间存在差异，如果能够顺利地进行信息交流，相互理解，那么相互冲突的机会就比较少。然而，在任何渠道中都存在大量的不利于信息沟通的因素，如成员对于信息选择性的关注、信息在传递中被扭曲、成员间参考背景的差异、在渠道中成员所处地位的差异、成员间沟通技巧的贫乏等，这些因素无形中增加了渠道各成员之间产生冲突的可能性。例如，一方面，成员之间没有沟通或沟通不及时，当制造商想保持竞争优势，往往等到一个全国性的分销系统形成时才会宣布其新产品。而另一方面，批发商、零售商却希望尽快得到新产品的信息，从而采取相应的导入的渠道战略。

渠道信息的沟通与信息反馈的问题，同样会加剧成员之间矛盾冲突的可能性。制造商认为产品完全依赖分销商，会使其无法确切掌握终端用户的需求信息，但分销商往往出于自身的利益，只向制造商反馈对自己有利的信息，通过夸大市场疲软的程度来掩盖其自身销售能力不足的缺点或将责任归结于产品质量等因素。同样，分销商还常常抱怨制造商不重视他们的意见或不能及时对分销商的建议做出反应，采取有效的措施。

(2) 资源的稀缺性。

任何渠道都是依靠渠道内外环境所提供的资源而存在的。由于资源的稀缺性，渠道的活动必然会受到其制约，当两个或两个以上的渠道成员同时依赖于渠道的稀缺资源时，成员之间极有可能因为资源分配而发生冲突。

例如，一家生产商在决定采用间接分销渠道形式后，仍决定保留其较大的客户作为自身客户，这些大的直接用户是因为其购买量大或有特殊的服务要求，使得生产商宁愿直接交易而把余下的市场份额再交给渠道中间商，但由于工业品市场需求的 20/80 规则非常明显，分销商担心其大客户直接向生产商购买而威胁其生存。

(3) 奖励制度不健全。

为了激发渠道成员的积极性，渠道内部往往会制定相关的奖励或惩罚制度，将渠道成员的行为与渠道最终绩效结合起来。但是这种看似理所当然的制度有时却充当了渠道冲突产生的推动力之一，尤其是当奖励制度针对个体成员而非渠道整体绩效时，更容易导致冲突的产生。虽然渠道个体成员的行为是完全独立的，但渠道成员之间的行为又是相互依赖、相互联系的。

生产商在与分销商签订正式经销合约时，以试销期间的销售量加上广告、推广、促销投入后的市场销售量提升评估，最后形成一个年度目标，年初时根据完成量与目标量的比较，决定年终奖励的多少。有些生产商为确保完成年初提出的经营目标,在年中时盲目加量,超过了分销商的实际消化能力,导致分销商在完不成任务的情况下向其周边地区低价倾销,迫使其他分销商也效仿。这样一来,整个渠道就会出现无序销售。

(4) 竞争机制管理不当。

很多管理者认为,作为激励手段,在渠道管理中必须引入大量的竞争机制,成员在有压力时会有更高的工作效率,使业绩提升,只有这样才能刺激成员进步,从而使得渠道整体效率提高。在渠道里,几乎每个渠道成员都感到了一定的竞争压力和其自身生存的危机感。但是,渠道成员之间的竞争常常导致成员间的冲突增加,渠道成员之间的不良竞争会使渠道效率下降。

在同一地区内分销同一家生产商产品的经销商之间,竞争是无法避免的,协调各分销商的竞争关系有利于在这一地区渠道的有序发展,但如果竞争机制管理不善,反而会加剧各分销商的不良竞争行为。尤其是当他们为争取同一家目标客户时,相互之间出现破坏性竞争行为的趋势就更加明显,分销商间竞相压价,甚至不惜相互诋毁对方,不仅降低了产品形象,也损害了渠道成员间的关系,对这一地区渠道的健康发展极为不利。

(5) 渠道外部环境发生变化。

渠道外部环境的变化也会促进渠道内部矛盾冲突的发生。随着渠道环境的不确定性和复杂性的增加,竞争日趋激烈,渠道成员压力也越来越大,必然在渠道中产生一定的冲突。此外,在全球化的大趋势下,国际环境对企业的影响已经越来越重要,文化差异引起的冲突也不容忽视。

9.5 渠道冲突的解决

9.5.1 渠道冲突的前期防范

渠道冲突不可避免,而且适当的冲突可以使管理者认识到渠道中存在的问题,从而提高渠道绩效,因此,正确的方法不是要消除冲突而是要对冲突进行有效管理,首先就是要对渠道冲突做前期防范工作。

1. 做好分销渠道的战略设计和组织工作

第一,企业应根据市场环境的变化,力求以最低总成本达到最大限度的顾客满意,确立企业基本分销模式、目标和管理原则。第二,企业应结合自身的特点,选择由自己组织还是交由商业机构承担组织商品分销职能。一般而言,在消费市场上制造商大多采用与其他经营主体合作的分销渠道;而在生产资料市场上,常见的是企业的一体化组织模式。

2. 做好中间商的选择工作

企业选择中间商一般应把握几项原则:中间商要有良好的合作意愿;中间商要认同本企业及企业产品,要有敬业精神;中间商要有较强的市场开发能力和经营能力,有相当的实力;中间商的经营范围要与本企业的产品一致,有较好的经营场所。

3. 明确渠道成员的角色分工和权力分配

渠道成员之间应签订一项共同协议,内容包括供货、市场份额、产品质量及顾客满意等。

4. 建立渠道成员之间的交流和沟通机制

有效的沟通可减少彼此间的不理解和不信任,有利于加强合作。信息交流的方法包括信息加强型交流和信息防护型交流。信息加强型交流是指通过渠道成员之间充分的信息交流与沟通,实现信息共享,从而达到预防和化解渠道冲突的目的。信息防护型交流是指冲突双方各抒己见,互不相让,需要第三方介入来解决冲突,如调解、仲裁和诉讼等。

5. 合理使用渠道权力,防止权力滥用

渠道冲突往往与干预太多有关,而干预的基础是权力。因此,能否恰当地使用权力,关系到能否有效地避免冲突的发生。使用非强制权力有利于建立信任和加强合作,而使用强制权力往往会导致不满,甚至冲突。因此,在权力的使用上要慎用强制权力,多用非强制权力。

9.5.2 渠道冲突的后期处理

渠道冲突的后期处理旨在使冲突带来的不利影响最小化,采用什么样的方法通常依赖于权力领导权,以及冲突的实际程度和影响范围。

1. 沟通与调解

沟通与调解是解决早期冲突的有效途径。由于最初的分歧往往是潜在的或隐约感知的,因此,加强彼此之间的交流就显得尤为重要。如召集分销商参加咨询会议,及时听取反馈意见;或者进行角色互换,使不同的渠道成员更加了解对方的政策和立场,彼此间有了深入的了解,在制定决策时就能充分考虑对方的诉求从而减少双方冲突的发生。当冲突发展到双方无法再通过协商、说服等沟通方式达成谅解,双方均各抒己见,此时就可以引入第三方的调解、仲裁和诉讼等来解决,即对信息的防护型交流。沟通常有以下两种方式。

① 劝说。劝说就是渠道管理者为存在冲突的渠道成员提供沟通机会,强调共同利益,通过劝说来影响其行为。

② 谈判。谈判的目的是寻求利益的平衡点,相互理解,互相让步,停止冲突。

2. 仲裁

当渠道成员发生冲突时,由于双方是利益当事人,存在利害关系,看问题难免带有偏见,如果有一个第三方加入,主持双方的谈判,冲突往往容易解决。仲裁是双方自愿进行的,因而最后达成的仲裁协议,双方一般都能自觉履行。

3. 法律手段

冲突达到一定的程度有时就要通过法律诉讼来解决,这也意味着渠道中的领导力不起作用。诉讼需要花费大量经费,也可能旷日持久,但它是解决冲突的最有力的方式。一般情况下,冲突双方都较倾向于采用仲裁而不是诉讼去解决争端,一是为了不泄露商业机密,二是也能减少支出,维护企业形象。

4. 渠道重组

当渠道成员间的冲突已经达到无法调和的地步,而且如果这种冲突的存在已经严重影响了整个渠道系统的运行时,渠道领导者就不得不考虑进行渠道重组。在剔除某些目标严重不一致的组织，增加另外新成员或改变渠道网络设计的同时，制造商还应密切关注其他成员对此的反应，消除其紧张、恐慌的心理，避免因此而造成新的潜在冲突。

9.5.3 渠道合作：建立伙伴关系

伙伴型渠道关系是指生产企业与中间商在相互信任、目标一致的基础上，建立起的一种长期、紧密的合作关系。这种分销渠道关系实质上是产销之间的合作或联盟，但由于这种关系又不是一体化的长期合作，因此生产企业不用花费太大的成本，就可获得如同一体化的渠道优势。这种方式越来越受到各类渠道成员的认同。

伙伴型营销渠道区别于传统分销渠道的最大特点，是它改变了传统渠道中厂商之间"零和博弈"的关系，而通过厂商之间的战略性合作，将企业与分销商变成一个利益整体，即在共同发展的基础上实现"双赢"，有效降低了企业渠道运作中的市场风险。

伙伴型分销关系的联系纽带是多种多样的，如资金、高度的信任、信息反馈与共享等。

通过渠道合作，建立伙伴型渠道有以下几个步骤[①]。

1. 建立双方相互信任的体制

从传统的渠道关系向关系型渠道过渡，首先需要发展双方的相互信任，使分销商觉得你是一个可以信赖和依赖的合作伙伴。所以，企业应该表现出合作的诚意，支持中间商与企业共同发展。相互信任的结果有益于双方减少压力和交易费用，提升双方的利益，这又将导致双方的相互信任进一步加深，形成良性循环。

2. 进行双边锁定

双方可以相互投资，形成特定于另一方的专用资产。针对企业和中间商的关系进行必要的投资，在这个支持的过程中逐步建立与中间商之间的"双边锁定"。如宝洁中国公司投资1亿元人民币用于其经销商信息系统和运输车辆的配置。伙伴型营销渠道是在相互信任和目标一致的基础上，由不同层次的伙伴关系构成的一个分销网络系统。在这样的系统中，以往的客户和交易对象变为合作伙伴，通过关系特定型投资将双方结成一个利益共同体，共同致力于长期发展。

3. 建立公平合理的利益分享机制

不可否认，渠道双方合作的最终目的是使自身的利益最大化。但是如果利益分享机制不合理，就会造成伙伴型渠道濒临崩溃的危险，因为双方很可能都有"宁为玉碎，不为瓦全"的思想。

讨论题 目前渠道战略伙伴关系有哪些形式？

9.6 渠道窜货的处理

窜货（channel flow diversion），就是产品越区销售。在今天的市场上，窜货行为几乎

[①] 张广玲. 分销渠道管理. 武汉：武汉大学出版社，2005：161.

成了渠道冲突的代名词，窜货问题几乎无所不在。这也是众多生产企业最为头疼却又不得不面对的问题。

9.6.1 窜货发生的根源

出现跨区经营的根本原因是：商品流通的本性是从低价区向高价区流动，从滞销区向畅销区流动，因此同种商品，只要价格存在地区差异，或者只要同种商品在不同地区的畅销程度不同，就必然产生地区间的流动。窜货乱价的根本原因在于目前厂商之间单纯的买卖经销关系。

1. 厂商方面的原因

生产厂商盲目地向经销商加压加量，不切实际地增加经销商的销售任务。经销商为了完成生产厂商规定的销售任务，而不得不将自己经销的商品销售到其他经销商的市场上去，从而产生"窜货"现象。

一个市场到底有多少销售量，经销商事先并不清楚。其原因一方面是消费者需求总量难以确定，另一方面不同品牌的同类商品之间存在的竞争，也会将原来市场的一定需求量分割。这种现象对新产品就更是如此，生产厂商为了促使经销商大量销售自己的产品以达到早日打开市场的目的，往往给经销商较高的折扣，同时也要求经销商销售较多的商品。在年度考核上，不重过程的考核方式和平时的监督不力，也在一定的程度上纵容了经销商跨区"窜货"。

此外，销售价格体系的混乱也是造成商品"窜货"的一个重要的原因。目前，许多企业在产品价格的制定上往往采用传统的"三级批发"定价制，即总经销价格、一级批发价格、二级批发价格、三级批发价格，最后加上一个建议零售价格，在每一级价格之间都安排一定的价格折扣。这样的价格安排表面上看是很合理的，但如果总经销自己直接做销售终端，那么中间的折扣便成了总经销商的丰厚利润。这样的价格安排所产生的空间差异非常大，自然成了经销商不惜冒险跨区销售的经济动力，市场商品的"窜货"现象就在所难免了。

这里"窜货"现象与地方保护无关，这是生产厂商与经销商之间的契约关系出现的问题。由于厂商与经销商签订经销协议时，在经销商品的数量、区域权限方面的不合理约定，给这种恶意"窜货"的发生提供了可能性。

2. 经销商方面的原因

由于生产厂商将销售量与给经销商的折扣大小直接挂钩，一些经销商受高额折扣率驱使，不顾当地的市场容量的大小，向生产厂商大量要货。若在当地不能销售，那么以"倒贴差价，赔本销售"为主要特征的"窜货"就开始了。在一些市场上，会发现一部分商品的价格甚至比供应商提供的还要低得多。这种价格"倒挂"表面上看，是外地经营者在做"亏本"生意，但实际上，这些做"窜货"的经销商并不亏。这些亏损在年度考核时，却可以从生产厂商那里获得高额的折扣来弥补。为利所驱，经销商往往不惜冒险。

3. 营销人员的原因

营销人员的职业道德问题、行为不正造成"窜货"的现象比较典型，给生产厂商所造成的损害大，生产厂商不可掉以轻心。

9.6.2 窜货问题的解决

1. 厂商的对策

针对造成"窜货"的原因，作为销售渠道源头的生产厂商要有的放矢地开展工作。

采取切实有效的措施，杜绝至少也应该减少"窜货"现象，避免给企业造成不必要的损失。

① 完善渠道管理的约束机制。生产厂商在自己的销售部门设立销售渠道的管理机构，配备一定数量的、具有较强责任心的人员，在明确责任的同时给予一定的监督权力，使企业的销售渠道有人管理，有人负责。同时要建章立制，使对企业销售渠道的管理有章可循、有法可依。渠道管理人员应该经常到各地做市场调查，准确掌握第一手资料，为正确处理"窜货"提供依据。

生产厂商在建立规章制度时，应该召集各地的主要经销商商讨，在取得经销商的认同后，将有关条文列入经销合同，并将这些条文作为合同执行的保证。在外有市场检查人员、内有约束条文的控制下，使各经销商自觉按照自己的销售区域来经销商品。

② 根据实际情况适当划分市场范围，使每个经销商都有一定容量的市场。当某个销售商希望加盟生产厂商的销售系统时，在销售区域上，生产厂商的市场开发部门除了考察该商家本身的条件外，还应该到准备销售的区域去进行实地考察调研，了解当地的实际情况，比较准确地确定当地的可能销售量。根据销售情况，科学地确定中间商的销售量，使每个中间商都有一定的能力完成自己的销售任务，不用"窜货"也能获得销售奖励，按照经济区域适当划分相邻销售区域的市场范围，使每个加盟的经销商都有一定容量的市场，有一个让各个经销商相对满意的利润。

③ 应用相关技术，加强查处力度。为了在发生"窜货"现象时，能够及时查处"窜货"者，生产者可以考虑除了明标货号、批次等以外暗标批号，采取荧光喷码技术，在商品的外包装不引人注意的地方喷上肉眼看不出来的荧光漆号码，在每批次发货时，暗中记下该号码和收货人或者经销商的名称，经常派出市场调查人员，检查市场上销售的本生产企业的产品，一旦发现"窜货"的商品，可以及时比对暗码，确定这批货是由哪位经销商或经销企业手中流出的。对这类经销商或经销企业从重处罚，甚至可以撤销其经销权。

④ 工商联盟，商定合理的价格，理顺价格体系，合理分配利润。"窜货"现象出现的一个重要原因是厂家和商家，都片面强调自身的经济利益，想方设法使价格对自己有利，导致价格体系不尽合理，从而使"窜货"现象有了产生的条件。如果生产厂家和经销商结成利益均衡联盟，多协商沟通，制定出一个双方都能获得理想利润的价格方案，将能够从源头上对"窜货"现象进行有效的管理。

⑤ 加强与经销商的沟通。生产厂家可以通过业务培训等方式，增进生产厂家和经销商的联系和沟通，使双方对"窜货"现象的危害性有共同的认识，在思想认识上和行为上做到自觉抵制"窜货"。

2. 经销商的对策

造成"窜货"的原因是多方面的，除了生产厂家应注意采取相应措施以外，经销商也应该采取一些适当的措施加以防范，以减少"窜货"所造成的损失。

① 应量力而行，确定一个合理的销售额指标。经销商在与生产厂家签订经销合同时，要先进行市场调查，确定一个合适的经销数量，这个数量应该是经过努力能够完成的，而不是超过经销商的经销能力的。

② 明确经销区域，用法律的手段来防范"窜货"。经销商在与生产厂家签订经销合同

时，应该与生产厂家明确经销区域，并且在合同中明确规定出现"窜货"现象时，生产厂家应该承担的责任，这样当市场上出现了"窜货"时，经销商就可以根据经销合同要求生产厂家协助消除，还可以通过生产厂家追究"窜货"者的经济责任，并根据合同规定，要求生产厂家做一定的经济补偿。

③ 加强对经销范围内商品来源的调查。经销商要对自己经销范围内的同种商品来源进行调查，一旦发现"窜货"现象就向生产厂商举报，及时沟通、查处。

④ 提高经销商本身的素质。经销商应提高自身的素质，尽可能地提高自己的销售能力，做一些必要的宣传和公关活动，让当地的消费者尽可能去经销商的经销部购买，从而使"窜货"者没有市场。

"窜货"是一种易被忽视，但对品牌和企业经营杀伤力强的营销病症。恶性窜货事件，会使企业辛辛苦苦建立起来的营销网络毁于一旦。因此，发生"窜货"时要认真研究，及时处理，凭借稳健的市场操作来平息。

特别关注

灰色市场为何屡禁不止[①]

灰色营销（gray marketing）常常指高档产品或名牌产品通过未经授权的分销渠道进行销售。这些未经授权的分销渠道常常是不能像授权渠道那样给顾客提供众多服务的特价商店或者折扣店。

灰色市场的产品来源是：其他市场中的授权分销商和经销商。

灰色市场产生的原因是：针对不同渠道成员的不同定价。一条渠道通常超量订购以获得折扣，然后将多余部分卖给未经授权的渠道；针对不同地区市场实施不同的定价，因为税收、汇率的原因，或者是不同地区消费者对价格的敏感性不同。

灰色市场的害处有：削弱了制造商在不同市场的差异化定价能力；由于灰色市场的销售者所提供的服务水平低于授权经销商，其品牌权益可能会受到损失；灰色市场侵蚀了授权销售商潜在的销售量，并且可能对其售后服务形成压力。

但灰色市场继续存在，甚至越来越繁荣。因为不论是制造商还是销售商都从灰色市场的存在中得到好处，因此他们对灰色市场的看法也是双重的。

从供应商方面看有两个方面。①灰色市场提高了其产品的覆盖面，灰色市场能够使他们提高销售量，获得更多的利润。灰色市场使供应商能够同时服务于两个细分市场：一个是在乎购物体验（包括商品陈列、气氛、销售帮助、销售者声誉等），而不太在于价格的市场；另一个是只关心价格，对价格敏感的细分市场。价格敏感性细分市场是供应商出于利润的目的而重视的市场，但出于品牌形象的原因而不得不放弃。灰色市场使供应商在保持更高档形象的同时，秘密地服务于价格敏感性市场。②能够给被授权的经销商施加压力，使其更加努力地参与竞争。

下游的渠道成员抗议灰色市场带来的不公平竞争，但他们自己常常是灰色商品的源头。

[①] 科兰，安德森，斯特恩，等. 营销渠道[M]. 6版. 北京：中国人民大学出版社，2003：215.

案例分析

我国民航客运分销渠道冲突[①]

1986年国内第一家民航客运销售代理企业——中国航空服务有限公司成立，标志着我国民航客运销售代理市场出现，各航空公司开始建立自己的客运分销渠道。在国内民航业快速增长的背景下，民航客运分销渠道发展迅速，其销售量已占到民航全部客运销售量的80%以上。分销渠道管理成为航空公司市场营销的重要一环，但近年来，随着电子商务的发展，传统分销渠道不能适应新形势，衍生出一些渠道冲突需要解决，主要是代理费和窜货问题。

(1) 航空公司代理费支出过高。

代理费是代理商的核心收入，也是航空公司渠道投入的主要资源，航空公司竞争对手（其他航空公司）为争取渠道而竞相提高代理费，因此在航空公司、代理商、竞争航空公司三者中形成了代理费博弈关系，近年来航空公司在代理费博弈中处于不利地位，与航空公司的平均利润水平相比，代理费支出数额过大，对航空公司效益和管理极为不利。代理费支出的主要部分为散客机票代理费，平均约为机票票面价的7%，对于大型代理商，代理费高达机票票面价的10%以上，代理商的利润偏高。代理费问题也产生了业内一些不正常现象，如以代理费引发的航空公司价格战，航空公司丧失机票定价权等问题。

(2) 渠道区域管理中的"窜货"现象。

基于一般渠道管理和纸质机票时代的传统做法，航空公司普遍采用设置各地营业部，对各地的代理商进行分区域管理的办法管理渠道，包括对各区域的代理商实施不同的代理费制度，即销量越大的代理商（一般是在较大城市销售区域）代理费越高，如同样是销售三亚至广州航线，假设三亚地区的代理费是8%，而广州地区的代理费可能是10%。但目前，电子客票全面推行，网上销售已成为机票主要的销售模式，异地旅客可在网上买到本地的始发机票，机票销售已不分地域，一个区域的代理商到另一个区域销售产品的"窜货"现象已不可避免。这给航空公司的区域化管理带来极大挑战，渠道分区管理模式急待改革。区域管理制下，各区域代理费不同，造成代理人在网络平台（如去哪儿网）上以净价出售机票，如机票航空公司定价原为1 000元，假设代理费率为10%，则代理人可能为争抢市场，将代理费让利给终端旅客或二级代理商，在网上平台销售机票价格为900元甚至更低，引起代理商的不公平价格竞争，还有代理商采取一些不合法手段如擅自修改或提高航空退票、改签手续费水平，非法获利以弥补低价机票的差额，引起旅客投诉，严重影响航空公司形象和销售秩序。同时"窜货"现象也是渠道转移的一种形式，影响了航空公司对代理商真实终端客源的判断，造成渠道管理的混乱。

讨论题

互联网时代航空公司如何建设渠道和解决渠道冲突？

[①] 韩奋畴，王树恩. 我国民航客运分销渠道的现状分析与管理对策. 科技通报，2018（3）.

案例点评

为解决分销渠道中的价格冲突和窜货问题,航空公司可采取如下对策。① 建立代理费联盟,航空公司共同控制代理费水平,防止恶性竞争。考虑到各航空公司自身情况不同,在代理费控制上原则是总体控制,允许差异,以保证联盟的可执行性,实现代理费控制的长期化和常态化。② 传统渠道分区管理出现问题的根源在于代理费的地区差异,通过将代理费"前返"政策改为后返、渠道投入多元化等方式优化渠道资源的投入,避免代理费差异引发的相关问题。③ 大力拓展直销渠道。传统直销的劣势在于不能提供完整的航班信息和综合服务,优势在于航空公司影响力大,能提供一系列如个性化的值机、候机等增值服务,因此,如果直销以专业的销售公司主体出现,集旅游、商旅安排为一体,既是航空公司,又是代理人和旅行社,能为旅客提供全方位的旅游出行服务,则可提升直销的销售量。

◇ 本 章 小 结 ◇

9.1~9.3 节讨论的是渠道控制的问题,9.4~9.6 节讨论的是渠道冲突的管理。9.1 节介绍了渠道控制的内容和程序,从制造商、中间商不同的角度讨论了渠道中对产品的控制、对价格的控制、对促销的控制和对分销过程和销售区域的控制等内容。9.2 节从较深入的理论层面探讨了渠道权力的含义,渠道为什么要运用权力,以及渠道权力包括哪些具体的权力内容。9.3 节从实践的层面讨论了渠道成员如何获得渠道权力,如何运用渠道权力对渠道实行控制。尽管运用渠道权力,能够对渠道进行有效控制,但也不能排除渠道冲突的可能性。9.4~9.6 节讨论渠道冲突的类型、产生的原因、解决的方法,并且重点解剖了现实中最为普遍的一种渠道冲突:窜货问题,提出了处理窜货的解决方案。

本章的重点是渠道控制力的获得和渠道冲突的解决方法。

本章的难点是关于渠道权力和渠道冲突的理论探讨。

学习资料

1. 庄贵军. 营销渠道管理. 2 版. 北京:北京大学出版社,2012.
2. 柏唯良,朱宇. 渠道:控制为王. 哈佛商业评论,2004(4):12-15.
3. 张闯,夏春玉. 农产品流通渠道:权力结构与组织体系的构建. 农业经济问题,2005(7):28-35.
4. 侯忠义. 渠道危机. 北京:中国纺织出版社,2004.

中英文关键词语

1. 渠道控制　　channel control
2. 渠道权力　　channel power
3. 依赖性　　　dependence
4. 渠道冲突　　channel conflict

5. 窜货　　channel flow diversion
6. 潜在冲突阶段　　latent conflict
7. 可察觉冲突阶段　　perceived conflict
8. 感觉冲突阶段　　felt conflict
9. 公开冲突阶段　　overt conflict
10. 冲突余波阶段　　aftermath of conflict

思考题

1. 渠道控制的内容有哪些？
2. 渠道控制的程序是什么？
3. 渠道权力有哪些内容？渠道为什么需要权力？
4. 渠道成员如何获得渠道权力？
5. 渠道冲突的类型有哪些？
6. 产生渠道冲突的原因是什么？
7. 如何合理地处理渠道冲突？

自测题

判断正误，说明理由。

1. 渠道控制是指不同的渠道成员如何对渠道进行控制的问题。
2. 运用渠道权力能够改善渠道效率。
3. 只要是渠道冲突，就会对渠道运行产生不利影响。
4. 窜货原因是经销商不守规则。

第 10 章

营销渠道中的物流管理

顺丰冷链物流服务[①]

顺丰是国内快递龙头企业，1993年诞生于广东顺德。2016年12月顺丰速运获准登陆A股市场，2017年2月更名为顺丰控股股份有限公司，作为快递物流综合服务商，顺丰为客户提供一体化的综合物流解决方案。顺丰全业务包括物流、金融和商业三个板块，物流板块包括快递服务、冷运服务和仓储服务三个产品线，快递服务中的国际业务提供出口物流、进口物流、消费者物流和增值服务，业务遍及全球。

冷链物流泛指冷藏冷冻类物品在生产、储藏运输、销售以及送到消费前的各个环节中始终处于规定的低温环境下，以保证物品质量和性能的一项系统工程。由于生鲜类食品对食品新鲜以及运送速度的要求高，常用的方式是冷链物流，而冷链物流系统建设的投入要远远大于一般常温物流系统。打造一段式全程冷链物流是物流领域的高端业态，除了资金门槛高，对冷链的技术、装备、标准、管理、运营以及企业的社会责任，都有很高要求。顺丰是在我国覆盖范围最广的冷运宅配服务商。

顺丰冷运服务包括食品和医药冷运服务两类，食品服务产品有：生鲜速配、大闸蟹专递、冷运到家、冷运到店、顺丰冷运零担、冷运专车、冷运仓储。医药服务产品有：医药常温、医药专递、医药商配、顺丰医药零担、医药专车、医药仓储。

2014年9月，顺丰速运有限公司发布"顺丰冷运"品牌，定位是为生鲜食品行业客户提供冷运仓储、冷运干线、冷运宅配、生鲜食品销售、供应链金融等一站式解决方案。

顺丰冷运是在顺丰优选的冷链配送基础上衍生出的细分物流服务。早在2013年5月顺丰自有电商平台"顺丰优选"上线之初，顺丰就开始布局冷链物流。2013年12月，顺丰成立食品供应链事业部，逐渐推出"仓干配销"一体化的行业解决方案。在顺丰冷运面市前，顺丰已在冷运领域探索了一年多的时间，到顺丰冷运亮相时，其配合顺丰优选的生鲜配送业务覆盖已从最初的11个城市，逐步扩张到了54个城市。2014年月，顺丰成立医药物流事业部，在2015年初顺丰正式成立"冷运事业部"时，分离医药冷链和生鲜冷链资源，归入冷运事业部。

[①] 李建东. 顺丰冷运：借助资源优势，抢占行业头把交椅. 中国食品报，2016（7）.

为做好冷运板块，顺丰投入巨量资源建设仓储能力。到 2014 年年底，顺丰建成启用包括北京、上海、广州、深圳、武汉、成都和厦门 7 个城市的 10 座 B2C 冷库，近 6 万平方米的冷库投入运营，成为当时国内拥有最多 B2C 冷库的企业。同时开通 9 条冷运干线、投入 100 台以上冷链物流车辆。2015 年 8 月，顺丰上线"冷运城配""冷运专运"两款针对生鲜电商的产品，进一步完善冷运服务体系。在冷运方面织就了四大网络，即冷运仓网、冷运干线网、冷运配送网及冷运监控网。在产品服务逐步完善的同时，顺丰冷运"全冷链"的布局也日渐明晰，从而提升生鲜电商冷运物流服务水平。到 2015 年，顺丰冷运已在全国建设 20 座冷运仓。通过 20 个冷运仓之间对开的时令生鲜专机，实现生鲜食品快速中转。截至 2016 年 10 月，顺丰冷运覆盖 50 多个城市，41 条路线，2 162 个流向，贯通东北、华北、华东、华南、华中核心城市；47 座专业食品冷仓，491 辆自有冷藏车，9 877 辆外包储备冷藏车，构建了完善的冷仓网。

顺丰冷运还投入资金研发专业制冷、保鲜设备，提升保鲜效率和能力；通过行业首个冷运包装实验室，不断测试、研发和优化生鲜食品包装的最佳方案；配备全网可视化监控体系，对车辆位置、车厢温度进行实时跟踪与监控。顺丰冷运服务的客户涵盖了时令水果农商、港口水产批发商、O2O 和电商、医药与疫苗制造和经销单位等，极大地提升行业服务质量和水平。

问题思考 冷链物流管理包括哪些内容？和普通物流管理相比有何特殊性？

营销渠道的功能就是促使商品从供应商处向消费者处流转，在营销渠道的几大主要的功能流中，物流显然是关键流程。物流质量，如流程设计是否合理，物流过程是否有效决定着渠道服务产出质量和渠道成本，从而决定着企业产品的竞争力。同时，物流也是渠道功能流中相对独立而又需要很大成本投入的一项功能流，在渠道管理中，物流管理是一个独立的管理领域，物流的主要管理环节包括订单处理、运输管理、仓储管理、库存控制、物流信息管理等。

10.1　营销渠道中的物流

10.1.1　物流概念及营销渠道中的物流

物流是指物质实体从供应者向需求者的物理移动。它由一系列创造时间价值和空间价值的经济活动组成，包括运输、保管、配送、包装、装卸、流通、加工及物流信息等多项基本活动，是这些活动的集成。[①]

物流可以分为社会物流和企业物流。它具有系统性、复杂性和高成本性，是社会经济活动中必不可少的环节。社会物流即社会再生产各过程之间、国民经济各部门之间以及国与国之间的实体物流，直接影响到国民经济的效益；企业物流则影响到整个企业的经营业绩和经济效益。

---

① 赵林度. 供应链与物流管理：理论与实务. 北京：机械工业出版社，2003：108.

在营销渠道中,实体分销(physical distribution)与物流(logistics)这两个术语一直可以互换使用,这源于这样一种认识,即只有成品才是分销的内容,同时也只有成品才是营销渠道管理者所关心的。但自从20世纪80年代中期以来,关于物流的观念发生了根本性的变化。

1985年,美国物流管理委员会关于物流的定义为:"物流是以满足客户需求为目的的,为提高原料、在制品、制成品,以及相关信息从供应到消费的流动和存储的效率和效益,而对其进行的计划、执行和控制的过程。"相应的物流功能活动则包括需求预测、订单处理、客户服务、分销配送、物料采购、存货控制、交通运输、仓库管理、工业包装、物资搬运、工厂和仓库或配送中心的选址、零配件和技术服务支持、退货处理、废弃物和保费产品的回收处理等。1998年10月,美国物流管理委员会修改了物流的定义,将物流定义成供应链管理的一部分。

随着物流管理理论的深入和实践的发展,企业开始认识到整合物流功能或物流系统能够带来巨大的利益。在物流运营实践和利益的驱动下,企业逐步开始集成物流的各个子系统,形成了物流系统。可以认为,物流的概念正在不断扩展,逐步形成了现在的广义物流概念,如图10-1所示。

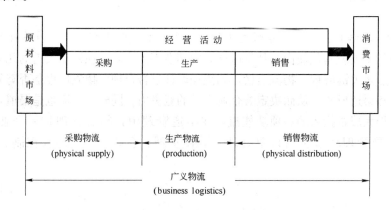

图10-1 物流的基本概念[①]

图10-1显示了广义的物流是指与企业相关的整个物流系统,包括采购物流、生产物流和销售物流。而营销渠道中的物流是狭义的物流,即指销售物流,是企业的产成品向消费者的流转。作为供应链管理中的一部分,狭义物流的过程与广义物流的特征和过程都是一致的,因为广义物流中的采购物流,实际也是供应商的销售物流。因此在本章的分析中,将营销渠道中的物流管理放到供应链管理即广义物流的大背景下研究。

> **特别关注**
>
> 云物流
>
> 云物流(cloud logistics),指基于云计算应用模式的物流平台服务。在云平台上,所有的物流公司、代理服务商、设备制造商、行业协会、管理机构、行业媒体、法律

---

① 赵林度. 供应链与物流管理:理论与实务. 北京:机械工业出版社,2003:109.

机构等都集中云整合成资源池，各个资源相互展示和互动，按需交流，达成意向，从而降低成本，提高效率。

一些专业化的科技公司、综合服务商、银行等电商产业链上的企业都可提供云物流服务。如郑州银行云物流产品定义是为商贸物流行业用户搭建的综合性服务平台，具有在线发货、在线接单、在线支付、代收货款监管和在线购买保险等功能。产品特点是帮助发货人快速找到合适的物流公司；为物流公司增加获客渠道；在平台上发生的物流订单且通过平台进行结算的，由郑州银行对代收货款进行监管，切实保障发货人的权益，杜绝物流公司卷款跑路的现象。适用客户包括商贸行业有发货需求的个人或企业、物流公司、保险公司等客户。[1]

10.1.2 物流的特点

物流始终伴随着采购、生产和销售的价值链过程。物流管理不单纯考虑从生产者对原始材料的采购，以及生产者本身在生产制造过程中的运输、销售等市场情况，而且是将整个价值链过程综合起来进行思考的一种战略措施。因此，物流有以下几个主要的特点。[2]

① 系统性。物流作为社会流通体系中的组成部分，包含了物的流通和信息的流通两个子系统。在社会流通体系中，物流与商流、资金流和信息流具有同等重要的价值，是几个内涵丰富的集成系统。

② 复杂性。由于物流在价值增值中的重要作用，使物的流通和信息流通的集成相对比较复杂。物的流通中所包含的订单处理、运输、仓储、配送、库存控制等环节并不是简单地环环相扣，而是一个具有复杂架构的物流链。

③ 成本高。在物的流通环节包含了订单处理、运输、仓储、配送、库存控制等综合成本。正是由于物流高昂的成本，才使物流被视为降低成本的"第三利润源泉"。

④ 生产和营销的纽带。物流承担着生产和营销联系的纽带。在社会化环境中，通过物流关联活动架起了企业通向市场、客户的桥梁。

讨论题 在物流系统中，物流、商流、资金流和信息流是怎样流动的？

10.1.3 物流管理的核心

物流管理的任务可以概括为5R：以最少的成本，在正确的时间（right time）、正确的地点（right location）、正确的条件（right condition）、将正确的商品（right goods）送到正确的顾客（right customer）手中。

物流管理的核心在于创造价值。良好的物流管理要求供应链上的每一项活动均能实现增值，在为顾客创造价值的同时，也为企业自身及其供应商创造价值。物流管理所创造的价值体现在商品的时间和地点效用上，以及保证顾客在需要时能方便地获取商品。

同时营销渠道中的物流管理，在为顾客创造最大价值的同时，要实现成本的最小化。

物流总成本是指实现物流需求所必需的全部开支。包括：客户服务成本、订单处理和信

---

[1] 郑州银行官网，www.zzbank.cn/enterprise/ptjr/201711/t20171121_422.html.
[2] 赵林度. 供应链与物流管理：理论与实务. 北京：机械工业出版社，2003：111.

息成本、运输成本、仓储成本、库存管理成本、批量成本等。

权衡（trade-off）是物流管理的一个核心概念。物流的任务是以尽可能低的成本为顾客做出最好的服务。由于物流活动成本之间经常存在此消彼长的关系，因此需要就物流的各个活动之间进行成本的权衡。例如，客户服务水平显然受库存状态的影响，为提高服务水平，最好是有庞大的库存，而庞大的库存的代价却是库存成本的提高。企业为实现长期盈利最大化的目标，必须不断调整客户服务水平，迎合顾客的需要，这就要求企业将其有限的资源在市场营销四要素及各项物流活动中合理配置，在不断提高顾客服务水平的同时降低总成本。

物流管理有如下核心内容：订单处理、运输管理、仓储管理、库存控制和物流信息管理。

10.2 订 单 处 理

订单处理是企业的一个核心业务流程，包括订单准备、订单传递、订单登录、按订单订货、订单处理状态跟踪等活动过程。改善订单处理过程，缩短订单处理周期，提高订单满足率和供货的准确率，提供订单处理全程跟踪信息，可以大大提高顾客服务水平与顾客满意度，同时也能够降低库存水平，在提高顾客服务水平的同时降低物流总成本。

1. 订单准备

订单准备是指顾客寻找所需产品或服务的相关信息并做出具体的订货决定。具体内容包括选择合适的厂商和品牌，了解产品的价格、功能、售后服务以及厂商的库存可供水平等信息。

减少顾客订单的准备时间，降低顾客的寻求成本，能够显著地增加企业产品的市场份额。如美国的一家医疗用品公司在1970年就给其主要客户（各大医院）提供计算机终端设备及配套软件，医院利用公司提供的终端，可以查看公司配送中心的库存信息，直接向配送中心下订单。这种改善顾客订货准备的战略行动使得该公司在市场占有率和利润方面远远超越竞争者，因为竞争者不能与医院进行如此直接、快速、准确的信息沟通。

2. 订单传递

订单传递就是把订货信息从顾客传递到产品的供应商处。订货信息传递方式主要包括三种：手工传递、电话或传真传递、网络传递（EDI/Internet）。常见的传递具体形式有以下5种：

① 顾客—（邮寄订单）—销售代表—（手工输入）公司数据库；
② 顾客—（订货）推销员—（带回）销售代表—（手工输入）公司数据库；
③ 顾客—（电话/传真订货）—销售代表—（手工输入）公司数据库；
④ 顾客—（订货）推销员—（电话/传真）销售代表—（手工输入）公司数据库；
⑤ 顾客—（网上订货）—公司数据库。

其中，①、②两种为手工传输方式，③、④两种为电话和传真传输模式，⑤为网络传输模式。

显然，网络传输（EDI/Internet）方式速度快、运行成本低、可靠性好、准确性高，沟通完全可以通过计算机直接由企业对企业或顾客对企业进行，没有人为的干预。

3. 订单登录

订单登录是指顾客订货信息转变为企业订单的过程，包括以下几个方面：[①]

① 检查订货信息的准确性，如订货编号、数量、品种、价格等；

② 检查库存状况，是否有货，是否能满足顾客订货条件等；

③ 准备延期订货或取消订单，如果不能满足顾客的订货条件，则需同顾客商议，是改变订货条件，还是延期订货，或者取消订单；

④ 检查顾客信用等级；

⑤ 规范顾客订单，把顾客的订货信息按照公司所要求的格式规范化；

⑥ 开单、准备发货单据等。

信息技术的迅速发展大大提高了订单登录的效率。条形码扫描技术的广泛使用提高了订货信息输入的速度和准确性，并降低了处理成本。借助计算机数据库使库存可供水平和顾客信用的检查等活动实现自动化处理。与传统的手工处理相比，自动化的订单登录所需的时间减少了60%以上。

4. 按订单供货

按订单供货包括货物的拣选、包装、运输安排、准备运单、发送或运输。这些活动可以并行处理，以缩短商品配送时间。

该阶段是整个订单处理过程中最复杂的部分，包括商品的配送与大量的单据处理。确定供货的优先等级对订单处理周期时间有重要影响。许多企业没有正式的确定供货优先等级的标准，操作人员面对大量的订货处理工作，习惯性地以处理简单的、品种单一、订货量少的订单为标准方式来处理一切订单，其结果往往造成对重要客户和重要订单供货的延迟。在确定供货优先等级时，以下的一些规则可供参考：按接收订单的时间先后处理；处理时间最短的先处理；批量最小的、最简单的订单先处理；按预先设定的顾客优先等级处理；按向顾客承诺的到货日期先后进行处理；货物的总价值高的先处理。

5. 订单处理状态跟踪

为了向顾客提供更好的服务，满足顾客希望了解订单处理状态信息的要求，需要对订单处理进行状态追踪，并与顾客交流订单处理状态信息。

订单跟踪随着信息技术，特别是互联网的迅速发展，已变得越来越重要。美国的UPS公司能够对每天运送的1 300万个邮包进行电子追踪。例如，一个出差在外的销售员在某地等待其公司寄来的产品样品，它可以通过UPS安排的3Com网络系统输入UPS运单跟踪号码，即可知道样品目前的位置；当需要将样品送至另一地点时，可再次通过网络指引新的投递点。

我国目前的电商订单处理及产品配送信息和快递物流信息，用户都可以方便地从电脑端和手机端跟踪查询。

6. 订单处理过程的改善

（1）改善订单处理过程的意义。

改善订单处理过程的动因主要来自两个方面。

---

① 朱道立，龚国华，罗齐. 物流和供应链管理. 上海：复旦大学出版社，2001：46.

① 从顾客角度看，顾客所购买的不仅仅是产品或服务本身，更重要的是获得价值，感受到满意。而搜寻产品信息的便利性、订货提前期的稳定性与时间长短、送货的准确性、订单处理状态跟踪等因素是实现价值与顾客满意的重要保证。

② 从企业角度看，提高顾客服务与降低库存、减少运输费用是一个十分重要的问题，运用先进的技术手段和对业务流程的重组与改善，在提高顾客服务水平的同时降低物流总成本，获得竞争对手难以模仿的竞争优势，是企业的一项至关重要的经营战略。

(2) 改善订单处理过程的关键因素。

① 时间因素。订单处理过程的时间耗用，在企业看来通常理解为订单处理周期，顾客则通常将之定义为订货提前期。改善的目标是在保证时间耗用的稳定性前提下，努力减少时间耗用。较少订单处理时间也是减少整个物流过程使用时间的一个方面。

② 供货准确性因素。要求按照顾客订单的内容提供准确品种、数量、质量的产品并运送到正确的交货地点。当需要延期供货或分批送货时，应与顾客充分协调与沟通，取得顾客的同意。

③ 成本因素。包括库存设置的地点和数量、运输批量和运输路线的调控等。

④ 信息因素。通过完善的物流信息系统，向顾客以及企业内部的生产、销售、财务及仓储运输等部门提供准确、完备、快速的信息服务。

⑤ 安全性因素。特别是贵重、易损坏的产品，在处理订单时要着重标注，提醒配送人员配送时特别注意。如果有必要，还要委托更专业的配送公司进行配送。

10.3 运 输 管 理

10.3.1 运输的概念及重要性

运输是用设备和工具，将物品从一地点向另一地点运送的物流活动。其中包括集货、分配、搬运、中转、装入、卸下、分散等一系列操作过程。①

运输活动与客户服务水平有密切的关系，运输费用又是物流成本的最大组成部分，运输成本在一般产品的价格中占 10%～20%乃至更多，因此，有效的运输管理对于服务水平的提高及成本的降低乃至营销渠道管理的成功至关重要。

10.3.2 运输的职能、原则和关键因素

1. 运输的职能

产品的运输把空间上相隔的供应商和需求者联系起来。供应商通过运输以合理的价格，在合理的时间里向顾客提供有质量保证的产品。

① 产品移动。运输首先实现了产品在空间上移动的职能，把产品从生产商的仓库转移到顾客手中。运输的主要职能就是将产品从原产地转移到规定地点，运输追求的就是要以最

---

① 兰洪杰，施先亮，赵启兰. 供应链与企业物流管理. 北京：北京交通大学出版社，2004：226.

少的时间和费用完成物品的运输任务;同时,产品转移所采用的方式必须能满足顾客的要求,产品遗失和损坏必须减少到最低的水平。

② 产品短期库存。对产品进行临时储存也是运输的职能之一,即将运输车辆作为暂时的储存措施。如果转移中的产品需要储存,而短时间内产品又将重新转移,卸货和装货的成本也许会超过储存在运输工具中的费用,这时,将运输工具作为暂时的储存工具是可行的。当交付的货物处在转移之中,而原始的装运目的地被改变时,产品也需要临时储存。另外,在仓库空间有限的情况下,利用运输工具储存也不失为一种可行的选择。尽管用运输工具储存产品是昂贵的,但如果需要考虑装卸成本、储存能力的限制等,那么从总成本或完成任务的角度看,用运输工具储存往往是合理的,有时甚至是必要的。

2. 运输管理的原则

运输管理的两条基本原则是规模经济和距离经济。

规模经济的特点是随着装运规模的增长,使每单位的运输成本下降。例如,整车装运(即车辆满载装运)的每单位重量成本低于零担装运(即利用部分车辆能力进行装运)。铁路或水路之类运输能力较大的运输工具,其每单位重量的费用要低于诸如汽车或飞机之类运输能力较小的运输工具。所以,选择运输方式时,如果考虑运输成本,尽量选择铁路运输和水路运输。规模经济之所以存在,是因为有关的固定费用可以按整批货物的重量分摊。规模经济使得货物使用批量运输更合理。

距离经济的特点是每单位距离的运输成本随运输距离的增加而减少。距离经济的合理性类似于规模经济,尤其体现在运输装卸的费用上的分摊。距离越长,可使固定费用分摊后的值越小,导致每单位距离支付的总费用小。

3. 运输管理的关键因素

① 运输成本,是指为两个物理位置间的运输所支付的款项,以及管理和维持转移中存货的有关费用。大多数企业在选择运输方式时,首要考虑的就是运输成本。

② 运输速度,是指完成特定的运输作业的速度。运输速度与成本的关系,主要表现在两个方面:首先,运输商提供的服务越是快速,它实际需要收取的费用也就越高,因为快速运输的成本相应地也高;其次,运输服务越快,转移中的存货就越少,可利用的运输时间间隔越短。因此,在选择最合理的运输方式时,至关重要的问题就是如何平衡服务的速度和成本。

③ 运输稳定性,是指若干次装运中履行某一特定的运输任务所需的时间与原定时间或与前几次运输时间的一致。多年来,运输管理者把稳定性看作是高质量运输最重要的表现。

10.3.3 运输方式[①]

1. 铁路运输

铁路运输的特点是能够远距离运输大批量货物,而且价格相对较低,因此它在城市之间拥有巨大的运量和收入。在我国,铁路曾经是货物运输的主要方式。在20世纪70年代,各种运输方式中铁路的运量占75%以上的市场,现在世界上几乎所有的大城市都通铁路,铁路在国际运输中也占有相当大的市场份额。但是,自20世纪80年代以来,铁路的市场份额已经下降到了总运量的40%以下。主要原因是产品结构的变化,以及因受到铁轨、站点等

---

① 骆温平. 物流与供应链管理. 北京:电子工业出版社,2002:162-165.

的限制,铁路运输的灵活性不高。铁路一般是按照规定的时间运营的,发货的频率要比公路低。

虽然设备和站点等的限制使得铁路营运的固定成本很高,但是铁路营运的变动成本相对较低,这使得铁路运输的总成本通常比公路运输和航空运输要低。高固定成本和低变动成本使得铁路运输的规模经济十分明显。

从技术性能上看,铁路运输的优点有:运行速度快,时速一般在 80~120 km;运输能力大;铁路运输过程受自然条件限制较小,连续性强,能保证全年运行;火车运行比较平稳,安全可靠;平均运距较公路运输长。从经济指标上看,铁路运输的优点有:铁路运输成本较低;能耗较低。

铁路运输的缺点是:投资太高;建设周期长;占地多。

因此,综合考虑,铁路适用在内陆地区运送中长距离、大运量、时间性强、可靠性要求高的一般货物和特种货物;从投资效果看,在运输量比较大的地区之间建设铁路比较合理。

2. 水路运输

水路运输是最古老的运输方式。其主要优点是能够运输数量巨大的货物,适合于运输低价值货物,如谷物、铁矿石、煤炭、石油等。水路运输除非其起始地和目的地都接近水道,否则必须要有铁路和公路补充运输。航运是国际货物运输的主要方式。

在固定成本方面,水路运输排在铁路运输和公路运输之间。码头的开发和维护一般是由政府统一进行的。因此,与铁路和公路相比,其固定成本适中。变动成本则只包括运营中的成本,而水路营运成本相对较低。因此,水路是大宗货物长距离运输的理想选择。

从技术性能看,水路运输的优点有:运输能力大;在运输条件良好的航道,通过能力几乎不受限制;通用性能强,可以运送各种货物,尤其是大件货物。在经济技术指标上看,水路运输的优点有:水运建设投资省;运输成本低;劳动生产率高;平均运距长;远洋运输是发展国际贸易的强大支柱,战时又可以增强国防能力。

水路运输的主要缺点是:受自然条件影响较大,难以保证全年通航;运送速度慢,在途中的货物多,会增加货主的流动资金占有量。

总之,水路运输综合优势较为突出,适宜于运距长、运量大、时间性不太强的各种大宗货物运输。

3. 公路运输

大多数的消费品是通过公路运输的。公路运输有速度快、可靠性高和对产品损伤较小的特点。汽车承运人具有灵活性,他们能够在任何类型的公路上进行运输,不像铁路那样受到铁轨和站点的限制,所以公路比其他运输方式的市场覆盖面都要广。汽车运输的特点使得它特别适合于配送短距离、高价值的产品。由于递送的灵活性,公路运输在中间产品和轻工产品的运输方面也有较大的竞争优势。总的来说,公路运输在物流作业中起着骨干作用。

在各种运输方式中,汽车运输的固定成本很低,这是因为运输企业并不需要拥有公路。但是,变动成本相对较高,因为公路的建设和维修费用经常是以税和收费站收费的形式向承运人征收的。

公路运输的优点是:机动灵活;运送速度快,可以实现门到门的运输;投资少。

公路运输的主要缺点在于:运输能力小;运输能耗很高;运输成本高;劳动生产率低。

因此,公路运输比较适宜在内陆地区运输短途货物。它可以与铁路、水路联运,为铁路、港口集输运旅客和货物，可以深入山区及偏僻的农村进行货物运输，在远离铁路的区域从事干线运输。

4. 航空运输

航空运输的主要优点在于运输速度快，但货运的高成本使得空运并不适用于大众化的产品，通常航空一般用来运输高价值产品或时间要求比成本更为重要的产品。传统上，大多数城市间的航空货运都是利用定期的客运航班，这种做法虽然是经济的，但它降低了航空货运能力的灵活性。

与铁路、水路和管道相比，航空货运的固定成本较低，空中航线和飞机场通常是由国家投资来开发和维护的，航空货运的固定成本与购买飞机有关，也与所需特殊的搬运系统和货物集装箱有关。此外，由于燃料消耗、维修保养及飞行人员和地勤人员费用较高，航空货运的变动成本是极高的。

航空运输的优点是：运行速度快；机动性能好。

航空运输的缺点是：飞机造价高；能耗大；运输能力小；运输成本很高；技术复杂。

因此，航空运输只适宜长途旅客运输和体积小、价值高的物资，以及鲜活产品及邮件等货物运输。

10.3.4 运输服务的相关因素

1. 运输服务提供者

① 单一方式承运人。最基本的承运人类型是单一方承运人，他们仅利用一种运输方式提供服务，承运人高度专业化，有足够的能力和高效率。

托运人需要与每个单一的承运人进行洽谈和交易，这需要更多的时间和精力，也需要更多的管理工作。

② 多式联运经营人。多式联运经营人使用多种运输方式，以期望能在最低的成本条件下提供综合性服务。多式联运的发展对企业物流管理与决策者具有很大的利益，因为这种发展增加了系统设计中的可选方案。多式联运的优势体现在：多式联运一次定价，有利于改善价格策略；重复成本减少，多种运输方式的合并体现了横向的规模经济；多式联运被一个承运人控制后，有利于改进运输服务，节约成本。

③ 小件货物承运人。一些提供专门化服务的公司进入了小批量装运服务市场或包裹递送服务市场。他们所提供的各种服务不能千篇一律地按照传统的分类方案加以划分，因为包裹可能途经铁路、水路、公路和航空运输。对于一些生产电子产品或者靠散发目录来销售商品的企业来说，包裹递送服务是最佳选择。包裹递送服务的缺点在于，它对产品尺寸和质量限制较大，运送时间长短不一，对产品的损害性较大。

④ 运输代理人。运输代理人一般自身只拥有很少的运输工具，是指联系于托运人和承运人之间的公司，主要功能在于提供中介服务。

2. 运输成本的相关因素

① 距离。距离是影响运输成本的主要因素，因为它直接对劳动力、燃料和维修保养等变动成本发生作用。显然，距离越远，劳动力、燃料、维修费用成本就越高。

② 装载量。装载量与运输成本一般成正比例关系。

③ 产品密度。产品密度是指产品的质量和体积之比。钢铁、罐装食品、建筑材料、书

籍等物品的密度较大，而衣服、玩具、小食品等物品的密度较小。同样的运输距离，通常密度小的产品每单位重量所花费的运输成本比密度大的产品要高。

④ 空间利用率。空间利用率这一因素是指产品的具体形状及其对运输工具的空间利用程度的影响。由于某些产品具有古怪的尺寸和形状，以及超重或超长等特征，通常不能更好地利用空间，所以在装箱前要对装箱顺序、摆放位置进行合理规划。

⑤ 搬运的易难。同质的产品或可以用通用设备搬运的产品比较容易搬运，而特别的搬运设备则会提高总的运输成本。此外，产品在运输和储存时所采用的包装方式（如用带子捆起来、装箱或装在托盘上等）也会对搬运成本产生影响。

⑥ 责任。责任主要关系到货物损坏风险和导致索赔事故，对产品要考虑的因素是易损坏性、货物财产损害责任、易腐性、易被盗窃性、易自燃性或自爆性及每单位重量的价值。高价值产品一般比较易受损，也容易被盗窃。承运人承担的责任越大时，其索要的运输费用也就越高。

承运人必须通过向保险公司投保来预防可能发生的索赔，特别是海运时，否则有可能要承担任何可能损坏的赔偿责任，保险费也就成为运输成本的一部分。托运人可以通过改善保护性包装或通过减少货物损坏的可能性来降低风险，最终降低运输成本。

⑦ 竞争因素。各种运输方式间的竞争也会对运输成本产生影响，企业当然选择价格较低的运输方式。

⑧ 企业的位置。如果企业处在没有铁路的城市，那么运输成本要比在有铁路的城市高。同样，把企业建在有水路运输的城市也是降低成本的一个途径。

以上从托运人的角度讨论了 8 种影响运输成本的主要因素，企业营销渠道中的物流与运输管理人员必须了解这些因素的影响程度，掌握产品和装运的特点，使运输费用降到最低程度。

10.4 仓储管理

10.4.1 仓库的概念

仓库在生产和销售环节的流通过程中担负着存储物品（包括原材料、零部件、在制品和产成品等）的职能，并提供有关存储物品的信息以供管理决策之用。仓库是企业物流系统的重要组成部分。

仓库的基本功能是存储、移动及信息传递，同时也担负着处理破损、集成管理和信息服务的任务。近年来，移动功能和信息传递受到越来越多的重视，这不仅涉及仓库的效率，而且影响着仓库产品的周转水平，因而信息传递和移动功能的协调能够提高库存的周转率，迅速地完成产品存储和移动功能，满足顾客的需要。

10.4.2 仓库的分类

仓库的形式多样，规模各异，渠道管理中的仓库经常按照所有权的不同，分为公共仓库、自有仓库和合同仓库。

企业在作出有关仓库问题决策时，一般都是从仓库的维护成本和顾客服务水平这两方面来考虑，从而合理地使用自有仓库、公共仓库和合同仓库，达到在不降低顾客服务水平的情况下使成本最低的目的。

1. 自有仓库

自有仓库是指由企业自己拥有并管理的仓库。

自有仓库的优点有：拥有较强的控制能力；拥有较高的柔性化水平；从长远角度来看，自有仓库的运行成本相对较低；可以充分发挥人力资源的优势；拥有税收和无形资产方面的优势。但是，自有仓库也存在一定的缺点：由于自有仓库固定的大小规模和技术水平，可能会造成仓储资源闲置或仓储资源短缺；财力方面的限制；投资回报率较低。

2. 公共仓库

公共仓库专门向客户提供相对标准的仓库服务，如存储、搬运和运输等，因而又被称为"第三方仓库"。

公共仓库的优点有：节省资金投入；缓解存储压力；较少投资风险；较高的柔性化水平。使用公共仓库时也会伴随着一些缺点：沟通方面的难题；缺少个性化服务。

3. 合同仓库[①]

合同仓库是指在一定的时期内，按照一定的合同约束，使用仓库内一定的设备、空间和服务。这种协定可以给仓库所有者和仓库使用者以更多的稳定性和对未来计划投资的确定性。合同仓库是从公共仓库中延伸出来的一个分支，是一种长期互惠的协议，排他性地向客户特别提供定制的存储和物流运输服务，供方和客户共同分担与经营有关的风险。

合同仓库是将自有仓库和公共仓库两方面的优势有机结合，由于双方长期的合作关系和共担风险的责任，使得其成本要低于租赁公共仓库的成本。同时，合同仓库的经营能够加强双方的沟通和协调，提供较大的灵活性和仓库信息资源的共享。

在实际操作中，大多数的企业会发现，同时拥有自有仓库和租用公共仓库能够为企业带来很多的优势，自有仓库可以用来保持市场所必需的最基本的库存水平，公共仓库则用来存储高峰期间的产品需求。对于大多数企业而言，合同仓库是一个最佳的选择方案。

讨论题 比较自有仓库和公共仓库的成本。

10.4.3 仓库选址

1. 影响仓库选址的因素

影响仓库选址的因素可以划分为成本因素和非成本因素。成本因素是指与成本直接有关的、可以用货币单位度量的因素；非成本因素是指与成本无直接的关系，但能够影响成本和企业未来发展的因素。

常见的成本因素有：运输成本，原材料供应成本，动力和能源供应成本，劳动力成本，建筑成本和土地成本，利率、税率和保险成本。

非成本因素有：社区环境、气候和地理条件、政治稳定性、当地文化风俗、当地政府政策法规、扩展机会。

---

① 朱道立，龚国华，罗齐. 物流和供应链管理. 上海：复旦大学出版社，2001：148.

2. 仓库选址决策[②]

仓库选址的决策方法多种多样，下面主要从宏观来进行评价，宏观方面主要是考虑仓库的选址是否与企业的战略利益相符合。能否满足企业对市场营销的要求和对原材料的要求，提高对顾客的服务水平和降低总体的成本费用。

在仓库选址过程中，目前被认为最好的方法就是由美国选址理论专家 Edgar M. Hoover 所概括的三种选址评价方法，即以市场营销定位的选址、以生产制造定位的选址和以快速配送定位的选址。

① 以市场营销定位的仓库选址。该方法就是以充分满足市场营销为前提，在最靠近顾客的地方选择仓库地址，追求顾客服务水平的最大化，缩短将产品配送给顾客的时间。同时，这可以在一定程度上获得仓库运输方面的规模经济。采用这种方法，主要应考虑将产品从仓库运输到配送中心或最终市场的影响因素，如产品运输成本、顾客订货时间、产品生产进度、产品订货批量，本地化运输的可行性和顾客服务水平等。

② 以生产制造定位的仓库选址。该方法就是选择最靠近原材料产地或生产加工地点的位置建造仓库，这种选址决策时专门为方便原材料的运输和集结以及产成品加工而设定的，它能够给公司带来生产制造方面的便利。对于那些生产多种产品的公司来说，运输经济主要得益于从原材料产地到产成品流通过程中所带来的批量优势和整合装运优势。在这种方式下，影响仓库选址的因素主要有原材料的可获得性、工厂生产的产品数量和产品种类、顾客订单的分发配送情况及运输整合的效率等。

③ 以快速配送定位的仓库选址。该方法主要强调快速的配送，在最终顾客和生产厂商之间进行适当的权衡，从而进行仓库选址。该方法综合了以上两种方法的优点，快速的配送运输使得最终顾客的服务水平大大提高，增强了原材料的及时供给能力和产成品的及时配送分销，缩短了产品投入市场的周期。它主要考虑运输能力和运输成本、运输路线的选择及运输配送数量的合理分配等方面的因素。如果是一个以顾客服务为中心的企业，生产出的多种产品需要配送到各个不同地点的配送中心，采取这种方法特别有效。

10.4.4　仓库管理系统

1. 仓库管理系统及其与相关系统的对接

仓库管理系统（warehouse management system，WMS）是通过入库业务、出库业务、仓库调拨、库存调拨和虚仓管理等功能，综合批次管理、物料对应、库存盘点、质检管理和即时库存管理等功能整合运用的管理系统，能够有效控制并跟踪仓库业务的物流和成本管理全过程，实现完善的企业仓储信息管理。

WMS 不是企业唯一的信息化系统，很多企业在运行过程中逐步上线诸如 ERP、WCS、财务软件、电子商务等系列信息化系统。WMS 需要和其他系统对接。其中，ERP 负责计划制定及决策，计划数据在 ERP 中，WMS 主要负责执行工作，所以 ERP 和 WMS 要实现基础数据、订单任务和库存信息的传递才能达到完满的效果。WCS 是仓库控制系统，负责协调、调度底层的各种物流设备，使底层物流设备可以执行仓储系统的业务流程，这个过程完全按照程序预先设定的流程执行。WMS 要和 WCS 在上架任务、拣货任务、补货任务和设

---

① 朱道立，龚国华，罗齐. 物流和供应链管理. 上海：复旦大学出版社，2001：161.

备作业状态实时交互，以指导设备设施的作业操作。企业的进销存数据又与财务系统等密切相关，因此 WMS 系统必须与现有系统充分进行数据交互，使企业各业务环节的配合更加紧密，进而为相关管理者提供决策依据。此外，企业的仓库分布在各个地方，配送范围也是全球各地，涉及各地仓库的数据共享，协调同步的问题，使用人员包括各地各级管理人员、配货人员、送货人员等，WMS 系统必须充分满足相关人员的使用需求，才能发挥作用。

2. 仓库管理系统的基本功能

不同企业需求不同，WMS 开发的功能也各不相同。WMS 一般具有以下功能模块：管理单独订单处理及库存控制、基本信息管理、货物流管理、信息报表、收货管理、拣选管理、盘点管理、移库管理、打印管理和后台服务系统等。WMS 基本功能详述如下。

① 基本信息管理。包括产品的品名、规格、生产厂家、产品批号、生产日期、有效期和包装等商品基本信息；货位管理功能对所有货位进行编码并存储在系统的数据库中，使系统能够有效追踪商品位置，也便于操作人员根据货位号迅速定位目标货位在仓库中的物理位置；产品的原材料、生产、入库和搬运全过程的人员、设备的登记信息，方便产品的质量追踪。

② 上架管理。上架时，系统可以根据 ABC 分类法，自动计算最佳上架货位，提供给系统控制者。系统支持人工干预，系统提供已存放同品种的货位和仓库剩余空间。系统根据避免存储空间浪费原则，给出建议的上架货位，按优先度排序，排列优先放置的货位和物品。

③ 拣选管理。包括两部分，一是位置信息，通过条码技术记录在数据库中当前库存产品的基本信息中的位置信息；二是最优路径，根据货位布局和系统存储的位置信息，计算出取货时最优路径。通过上述两部分，系统自动确定拣选指导顺序，根据任务所涉及的货位给出指导性路径，避免无效穿梭和商品寻找。

④ 库存管理。支持自动补货，通过自动补货算法，提高存储空间利用率。

根据工作流程，WMS 模块可以包括：越库、收货、上架、拣货、补货、移库、库存管理、库内加工、出货、装货、配送等功能。不同企业根据需求开发不同的功能。如顺丰控股公司拥有国内领先仓库管理系统 WMS，支持各品类进销存管理；实时监控仓储运营现场作业进度，及时、准确、快速发货；实时处理客户订单，负责审核、下发、异常订单反馈等。

10.5 库存控制

10.5.1 库存的概念

1. 库存的定义

狭义的库存是指在仓库中处于暂时停滞状态的物资；广义的库存表示用于将来目的，暂时处于闲置状态的资源。

不管是生产商还是销售商，库存都是价值链的重要环节，它在价值增值过程中承担着重要职能。

2. 库存的作用

"库存是一个必要的魔鬼",也就是说,库存是必不可少的,但它也可能给企业带来很多不利因素。总结起来,库存的作用主要有以下几点。

① 使企业获得规模经济。一个组织要想实现在采购、运输和制造等物流过程方面的规模经济,拥有一个适当的库存是必要的。库存能够降低每单位的进货成本;减少因缺货而形成的订单损失和信誉下降等。

② 平衡供求方面的关系。季节性的供给和需求使企业不得不持有库存,如在节日,产品需求量剧增,这就要求企业有足够的货源来迅速满足市场要求。此外,某些产品的需求在一定时期内可能相对比较平稳,可是其供给可能会波动较大,这同样要求企业能够保持足够的存货来满足市场的需求,避免供不应求。

③ 预防需求和订货周期的不确定性。由于市场需求情况的瞬息万变及订货周期的不确定性,常常使库存不足,从而导致缺货损失,这时库存就显得十分重要。

④ 满足订货过程中的市场需求。生产和消费点之间的距离意味着从向生产商订货到货物运到消费点需要一定时间。客户需要一定的存货以备新货物抵达并卸载下来之前的市场所需。

3. 库存持有成本

持有库存虽然可以通过规模经济、预防需求变动等降低成本,但库存在另外几个方面也引起了成本的增加。

① 资金的内部成本。存货价值经常占了企业流动资金的很大一部分,每单位资金的内部成本乘以存货价值就是存货占用资金的内部成本。

② 储藏费用。存储环境的控制、安全、保险、管理等方面所引起成本的增加。

③ 产品过期或变质。如食品的变质、时尚产品错过最佳销售时机,这些都会引起成本的增加。

4. 库存的分类

① 周转性库存。周转性库存是指为补充在生产或销售过程中已消耗完或销售完的物资而设定的库存,以便于满足下一轮生产的物资需求,保证生产的连续进行。例如,每个月进一次货,每天的需求为100,提前期为10天,则平均的周转性库存水平为1 000。

② 在途库存。在途库存是指处于运输过程中的库存,即在航空、铁路、公路、水路等运输线上的物资。

③ 安全库存。安全库存是指对未来物资供应的不确定性、意外中断或延迟等起到缓冲作用而保持的库存。如对未来生产商产品供应的情况,究竟是顺利还是不顺利不能肯定。这时保持一定数量的库存,能提高供应保障。

④ 季节性库存。季节性库存是指某些物资的供应或产品的销售情况经常受到季节性因素的影响,为了保证生产和销售的正常进行,需要一定数量的季节性库存。如冰激凌类产品的生产容易受到季节性的影响,这类产品就应该根据季节性的要求确定库存水平。

10.5.2 库存控制的方法

库存控制的目的是实现对企业整体经营进行有益的监控和管理,以维持客户服务水平和库存投资的最佳平衡。因此,要想以较少的库存投资保持较高的客户服务水平,就需要采取科学的库存决策方法。这里介绍三种库存控制方法：ABC 分类法、订货点法和经济订货批量法（EOQ）。

1. ABC 分类法

为了最大限度地提高服务水平，降低费用，需要对库存进行分类，常用的是在帕累托（Pareto）分析基础上进行的 ABC 分类法。

1) ABC 分类法定义

经济学家帕累托研究的内容，是总体价值中占相当大比重的物品在数量上却只占很少的比例。这个原理通常叫"20/80"法则，意思是在这种情况下 20%数量的库存占全部库存价值的 80%，而其余 80%数量的库存只占总价值的 20%。这是商务中有用的一个概念，应用于库存时，这一概念叫 ABC 分类法。ABC 分类法是库存控制的基本方法之一，并广泛应用于生产控制、质量控制及许多管理问题。

美国通用电气公司创立了库存 ABC 分类法，将库存分为如下 A、B、C 三级，A 级项目（A item）：少数项目的价值占整个库存量总值比例特别高，通常为 15%～20%的项目占 75%～80%的总值。B 级项目（B item）：数量较多而总值不高，通常 30%～40%的项目约占 15%的总值。C 级项目（C item）：数量很多而价值占总量很少，通常为 40%～50%的项目仅占 5%～10%的总值。

将库存分为 ABC 三级，并非绝对固定的，也可以分为 A、B、C、D 四级，或将 A 级再分为 AAA、AA 和 A 级三类。

2) ABC 分类法的应用法则

应用 ABC 分类法进行库存控制，主要从控制程度、库存量计算、库存记录、安全库存、库存检查、优先级和订货过程等方面采取不同的策略。如表 10-1 所示。

表 10-1 库存控制层次表

级 别	控制程度	库存量计算	库存记录	安全库存	库存检查	优先级	订货过程
A 级	严加控制	详细计算	详细记录	少量	经常检查	最高优先级	详细分析，压缩库存量
B 级	一般控制	根据历史记录确定	有记录	较多	偶尔检查	关键时给予最高优先级	应用订货点法、EOQ
C 级	稍加控制	不计算，低了就进货	无记录	大量	不检查	最低优先级	不作订货点法、EOQ 处理

2. 订货点法[①]

在库存管理过程中，何时需要订货的问题比确定订多少货重要得多。因为库存往往涉及巨额的库存投资，万一缺货要付出极高代价或造成较长的补货时间。为了恰当地控制库存，使用订货点法可以高效率地找到订货时间点。

订货点法是建立在客户需求不确定，从而导致预测不准但又要保证客户服务水平这一要求下的较好地确定订货时间的方法。它是指现有库存降到预定的水平即订货点就开始订货的方法。根据现有库存与订货点比较，找出那些现有库存量小于订货点的物品，并选择批量方式和批量，生成订货计划。订货点法适用于具有相对连续的、稳定需求的库存，并且可以

---

① 赵林度. 供应链与物流管理：理论与实务. 北京：机械工业出版社，2003：40-41.

和经济订货批量法结合来计算订货批量。

在需求量和运作周期已知的情况下,基本订货量或称再订货点(recorder point)的计算公式为:

$$R = DT$$

式中:R 为用单位数表示的再订货点;D 为平均日需求量;T 为平均运营周期。

如假定需求量为 10 个单位数/天,且完成周期为 20 天,则:

$$R = DT = 10 \text{ 个单位数/天} \times 20 \text{ 天} = 200 \text{ 个单位数}$$

当需求量或完成周期存在不确定因素时,就必须使用安全库存来补偿不确定因素。安全库存就是在采购提前期超出期望时间或需求量超过平均日需求量时用于处理需求的方法。在不确定条件下,再订货点公式变为:

$$R = DT + SS$$

式中:SS 为用单位数表示的安全库存。

订货数量是试图寻找使库存成本(库存成本和订货成本)最低的订货量。订货量越大则库存成本越大,订货成本越小;订货量越小则库存成本越小,订货成本越大。订货点库存管理的策略很多,最基本的策略有 4 种。

① 连续性检查的固定订货量、订货点策略。该策略的基本思想是对库存进行连续性检查。当库存降低到订货点水平 R 时,即发出一个订货,每次的订货量保持不变,都为固定值。该策略适用于需求量大、缺货费用较高、需求波动性很大的情形。

② 连续性检查的固定订货点、最大库存策略。就是要随时检查库存状态,当发现库存降低到订货水平 R 时,开始订货,订货后使库存为最大 S(S 为常量),若发出订单时库存为 I,则其订货量即为 $S-I$。该策略与第一种策略的不同之处,在于其订货量按实际库存而定,因而订货量是可变的。

③ 周期性检查策略。该策略每隔一段时间检查一次库存,并发出一次订货,将现有库存补充到最大库存水平 S,如果检查时库存量为 I,则订货量为 $S-I$。该策略不设订货点,只设固定检查周期和最大库存量。该策略适用于一些不很重要的或使用量不大的物资。

④ 综合库存策略。这种补给策略有固定的检测周期、最大订货量和订货点。在周期性检测中,若发现库存低于订货点,则发出订货,使库存达到最大值;否则不订货。

3. 经济订货批量法(EOQ)

订货批量的确定主要是在订货成本和库存维持成本间寻找平衡,一般来说,平均库存等于订货批量的一半。因此,订货量越大,平均库存就越大,每年的库存维持成本就越大;但订货量越大,每一计划期需要的订货次数就越少,订货总成本也就越低。

把订货批量公式化可以确定精确的数量,使订货和维持库存的综合成本最低。如图 10-2 所示,订货成本和维持成本总计最低的点是最低总成本。

经济订货批量的标准公式为:

$$EOQ = \sqrt{\frac{2C_o D}{C_i U}}$$

式中:EOQ 为经济订货批量;C_o 为每次订货发生的费用;C_i 为库存成本占产品价值的比

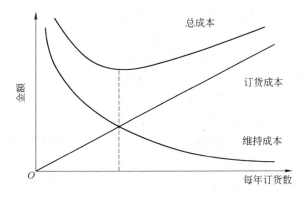

图 10-2 经济订货批量

率；D 为每年需求量，单位数；U 为单位产品价值。

假设有表 10-2 中的数据。

表 10-2 假设的数据

因 素	数 值	因 素	数 值
年需求量（D）	8 000 单位	库存成本占产品价值的比率（C_i）	8%
单位产品价值（U）	100.00 元	每次订货发生的费用（C_o）	2 000.00 元

代入公式经济订货批量为 2 000 单位，订货次数为 4 次，进而求得总订货成本为 8 000.00 元（4×2 000.00 元），库存维持总成本为 8 000.00 元 $\{[8\,000/(4\times2)]\times100.00\times8\%\}$。

虽然 EOQ 模型可以确定最佳的补给数量，但它需要某些相当严格的假设才能直接应用。在简单的 EOQ 模型中需要作出的主要假设有：已知全部需求量，对产品的任何需求都能满足；已知连续不变的需求速率，库存量随着时间均匀连续地下降；已知不变的订货成本和订货提前期，库存补充的过程可以在瞬间完成；产品价格保持不变；不限定计划指定范围；多种存货项目之间不存在交互作用。

在实际应用中，必须按照实际情况调整 EOQ 模型，如存在折扣、大小批量的装运费不同等。

10.6 物流信息系统

10.6.1 物流信息与物流信息系统

1. 物流信息的组成

物流信息一般由两部分组成。一是物流系统内信息是伴随物流活动而发生的信息，包括物料流转信息、物流作业层信息、物流控制层信息和物流管理层信息。二是物流系统外信息是在物流活动以外发生但对物流活动有影响的信息，包括供方信息、需方信息、订货合同信息、交通运输信息、市场信息、政策信息等。

2. 物流信息的特点

与其他领域信息相比较，物流信息的特殊性主要表现在以下几个方面。

① 物流信息数量大、分布广。渠道物流中的每一个环节都将产生大量的物流信息，如订单处理、运输、储存、包装、装卸搬运等信息，所以物流信息量非常庞大，而且随着企业间合作的增强和信息技术的发展，物流信息的信息量在今后将会越来越大。

② 物流信息动态性更强、更新更快。由于物流信息所涉及的环节众多，而每个环节在实际运行过程中都在不断地变化，如超市销售的商品数量在一天甚至一小时里都有很大的变化。

③ 物流信息来源多样化。企业渠道物流管理的成功需要各参与企业之间相互协调合作。协调合作的手段之一是信息即时交换和共享。许多企业把物流信息标准化和格式化，利用EDI在相关企业间传送，实现信息共享。此外，物流活动往往利用道路、港湾、机场等基础设施有关的信息，如在国际贸易中必须掌握报关所需信息、港湾作业信息等。所以物流信息来源具有多样化的特点。

3. 物流信息的作用

要合理组织物流活动，必须依赖物流系统中物流信息的沟通，只有通过高效的信息传递和反馈才能实现整个系统的合理有效运行。所以，物流信息对提高物流系统的效率起着非常重要的作用。

4. 物流信息系统

物流信息系统就是通过灵活运用有关的物流信息，来谋求渠道物流各项功能的圆满化和效率化，并正确而迅速地传递和处理这些信息的系统。

10.6.2 物流信息系统的基本功能

物流信息系统将不同阶段和不同层次的信息紧密地联系在一起，对物流信息系统的基本功能可以归纳为 5 个方面。

1. 信息收集

物流信息系统的首要任务就是把分散在物流系统内外的信息收集并记录下来，整理成物流信息系统要求的格式和形式。信息的收集和录入是整个物流信息系统的基础。任何信息系统，如果没有实际上的信息，那么它理论上的功能再强，也是没有任何实用价值的。

2. 信息存储

在完成信息采集后，物流信息系统必须具有存储这些信息的功能。物流信息系统的存储功能就是保证已得到的物流信息安全、保密，便于利用。

3. 信息传输

经过采集和存储后，还需要把物流信息从一个子系统传送到另一个子系统，或者从一个部门传送到另一个部门。信息的传递并不只是一个简单地传递问题。物流信息系统必须要充分考虑所需要传递的信息种类、数量、频率、可靠性等因素。

4. 信息加工

系统需要对已经收集到的物流信息进行某些处理，使物流信息更加符合物流信息系统的目标，或者更加适应于各级管理人员使用，这就是信息加工。

现代的物流信息系统在信息加工这方面的功能越来越强，特别是面向高层管理的物流信息系统，使用了许多数学及运筹学的工具，具有相当强的应用能力。

5. 信息输出

物流信息系统的服务对象是渠道中的物流管理者，因此，它必须具备向物流管理者提供信息的手段和机制，否则它就不能实现其自身的价值。经过加工的物流信息，根据不同的需要，以不同形式的格式进行输出，有的直接提供给人使用，有的提供给计算机进一步处理。物流信息系统的输出结果是否易读易懂，是评价物流信息系统的主要标准之一。

10.6.3 物流信息系统应用的技术

1. 电子数据交换

电子数据交换（electronic data interchange，EDI）是公司间计算机与计算机之间交换商业文件的标准形式，是指按照同一规定的一套标准格式，将标准的经济信息，通过通信网络传输，在贸易各方的计算机系统之间进行数据交换和自动处理。EDI 的使用消除了贸易过程中的纸面单证，从而避免了制作文件的费用，因而 EDI 被称为"无纸贸易"。以往世界每年花在制作文件的费用达 3 000 亿美元，所以"无纸化贸易"被誉为一场"结构性的商业革命"。另外，应用 EDI 技术可以高效率地传输发票和订单，从而使交易信息瞬间送达，因而空前提高了商流和物流的速度（关于 EDI 的详细论述见第 13 章）。

2. 射频技术

射频技术（radio frequency，RF）在 20 世纪 80 年代就投入到商业运营，由于它比条码、磁卡、IC 卡保密性及抗干扰能力强，发展异常迅速，在国外很多领域已经广泛应用，如物流系统、门禁系统、身份识别系统、收费系统等。目前该技术已经成为主要的数据采集、标志和分析系统的工具。

射频技术的基本原理是电磁理论，利用无线电波对记录媒体进行读写。射频技术最重要的优点是其非接触性作业。这种优点使得它能够穿透障碍物（如雨雪、气体、涂料、尘垢等）来阅读标签，在条形码无法使用的条件下依然能够正常作业，因而可适用于物料跟踪、运载工具和货架识别等要求非接触数据采集和交换的场所，尤其适于需要频繁改变数据内容的场所。

3. 地理信息系统

地理信息系统（geographical information system，GIS），是 20 世纪 60 年代开始发展起来的地理学研究新成果，它以地理空间数据为基础，采用地理模型分析方法，适时地提供多种空间的和动态的地理信息，是一种为地理研究和地理决策服务的计算机技术系统。它可以对在地球上存在的东西和发生的事件进行成图和分析，其显示范围可以从洲际地图到非常详细的街区地图，显示对象包括人口、销售情况、运输路线及其他内容。

现在物流中的 GIS 主要应用在运输路线的选择、仓库位置的选择、仓库容量设置、合理装卸策略、运输车辆的调度、投递路线的选择等方面。

4. 全球定位系统

全球定位系统（global positioning system，GPS）是利用通信卫星、地面控制部分和信号接收机，对地面或接近地面的目标进行定位（包括移动速度和方向）和导航的系统，具备全天候、全球覆盖、高精度的特征，能够实时、全天候为全球范围内的陆地、海上、空中的各类目标提供持续实时的三维定位、三维速度及精确事件信息。

GPS 在物流领域中的主要用途是：用于车辆自定位、跟踪调度、线路规划；用于铁路运输管理；用于船队最佳航程和安全航线的测定、航向的实时调度、监测；用于空中交通管理、精密进场着陆、航程导航和监视；用于信息查询和紧急救援。

在物流领域应用 GPS 系统的优点是：增强了对货物和司机的安全保证；便于货主随时

了解货物的运行状态信息及货物运达目的地的全过程；增强了物流企业和货物之间的相互信任度；保证物流企业充分了解车辆信息，通过配货、调度等途径提高企业的经济效益和管理水平；确保对移动物体进行精确定位。

5. 条形码技术

条形码是由一组黑白相间、粗细不同的条状符号组成。条形码隐含着数字信息、字母信息、标志信息、符号信息，主要用以表示商品的名称、产地、价格、种类等，是全世界通用的商品代码。

10.7 供应链管理与第三方物流

10.7.1 供应链管理

从社会大范围的角度来看，物流可以理解为所有为最终消费者提供产品和服务的活动网络，即供应网络（supply network）；而供应链管理则是其中的一个通道，由物资分销渠道和交易渠道等统一构成。有效的供应链管理对于成功的营销渠道管理是至关重要的。

1. 供应链的定义

所谓供应链，是指围绕核心企业，通过对信息流、物流、资金流的控制，将产品生产和流通中涉及的原材料供应商、生产商、分销商、零售商及最终消费者连成一体的功能网链结构模式。

供应链由所有加盟的节点企业组成，如图 10-3 所示。其中一般有一个核心企业，节点企业在需求信息的驱动下，通过供应链的职能分工与合作（生产、分销、零售等），以物流、信息流和资金流为媒介实现整个供应链的不断增值。

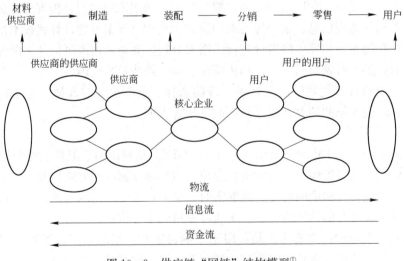

图 10-3 供应链"网链"结构模型①

---

① 朱道立，龚国华，罗齐. 物流和供应链管理. 上海：复旦大学出版社，2001：289.

2. 供应链管理的内容

供应链管理是一种集成的管理思想和方法，是对供应链中的物流、信息流、资金流、增值流、业务流及贸易伙伴关系等进行的计划、组织、协调和控制一体化的过程。

供应链管理覆盖了从供应商的供应商到用户的用户的全部过程，主要涉及 4 个主要领域：供应、生产计划、物流、需求。供应链管理是以同步化、集成化生产计划为指导，以各种技术为支持，尤其以 internet/intranet、EDI 为依托，围绕供应、生产作业、物流、满足需求来实施的。供应链管理的目标在于提高用户服务水平和降低总的交易成本，并且寻求两者之间的平衡。

供应链管理有以下七大关键业务过程：[①]

① 客户关系管理。顾客是供应链管理的核心和基本出发点。供应链管理的第一步就是识别对企业的经营管理至关重要的关键顾客，并与他们发展合作关系。

② 客户服务管理。一方面，服务是获取客户信息的唯一来源；另一方面，服务为顾客提供实时、在线的产品和价格信息，以支持客户对交货期和货物状态的查询。

③ 需求管理。一个好的需求管理系统利用 POS 系统和关键客户数据来提高供应链效率和减少不确定性，并平衡客户需求和企业供应能力。

④ 完成订单。要高效地完成顾客订单，需要将企业的制造、分销和运输计划一起规划。

⑤ 生产流管理。供应链中的生产是"拉动式"的按需生产，企业要进行柔性生产以适应频繁的市场需求变化。生产流的管理的改进可以缩短生产周期、提高客户响应速度。

⑥ 采购。与供应商发展长期合作关系，以支持企业生产和新产品开发工作。

⑦ 产品开发和商品化。一定要让顾客和供应商参与到新产品开发过程中，以便在更短的时间内，以更低的成本，开发出客户需要的成功产品。

上述 7 个关键业务过程从最初供应商延伸到最终用户，贯穿整个供应链。

3. 供应链与物流管理

供应链管理的研究最早是从物流管理开始的，供应链管理是物流管理的延伸和扩展。供应链管理与物流管理的联系与区别如下。

① 供应链是物流发展到集约化阶段的产物。现代供应链管理即通过综合从供应者到消费者的供应链运作，使物流效益最优化。企业追求全面的、系统的综合效果，而不是单一的、孤立的局部效益。

② 物流贯穿于整个供应链。供应链实质包含"供"与"需"两方面，也可理解为"供需链"。物流连接供应链的各个企业，是企业间合作的纽带，它从供方开始，沿着各个环节向需方移动。每一环节都存在"需方"与"供方"的对应关系，称为供应链。供应链是一条从供应商的供应商到用户的用户的物流链。

③ 企业通过与供应链中的上游、下游企业的整合，形成先进的物流系统。

④ 作为一种战略概念，供应链也是一种可增值的产品。其目的不仅是降低成本，更重要的是提供用户期望以外的增值服务，以产生和保持竞争优势。从某种意义上讲，供应链是

---

① 朱道立，龚国华，罗齐. 物流和供应链管理. 上海：复旦大学出版社，2001：289.

物流系统的充分延伸，是产品与信息从原材料到最终消费者之间的增值服务。各种物料从采购到制造到分销，是一个不断增加其市场价值或附加值的增值过程，各环节的价值增值也不尽相同，一个环节有多重要主要取决于它能带来多大的增值价值。

⑤供应链管理实际上就是把物流和企业的全部活动（如生产制造活动）作为一个统一的过程来管理。

特别关注

高效供应链的7个好习惯[①]

如何才能建设一个高效并且能增强企业核心竞争力的供应链？这个话题在业内可谓是经久不衰，众说纷纭。近日，来自美国的供应链专家托普金斯在《供应及需求链高层》杂志上也阐述了高效供应链的7个好习惯，文中深邃独到地凸现了他30多年的丰富业内经验，以及作为业内咨询专家和系统一体化专家的广阔视野。

习惯之一：沟通。

最重要的是"沟通"，要确保企业里面所有部门，以及供应链上所有有联系的部门都能够对"供应链"的内容和目标有共同的理解。

习惯之二：树立标杆。

为了寻求供应链上何处有改进之地，我们需要了解竞争对手在做些什么，我们的行业在干些什么，以及那些最佳企业又在做些什么。

习惯之三：评估和建立合作伙伴关系。

在找到标杆以后，要对标杆企业和自身进行评估，比较并找到自己的不足。

习惯之四：根据轻重缓急建立顺序。

下一步是建立"首要完成的业务"理念。在前两步建立了标杆并进行了评估，从而已经知道哪些方面是企业需要改进的，然后需要对有待改进的地方按照轻重缓急的顺序来进行安排。

习惯之五：领导，不仅是管理。

这是有关领导力的话题。首先所有人都需要了解领导和管理之间的区别。在大多数企业中我们看到的是管理，而如今我们需要的是更多的领导。在绝大多数组织中，95%是管理，剩下的5%则是领导，我们需要在两者之间建立平衡。

习惯之六：关注核心竞争力。

企业需要孜孜以求，关注能切切实实给客户带来真正附加价值的东西，从而客户赋予企业市场地位。如果企业不关注核心竞争力而希望自身大包大揽，那么是不会有时间改进现在的流程和提供有效的领导的。

习惯之七：持续改进。

以上6个步骤实际上是周而复始的。到了第七步持续改进后再次回到第一步，从头再来，这次企业应该做得更快更好。

[①] 倪海云. 高效供应链的7个好习惯. 中国物流，2005（11）.

10.7.2 供应链管理方法

1. 快速反应[①]

1) QR 的含义

快速反应（quick response，QR）是指在供应链中，为了实现共同的目标，零售商和制造商建立战略伙伴关系，利用 EDI 等信息技术，进行销售时点的信息交换及订货补充等其他经营信息的交换，用多频度、小数量配送方式连续补充商品，以实现短期交货周期，减少库存，提高客户服务水平和企业竞争力的供应链管理方法。

一般来说，供应链中的共同目标包括两点：

一是提高顾客服务水平，即在正确的时间、正确的地点用正确的商品来响应消费者的需求；

二是降低供应链的总成本，即增加零售商和厂商的销售额，从而提高零售商和厂商的获利能力。

"快速反应"最重要的作用是降低供应链总库存和总成本的同时提高销售额，成功的"快速反应"伙伴关系将提高供应链上所有伙伴的获利能力。

2) QR 的优点

对于厂商来说，快速反应的优点如下。

① 更好的顾客服务。快速反应零售商可以为店铺提供更好的服务，最终为顾客提供更高的服务水平。由于厂商送来的货物与承诺的货物是相符的，厂商能够很好地协调与零售商间的关系。长期的良好顾客服务会增加市场份额。

② 降低了流通费用。由于集成了对顾客消费水平的预测和生产规划，所以可以提高库存周转速度，这样需要处理和盘点的库存量就减少了，从而降低了流通费用。

③ 降低了管理费用。因为不需要手工输入订单，所以采购订单的准确率提高了。额外发货的减少也降低了管理费用。货物发出之前，仓库对运输标签进行扫描并向零售商发出提前运输通知，这些措施都降低了管理费用。

④ 更好的生产计划。由于可以对销售进行预测并能得到准确的销售信息，厂商可以准确地安排生产计划。

对于零售商来说，快速反应的优点如下。

① 提高了销售额。条形码和 POS 扫描使零售商能够跟踪各种商品的销售和库存情况，这样零售商就能够准确地跟踪存货情况，在库存真正降低时才订货；能够降低订货周期；能够实施自动补货系统，使用库存模型来确定什么情况下需要采购，以保证在顾客需要商品时可以得到现货。

② 减少了削价的损失。由于具有了更准确的顾客需求信息，店铺可以更多地储存顾客需要的商品，减少顾客不需要商品的存货，这样就减少了削价的损失。

③ 降低了采购成本。实施快速反应后，采购业务流程大大简化了，采购成本降低了。

④ 降低了流通费用。厂商使用条形码标签后，零售商可以扫描此标签，这样就减少了手工检查到货所发生的成本。

⑤ 加快了库存周转。零售商能够根据顾客的需要频繁地小批量订货，从而降低了库存

---

① 兰洪杰，施先亮，赵启兰. 供应链与企业物流管理. 北京：北京交通大学出版社，2004：98-100.

投资和相应的运输成本。

⑥ 降低了管理成本。管理成本包括接收发票、发票输入和发票例外处理时所发生的费用,由于采用了电子发票及 ASN,管理费用大幅度降低了。

3) QR 的实施步骤

实施 QR 需要经过 6 个步骤,如图 10-4 所示,每一个步骤都需要以前一个步骤作为基础,且比前一个步骤有更高的回报,但是需要额外的投资。

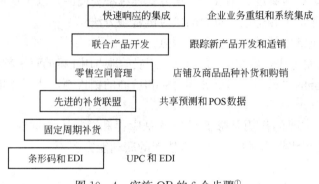

图 10-4 实施 QR 的 6 个步骤①

4) QR 成功的条件

Blackburn 在对美国纺织服装业 QR 研究的基础上,总结出 QR 成功应具备的条件为:必须改变传统的经营方式和革新企业的经营意识和组织;必须开发和应用现代信息处理技术;必须与供应商各方建立战略伙伴关系;必须实现信息的充分共享;供应方必须缩短生产周期,降低商品库存。

2. 有效客户反映

1) ECR 的含义

ECR(efficient consumer response)是生产厂商、批发商和零售商等供应链节点组成方相互协调和合作,并以更低的成本满足消费者需要为目的的供应链管理系统。

ERC 的优点在于:供应链各方为了提高消费者满意这个共同的目标进行合作,同时分享信息与诀窍。ECR 是一种把以前处于分离状态的供应链联系在一起来满足消费者需要的工具。ECR 概念的提出者认为,ECR 活动是一个过程,这个过程主要由贯穿供应链各方的 4 个核心过程组成,包括:效率的店铺空间安排、效率的商品补充、效率的促销活动和效率的新产品开发与市场投入。如图 10-5 所示。

2) ECR 的主要特征

(1) 商品的类别管理和有效促销。

商品的类别管理是以商品类别为管理单位,寻求整个商品类别全体收益的最大化。具体来说,企业对经营的所有商品按类别进行分类,确定或评价每一个类别商品的功能、作用、收益性、成长性等指标,并在此基础上,结合考虑各类商品的库存水平和货架展示等因素,制定商品品种齐全计划,对整个商品类别全体进行管理,以便在提高消费者服务水平的同时增加企业的销售额和收益水平。

---

① 兰洪杰,施先亮,赵启兰. 供应链与企业物流管理. 北京:北京交通大学出版社,2004:100.

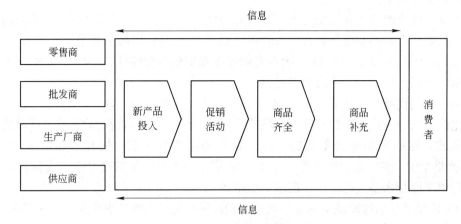

图 10-5 ECR 的供应链过程[1]

商品类别管理催生了有效促销（efficient promotion）的概念。有效促销可被定义为限时地对各方都有共赢的供应。这意味着：产品流转（制造商所关心的）、吸引商店人流并提高某些类别的销量（零售商所关心的）、提供附加值（对目标消费者而言）。有效促销使用消费者行为的数据来揭示什么商品以什么价格卖给了什么人。零售商、批发商和制造商合作（通常委托一个市场研究公司）来理解交易数据和市场研究数据，目的是为商店寻找多方共赢的促销机会。

(2) 连续补货。

连续补货计划（CRP）指的是根据消费者提供的及时信息更替存货。更精确地说，在供应链管理中，这个词意指渠道成员间的一种合作，目的是用一种拉引系统取代传统的做法。在拉引系统下，零售商的库存量主要根据供应商末端消费者的实际销售数据进行修正。

这样做的目标是根据消费者需求引发准时制补货而使与仓储和装运相关的流程自动化。经由自动化，ECR 参与者希望减少大量的错误和处理成本。

3) 实现 ECR 的障碍

在物理层面，实现 ECR 障碍是需要所有参与者在编码和大量 EDI 选择上的一致，即需要方法的标准化。这需要各方的共识和大量的资金。

而实现 ECR 最大的障碍是必须建立成员间的互相信任，信任与良好的工作关系是联合计划和联合行动必不可少的。而只有这样才能支持各方面的努力，使整个渠道在削减浪费的同时及时对消费者做出反应。信任建立在平等之上，ECR 的根基不在于渠道成员分担风险，共享信息，为整个渠道创造利益，而在于它们平等的分享利益。背叛承诺的机会主义对于 ECR 是致命的。

3. QR 与 ECR 的比较

在某些方面，QR 与 ECR 相仿，基本的拉引系统的思想让消费者告诉整个渠道做什么，装运什么，然后迅速行动，两者都是一样的。两者都强调企业间合作、数据分析、数据传输、存货管理和削减浪费等。

---

[1] 兰洪杰，施先亮，赵启兰. 供应链与企业物流管理. 北京：北京交通大学出版社，2004：104.

两者的差异如下。

① RQ 中销售的物品有易变、不可预测的特性。比如服装，消费者在购买他们之前并不知道他们想要什么，不知道什么会成为时尚。ECR 中销售的物品主要是快速消费品（fast-moving consumer goods，FMCG），消费者能预先知道他们想要什么不想要什么，ECR 使他们的需求信息很快传递到零售商和供应商。

② QR 的精髓在于生产制造，ECR 的重点在于装运和促销。QR 涉及保持制造的柔性，以满足生产什么和生产多少的需要。如服装类商品，为了适应消费者的需求，商品的样式和颜色及尺寸，这些都是非常重要的，而且商品必须快速从工厂转移到顾客手中；相反，ECR 更侧重于生产多少及何时入库，于是也就没有必要保持制造的柔性，而且该商品存储一定时间也不会带来多大的危害，需求是稳定的。

③ ECR 总是寻求运输成本的最小化，而 QR 对运输成本的考虑很少。对于快速消费品，它们的边际效益较低，不会在运输过程中过时；而时尚产品却相反。因此，许多服装行业的渠道成员愿意空运热卖商品，只要他们知道什么热卖。

④ QR 侧重于快速，即快速生产市场所需要的东西；但 ECR 侧重于经济效益，即降低物理成本。

10.7.3 第三方物流

1. 第三方物流的定义

第三方物流（third party logistics，3PL）是物流渠道中的专业化物流中间人，以签订契约的方式，在一定期间内，为其他公司提供所有的或某些方面的物流业务服务。[①] 因此，第三方物流在国外也称作"契约物流"，是 20 世纪 80 年代中期才在欧美发达国家出现的概念。第三方物流是物流专业化的一种形式。

第三方物流的服务内容主要集中在共同运输、车队管理、订单履行、产品回收、搬运选择、物流信息系统、运价谈判、产品安装装配、订单处理、库存补充、客户配零件等。

第三方物流是物流业发展的结果，物流业发展到一定阶段必然会出现第三方物流，而且第三方物流的占有率与物流产业的水平之间有着非常紧密的相关性。国外发达国家的物流产业分析证明：独立的第三方物流至少占社会的 50% 时，物流产业才能形成。所以，第三方物流的发展程度反映和体现了一个国家物流产业发展的整体水平。

2. 第三方物流的特征

第三方物流的实质就是物流经营者借助现代信息技术，在约定的时间、空间，按约定的价格向物流消费者提供约定的个性化、专业化、系列化物流服务的过程。第三方物流有以下几个方面的特征。

① 关系契约化。第三方物流是通过契约形式，来规范物流经营者与物流消费者之间的关系。

② 服务个性化。不同的物流消费者存在不同的物流服务要求，第三方物流需要根据不同的物流消费者在企业形象、业务流程、产品特征、顾客需求特征、竞争需要等方面的不同要求，提供针对性强的个性化物流服务和增值服务。

[①] 赵林度. 供应链与物流管理：理论与实务. 北京：机械工业出版社，2003：122.

③ 功能专业化。第三方物流提供的是专业化的物流服务。从物流设计、物流操作过程、物流技术工具、物流设施到物流管理必须体现专门化和专业化水平，这既是物流消费者的需要，也是第三方物流自身发展的基本要求。

④ 管理系统化。第三方物流应具有系统的物流功能，这是第三方物流产生和发展的基本要求。第三方物流需要建立现代管理系统才能满足运行和发展的基本要求。

⑤ 信息网络化。信息技术是第三方物流发展的基础。物流服务过程中，信息技术的发展实现了信息实时共享，促进了物流管理的科学化。

⑥ 资源共享化。第三方物流经营者不仅可以自己构筑信息网络和物流网络，而且可以共享物流消费者的网络资源。

3. 第三方物流的分类

（1）有形物流和无形物流。

第三方物流经营者可以分为有形的和无形的两种。有形的第三方物流经营者是以自己的资产提供优质服务，如德国的辛克公司、美国的 UPS、中国的特快专递、日本的山九公司和日通公司等；无形的第三方物流经营者是管理公司，不拥有资产，他们提供人力资源和信息系统，专业管理顾客的物流功能，如美国的 RYDER、GEOLOGISTICS 和 AEI 公司。

（2）功能性第三方物流企业和综合性第三方物流企业。

这是按照物流业务代理的范围不同来划分的。功能性第三方物流企业，包括运输代理企业、仓储代理企业和流通加工代理企业等，它们仅仅承担和完成某一项或几项物流功能。按照主要从事的物流功能，还可将它进一步分为运输企业、仓储企业、流通加工企业等。而综合性第三方物流企业，能够完成和承担多项甚至所有的物流功能，综合性第三方物流企业一般规模较大，资金雄厚，并且有着良好的物流服务信誉。

总体来看，目前物流公司一般分为三种类型：一是资产密集型的交通运输商；二是物流信息技术服务商，包括软件公司、供应链信息管理商、贸易信息管理商和网上运输市场；三是第三方、第四方物流商，包括货运代理商和契约物流服务商。

4. 第三方物流的服务内容

第三方物流所提供的服务内容范围很广：它可以简单到只是帮助客户安排一批货物的运输，也可以复杂到设计、实施和运作一个公司的整个分销和物流系统。第三方物流企业与传统的运输、仓储企业最大的区别就在于，传统企业所能提供的仅仅是单一的、脱节的物流要素，而第三方物流企业则能够将各个物流要素有机整合起来，提供系统化、系列化的增值服务。

从具体的服务内容来看，第三方物流服务可以分为基本服务、附加服务和高级物流服务。

① 基本服务。基本服务就是提供物流的几大基本功能要素，即仓储、装卸、运输、配送等业务。

② 附加服务。附加服务是从仓储、运输等基本服务上延伸出来的相关服务，这种服务主要是将物流的各项基本功能进行延伸，伴随着物流运作过程，从而使物流各个环节有机衔接起来，实现便利高效的物流运作。这种服务包括：订单处理、货物验收、仓库再包装（或）加工、代理货物保险、送货时代收款和货物回收（或）替换等。

③ 高级物流服务。高级物流服务是根据客户的需要，为客户提供实现一体化物流和供

应链集成的服务。高级物流服务主要是借助完善的信息系统和网络，通过发挥专业物流管理人才的经验和技术来实现。这种服务包括：规划企业物流、库存分析报告、库存控制、建立分销中心、设计供应链、企业物流信息化等。

5. 企业实施第三方物流的原因

第三方物流的发展和企业物流外包率的上升，给各行业带来了很大的利润，越来越多的企业将物流作业外包给第三方。那么，企业实施第三方物流的原因主要有以下几个方面。

（1）降低作业成本。

第三方物流可为委托企业平均降低 10%～20%的成本，这是许多企业选择外包的主要原因。专业的第三方物流经营者利用规模生产的专业优势和成本优势，通过提高各环节能力的利用率节省费用，进而节约总成本。

（2）致力于核心业务。

生产企业利用第三方物流的最大收获是节约成本，降低资产规模，企业能有资金投资其他核心领域。企业要获得竞争优势，必须巩固和扩展自身的核心业务。这就要求企业不断优化资源配置，将有限的人力、财力集中于核心业务，研究开发出新产品参与竞争。因此，越来越多的企业将非核心业务外包给专业化的公司从而能够将时间和精力放在自己的核心业务上，增强企业的核心竞争力。

（3）减少占用资金。

利用第三方物流的先进技术、设备和软件，能够减少企业的投资，提高企业的资金周转速度，从而提高资金回报率，促进资源的有效配置。一项调查表明，第三方物流需要投入大量资金用于购买物流技术设备，包括软件、通信和自动识别系统。

（4）降低库存。

库存往往占用了企业大量的流动资金，企业不能承担原料和库存的无限增长。第三方物流经营者借助精心规划的物流计划和适时运送手段，最大限度地降低了库存，改善了企业的现金流量，实现了成本优势。

（5）提升企业形象。

第三方物流经营者是物流专家，他们利用完备的设施和训练有素的员工对整个供应链网络实现完全控制，减少物流的复杂性。第三方物流提供者通过"量体裁衣"式的设计，制定出以顾客为导向、低成本高效率的物流方案，为企业在竞争中取胜创造了有利条件。他们通过遍布全球的运送网络和服务提供者大大缩短了交货期，提高了交货的准确性和货物的安全性，帮助企业改进服务，树立自己的品牌形象。

（6）拓展国际业务。

随着全球一体化的加快，不少没有国际营销渠道的企业希望进入国际市场，而第三方物流恰恰可以帮助这些企业实现拓展国际业务的目的。特别是利用大型跨国的第三方物流公司，他们国外运作的经验正是企业所需要的。

（7）整合供应链管理。

一体化物流要求企业对整个供应链进行整合，通过外包改善物流服务质量，提高客户服务水平。因而，越来越多的企业考虑第三方物流的专业能力，合作进行供应链整合。

案例分析

沃尔玛的物流配送和信息管理[①]

沃尔玛的供应链管理主要由4部分组成：顾客需求管理；供应商和合作伙伴管理；物流配送系统管理；供应链交互信息管理。

一、顾客需求管理

沃尔玛的供应链管理是典型的拉动式供应链管理，即以最终顾客的需求为驱动力，整个供应链的集成度较高，数据交换迅速，反应敏捷。沃尔玛能做到及时地将消费者的意见反馈给厂商，并帮助厂商对产品进行改进和完善。沃尔玛能参与到上游厂商的生产计划和控制中去，因此能将消费者的意见迅速反映到生产中，而不是简单地充当二传手或者电话话筒。

"让顾客满意"排在沃尔玛公司目标的第一位，"顾客满意是保证我们未来成功与成长的最好投资"是公司的基本经营理念。

公司为顾客提供"无条件退货"保证和"高品质服务"的承诺，绝不只是一句口号。在美国，只要是从沃尔玛购买的商品，无任何理由，甚至没有收据，沃尔玛都无条件受理退货。高品质服务意味着顾客永远是对的。沃尔玛每周都进行顾客期望和反映的调查，管理人员根据信息系统收集的信息，以及通过直接调查收集到的顾客期望，及时更新商品的组合，组织采购，改进商品陈列摆放、营造舒适的购物环境，使顾客在沃尔玛不但买到称心如意的商品，也享受到购物的愉悦。

二、供应商和合作伙伴管理

供应商参与了企业价值链的形成过程，对企业的经营效益有举足轻重的影响，建立战略性合作伙伴关系是供应链管理的重点。供应链管理的关键就在于同供应链上下游企业的无缝连接与合作。

20世纪80年代末，技术进步提供了更多可督促制造商降低成本、削减价格的手段。沃尔玛全面改善与供应商的关系，主要是通过计算机联网和电子数据交换系统，与供应商共享信息，从而建立伙伴关系。其中最典型的例子就是沃尔玛与宝洁的伙伴关系建立。

在经济萧条时期，宝洁公司企图控制沃尔玛对其产品的销售价格和销售条件，沃尔玛也不示弱，针锋相对，威胁终止宝洁公司产品的销售或留给其最差的货架位置。彼此之间关系一度紧张。直到20世纪80年代中期，这种敌对关系才有所改变。宝洁的高级职员拜访了当时初具规模的沃尔玛，双方就建立一个全新的供应商和零售商关系达成协议，其中最重要的成果是建立互联网共享信息，即宝洁公司可以通过电脑监视其产品在沃尔玛各分店的销售及存货情况，然后据此调整生产和销售计划，从而大幅提高了经营效率。多年来，沃尔玛和宝洁建立的长久伙伴关系成为零售商和制造商关系的标准。这一关系基于双方成熟的依赖度：沃尔玛需要宝洁的品牌，而宝洁通过沃尔玛建立顾客通道。

[①] 饶菲. 沃尔玛的物流管理之道. 管理报告，2003（10）；童云. 沃尔玛与物流. 信息与电脑，2005（8）.

沃尔玛与供应商努力建立伙伴关系的另一做法是为关键供应商在店内安排适当的空间，有时还让这些供应商自行设计布置自己商品的展示区，旨在店内造成一种更吸引、更专业化的购物环境。

三、物流配送系统管理

有效的商品配送是保证沃尔玛达到最大销售量和最低成本的存货周转及费用的核心。在沃尔玛折扣百货公司建立之初，由于地处偏僻小镇，几乎没有哪个专业分销商愿意为它的分店送货。沃尔玛的各分店因此不得不自己向制造商订货，然后再联系货车送货，效率非常低。在这种情况下，一向以节俭著称的山姆为使公司获得可靠的供货保证及成本效率，决定大手笔投资建立自己的配送组织。沃尔玛的第一家配送中心于1970年建立，占地6 000平方米，负责供货给4个州的32家商场，集中处理公司所销商品的40%。随着公司的不断发展壮大，配送中心的数量也不断增加。现在沃尔玛在美国拥有70个以上的配送中心，服务着4 000多家商场。

配送中心完全实现了自动化。每种商品都有条形码，由十几公里长的传送带传送商品，由激光扫描器和计算机追踪每件商品的储存位置及运送情况。繁忙时，传送带每天能处理20万箱货物。配送中心的一端是装货月台，可供130辆卡车同时装货，另一端是卸货月台，可同时停放135辆大卡车。每个配送中心有600～800名员工，24小时连续作业，每天有160辆火车开进来卸货，150辆车装好货物开出，许多商品在配送中停留的时间总计不过48小时。沃尔玛的自动补货系统采用条形码技术，射频数据通信技术和计算机系统自动分析并建议采购量使得自动补货系统更加准确、高效，降低了成本，加速了商品流转以满足顾客需要。

20世纪90年代初沃尔玛有2 000多辆牵引车头，1万多个拖车车厢，5 000名员工，3 700名司机，车队每年运输次数达7.7万辆次，并创下了310万千米无事故纪录。车队采用计算机进行车辆调度并通过全球卫星定位系统对车辆进行定位跟踪。

沃尔玛一直坚持拥有自己的车队和自己的司机，以保持灵活和为一线商店提供最好的服务。沃尔玛通常每天一次为每家分店送货，而凯马特平均5天一次。沃尔玛的商店通过计算机向总部订货，平均只需两天就可以补货，如果急需，则第二天即可到货。这使沃尔玛在其竞争对手不能及时补货时，而保持其货架总是充盈，从而赢得竞争优势。

沃尔玛的车队还采用一系列科学合理的运输策略，如满车（柜）运输，散货装车，晚间送货，按预约准时送货，以及配送中心提供回程提货运输折扣，供应商按订单要求备货和按预约时间准时送货，同时降低了沃尔玛和供应商的运营成本。

四、供应链交互信息管理

信息共享是实现供应链管理的基础。沃尔玛除了配送中心外，投资最多的便是电子信息通信系统。沃尔玛的电子信息通信系统是全美最大的民用系统，甚至超过了电信业巨头美国电报电话公司。沃尔玛是第一家发射和使用自有通信卫星的零售公司。它在本顿威尔总部的信息中心，1.2万平方米的空间装满了计算机，仅服务器就有200多个。截至20世纪90年代初，沃尔玛在计算机和卫星通信系统上已经投资了7亿美元。

20世纪80年代初，沃尔玛较早地开始使用商品条形码和电子扫描器实现存货自动控制。采用商品条形码可代替大量手工劳动，不仅缩短了顾客结账时间，更便于利用计算机跟踪商品从进货到库存、配货、上架、售出的全过程，及时掌握商品销售和运行信息，加快商品流转速度。

20 世纪 80 年代末，沃尔玛开始利用电子数据交换系统与供应商建立自动订货系统。通过计算机联网，向供应商提供商业文件，发出采购指令，获取收据和装运清单等，同时也使供应商及时精确地把握其产品销售情况。1990 年沃尔玛已与 1 800 家供应商实现了电子数据交换，成为全美国 EDI 技术的最大用户。

沃尔玛还利用更先进的快速反应系统代替采购指令，真正实现了自动订货，此系统利用条形码扫描和卫星通信，与供应商每日交换商品销售、运输和订货信息。

正是依靠先进的电子通信手段，沃尔玛才做到了商品的销售与配送中心保持同步，配送中心与供应商保持同步。

2018 年 7 月，沃尔玛公司宣布与微软公司建立战略合作伙伴关系，以进一步加速沃尔玛零售业的数字化转型，为全球员工提供支持。为全球客户提供更快捷、更轻松的购物体验。沃尔玛选择微软作为其首选的战略云提供商，充分利用微软的云解决方案。沃尔玛已在关键应用程序和工作负载上使用 Microsoft 服务，现在正着手开展广泛的云创新项目，利用机器学习、人工智能和数据平台解决方案，为各种面向外部客户的服务和内部业务应用程序提供服务。灵活、安全且可快速扩展的全球技术将加快沃尔玛在关键领域的执行能力。通过数字化转型，沃尔玛能够在弹性环境中无缝管理工作负载，利用对新工具集的扩展访问更快地进行创新，推动更多云原生环境，从而降低管理成本。

沃尔玛公司的成功正是运用了供应链管理，降低了企业整体的经营费用，从而为其实施价廉物美的销售策略提供了保证，扩大了销售额，提高了企业的存货周转率。这正是企业财务成本管理所追求的目标，所以企业实施供应链管理，可以达到财务成本管理的目标，实现最佳存货状态，从而更加有效地管理好企业的物流和资金流。

讨论题

1. 沃尔玛主要应用了哪些物流技术？
2. 沃尔玛如何同时做到顾客满意和降低成本？

案例点评

沃尔玛给人们留下印象最深刻的，是它的一整套先进、高效的物流和供应链管理系统。沃尔玛在全球各地的配送中心、连锁店、仓储库房和货物运输车辆，以及合作伙伴（如供应商等）都被这一系统集中、有效地管理和优化，形成了一个灵活、高效的产品生产、配送和销售网络。为此，沃尔玛甚至不惜重金，专门购置了几颗卫星来保证这一网络的信息传递。

沃尔玛的成功与其说是优秀的商业模式或者先进的信息技术应用，不如说是对自身"商业零售企业"身份的超越。这种超越来自沃尔玛不仅仅是一等待上游厂商供货、组织配送的纯粹的商业企业，而且也直接参与上游厂商的生产计划，与上游厂商共同商讨和制定产品计划、供货周期，甚至帮助上游厂商进行新产品研发和质量控制。这使得沃尔玛总能够最早得到市场上最希望看到的商品，当别的零售商正在等待供货商的产品目录或者商谈合同时，沃尔玛的货架上已经开始热销这款产品了。

优秀的供应链管理帮助管理人员有效地分配资源，最大限度地提高效率和减少工作周期，实现在正确的时间把正确的产品或服务送到正确的地方。

◇ 本 章 小 结 ◇

本章首先讨论了物流概念的发展，辨析了广义的物流与营销渠道中物流的区别与联系，然后分节讨论了营销渠道中物流管理的各个环节：订单处理、运输管理、仓储管理、库存控制、物流信息管理等环节的管理问题，如订单处理的过程有哪些，运输的主要方式和如何选择，仓储管理的主要内容，什么是库存控制，库存控制的主要方法（ABC 分类法、订货点法、经济批量订货法），什么是物流信息系统及其作用等。在完成了对营销渠道中物流管理方法的分析的基础上，将视野扩展到供应链管理问题上，分析供应链管理的内容和方法，并且探讨了第三方物流这个热点话题。

本章的重点是营销渠道中物流管理的各个环节是如何管理和控制问题。

本章的难点是库存控制的方法、物流信息系统应用的技术、供应链管理的内容和方法。

学习资料

1. 中国物流网，http：//www.china‐logisticsnet.com.
2. 中海物流网，http：//www.logistics‐china.com.
3. 唐纳德·J. 鲍尔索克斯，戴维·J. 克劳斯，M. 比克斯比．等．供应链物流管理．4 版．北京：机械工业出版社，2014.
4. 朱道立，龚国华，罗齐．物流和供应链管理．上海：复旦大学出版社，2001.
5. 兰洪杰，施先亮，赵启兰．供应链与企业物流管理．北京：北京交通大学出版社，2004.
6. 魏建修，严建援，张坤．电子商务物流．3 版．北京：人民邮电出版社，2017.
7. 刘云霞．仓储规划与管理．北京：清华大学出版社，2013.
8. 杨海荣．现代物流系统与管理．北京：北京邮电大学出版社，2003.

中英文关键词语

1. 营销渠道　　marketing channels
2. 物流　　logistics
3. 供应链　　supply chain
4. 电子数据交换　　electronic data interchange
5. 快速反应　　quick response
6. 有效客户反映　　efficient consumer response
7. 第三方物流　　third party logistics

思考题

1. 营销渠道中的物流管理过程主要有哪几个环节？
2. 库存 ABC 分类法具有哪些意义？

3. 物流信息系统中应用的技术目前主要有哪些?
4. 供应链管理的方法有哪些?
5. 分析第三方物流生存和发展的基础,以及发展的主要方向。

自测题

判断正误,说明理由。

1. 物流与供应链管理是一回事。
2. 营销渠道中的物流管理的根本任务是为顾客提供增值服务的同时,降低物流成本。
3. 选择第三方物流是企业渠道管理中解决物流问题的最佳方法。

第11章

营销渠道中的信息管理

快时尚品牌 ZARA 的渠道信息系统[①]

ZARA 是西班牙全球最大零售集团之一的 Inditex 旗下的一个子公司，1975 年设立，ZARA 既是服装品牌也是专营 ZARA 品牌服装的连锁零售品牌。ZARA 是全球排名第三、西班牙排名第一的服装商，在全球设立超过 7 000 多家的服装连锁店，2015 年夏威夷的零售店是其第 7 000 家商店，2010 年开始在线销售产品。

ZARA 属于快时尚品牌，快时尚一词源自欧洲，英文称为 FastFashion 或是 McFashion，其中 Mc 的前缀取自 McDonald's，意为像麦当劳卖快餐一样贩卖时装。快时尚的特点是款式多、低价、量少，最大限度满足消费者的需求。ZARA 近年能称霸快时尚，远远地甩开优衣库、H&M 以及 Topshop 这些竞争对手，其信息系统发挥了重要作用。ZARA 在信息共享和利用方面表现卓越，使得 ZARA 的供应链拥有惊人的响应速度，ZARA 很好地实现了快速收集市场信息、快速决策、控制库存并快速生产、快速配送的运作模式。

信息和通信技术是 ZARA 供应链运作模式的核心，IT 系统的应用将 ZARA 的产品设计、生产、配送和销售融为一体，让 ZARA 的供应链"转"得更快。正因为在信息应用方面表现卓越，使 ZARA 拥有骄人的发展速度。它的卓越性主要表现在四个方面：

① 在新产品设计过程中，密切关注潮流和消费者的购买行为，收集顾客需求信息，汇总到西班牙总部的信息库中，为设计师设计新款式提供依据，以快速响应市场需求。关于时尚潮流趋势的各种信息每天源源不断地从各个 ZARA 专卖店进入总部办公室的数据库。设计师们一边核对当天的发货数量和每天的销售数量，一边利用新信息产生新的想法，改进现有的服装款式，在与生产、运营团队一起决定一个具体的款式用什么布料、如何剪裁以及如何定价时，设计师必须首先访问数据库中的实时信息。

② 在信息收集过程中，ZARA 的信息系统更强调服装信息的标准化，为新产品设计和生产提供决策支持。一般的服装零售商，不同的或不完全的尺寸规格，不同产品的有效信息通常需要几个星期，才能添加到他们的产品设计和批准程序中。但在 ZARA 的仓库中，产

[①] Inditex 官网，www.inditex.cn/en/about-us/our-story.

品信息都是通用的、标准化的，这使得ZARA能快速、准确地准备设计，对裁剪给出清晰生产指令。

③ 在ZARA的供应链上，ZARA借助自主开发的信息系统对产品信息和库存信息进行管理，控制原材料的库存，为产品设计提供决策信息。卓越的产品信息和库存管理系统，使得ZARA的团队能够管理数以千计的布料，各种规格的装饰品，设计清单和库存商品。ZARA的团队也能通过这个系统提供的信息，以现存的库存来设计一款服装，而不必去订购原料再等待它的到来。

④ ZARA信息系统对分销过程中的物流配送进行跟踪管理。ZARA的分销设施先进，运行所需的人工少。大约20 km的地下传送带将商品从ZARA的工厂运到位于西班牙ZARA总部的货物配送中心。为确保每一笔订单准时到达其目的地，ZARA借用光学读取工具，每小时能挑选并分拣超过60 000件的衣服。ZARA总部设有双车道的高速公路直通配送中心。由于其快速、高效的运作，其货物配送中心实际是一个服装的周转地，而不是仓库。

问题思考 企业如何建立完善的渠道信息系统？

渠道中的信息管理渗透到每一个渠道功能流中，渠道中的实体流、所有权流、促销流、洽谈流、融资流、风险流、订货流、支付流等功能的实现，离不开渠道信息的搜集、处理、传递和反馈等信息管理工作。因此，本章对渠道信息管理将作专门的探讨。

11.1 营销渠道信息管理综述

1. 营销渠道中信息的作用

(1) 营销渠道中信息的含义。

信息就是事物的存在方式、运动状态及其对接收者的效用的综合反映。营销渠道信息是指一定时间和条件下，与企业市场营销渠道有关的各种事物的存在方式、运动状态及其对接收者效用的综合反映。

(2) 营销渠道信息的功能。

营销渠道信息是企业经营决策的前提和基础；营销渠道信息是制定企业营销计划的依据；营销渠道信息是实现渠道控制的必要条件；营销信息是进行内外协调的依据。

2. 营销渠道信息的类型

(1) 依据信息来源划分，可分为外部信息和内部信息。

外部信息包括市场环境信息、消费者及其购买行为信息、消费需求信息、价格信息、竞争者信息和促销信息等；内部信息包括生产信息、企业经营信息、物流信息和合作伙伴间信息等。

(2) 依据信息的类型划分，可分为市场信息、客户信息、渠道成员间信息、物流信息。

市场信息是指对企业营销产生影响的环境信息和市场需求信息；客户信息是指企业所服务对象的基本资料及购买企业的产品或服务形成的记录等一系列信息；渠道成员间信息是指渠道的成员间传递的需求、订货、市场变化等一系列信息；物流信息是指渠道中伴随物流产生的信息，如订单信息、库存信息、运输信息等。

11.2 市场信息管理

11.2.1 市场信息管理与市场信息系统①

渠道中的市场信息管理与企业总体的市场信息管理有区别，也有联系。在信息系统的架构，信息收集、处理、传递的方式等方面有共性，但在信息的内容和信息的使用方面有区别。从渠道中信息管理的维度来考虑，完整的市场信息系统架构如图11-1所示。

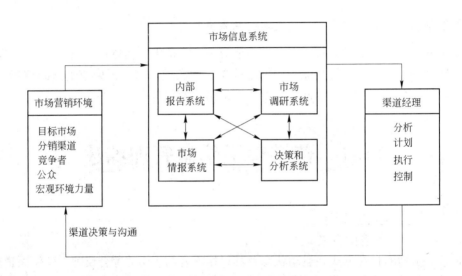

图 11-1 市场信息系统架构

首先，由渠道经理确定所需信息的范围；其次，根据需要建立企业市场信息系统内的各子系统，由有关子系统去收集环境提供的信息，再对所得信息进行处理，向渠道经理传递；渠道经理获得信息后，作出相关决策再流回市场，作用于环境。一般来说，企业总体的信息系统已经建成，从渠道信息管理角度，渠道经理不需要自建市场信息系统，只是向企业信息系统提出信息要求，企业信息系统根据渠道经理的信息要求，在适当时间按所需形式，将整理好的信息送至渠道经理处，供其分析决策。

市场信息系统包括4个系统。

1. 内部报告系统

内部报告系统是企业决策者们利用的最基本的系统。它的最大特点是：信息来自企业内部的财务会计、生产、销售等部门；通常是定期提供，用于日常营销活动的计划、管理和控制。

---

① 科特勒. 营销管理. 梅汝和，译. 10版. 北京：中国人民大学出版社，2001：135-156.

内部报告系统提供的数据包括订单、销量、存货水平、费用、应收应付款、生产进度、现金流量等。

内部报告系统的任务之一是要提高销售报告的及时性,以便在销售发生意料之外的上升或下降时,决策者能尽早采取应对措施。营销经理需要他们当前销售的最新报告。

2. 市场情报系统

市场情报系统的主要功能是向营销部门及时提供有关外部环境发展变化的情报。

西方营销学学者曾就市场情报活动提出"情报循环"理论,这可作为企业建立情报系统的一个范例。

3. 市场调研系统

渠道经理们还需要经常对特定的问题和机会进行研究。营销调研是系统地设计、收集、分析和提出数据资料以及提出跟公司所面临的特定的营销状况有关的调查研究结果。

营销调研系统的任务是针对企业面临的明确具体的问题,对有关信息进行系统的收集、分析和评价,并对研究结果提出正式报告,供决策部门用于解决这一特定问题。

从最一般的意义上讲,市场调研是为营销管理和决策的目的,运用科学方法,对有关信息进行有计划、有步骤、系统的收集、整理、分析和报告的过程。

4. 决策和分析系统

营销决策和分析系统由统计分析模型和其他决策模型组成,任务是对情报系统和研究系统收集来的数据资料用数学方法进行分析归纳,从中得出多种有意义的结果。其结构如图 11-2 所示。

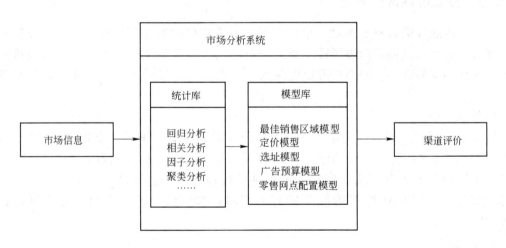

图 11-2 营销渠道决策分析系统

各种统计方法可帮助分析者深入了解数据之间的关系及其统计上的可靠性,模型库则包括除统计方法以外各种可帮助科学决策的数学模型。在现代管理中,上述统计方法和决策模型都被编成程序,配置在计算机上,这大大提高了营销管理者作出更佳决策的能力。

11.2.2 渠道市场调研的内容

在渠道市场信息系统中，内部报告系统、市场情报系统、营销渠道决策和分析系统都是常规性的工作或分析工具；而市场调研系统则属于专项研究的工具，灵活性强，应用范围广，也渗透到前三个系统中。

渠道市场调研的内容根据需要确定，基本上可以包括以下领域。

① 渠道环境调研。包括政策法令的变化，经济和科技的发展，人口状况调查，消费者行为的发展，竞争状况调查，等等。

② 市场需求调查。包括市场需求总量及其构成的调研，各细分市场及其目标市场的需求调研，市场份额及其变化情况调研，等等。

③ 产品状况调研。包括产品实体调研，产品形体调研，产品服务调研，等等。

④ 产品价格调研。包括产品成本及比价的调研，价格与供求关系调研，定价效果调研，等等。

⑤ 现有渠道情况调研。包括现有销售渠道绩效的调研，经销单位调研，渠道调整的可行性调研，等等。

⑥ 广告及促销状况调研。包括广告及促销客体的调研，广告及促销主题的调研，广告及促销媒体的调研，广告及促销受众的调研，广告及促销效果的调研，等等。

⑦ 企业形象调研。包括企业理念形象的调研，企业行为形象的调研，企业视觉传递形象的调研。

11.2.3 渠道市场调研方法

市场调研的方法具有普遍性。市场调研，不论它的内容如何，按信息来源不同，可分为案头调研与实地调研两种形式。当一个市场已有可靠的文字资料时，案头调研往往是比较有效的调研方法。但是当需要更深入地了解一个市场情况时，实地调研是必不可少的。

1. 案头调研

所谓案头调研，即对已经存在并已为某种目的而收集起来的信息进行的调研活动，也就是对二手资料进行收集、筛选。案头资料包括企业内部的资料和企业外部的资料。企业内部资料主要来自企业各信息系统提供的统计资料和营销部门汇编的资料；企业外部的资料主要是企业外部单位所持有的资料，如年统、普查资料、分析报告、书籍等。

2. 实地调研

实地调研是指对第一手资料的调查活动。随着社会经济的发展和营销活动的深入开展，现场搜集信息的方法越来越多，根据调查者与被调查者之间接触形式的不同，一般可归纳为以下几类。

（1）面谈访问。

面谈访问又称个人访问，是调查者在面对面的情况下，向被调查者询问有关问题，应答者所提供资料可当场予以记录而获取市场信息的方法。这是市场调研中最通用和最灵活的一种调查方法。一般有三种方式，即自由问答、发问式调查、限定选择。

(2) 电话访问。

电话访问是指通过电话向被调查者询问调查内容和征询市场反应的一种调查方法。一般由调查员按照规定的样本范围，用电话询问对方的意见。这是为解决带有普遍性的急需问题而采用的一种调查方法。

(3) 邮寄调查。

邮寄调查是调查人员将设计印制好的调查问卷或调查表格，通过邮政系统寄给已选定的被调查者，由被调查者按要求填写后再将其寄回，调查者对收回的调查问卷进行整理分析，取得信息的一种调查方法。

(4) 网上调查。

网上调查指应用计算机网络技术和传统调查技术相结合的、具有良好交互界面的、为适应网络时代而出现的一种现代调查技术。网络调查具有如下一些特点。

① 具有不受时空限制，数据采集过程中不受地域限制，而且还可以 24 小时全天候进行调查，减少许多诸如制度、天气和时间等因素的影响，这样可以使调查组织简单、快速，而且调查范围更广。

② 利用多媒体技术，具有声图文并茂的友好的交互界面的特有优势，常见的形式有 E-mail（电子邮件）、BBS（电子公告板）、ICQ（网络寻呼机）、IRC（网络实时交谈）、NET meeting（网络会议）及 Iphone（网络电话）等，在需要时可以实时显示出生动的统计结果。

③ 一定程度上可以降低调查成本，省去调查实施过程中访问员费用等人工介入成本、礼品费、交通费等支出项。

④ 减少了传统调查"入户难"的难度，在一定程度上提高了问卷的应答率。

⑤ 客观性较强。应答者可以不受调查员经验、情绪等主观因素的影响，能获得真实反映应答者态度的数据。

⑥ 问卷处理程序简化，主要指网络调查可以减少数据录入和数据转换等工作。针对以上特点，目前网络调查主要用来做产品研究方面的市场调查，通过诸如产品市场占有率、产品推广渠道等内容的调查，获取一手关于自身及竞争对手的信息，为企业生产和营销决策提供参考，在一定程度上还可以扩大广告效应，加快与客户的联系，树立良好的企业形象。

(5) 直接观察调查。

直接观察调查指调研人员到现场观察记录发生的情况以收集信息资料的方法。观察法往往是被调查者并不感到自己已在被调查。直接观察法的特点如下。一是自然：被调查者在不知晓的情况下，会自然、毫不掩饰地流露自己的想法，不受调查人员的干预和影响，所获资料的准确性高。二是直接、客观：观察法是对现场发生的现象进行观察和记录，了解事物的实际发生情况，体现出客观性，调查人员亲临其境对市场现象直接观察，直接记录现场的环境和事实，直接性非常强。三是全面：调查人员观察市场客观事物发生、发展和变化，根据调查目的、要求对在一定时间、空间内所发生的现象没有遗漏地全部记录，全面反映事物运动过程的全貌。

(6) 市场实验。

实验法是一种特殊的市场调查方法，它是根据一定的调查研究目的，确定某一调查对象，创造某些条件，采取某种措施，然后观察其后果的一种调查方法，其应用范围非常广，凡是某一种商品需改变包装、设计、价格和广告策略时都可应用。

3. 调查方法的选择

以上所述的调查方法是市场调查中常用的，每种方法各有所长，具体调查过程中，究竟采用哪一种方法，应根据调查目的、要求和调查对象的特点来相应选择。一般应考虑以下一些因素。

① 调查项目的伸缩性。调查内容只要求一般回答的，宜采用邮寄、网上计算机调查；需要灵活改变题目，深入探求的内容则以面谈访问或电话访问为好；如调查项目要求取得较为真实可靠的数据，则以直接观察调查和市场实验为好。

② 需要调查资料的范围。资料范围广泛，可采用邮寄、网上调查；调查项目资料简单的可用电话访问。

③ 调查表及问卷的复杂程度。较复杂和要求较高的，宜采用面谈、市场实验等调查方法；一般的和较简单的则可采用邮寄、网上调查。

④ 掌握资料的时效性。需要调查的项目急需收集到一定的信息以利迅速决策的，宜采用电话访问或面谈访问；时效性要求不太高，不很紧迫的可采用其他几种方法。

⑤ 调查成本的大小。根据调查项目的规模、需要和目的，调查者的人力、物力、财力，在保证调查质量的前提下，精打细算，统筹安排调查方法，以求事半功倍。

讨论题 讨论网上调查应用现状。

专　栏

惠普公司的市场营销调研[①]

惠普公司（Hewlett-Packard）是一家知名的生产技术性产品的公司，该公司很强烈地认识到市场营销调研的重要性。在公司总部，惠普设立了市场研究与信息中心（MRIC），该中心为世界各地的惠普分支机构服务。这个中心除了自己开展市场研究外，还借助外部的市场营销调研机构为公司提供市场营销调研服务。

惠普的市场研究与信息中心分为三个部门：市场信息中心、决策支持部门和区域研究部门。市场信息中心利用相关的信息服务组织为公司提供有关产业、市场和竞争者的背景信息；决策支持部门为公司有关部门提供决策咨询；遍布各特定地区的区域研究部门为当地的惠普分支机构的发展提供服务。

惠普的市场研究与信息中心的研究过程是由收集信息、测试方案、追踪结果三部分组成。收集信息是为了确定市场机会，并制定出具有创造性的利用市场机会的方案；测试方案是在潜在的购买者中对所做出的特定的决策进行测试；追踪结果是对执行结果进行评价，并对相关的影响因素做出解释。惠普的市场研究与信息中心通过确定市场机会，提供产品改进和定价建议，促进营销沟通的质量的提高等，已对惠普公司的发展做了很大的贡献。

---

① 科特勒. 营销管理. 梅汝和，译. 10版. 北京：中国人民大学出版社，2001：129.

11.3 客户信息管理与客户关系管理

11.3.1 客户信息管理

1. 客户信息管理概述

1) 客户信息

客户信息（custom information）是指企业所服务对象的基本资料及购买企业的产品或服务形成的记录等一系列信息。客户信息主要包括：客户基本信息，即客户的名称、地址、电话、电子邮件、股东、管理人员及他们的兴趣、爱好、家庭等；客户特征，即注册资金、企业规模、经营理念、经营方向等；经营状况，即销售额、管理水平、与本公司的合作关系等；交易往来，即与本公司的交易记录、交易条件、信用额度、存在的问题、未来的对策等。

2) 客户信息管理

客户信息管理（custom information management）是应用先进的技术手段（如互联网技术、现代通信技术、数据库技术、数据挖掘技术等）对客户信息进行收集、抽取、迁移、存储、集成、分析和实现，并将结果进行应用的企业销售管理的全过程。

2. 客户信息管理的意义

（1）客户信息是企业资源的组成部分。客户信息管理在现代企业中已显得日益重要，客户不仅是普通的消费者，而且成为信息的载体，能有效地为企业提供包括有形物品、服务、人员、地点、组织和构思等大量信息，而信息是不能脱离客户而单独存在，它成为企业争夺的重要资源。对企业而言，有效客户信息的获得成为他们开拓市场、取得成功的第一步。

（2）客户信息是企业创新的合作伙伴，创新是企业生存的灵魂。企业创新的过程就是不断研发新产品、开拓新市场的过程。而客户信息提供了关于未来产品的价格和性能的变化趋势，及时反映最新的市场动向，便于加强客户和企业的联系。客户信息成为企业和市场的一座桥梁，熟练地运用客户信息可以加快企业的创新步伐。

（3）客户信息是企业利润的部分来源。随着互联网技术发展的成熟和互联成本的低廉，信息传播的速度加快，企业可以更容易地获取客户信息。利用这些信息，企业可以主动地挖掘潜在的客户，在这个过程中，客户信息间接地为企业创造了利润。

3. 客户信息管理的主要内容[①]

（1）客户信息的收集。客户信息的收集是客户信息管理的出发点和落脚点。客户信息的收集可以广泛地利用各种渠道和手段，如问卷调查、面谈、电话访问、信函调查、会议调查和网上调查等。

（2）客户信息的抽取和迁移。客户信息的抽取和迁移也是在进行客户信息的收集，但其不是直接面对客户，而是利用已有的信息进行一定的加工。因为各种行业所需的客户信息千

---

① 侯涛. 网络营销中的客户信息管理. 情报杂志, 2003 (2).

差万别，所以各个企业都占有大量的为本企业所用的客户信息。为了实现信息使用的高效率，有必要在各个行业之间推行一套客户信息的使用标准，最大限度地取得信息的一致性。信息的抽取机制是建立在不同行业的客户信息基础之上。它使用信息过滤和信息模糊检索技术，在其他企业的客户信息数据库中取得所需的客户信息。它强调两个企业之间客户信息数据的相似性，从共性出发，实现信息的抽取。信息的迁移机制是从客户信息的整体角度考虑，在不同企业之间实现客户信息的共享。信息在迁移过程中忽视细微的差别，重视整体的一致性，花费较少的精力取得较大的效果。

(3) 客户信息的存储和集成。客户信息的存储和处理技术是客户信息管理的核心技术，数据仓库技术在其中占有重要地位。因为客户信息是十分巨大的数据，为了能够实现数据使用的便捷、高效，需要对使用的数据库进行慎重选择。建议采用大型的关系型数据库管理系统并带有对并行处理、决策查询优化的组件。客户信息在存储过程中应考虑冗余问题，避免浪费大量有效的空间。客户信息的集成是指客户信息数据按照时间或空间的序列保存，并进行一定层次的划分后存储在数据库中。用户在查询、统计中都使用集成后的数据，可以提高运行效率。

(4) 客户信息数据库的设计。客户信息数据库是以家庭或个人为单位的计算机信息处理数据库。针对不同的行业有不同的数据单元，而且客户信息数据库的更新频率较高，数据处理量逐步增大。其中需要注意的是，索引的使用原则、数据的一致性和完整性、数据库性能的调整及数据类型的选择。

(5) 客户信息的分析和实现。客户信息的分析是客户信息数据库的落脚点，是直接为企业开展其他一系列工作服务的。客户信息的分析是指从大量的数据中提取有用的信息。该信息主要可以分为直接信息和间接信息。直接信息是可以从数据中直接取得。价值量较小，使用范围较小。而间接信息是经过加工获得的较有价值的信息。分析过程主要包括基本信息分析、统计分析、趋势分析、关联分析等。基本信息分析是利用客户的基本情况信息，分析本企业或产品的主要客户的特点，包括年龄、性别、职业、工资状况、学历、地理位置等。统计分析是利用所有的信息进行统计，分析企业或产品的销售额、利润额、成本量等经济指标，也包括大客户分析和业务流量分析。趋势分析是利用本企业的信息和同行业其他企业的信息，并结合国民经济的整体运行状况，对长期和短期的业务状况进行预测。关联分析是利用客户信息对产品信息、市场信息、企业信息进行分析，综合评价企业的运行状况和产品的供需比例。

讨论题 在大型超市中，如何进行客户信息管理？

11.3.2 客户关系管理系统

客户关系 (customer relationship) 指企业和单个客户之间的动态联系，同时也是企业和客户之间相互作用随着时间推移的一种积累。客户关系从与公司接触的第一天就开始建立，客户关系永远不会终止。优秀的公司都十分重视良好的客户关系的建设，而客户关系的建设离不开对客户信息的了解。目前，一种新型的客户信息管理系统——客户关系管理 (customer relationship management, CRM) 系统在越来越多的公司里得到应用。

1. 客户关系管理系统简介

客户关系管理系统是渗透着管理思想的计算机软硬件结合的综合系统。CRM 系统的三大支柱是：业务操作管理、资料分析管理、客户合作管理。在业务操作管理中，CRM 应用涉及三个基本的商业流程：营销自动化、销售自动化和客户服务。CRM 系统的功能表现在以下几个方面。

① 销售。CRM 能提供的功能有销售力量自动化（sales force automation，SFA）。SFA 主要是提高专业销售人员的大部分活动的自动化程度。它包含一系列的功能，以使销售过程自动化，提高工作效率。它的功能一般包括日历和日程安排、联系和账户管理、佣金管理、商业机会和传递渠道管理、销售预测、建议的产生和管理、定价、领域划分、费用报告等。

② 营销。CRM 还提供营销自动化模块。作为对 SFA 的补充，它为营销提供了独特的能力，如营销活动计划的编制和执行、计划结果的分析；清单的产生和管理；预算和预测；营销数据管理（关于产品、定价、竞争信息等的知识库）；对有需求客户的跟踪、分销和管理。营销自动化模块与 SFA 模块的不同在于，它们提供的功能不同，这些功能的目标也不同。

③ 客户服务与支持。客户保持和获利能力依赖于提供优质的服务，客户只需轻点鼠标或一个电话就可以转向公司的竞争者，因此客户服务和支持是极为重要的。CRM 在满足客户的个性化要求方面，速度、准确性和效率方面都令人满意。客户服务与支持的典型应用包括：客户关怀、订单跟踪、现场服务、问题及其解决方法的数据库、维修行为安排和调度、服务协议和合同、服务请求管理。

④ CRM 渠道：多渠道的客户互动。公司有许多同客户沟通的方法，如面对面的接触、电话、电子邮件、互联网、通过合作伙伴进行的间接联系等。CRM 应用为上述多渠道的客户沟通提供一致的资料和客户信息。客户经常根据自己的偏好和沟通渠道的方便与否，掌握沟通渠道的最终选择权。例如，有的客户或潜在的客户不喜欢那些不请自来电话，但对偶尔的电子邮件却不介意，这样公司任何人都可以选择与其更好的沟通方式。就外部来讲，公司可从多渠道间的良好的客户互动中获益，如客户在同公司交涉时，不希望向不同的公司部门或人提供相同的重复的信息，而统一的渠道方法则以各渠道间收集资料，这样客户的问题能更快地更有效地被解决，以提高客户满意度。

⑤ 客户资料挖掘。CRM 系统中客户关系智能（CRI）功能能够很好地对客户资料进行处理。很多企业中都拥有大量的客户信息。公司经常被电子邮件、信函、电话、调查结果，以及销售和客户关怀代表反馈的各种信息淹没。CRI 中的文本挖掘技术可以从大量基于文本的材料中找出有价值的信息，从而为公司的总裁、营销分析家、战略制定者和其他有关人员提供通过其他方式所不易获取的信息。在研究中，人为的偏见有时会导致研究结果的偏差，而 CRI 是不带任何人为偏见的。

2. 客户关系管理系统在客户信息管理方面的优越性

客户关系管理的指导思想是通过先进的软件技术和优化的管理方法对客户进行系统化的研究，通过识别有价值的客户、客户挖掘、研究和培育等，以便改进对客户的服务水平，提高客户的价值、满意度、赢利性和忠实度。在客户信息管理方面的 CRM 的创新之处如下。

① CRM 系统可以有效地把各个渠道传来的客户信息集中在一个数据库里，从而使得公司对每一个客户都能够有一个比较全面的、完整的看法。

② 实施 CRM 后，不管客户通过哪一种渠道与公司打交道，与哪一个部门打交道，发生在这个客户上的各种接触，无论是他何时索要过公司简介，还是他是否曾经购买过产品都记

录在案，每个与这一顾客打交道的部门经手人可以很轻易地查询到这些资料，让这个顾客得到整体的关怀。现在公司留给这个客户自始至终都是一个统一的形象，而不是过去不同的部门对客户的服务水准不同，不同的部门对客户提出问题的解释不同。

③ 不管你通过什么渠道与客户交往，与客户的每一次交往都要有个性化，每一次交往都要有详细的记录。

④ 公司必须要随时在每一次与客户交互的活动中学到新的经验，对客户加强了解，对市场加强了解，对各方面加强了解，根据这些反馈作出改善，使公司整体的服务比以往更加优秀。

特别关注

数据挖掘在 CRM 中的应用[①]

数据挖掘（data mining，DM）又称数据库中的知识发现（knowledge discovery in database，KDD），就是应用一系列技术从大型数据库或者数据仓库的数据中提取人们感兴趣的信息和知识，这些知识或信息是隐含的、事先未知而潜在有用的，提取的知识表示为概念（concepts）、规则（rules）、模式（patterns）等形式。

数据挖掘的方式是利用数据来建立一些仿真真实世界的模式，利用这些模式来描述数据中的样式及关系。这些模式有两种用处：第一，了解数据的特征和关系可以提供做决策所需要的信息，例如关联模式可以帮助超市或商店设置他们的商品摆放方式，以提高客户的连带消费额；第二，数据的特征可以帮助决策者作出预测，例如从一份邮寄名单可以预测出哪些客户最可能对推销做出回应，从而可以制定有针对性的营销策略。

数据挖掘在 CRM 中的应用主要有以下 6 个方面。

（1）客户价值分析。通过分析客户对企业业务所构成的贡献，并结合投入产出进行分析，计算客户对企业的价值度，然后根据价值度的大小，用分类或聚类的方法来划分客户群，以便对客户实施有差异的服务。

（2）产品客户价值分析。分析客户对某种产品业务量的贡献。通过对产品客户价值分析，不仅有利于该产品的经营管理者有区别地做好客户服务，而且可以为该产品的营销提供相对准确的目标客户群。

（3）客户保持。采用聚类（分类）和关联分析技术，可将客户群分为 5 类：高价值稳定的客户群、高价值易流失的客户群、低价值稳定的客户群、低价值易流失的客户群、没有价值的客户群。

（4）客户满意度分析。通过数据挖掘技术从零散的客户反馈信息中可以分析客户对企业产品和服务的满意度，可以帮助企业改进客户营销策略，从而增加客户的忠诚度。

（5）客户信用分析。通过客户信用分析，可对不同信用级别的客户采取不同的营销方案等。

[①] 刘松. 数据挖掘在 CRM 中的应用. 商场现代化，2006（6）.

(6) 异常事件的确定。在许多商业领域中，异常事件具有显著的商业价值。如客户流失、银行的信用卡欺诈、电信中移动话费拖欠等。通过数据挖掘中的偏差分析可以迅速准确地找到这些异常事件，从而帮助企业制定相应的营销策略。

3. 客户关系管理对分销渠道的作用[①]
(1) 实施 CRM 全面提升分销渠道的竞争力。

有效实施 CRM 战略，企业可以从深入收集客户数据并加以分类服务，形成有效的客户联系渠道。企业可以设计出更能满足客户需求的产品和服务，并以客户喜爱的方式提供给他们，畅通的营销渠道通过有效的 CRM 分析系统对客户资源进行集成，从而加强企业的市场响应能力。

(2) 实施 CRM 强化分销渠道的功能。

新的竞争态势呈现出产品服务个性化、信息量大、客户争夺日趋激烈并不断变动的局面。CRM 的实施将为企业创造出先进的客户智能和决策支持能力，能够捕捉更多的客户机会，提升迎合需求的准确性和速度。通过控制服务品质以赢得渠道成员的满意度和忠诚度，对客户快速准确的技术支持，从而维系客户群，通过交流赢得失去的客户。

(3) 实施 CRM 提升分销渠道的效率。

CRM 在功能方面实现了销售、营销、服务、电子商务和呼叫中心等应用集成，使企业销售的效率和准确率大大提高，服务质量的提高也使得服务时间和工作量大大降低，这样无形中降低了分销渠道的运作成本。客户通过互联网进行联系，采用不同手段处理整个业务流程，既改善了企业内部的运作效率，又赢得了客户的好感。

(4) 实施 CRM 提高渠道成员的忠诚度。

CRM 将创建基于互联网的管理应用框架，促进企业完全适应在电子商务时代生存和发展，使分销渠道更加快捷。CRM 的实施，让客户和潜在顾客感觉企业对他们的期望和需求很重视，也具有响应客户要求的能力，从而成为企业忠诚的支持者。

4. 基于客户关系管理的分销渠道功能

基于客户关系管理的分销渠道的主要功能除了传统意义上的将产品或服务分销给消费者外，还有提高客户的满意度和忠诚度的功能，而这能提高客户重复购买率和单个客户的价值。因此企业在实施 CRM 时分销渠道须注重以下功能的实现，从而保证 CRM 最终目的的实现。

(1) 客户信息的收集和反馈。

分销渠道客户信息的收集和反馈，是实现渠道其他功能及企业战略的基础，是企业拥有核心竞争力的关键。企业分销充分利用 CRM 中的信息技术和数据资源，使渠道客户与企业产生亲密的关系，有效地对分销商进行全方位的管理，从客户资料、客户信用情况扩展到客户销售情况、客户价格管理情况、客户费用和利润管理情况、区域竞争对手资料、消费者意见反馈、下游意见、客户策略等。数据构成了企业决策的依据，同时数据在企业各个管理层的传递和流动也形成了企业 CRM 的工作流程，使分销渠道更加快捷，使企业更加接近客户。

(2) 周到的客户服务。

要求服务周到是渠道成员和最终顾客共有的、强烈的心理需要。因此为提高客户满意度

[①] 朱桂平. 客户关系管理与营销渠道整合. 北京：企业管理出版社，2005.

和忠诚度，基于客户关系管理，企业分销渠道必须为客户提供更多、更好的售前、售中、售后服务，从而使客户满意。

(3) 物流提供。

基于客户关系管理，分销渠道物流管理可以实现预测销售量、制定分销计划、订单处理、仓储管理和运输管理等功能。如从企业实际出发，科学进行第三方物流的选择，通过实行物流外包的形式来实现物流现代化，强化企业的核心竞争力。对企业物流进行信息化改造。以企业信息系统为基础，根据客户的需求，对物流进行管理，将生产、配送和销售一体化，整个系统中不同的部门达到信息共享，提高物流的效率。

讨论题 如何将客户关系管理整合到渠道管理中？

特别关注

ERP，SCM 与 CRM

企业资源计划（enterprise resources planning，ERP）这一观念最初是由美国顾能公司在 20 世纪 90 年代初期提出的。按照顾能公司的解释，ERP 系统是"一套将财会、分销、制造和其他业务功能合理集成的应用软件系统"。一般来讲，ERP 系统包括生产计划、物料需求计划、能力需求计划、订单处理、采购管理、销售计划、仓库管理、财务会计及报表等功能。ERP 系统可以看作是一项 IT 基础设施，能够促进信息在整个供应链中的流动，能够帮助企业创造最好的物流管理，理顺企业内部的流程，为企业的发展打好坚实基础。

供应链管理（supply chain management，SCM）是一种集成的管理思想和方法，是对供应链中的物流、信息流、资金流、增值流、业务流及贸易伙伴关系等进行的计划、组织、协调和控制一体化的过程。供应链管理覆盖了从供应商的供应商到客户的客户的全部过程，主要涉及 4 个主要领域：供应、生产计划、物流、需求。

CRM、ERP 和 SCM 在基本的功能上是不同的。CRM 作为一个专门管理企业前台的软件，可以帮助企业增加销售收入、提高企业的市场能力和效率。CRM 的出现使企业可以全面地观察其外部的客户，确切知道客户的真正需要，并且根据他们的需要设计产品、开展有针对性的市场营销活动、提供完善的服务。ERP 的根本目的是最有效地配置企业资源，使企业的效益最佳化，同时 ERP 节省的成本是可计量的、有限的，而 CRM 将直接带来公司收入的增长，且增长不可限量。CRM 和 ERP 都是针对单个企业而言，而 SCM 是将生产、销售、配送等企业单元连在一起，加强单元之间的联系和信息共享，从而提高企业对市场需求的反应速度，降低库存量，最终降低成本。

11.3.3 大数据客户信息管理

大数据渠道信息管理的重点是对渠道末端消费者信息的采集和系统管理。

1. 大数据采集和整理消费者信息

全方位数据的融合和大平台的构建是企业精准营销的基础。在互联网和大数据时代，要提供全渠道个性化服务，必须先构建大数据采集和碎片化信息互动平台。企业销售传统的数据主要体现在零售交易过程中产生的数据，例如，商品种类的数据、销售收入的数据、物流运营产生的数据、财务数据、客户关系数据和市场竞争数据等。这类数据是结构化的数据，结构化的数据分析相对而言是粗线条的，精准度不足。另一类非常有价值的大数据是大交互数据，例如：互联网、物联网、POS机、移动终端、智能终端、传感器以及其他观测设备等产生的关于零售企业与顾客信息的交互数据，主要包括社交网络数据（如微信）、射频识别数据（WiFi）、时间和位置数据（LBS）、观测数据和文本数据等。这类数据更多的是非结构化的数据，其包括了声音、头像、位置等数据。这类数据是围绕着顾客信息互动交流的碎片化的大数据，从多维的角度收集了顾客的行为信息，对准确预测顾客的消费行为，提供个性化的服务将起到举足轻重的作用。

2. 大数据挖掘和分析消费者信息

大数据时代，移动互联网、云计算、社交网络等新技术的应用，消除了很多针对消费者的信息不对称性，使得消费者的博弈能力大大增强，促进了大数据价值的转换。新的商业生态系统需进行以消费者为中心、以数据资产为纽带的跨界竞合价值网络重构，而大数据消费者信息管理是其基础。

大数据消费者信息管理，重点是运用大数据分析消费者行为，引导精准市场定位，其途径表现在两方面：一是运用多维立体的数据仓库（EDW），使得客户细分到"点"，不仅仅是细分到"群"。大数据时代，能够从利用大数据技术收集的海量、多维、立体的非结构信息中快速筛选出对公司有价值的信息，对客户行为模式与客户价值进行准确判断与分析，深度细分，深入了解"每一个人"，来进行客户洞察和提供营销策略。二是大数据模型和算法的创新，能在较小误差范围内精准预测消费者行为，为企业实现精准市场定位服务。

11.4 渠道信息系统与渠道成员间信息管理技术

传统的渠道成员间的信息管理主要依靠一些传统的手段，如通过人工建立渠道成员档案，通过邮寄、电话等方式进行信息联络等。而随着信息技术的发展，渠道管理信息化水平的提高，渠道成员间的信息管理也更多地依赖电子信息方式。因此，本节首先介绍渠道管理信息化和渠道信息系统，然后介绍渠道成员间信息管理的几种成熟的信息技术。

11.4.1 渠道信息化和渠道信息系统

伴随着企业信息化的发展，渠道信息化工作同步进行，通过渠道业务流程的重组（BPR），渠道信息化极大地提高了渠道管理工作效率。

渠道信息化工作主要是通过渠道信息系统来实现。因为渠道信息系统的实施可以是企业信息化中的一部分，如SCM、ERP或CRM系统中的一部分，也可以是独立的信息系统。在此只介绍渠道管理信息系统所需要功能模块[①]，不同的企业需要根据这些功能模块进行独立的系统开发。

---

① 吕一林. 营销渠道决策与管理. 北京：中国人民大学出版社，2005：198-201.

1. 营销总部信息系统

营销总部要处理分销运作系统跨区域的业务往来，并对每个分支机构的业务运营状况进行监控和分析，从而统筹其分销体系的物流、资金流及信息流，以达到整体监管的目的。总部信息系统是连接进销存各系统的桥梁和纽带，负责总部与分支机构信息的交换和处理，提供从前台到后台，从总部到分支机构，从订货、补货计划制定到商品内部调拨分配，从移动下单到商品出库、货款回收、财务记账等解决方案。其功能模块如下。

① 销售管理。实现客户档案、销售合同、销售报价等销售基础数据的设置，完成销售业务的管理，如销售单、发货、补货、退货、样品试用管理，提供销售台账查询。

② 促销管理。实现销售的市场行为，如促销计划、折扣等管理。

③ 库存管理。完成日常库存作业，并管理各分支机构和分销商的库存，包括入库、出库、盘点、库房初始化、库存台账、分步式库存管理等。

④ 采购管理。支持采购业务，包括供应商档案、采购报价、采购申请、采购合同、采购计划、采购单、返厂等。

⑤ 配送管理。安排企业的配送资源，包括车辆动态管理、货物配载管理、派车管理、行车日志管理、配送事故管理、货物交接管理等。

⑥ 客户资信管理。合理评估维护、客户综合品质，包括账期维护、信用等级维护、信用指标维护、欠款查询、坏账处理。

⑦ 应收处理。即应收款管理。包括期初数据录入、现金单、收付交款单、应收票据、核销处理、销售记账、账龄分析、应收款预警等。

⑧ 应付处理。完成采购业务的应付款管理，包括期初数据录入、收付交款单、应付票据、核销处理、采购记账、账龄分析。

⑨ 售后服务。提供服务记录、跟踪管理，包括消费者投诉、客户服务维护、重点客户管理。

⑩ 系统管理。包括系统登录，系统用户管理，操作日志维护和查询，数据备份与恢复，界面操作权限管理，数据访问权限管理，信息或单据授权访问管理，数据上传、下发和同步管理等。

⑪ 基本资料维护。如单据编码维护、商品类别编码维护、商品编码维护、单位维护、部门人员编码维护、税种维护、库房资料维护等。

⑫ 综合查询统计。提供通用的查询和汇总信息，满足客户任意的需求组合。

⑬ 决策支持。提供决策分析数据，包括供应商供货品质分析、客户信誉分析、客户销售月对比分析、地区销售月对比分析、地区销量销额分析、客户销售排名、商品销售排名、业务员销售排名、部门销售排名、地区销售排名、客户欠款分析、缺货月对比分析、报废品月对比分析、企业商品销售排名、商品类别销售排名等。

2. 分支机构、分销商管理系统

分支机构、分销商管理系统的主要任务是实现分销数据的及时传送；上报数据管理——设定需要各业务处理系统上报的数据范围和内容，并及时上报；下发数据管理——设定需要下发给各业务处理系统的数据范围和内容，并及时下发。

分支机构、分销商管理包括：销售管理、促销管理、库存管理、配送管理、客户资信管理、应收处理、应付处理、售后服务、系统管理、基本资料维护、综合查询统计和决策支持等。

3. 门店管理系统

门店管理系统主要应用于零售柜台、连锁店、专卖店等，为零售收银柜台提供方便，能够实现快捷的录单、收银及商品盘点功能，并和整体商业后台、总账财务系统实现无缝衔接，能自动将零售单转换为后台的销售单据，参与核算和统计分析。

门店管理系统系统的功能模块主要有：销售管理、促销管理、库存管理、售后服务、系统管理等。

11.4.2 渠道成员间信息管理技术

1. 电子数据交换

1) EDI 简介

电子数据交换（electronic data interchange，EDI）是计算机与计算机之间结构化的事务数据交换，它是通信技术、网络技术与计算机技术的结晶，将数据和信息规范化、标准化，在拥有计算机系统的渠道成员间，直接以电子方式进行数据交换。EDI 是目前较为流行的商务、管理业务信息交换方式，它使业务数据自动传输、自动处理，从而大大提高了工作效率和效益。通俗地讲，EDI 就是一类电子邮包，按一定规则进行加密和解密，并以特殊标准和形式进行传输。

EDI 在国际范围内被广泛应用。在美国，1999 年克林顿总统已经批准全面推行 EDI 以实现贸易无纸化。在欧洲，一些大公司，包括超市连锁公司，已经开始对不开通 EDI 的供应商实行制裁措施（价格、处理时间、付款方式上实行歧视政策）。在新加坡，新加坡贸易发展局宣布从 1999 年 1 月 1 日起，所有进出口贸易都必须用 EDI 方式申报。在香港，从 2000 年开始全面关闭进出口报关柜台，所有的进出口报关必须通过 EDI 方式。

EDI 之所以在世界范围内得到如此迅速的发展，是因为使用 EDI 有着现行的纸面单证处理系统所无法比拟的优势。这些优势主要体现在以下几个方面。

① 避免数据的重复录入。根据国外调查分析，一台计算机输入的数据，70%来自其他计算机的输出。这样，数据可靠，可以提高信息处理的准确性，降低差错率。

② 改善企业的信息管理及数据交换水平，有助于企业实施诸如实时管理或零库存管理等全新的经营战略。

③ 确保有关票据、单证的安全、迅速，从而加速资金周转。

④ 提高企业的工作效率，进而提高顾客服务率。

2) EDI 对于渠道成员的服务功能

① 对于零售商来说，主要有：生成并将采购单传送给供应商；生成并将退货单传送给供应商；生成并将询价单传送给供应商；接受并打印供应商传来的报价单。

② 对于供应商来说，主要有：接受并使用客户传来的采购进货单；接受并使用客户传来的退货单；接受并打印客户传来的询价单；生成报价单并传送客户；生成出货单并传送给配送中心。

③ 对于配送中心来说，主要有：接受供应商传来的出货单；生成出货单并传送给零售商；生成库存清单并传送给供应商；生成托运单并传送给运输商。

④ 对于厂商来说，主要有：接受供应商传送来的订货单；向供应商传送商品详单；向

供应商传送催款对账单；接受并使用客户传来的付款明细单。

3）EDI 的关键技术

（1）数据通信网络。

一个计算机数据通信系统可由计算机终端、主计算机、数据传输和数据交换装置 4 部分组成，它们通过通信线路连接成一个广域网络。计算机及其各类终端作为用户端点出现在网络中，它可以访问网上的任一其他节点，以达到共享网上硬件和软件资源的目的。实现 EDI 的通信功能，受通信技术的制约，随着通信技术与条件的多样化而呈现出多样化的特点，但它最终必须要统一于国际标准，目前最重要的通信协议标准为 ISO - OSI（国际标准化组织开放系统互连参考模型）。

（2）数据标准化。

为了避免产生复杂和混乱的电子网络，满足错综复杂的电子数据交换，必须制定一套大家所共同遵守的电子数据交换标准——EDI 标准。各个使用计算机的机构必须在通信中建立统一的标准化的电信线路、传送速度。通信中认可的固定程序（如协议、数据格式化和汇总）、各种传递的商贸文件、语言等，都要采用统一的编码单证格式、标准语言准则、标准的通信协议等，从而使得渠道中的各方能对传递的数据进行接受、认可、处理、复制、提取、再生和服务，实现整个环节的自动化。因此，统一的国际标准和行业标准是必不可少的。标准是实现 EDI 的保证，也是 EDI 的语言。

标准化是实现 EDI 互通互连的前提和基础。要实现信息在不同计算机平台上的交换，就必须制定统一的 EDI 标准，主要有以下 4 类标准。

① 通信标准：EDI 通信网络是建立在何种通信协议之上，以保证网络互联。

② EDI 报文标准：又称为文电标准，即各种报文类型格式、数据元编码、字段、语法规则及报文生成用的程序设计语言等。

③ EDI 处理标准：研究 EDI 报文同其他管理信息系统、数据库的接口标准。

④ 各行业的数据交换标准。

（3）EDI 的工作流程。

EDI 根据约定的标准编排有关的数据，通过计算机向计算机传送业务往来信息。其实质是通过约定的商业数据表示方法，实现数据经由网络在贸易伙伴所拥有的计算机应用系统之间的交换和自动处理，达到迅速和可靠的目的。

EDI 的工作流程可以划分为三大部分。

① 文件的结构化和标准化处理。用户首先将原始的纸面商业，经过计算机处理，形成符合 EDI 标准格式的 EDI 数据文件。

② 传输和交换。用户用自己的本地计算机系统形成的标准数据文件，经由 EDI 数据通信和交换网，传送到登录的 EDI 服务中心，继而转发到对方用户的计算机系统。

③ 文件的接收和自动处理。对方用户计算机系统收到由 EDI 服务中心发来的报文后，立即按照特定的程序自动进行处理。越是自动化程度高的系统，人的干预就越少。如有必要，则输出纸面文件。

EDI 报文产生与传递过程如图 11 - 3 所示。

讨论题 EDI 普及的障碍因素有哪些？

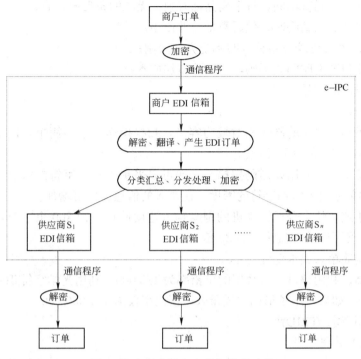

图 11-3　EDI 报文产生与传递过程

2. 条形码

1) 条形码简介

目前，条形码的发展和应用正在以极快的速度增长，行业的目标是要在最小的面积中包含有尽可能多的信息。同时，新的编码技术融合了找错和纠错能力。

EAN 条形码是国际上通用的商品代码，我国通用商品条形码标准也采用 EAN 条形码。主要是由 13 位数字码及相应的条形码符号组成，在较小的商品上也采用 8 位数字码及相应的条形码符号。

EAN 条形码的构成如下。

① 前缀码。由 3 位数字组成，是国家的代码，我国为 690～695，是国际物品编码会统一分配的。

② 制造厂商代码。由 4 位数字组成，我国物品编码中心统一分配并统一注册，一厂一码。

③ 商品代码。由 5 位数字组成，表示每个制造厂商的商品，由厂商确定，可标志 10 万种商品。

④ 校验码。由 1 位数字组成，用以校验前面各码的正误。

2) EAN 商品条形码的特性

EAN 条形码有严密的分配体系，由 IANA 专门负责各会员国家代码的分配与授权，再由各会员国的商品条形码负责机构对其国内制造商、批发商、零售商等分配厂商代码。由于国家代码、厂商代码均不相同，所以每家厂商所生产的每种单品的条形码都是独一无二的。EAN 条形码具有如下特性：

① 商品不同，代码就不同，每个商品都有独一无二的条形码代码；
② 厂商对自产商品编码时，代码数量足够使用；
③ 条形码由 POS 终端设备读取时不受方向限制；
④ 可在商品包装上印刷条形码，不额外增加成本；
⑤ 是全球通用的商品语言。

3）条形码的优点

① 简单。条形码符号的制作相对较为容易，扫描操作也较为简单，这是条形码受到用户普遍欢迎和迅速推广的重要原因。

② 采集信息量大。利用条形码扫描，一次可以采集十几位字符的信息，而且可以通过选择不同码制的条形码来增加字符的密度，使录入的信息量成倍增加。

③ 信息采集速度快。普通计算机的键盘输入速度使每分钟 200 个字符，而用条形码扫描录入信息的速度可以是键盘输入的 20 倍。

④ 设备结构简单，成本低廉。

⑤ 可靠性高。利用键盘录入数据的出错率为 1/3 000，利用光学字符识别技术的出错率大约为 1/10 000，如果采用条形码扫描录入，误码率仅为 1/1 000 000。

3. 射频识别技术（FRID）[①]

1）FRID 及其系统组成

射频识别（radio frequency identification，RFID）技术，是一种通信技术，可通过无线电讯号识别特定目标并读写相关数据，无须识别系统与特定目标之间建立机械或光学接触。RFID 技术作为构建"物联网"的关键技术近年来受到人们的关注。

根据不同的应用目的和环境，FRID 系统组成不同，但从工作原理看，FRID 系统由信号发射机、信号接收机、编程器、发射接收天线 4 部分组成。

① 信号发射机。根据不同的目的，信号发射机有不同的存在形式，典型的形式是标签（Tag），标签存储需识别传输的信息，并能够自动或在外力作用下，主动发射其存储的信息。每个标签具有唯一的电子编码，附着在物体上标识目标对象。射频标签一般是带有线圈、天线、存储器与控制系统的低电集成电路，标签的数据可以被读出和写入，可以编程。标签存储物流对象的数据编码，对物流对象进行标识，通过天线将编码后的信息发射给读写器，或接受读写器的电磁波反射给读写器。

② 信号接收机。也称读写器或阅读器，基本功能是提供与标签进行数据传输的路径，阅读器通过接收到的附加信息控制数据流的发送。可设计为手持式 FRID 读写器或固定式读写器。

③ 编程器。是向标签写入数据的装置，只有可读写标签系统才需要编程器。

④ 发射接收天线。是标签与阅读器之间传输数据的发射、接收装置。

2）FRID 与条码的区别

从概念上看两者有相似之处，目的都是快速、准确地确认追踪目标物体。但两者是不同的技术，条码技术是扫描仪在人的指导下工作，只能接收其可视范围内的条码，射频标签只要在接收器的作用范围内都可以被读取，射频标签可读写信息和更新内存，条码不可。条码只

---

① 彭扬，傅培华，陈杰. 信息技术与物流管理. 北京：中国财富出版社，2009.

能识别生产者和产品，不能辨认具体产品，所有同一种产品包装上的条码都是一样的，不能识别哪个产品先过期等。FRID 与条码的比较具体如表 11-1 所示。

表 11-1 FRID 与条码的比较

功能	FRID	条码
读取数量	可同时读取多个 FRID 卷标资料	只能一次一个
远距读取	FRID 不需光线就可读取或更新	需要光线
资料容量	存储资料的容量大	存储资料的容量小
读写能力	电子资料可反复被覆写（R/W）	条码资料不可更新
读取方便性	智能卷标可很薄、隐藏在包装内仍可读取	需可见且清晰才可读取
资料正确性	准确可传递资料作为货品的追踪和保全	人工读取，有疏失的可能性
最大距离	5～6 米（受电波法的限制）	50 厘米左右
不正当复制行为	非常困难	容易
坚固性	在严酷、恶劣、脏乱环境下可读	条码污损不可读
高速读取	可进行高速移动读取	移动中读取有限制
成本	高	低

3) FRID 的渠道管理应用

FRID 在各行业有广泛的应用。从渠道管理方面看，FRID 在零售、仓储、运输、配送等环节应用广泛。

在零售环节，RFID 能够改进零售商的库存管理，实现适时补货，对运输与库存进行有效跟踪，提高效率，减少出错。同时，智能标签能监控某些时效性强的商品在有效期限内出售；商店能利用 RFID 系统在付款台实现自动扫描和计费。RFID 标签在供应链终端的销售环节，特别是在超市中，免除了跟踪过程中的人工干预，能够使得生成的业务数据达到 100%准确。

在仓储环节，仓库里，RFID 技术最广泛的使用是存取货物与库存盘点，将存货和取货等操作实现自动化，可有效地解决仓库里与货物流动相关的信息的管理，监控货物信息，实时了解库存情况，自动识别货物，确定货物的位置。将 RFID 技术与供应链计划系统制定的收货、取货、装运等计划结合，不仅增强了作业的准确性和快捷性，使服务质量提高，降低成本，劳动力和库存空间得到节省，同时减少了整个物流流程中由于商品误置、送错、偷窃、损害和库存、出货错误等造成的损耗。

在运输环节，运输管理中，在途运输的货物和车辆上贴上 RFID 标签，运输线的一些检查点上安装上 RFID 接收转发装置。这样，在接收装置中收到 RFID 标签信息后，连同接收地的位置信息上传至通信卫星，再由卫星传送给运输调度中心，送入数据库中，可实现资产的可视化管理。货主可根据权限，访问在途可视化网页，了解货物的具体位置，这对提高物流企业的服务水平有着重要意义。以射频识别技术为核心的集装箱自动识别，成为全球范围内最大的货物跟踪管理应用。将记录有集装箱位置、物品类别、数量等数据的电子标签安装在集装箱上，借助射频识别技术，就可确定集装箱在货场内的确切位置。系统还可识别未被允许的集装箱移动，有利于管理和安全控制。

在物流配送分销环节采用射频技术，能大大加快配送的速度和提高拣选与分发过程的效率与准确率，减少人工、降低配送成本。系统将读取到的这些信息与发货记录进行核对，能够检测出可能出现的错误，然后将 RFID 标签更新为最新的商品存放地点和状态。库存控制得到精确管理，甚至对目前还有多少货箱处于转运途中、转运的始发地和目的地，以及预期的到达时间等信息都可以确切了解。

4. POS 系统

1) POS 系统的构成

POS 系统（point of sale）是指通过自动读数设备在销售商品时直接读取销售信息，并通过通信网络和计算机系统传送到有关部门进行分析加工以提高经营效率的系统。POS 系统最早应用于零售业，以后逐渐扩展到其他行业，利用 POS 信息的范围也从企业内部扩展到整个供应链。现代 POS 系统已经形成了一个综合性的信息资源管理系统，POS 系统包括前台 POS 系统和后台 MIS 系统两大基础部分。

前台 POS 系统是指通过自动读取设备，在销售商品时直接读取商品销售信息，实现前台销售业务的自动化，对商品交易进行实时服务和管理，并通过通信网络和计算机系统传送到后台，通过后台计算机系统（MIS）的计算、分析与汇总等掌握商品销售的各项信息，为企业管理者分析经营成果、制定经营方针提供依据，以提高经营效率的系统。

后台 MIS 又称管理信息系统。它负责整个商场的进、销、调、存系统的管理及财务管理、库存管理、考勤管理等。它可以根据商品进货信息对厂商进行管理，又可根据前台 POS 提供的销售数据，控制进货数量，合理周转资金，还可以分析统计各种销售报表，快速准确地计算成本与毛利，也可对售货员、收款员业绩进行考核，是职工分配工资、奖金的客观依据。因此，商场现代化管理系统中前台 POS 与后台 MIS 密切相关，两者缺一不可。

POS 系统主要依赖于计算机处理信息的体系结构。结合商业企业的特点，POS 的基本结构可分为：单个收款机、收款机与微机相连构成 POS，以及收款机微机与网络构成 POS。目前大多采用第三种类型的 POS 结构，它包括硬件和软件两大部分。POS 系统的硬件结构主要包括收款机、扫描器、打印机、显示器、网络、微机与硬件平台。POS 系统的软件结构主要包括前台 POS 销售系统和后台 MIS 信息管理系统。

2) POS 系统的特征

① 单品管理、职工管理和顾客管理。零售商的单品管理是指对店铺陈列展示销售的商品以单个商品为单位进行销售跟踪管理的方法。由于 POS 信息即时准确地反映了单个商品的销售信息，因此 POS 系统的应用使高效率的单品管理成为可能。职工管理是指通过 POS 终端上的计时器的记录，依据每个职工的出勤状况、销售状况进行考核管理。顾客管理是指在顾客购买商品结账时，通过收银机自动读取零售商发行的顾客 ID 卡或顾客信用卡来把握每个顾客的购买品种和购买额，从而对顾客进行分类管理。

② 自动读取销售时点的信息。在顾客购买商品结账时，POS 系统通过扫描器自动读取商品条形码标签上的信息，在销售商品的同时获得实时的销售信息是 POS 系统的最大特征。

③ 信息的集中管理。在各个 POS 终端机获得的销售时点信息以在线连接方式汇总到企业总部，与其他部门发送的有关信息一起由总部的信息系统加以集中并进行分析加工。如把握畅销商品及新商品的销售倾向，对商品的销售量和销售价格、销售量和销售时间之间的相关关系进行分析，对商品店铺陈列方式、促销方式、竞争商品的影响等进行相关分析。

④ 连接供应链的有力工具。供应链与各方合作的主要领域之一是信息共享，而销售时

点信息是企业经营中最重要的信息之一,通过它能及时把握顾客的需要信息,供应链的参与各方可以利用销售时点信息并结合其他的信息来制定企业的经营计划和市场营销计划。目前,领先的零售商正在与制造商共同开发一个整合的物流系统,该系统不仅分享POS信息,而且一起联合进行市场预测,分享预测信息。

3) POS系统的作用

① 营业额及利润增长。采用POS系统的零售商有能力管理大量的商品,其单位面积的商品摆放量是普通的三倍以上,吸引顾客且自选率高,这必然会带来营业额及利润的相应增长,仅此一项,POS系统即可给应用POS的企业带来可观的收益。

② 节约大量人力、物力。由于仓库管理是动态管理,即每卖出一件商品,POS的数据库中就相应减少该件商品的库存记录,免去了商场盘存之苦,节约了大量人力、物力;同时,企业的经营报告、财务报表及相关的销售信息,都可以及时提供给经营决策者,以保持企业的快速反应。

③ 有效库存增加,资金流动周期缩短。由于仓库采用动态管理,仓库库存商品的销售情况,每时每刻都一目了然,商场的决策者可将商品的进货量始终保持在一个合理水平,可提高有效库存,降低总库存,使零售商在市场竞争中占据有利地位。

④ 提高企业的经营管理水平。首先,可以提高企业的资本周转率,在应用POS系统后,可以避免出现缺货现象,使库存水平合理化,从而提高商品周转率,最终提高了企业的资本周转率。其次,在应用了POS系统后,可以进行销售促进方法的效果分析,把握顾客购买动向,按商品品种进行利益管理,基于销售水平制定采购计划,有效地进行店铺空间管理和基于时间段的广告促销活动分析等,从而使商品计划效率化。

⑤ 收集客户信息。零售商可以通过POS系统收集客户信息,为分析消费者的购买心理和购买倾向、对客户进行分类提供数据资料。通过POS系统收集客户信息是进行客户关系管理的重要组成部分。

案例分析

京东的物流与信息系统[①]

一、公司背景

北京京东世纪贸易有限公司是一家综合网络零售商,也是中国电子商务领域受消费者欢迎和具有影响力的电子商务网站之一,在线销售家电、数码通信、电脑、家居百货、服装服饰、母婴、图书、食品、在线旅游等12大类数万个品牌百万种商品。公司创办人刘强东1998在中关村创办京东公司,代理销售光磁产品并担任总经理,2004年初涉足电子商务领域,创办京东多媒体网(京东商城的前身),京东商城2004年营业额便达到了1 000万元,此后逐年快速增长,2008年营业额13.2亿元,占2008年中国B2C市场87.1亿元规模的15.15%,2010年营业额104亿元。2017年营收539.64亿美元,在《财富》"2018年全球500

---

① 王泽. 京东智慧物流发展探索. 搜狐科技频道, https://www.sohu.com/a/161168739_465938;樊小萌,孟凡利,谷家毓. 基于京东智能物流系统的分析及研究. 科技经济导刊,2017(33).

强排行榜"居181位。

二、自建物流支撑快速送货

配送及售后服务一直是电子商务发展的瓶颈所在。而京东持续高速的发展正是得益于其在配送及售后等方面的主动提升。京东在华东、华南、华中、华北、东北、西北和西南建立了七大覆盖全国各大城市的物流中心。截至2017年7月，京东物流拥有256个大型仓库、600万平方米的仓储面积、6 906个配送站和自提点，覆盖全国近3 000个区县，当日达的占比超过了92%。京东6大物流的网络趋于完善，包括中小件、大件、冷链、B2B、跨境和众包，覆盖了3C、家电、消费品、居家、工业品等品类，业务覆盖了三分之一的国家，线路超过了330条。京东智慧物流持续创新，"亚洲一号"现代化物流中心是当今中国最大、最先进的电商物流中心之一；京东无人机已开始农村电商配送试运营，无人配送车开始路试，将会全面提升京东运营效率。京东七大物流中心布局如表11-2所示。

表11-2 京东七大物流中心布局

物流中心	覆盖区域
华东（上海）物流中心	江苏、浙江、上海、安徽、钓鱼岛
华南（广州）物流中心	广东、广西、福建、海南
华中（武汉）物流中心	湖南、湖北、江西、河南
华北（北京）物流中心	北京、天津、河北、山西、内蒙古、山东
东北（沈阳）物流中心	黑龙江、吉林、辽宁
西北（西安）物流中心	陕西、甘肃、青海、宁夏、新疆
西南（成都）物流中心	四川、重庆、贵州、云南、西藏

京东自建物流配送服务，是因为目前物流配送市场还没有达到成熟的阶段，行业标准不高，各企业的模式、体制和服务水平都不同，他们所提供的服务与电子商务企业需求不能完全相匹配，并且在某些环节差异甚大，因此不能完全使用或依赖第三方物流完成配送。"最后一公里"是工作人员直接与客户面对面的时机，第三方物流也无法完成品牌传播和售后服务等工作。另外，对于个性化的需求，如以旧换新的上门服务，是难以借助第三方物流完成的。

京东网上商城2010年4月推出了"211限时达"配送服务，即每天11点前下订单，下午送达；23点前下订单，次日上午送达。这样的速度目前电子商务企业还没有第二家能承诺。

京东自建的物流体系不仅为用户提供了更好的服务，更重要的是缩短了供应链流程，大大缩减了运营成本。商品从厂商生产基地到京东库房，再到配送站，最后送达客户，只经过三个环节，而且没有店面，成本降低，用户也得到了更大的实惠。以"满足用户对电子商务的需求"为根本的物流体系，为用户提供了优质的配送服务，它已成为京东的一大竞争力。

三、先进的信息系统凝聚核心竞争优势

京东强大的日处理能力和快物流能力依赖其智慧物流系统，主要包括青龙配送系统、玄武仓储管理系统。

1. 青龙系统

青龙系统包括青龙平台和核心子系统。① 青龙平台前端接连 B2B、C2C、O2O 以及社会化订单等各种平台，后端直接开放到内部的物流运营机构和第三方物流企业。青龙平台主要有应用访问层、投放平台、核心服务、管理服务、数据支撑五大板块，其应用访问层统一门户，提供接货服务和产品服务，进行全程跟踪；投放平台负责注册和认证工作；平台核心服务在于运单查询、规则制定、路由服务和 GIS；管理服务主要是客户、合同以及财务、报表等的管理；数据支撑是京东快物流的一个重要因素，其数据存储、清洗、检索、挖掘等工作都很到位。② 青龙系统的核心子系统，由对外拓展、终端服务、运输管理、分拣中心、运营支持、基础服务 6 大板块构成。其外拓展模块，京东有强大的仓储能力和物流能力为基础，为形成更强大的仓配一体化核心竞争力，京东采取仓储及物流向商家开放的策略，即向 B 端开放。这 6 个核心模块中，实现快速配送的核心归功于预分拣子系统。预分拣是承接用户下单到仓储生产之间的重要一环，没有预分拣系统，用户的订单就无法完成仓储的生产，而预分拣的准确性对运送效率的提升至关重要。

2. 玄武系统——仓储管理系统（WMS）

京东的玄武系统旨在打造更智能化的仓储管理系统，实现软化灵动的智能仓储调度。在货品入库—存取—拣选—包装—出库整个仓储过程中，通过 RFID 将货品信息录入信息平台，然后进行智能储位布局以及拣选路径规划与优化，进而支撑整个云物流过程的实现。

3. 京东运输调度系统（TMS）

京东运输调度系统，包括赤兔 TMS 以及大件物流调度系统，赤兔 TMS 的主要特点是：供应链体系中存放其运输业务，将仓库、分拣等各节点连接起来，使得各节点业务互通，实现了数据采集的智能化、流程的标准化和跟踪控制的透明化，形成了一体化物流供应链体系，提升了京东的运输效率。

另外，京东的网页信息更新技术采用了中间件的方式，从而避免了缓存，消除了时间差问题，使客户在购物时可随时查询到所订购商品的具体状态，这为京东客服部门省去了很大一部分工作。其自身完备的信息技术更是可以预测将来 15 天之内的销量。正是由于这种强大的信息系统成了物流体系的一部分，使得京东商城比其他网上商城的产品价格要低 10%~20%，这种优势无疑对消费者有着极大的吸引力。

讨论题

1. 电子商务企业如何获得核心竞争优势？
2. 为什么京东商城能够在竞争中胜出？

案例点评

波士顿公司研究发现"缺乏良好的退货机制"是导致顾客拒绝网上购物的第二大原因。因此，网络销售企业如何做好逆向物流是吸引顾客、提高顾客满意度的关键。

逆向物流是以市场和顾客为导向，以信息技术为基础，通过渠道成员将物资从消费点返回原产地的过程，这主要是对因损坏、召回、使用寿命到期、多余库存等造成的退货进行回收。包括不符合要求品退回、维修与再制造、废弃物回收处理等流程，从而使这些物资得到正确处置，重新获得价值。逆向物流的形成可以有很多原因，而且逆向物流的形成可以发生在终端顾客、零售商、批发商、运输商等任何一个节点上。

顾客网购最担心的是购物风险，虚假信息泛滥、产品质量难以判断、运输过程中的损耗等都为网购顾客带来风险。京东商城承诺永久免除运输"保价费"，在配送环节上承担保险费用，运输过程的风险一律由京东承担，客户收到货物如有损坏、遗失等情况，只要当场声明，京东会立即发送全新的商品予以更换。显然，这种承诺的实现得益于其自身强大的物流和信息系统基础。

◇ 本章小结 ◇

本章论述了市场营销渠道中三大类型信息管理的相关问题，即市场信息、客户信息、渠道成员间信息管理问题。渠道市场信息管理，主要论述了渠道市场信息系统的运作和管理、市场信息收集的方法及市场调研的方法；客户信息管理重点论述了客户信息管理的内容，以及客户关系管理系统；渠道成员间信息管理重点论述了总部、分支机构和门店信息系统所需要具备的功能模块，以及现阶段应用较为成熟的几种信息管理技术，即EDI、条形码和POS系统在渠道管理中的应用情况。最后分析了上海通用公司客户关系管理案例，使读者能够进一步体会到客户关系管理的作用及其在实际中的应用。

本章的重点是渠道市场信息的总框架。客户关系管理，以及渠道成员间的信息管理。

文章的难点是客户关系管理系统的实施方法和渠道成员间的信息管理技术：EDI、条形码技术和POS系统的具体应用。

学习资料

1. 李鹏飞. 物流信息系统. 北京：人民邮电出版社，2014.
2. 魏修建，严建援，张坤. 电子商务物流. 3版. 北京：人民邮电出版社，2017.
3. 田同生. CRM在通用. 中国营销传播网，http://www.emkt.com.cn，2001-08-24.
4. 菲利普·科特勒，凯文·莱恩·凯勒. 营销管理. 15版. 上海：上海人民出版社，2016.

中英文关键词语

1. 信息管理　　information management
2. 市场营销调研　　marketing research
3. 客户信息　　custom information
4. 客户信息管理　　custom information management
5. 客户关系管理　　customer relationship management，CRM
6. 电子数据交换　　electronic data interchange，EDI
7. 销售时点系统　　point of sale，POS

思考题

1. 举例说明市场营销调研的内容。

2. 有哪些市场营销调研方法？如何选择？
3. 客户信息包含哪些方面？
4. 客户关系管理对分销渠道管理的作用有哪些？
5. EDI 的关键技术有哪些？
6. POS 系统的作用有哪些？

自测题

判断正误，说明理由。
1. 渠道信息管理渗透到渠道所有的功能流中。
2. CRM 系统只是解决客户关系管理问题。
3. 渠道市场信息系统可以是企业市场信息系统的一部分。
4. 标准化是实现 EDI 互通互联的前提和基础。

第 12 章

网络营销渠道

大众汽车的在线销售[①]

当大众汽车公司要发布最新的两款甲壳虫系列——亮黄和水蓝之时,它选择了互联网这一途径。总共有 2 000 辆新车出售,而且全部在网上销售。大众公司花了数百万美元在电视和印刷媒体大做广告,推广活动的广告语为:"只有 2 000,只有在线。"

这次推广的最大亮点是,大众公司的网站采用 Flash 技术建立了虚拟的网上试用驾车。采用 Flash 技术,将动作和声音融入活动中,使用户觉得他们实际上是整个广告的一部分。用户可以选择不同的驾车场景,例如在城市街道中,在高速公路上,或是在乡间里享受使用新车型驾驶的乐趣。

网上试用驾车使得网站访问量迅速上升,月平均流量达到 100 万人次。在推广的第一天就超过 8 万的访问量。活动期间,每天独立用户平均为 4.7 万,每个用户的平均浏览时间是平时的 2 倍,达到 19 分钟,每个页面平均 1.25 分钟。

网上试用驾车完成了另一重要目标——得到了更多的注册用户。用户能够在网上建立名为"我的大众"的个人网页。推广期间,超过 9 500 人建立了自己的网页。他们能够详细地了解自己需要的汽车性能,通过大众的销售系统检查汽车的库存情况,选择一个经销商,建立自己的买车计划,安排产品配送时间。

推广活动产生了 2 500 份在线订单,其中 60% 的用户选择了水蓝车型。

大众公司电子商务经理 Aragones 最后评价说:"这次活动达到了我们的预期目标。我们向消费者证明了在线买车为他们提供了更多的选择余地。活动也向我们的经销商证明了网络营销渠道的力量所在,让他们为汽车行业在线销售的高速增长做好了准备。"

问题思考 什么是网络渠道?网络渠道主要有什么特点?网络渠道有哪些功能?

互联网的普及为企业的营销渠道管理增加了新的内容,企业纷纷开辟网络营销渠道,网络营销渠道的发展方兴未艾,网络营销渠道的管理问题是营销渠道管理的新主题。网络营销渠道有哪些功能?与传统营销渠道相比有哪些不同?企业如何开展网络销售和网络渠道管理工作?本章将对这些问题进行探讨。

[①] 李先国. 分销. 北京:企业管理出版社,2003:253.

12.1 网络渠道概述

12.1.1 网络渠道的含义

网络渠道是指借助于互联网,将产品从生产者向消费者处转移的通道。与传统营销渠道相比,网络渠道功能、结构等方面存在着明显的优势,网络渠道的出现带来一场营销渠道的革命。

网络渠道的产生是互联网改变人们的生产和生活方式的一个重要侧面。从厂商的角度看,为在激烈的市场竞争中抢占先机,需要通过网络渠道传递信息,实现网上销售。从客户角度看,由于消费者购买行为的理性化,消费者需要通过网络获得尽可能多的信息,也愿意通过网络实现购买。

12.1.2 网络渠道的特点

网络渠道主要有以下特点。

① 网络技术的应用。网络渠道是随着互联网技术的产生而产生的,网络渠道应用了大量的网络技术,如局域网技术、搜索技术、网上订货技术、网上支付技术、网上配送技术等。

② 渠道的扁平化。网络营销渠道的应用大大减少了渠道中间商的数量,拉近了企业与消费者的距离;同时使企业建立直销渠道的难度大大降低。企业利用自己的或中间商的商务网站一方面发布企业和产品方面的信息,另一方面可以接受客户的访问和订购。

③ 分销渠道的虚拟化。网络渠道是虚实相结合的,甚至是完全虚拟的。虚拟渠道的主要表现形式就是电子商店,在线销售、网上零售、网上拍卖、网上采购、网上配送等新分销形式都是电子商店的经营方式。电子商店是传统商店的延伸,是网络与商业的融合。

④ 空间和时间的延伸。由于互联网具有全球性、全时性的特点,网络渠道一方面拓展了分销渠道的范围,使之加大加宽,因为互联网打破了地域和国界的限制,因此基于互联网的网络经济使全球市场的整合成为现实,这样产品的销售渠道就扩展到了更广阔的全球市场,而非局限于局部区域市场。另一方面,网络渠道也不受时间的限制,可以每天 24 小时地实现在线服务。与传统渠道相比,大大延长了运行时间。

⑤ 整合性强。网络渠道以电子信息为工具,能够把企业价值链和供应链中的活动整合在一起。如当客户在网上购物时,下订单、支付、配送、售后服务等环节都可以利用 Internet 进行整合,除实物配送外,其他过程都可以在网上完成。

⑥ 数字产品渠道的革新。由于数字产品独特的性质,互联网的发展使数字化产品的销售商们拥有了一个低廉快速的配送渠道,使之能在全球连入互联网的任何地方配送自己的产品,选择、支付、配送等全部的购买过程都可以在网上完成。

12.1.3 电子商务与网络渠道

电子商务与网络渠道是两个相互联系又有区别的概念。电子商务(electronic commerce)

是指通过电子化手段来完成的交易活动及其业务流程。电子商务按照交易对象来划分,可以分为以下三类。一是企业间的电子商务(business to business,B2B)。二是企业与消费者之间的电子商务(business to consumer,B2C)。三是消费者与消费者之间的电子商务(consumer to consumer,C2C)。

电子商务按照网络类型来划分,可以分为以下形式。一是电子数据交换商务(EDI),即按照协议,将商业文件标准化和格式化,并通过计算机网络,在贸易伙伴的计算机网络系统之间进行数据交换和自动处理。二是本地电子商务(Intranet),通常指利用企业内部网络或本地区内网络所实现的电子商务活动。它是利用 Internet 技术,在企业内部所建立的网络系统,只有企业内部的人员可以使用,存取信息只限于企业内部,并在安全控制下连接 Internet。三是因特网商务。以计算机、通信、多媒体、数据库技术为基础,通过 Internet,在网上实现商务活动。四是移动电子商务。利用移动网络的无线连通性,用各种非 PC 设备,如手机、PDA、车载计算机、便携式计算机等,在电子商务服务器上检索数据,开展商务交易活动。

本章所讨论的网络营销渠道主要是指利用 Internet 实现销售而形成的企业营销渠道,主要指因特网商务和移动电子商务。

12.2 网络渠道结构、功能与形式

从传统渠道管理的角度分析,销售渠道的层次设计、相互匹配及全面管理是一件复杂的工作。对于网络营销渠道而言,渠道层次减少,渠道结构得以简化。

12.2.1 网络渠道的结构[①]

与传统营销渠道相同,网络渠道也可分为直接分销渠道和间接分销渠道,如图 12-1 所

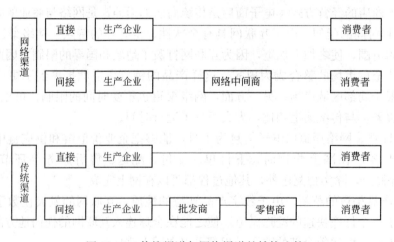

图 12-1 传统渠道与网络渠道的结构比较

---

① 李先国. 分销. 北京:企业管理出版社,2003:254.

示。网络的直接分销渠道和传统的直接分销渠道都是零级分销渠道,这方面没有大的区别;而对于间接分销渠道而言,网络分销渠道中只有一级分销渠道,即只有一个网络中间商,而传统的间接分销渠道则存在一级或多级分销商。

网络间接分销渠道克服了传统分销渠道的缺点。网络中间商一方面通过互联网强大的信息传递功能,完全承担着信息传递的作用;另一方面,利用其在各地的分支机构承担着批发商和零售商的职能。这样既提高了渠道的效率又节约了成本,是对千百年来传统交易模式的一个根本性变革。

讨论题 网络间接营销渠道的一级分销结构取代传统间接营销渠道的多级分销渠道的优点有哪些?

12.2.2 网络渠道的功能

本书第2章介绍了营销渠道的功能,与传统营销渠道相同,网路营销渠道也具有营销渠道的基本功能,如产品和服务的所有权转移、信息沟通、促销、谈判、融资、承担风险、资金转移和实物转移等。由于基础设施和消费者购买行为的变化,网络营销渠道的功能出现了一些新变化。

1. 网络渠道功能流的变化

(1) 实物流。

实物流指将产品或服务从生产商转移到消费者的过程。传统渠道中的产品是通过各级中间商转移到消费者手中。网络渠道中,一些数字化的无形的产品可通过网络直接传输,其他产品或服务则是通过专业的物流公司运送。

(2) 信息流。

信息流是渠道成员之间信息交换的过程。营销渠道中,信息一方面自上而下从生产商传递到消费者,另一方面自下而上从消费者传递到生产商。传统渠道中,由于中间商数目多和理解的差异,信息难免失真,而网络渠道实现了渠道各方的直接交流,在很大程度上避免了信息沟通的不畅。

(3) 付款流。

付款流是渠道成员间的资金交付过程。传统营销渠道中,付款流通过中间商实现。网络营销渠道中的付款流取决于生产商是自建的网络渠道还是通过网络零售商销售,前者付款流仅在生产商和消费者之间进行,后者付款流通过网络中间商完成。

(4) 所有权流。

所有权流是产品和服务的所有权在渠道成员间转移的过程。传统营销渠道中,一般所有权流通过中间商来转移。在网络营销渠道中,所有权一种是直接在生产商和消费者之间传递,网络中间商不参与双方的交易过程,另一种情况是通过网络中间商转移。

(5) 促销流。

促销流是通过广告、人员推销、公共关系等形式来影响消费者的过程。传统营销中,通过电视、杂志等传统的媒体广告传递产品信息,交流是单向的且有一定的强制性。网络营销中,企业可与消费者实现不受地域限制的即时交流,为消费者提供各种信息、解决方案和咨询服务。通过网络发布的广告,可准确统计用户浏览的次数和时间等,有利于企业对广告的有效性进行评估,并做出调整。

2. 网络渠道功能的新变化

(1) 信息中介服务功能。

网络渠道在沟通买卖双方信息方面比传统渠道充分、快捷、成本低。一方面，通过介绍产品和品牌详情，向消费者推介产品，因网页可承载的信息量大，产品介绍细致、内容充分；另一方面，通过收集消费者浏览商品页面、购买数量、对产品的评价等信息，向生产者反馈消费者行为信息，使生产者及时了解消费者对产品的喜好、使用方式等。

但由于买卖双方的信息非常庞大，如果没有信息的整理和分类，买卖双方都将不堪重负。因此，网络渠道的信息中介服务功能至关重要，信息中介服务包括各类交易信息的收集、整理、发布，商品和品牌的归类、评估，消费者行为信息的提取等。

(2) 交易中介功能。

通过构建交易网络平台，形成虚拟市场，为生产者和消费者提供交易场所。

(3) 交易服务组织和技术支持功能。

交易服务组织功能指在电子商务过程中为买卖双方提供一系列的金融、保险、物流及法律等服务，专业化的网络分销商提供配套的交易服务，可以很好地实现服务的规模效应，提升整个社会经济效益。

技术支持功能指网络渠道为买卖双方完成交易而提供的线上和线下的技术和能力支持。包括订货、结算、配送等方面的技术和能力的支持。

① 订货系统。指为网络消费者提供订货、退货服务的应用系统，完善的订货系统方便消费者下单、退单、跟踪订单完成情况。订货系统为消费者提供产品信息，也方便生产者获取消费者的需求信息。

② 结算系统。结算系统主要功能是管理渠道中的资金流，企业需要提供支付方式供消费者购买产品时付款。目前流行的支付方式有：货到付款、预存款结算、银行卡网上付款、第三方支付方式，如支付宝、微信支付、苹果公司的 Apple pay 等。目前，大的电商平台都提供自己的支付服务，如京东支付，并通过折扣、积分或提供贷款等方式鼓励网络消费者使用。进而提供融资服务。

③ 物流系统。网络销售的无形产品，如服务、信息、软件、音乐等，可以直接进行线上交付，而有形产品需要网络渠道商提供配送到家的物流服务。有形产品的配送有三种方式：一是企业拥有直接的物流配送系统，消费者网上下单后，企业直接送货上门；二是渠道商通过自有物流系统提供送货服务，如京东商城；三是通过第三方物流企业提供物流送货服务，如通过快递公司递送产品。

12.2.3 网络渠道的形式

网络渠道的形式可分为直接渠道和间接渠道两种。

1. 网络直销

1) 网络直销的形式

网络直接渠道是制造商通过网络直接将产品销售给网络购买者（包括其他企业和网络消费者）。直接渠道有如下两种形式。

① 企业自建官网商城。即通过企业的官方网上商城销售产品，如苹果官网、海尔官网等，官方网上商城由生产商直接建设和运营，网络销售的所有环节和服务都由企业自己的网

站运营团队完成。

② 在第三方平台上企业自营旗舰店。生产商通过在第三方电子商务平台如天猫商城、京东商城等开设官方旗舰店，向网络购买者销售产品和服务，如中国联通天猫旗舰店等。企业不用自建网站，但仍然是直接销售产品给网络消费者，关于产品销售各环节和服务由企业电商团队完成。

2）网络直销的必要性和优势

网络直销渠道的建立可实现企业渠道权力的制衡。过去的时间里，产品分销商已逐渐取代生产商成为经济影响的重心，他们占据着大部分的市场份额，成为营销渠道的控制者。生产商需要制定有效的营销渠道策略，来解决这种权力控制问题。网络销售可绕开零售商，直接与消费者接触，传统零售商面临着被渠道排除的危险，这种压力使渠道权力渐渐地回到生产商的手中。但企业必须对渠道进行有效的管理，防止渠道冲突的产生。网络直销优势如下。

① 网络直销渠道大幅度降低了信息交换和沟通的成本。网络渠道降低了为实现交易而花费的信息搜索和处理成本，消费者和生产者都可以很容易在网络上搜索和获取交易对象的信息。生产者和消费者的直接交易成本非常低廉，而且可以随时随地进行。

② 网络直销能够提供个性化定制服务。经济发展和生活水平提高，消费者追求个性化的需要和产品服务，而在传统的营销渠道销售，这是难以做到的，因为信息的收集、传递、处理成本过高。而网络直销能够实现消费者与生产者之间对话，大大降低了个性化服务的信息成本，使消费者可以直接要求生产者提供定制的产品和服务。

③ 网络直销有利于厂家的信息收集。生产者可以直接了解消费者购买行为和相关需求和市场信息，便于直接掌握市场，根据市场变化采取相应的经营管理策略。企业可以直接从市场上收集到真实的第一手资料，合理安排生产；同时，能够及时了解用户对产品的意见、要求和建议，从而使企业针对这些意见、要求和建议向消费者提供技术服务，解决疑难问题，提高产品质量。

④ 网络直销对买卖双方都会产生直接的经济利益。由于网络营销使企业的销售成本大大降低，从而使企业能够以较低的价格销售自己的产品，同时消费者也能够从网上买到低于现货市场价格的产品。

⑤ 营销人员可以利用网页、电子邮件、公告牌、微博、微信等网络工具，随时根据用户的愿望和需要，开展促销活动，扩大产品的市场份额。

3）网络直销的劣势

网络直销固然有很多优势，但网络直销也有其自身的缺点。第一，网络直销需要企业投入大量资源建设维护官网或旗舰店，并需开展大力度促销宣传活动。第二，存在流量难题。由于越来越多的企业和商家在互联网上建站，使用户无所适从。面对大量分散的域名，网络访问者很难有耐心一个个去访问一般的企业主页，特别是对一些不知名的中小企业，大部分网络访问者不愿意在此浪费时间，或者只是在"路过"时走马观花地看一眼。据有关资料介绍，我国目前建立的众多企业网站，除部分知名企业，大部分网站访问量小，营销数额不大。

为解决这个问题，必须从两个方面入手：一方面需要扩大搜索引擎的推广或委托具有高水平的专门服务于商务活动的网络信息服务商的推广；另一方面需要从间接分销渠道中去寻找解决办法。从国外发展情况看，虽然几乎每个企业在网络上都有自己的站点，但绝大多数企业仍然委托知名度较高的信息服务商，如美国的邓白氏、日本的帝国数据库等发布信息。由于这些信息服务商知名度高、信誉好、信息量大，用户一旦查找企业信息或商品信息便会自然想到利用它们，因此检索访问的人数非常多。当然，在第三方平台上企业自营旗舰店的直销方式一定程度说解决了上述问题。

2. 网络间接渠道

网络间接渠道即 B2B2C，指生产企业将产品卖给网络渠道中间商（包括代理商、批发商、经销商），由网络中间商向网络顾客销售产品。制造商只负责供货，网络中间商负责网络销售各环节的工作。网络中间商通常销售多个品牌产品，拥有自己的库房和存货，产品线齐全，专业性强。他们通过自己开办网上商店，参与网络销售。制造商与中间商沟通产品的销量、畅销的品种、产品的流向及市场变化情况，协调新产品的推出。众多网上专卖店、网上淘宝商店等是网络中间商的典型代表。与网络直销渠道相化，在网络间接分销渠道中，制造商与最终消费者的接触程度小，制造商不能直接与客户沟通，需要通过网络中间商反馈产品的销量、畅销品种等产品信息。但网络中间商为制造商提供了更为专业、更为便捷的产品销售渠道，使企业能够更专注于产品的制造与开发。具有较高信誉的网络中间商能够取得好的销售业绩，也提高企业声誉。

另外，通过网络服务商等中介机构发布信息，连接企业与顾客，实现产品销售，也是网络间接渠道的一种形式。

网络中间商的功能与传统中间商类似，但又存在不同。从经济学的角度分析，网络商品交易中介机构的存在之所以成为必然，有以下4个基本原因。[1]

① 网络商品交易中介机构简化了市场交易过程。

② 网络商品交易中介机构有利于平均订货量的规模化。一方面，网络中间商能够以最短的渠道销售产品，满足消费者对商品价格的要求；另一方面，它能够通过网络自动撮合的功能，组织商品的批量订货，满足生产者对规模经济的要求。这种具有功能集约的商品流转程式的出现，为从根本上解决工业发展中组货和订货的难题创造了先决条件。

③ 网络商品交易中介机构使交易活动常规化。在传统的交易活动中，价格、数量、运输方式、交货时间和地点、支付方式等，每一个条件、每一个环节都可能使交易失败。如果这些变量能够在一定条件下常规化，交易成本就会显著降低，从而有效地提高商品交易的成功率。网络商品交易中介机构在这方面做了许多有益的尝试。由于是虚拟市场，这种机构可以全天候地常年运转，避免了时间上和时差上的限制；买卖双方的意愿可以通过固定的表格统一和规范地表达，避免了相互扯皮；中介机构所属的配送中心分散在全国各地，可以最大限度地减少运输费用；网络交易严密的支付程序，使买卖双方彼此增加了信任感。

④ 网络商品交易中介机构便利了买卖双方的信息收集过程。网络商品交易中介机构的出现为信息的收集过程提供了便利。网络商品交易中介机构本身是一个巨大的数据库，其中聚集了全国乃至全世界的众多厂商，也汇集了成千上万种商品。这些厂商和商品实行多种分类，可以从各个不同的角度进行检索。买卖双方可以在不同的地区、不同的时间，在同一个网址上查询不同的信息，方便地交流意见，在中介机构的协调下，匹配供应意愿和需求意愿。

---

[1] 朱明侠，李盾. 网络营销. 北京：对外经济贸易大学出版社，2002：206-214.

3. 主要的网络渠道形式对比

不同网络渠道形式的优缺点对比如表 12-1 所示。

表 12-1 不同类型互联网渠道的比较①

网络渠道类型		优点	缺点
直接渠道	官方网上商城	(1) 与顾客直接接触 (2) 渠道协调和交易成本低	(1) 需要投入大量的资源建设和维护官网 (2) 需投入资源扩大官方网上商城的影响力，吸引顾客
	利用第三方电子商务平台	(1) 企业资源投入较少 (2) 受众面广，易吸引顾客 (3) 与顾客直接接触	需有效协调与第三方电子商务平台公司间的关系
间接渠道	网络经销商	(1) 企业资源投入少，借助经销商的力量增加销量 (2) 可实现快速扩张	(1) 不与顾客直接接触。难以在第一时间了解顾客需求变化 (2) 较高的渠道协调和交易成本 (3) 网络渠道和传统实体渠道冲突水平较高

> 专 栏

CK 在线商店针对个性化用户的服务策略

CK 在线商店（http://www.cn-kix.com）是一家专业经营个性化运动用品的商店，是运动发烧友的首选，限量版的球鞋、运动装等很多在别处买不到的商品在这里都可以找到，但价格相对较高。该网站的顾客大都是年轻且有较高收入的白领阶层或对个性化运动服装有较高追求的学生阶层。该网站华丽的页面使人流连忘返；同时，该网站还推出了 VIP 制度，在一次性购物满 1 800 元或者累计购物 2 500 元的顾客就可以成为 VIP 会员，以后购买时就会享受 10%～20% 的折扣。

12.3 网络中间商的类型②

2019 年 2 月，CNNIC（中国互联网络信息中心）的第 43 次互联网络发展状况统计报告显示，中国网站（指域名注册者在中国境内的网站）总数约为：523 万个。在这些网站中，大多数都与购物有着密切的关系，从而也给传统的中间商带来了新的发展机遇。雨后春笋般建立的网站，基本分两种类型：一是随着互联网发展而新出现的企业，这些中间商是在网络市场

---

① 钱丽萍，杨翾翾，任星耀. 互联网渠道类型与管理机制研究. 商业经济与管理，2012 (1)：51-57.
② 瞿彭志. 网络营销. 北京：高等教育出版社，2001.

中为用户提供信息中介、搜寻及第三方代理等服务的；二是融入互联网技术的传统企业，这些企业依靠自己传统的商业基础，利用网络这种新型媒体传播信息，实现网上销售等功能。

综合性和专业性、官方性和民间性、严肃类和娱乐类等形色各异的互联网站成了新型网络渠道中的一员，众多的网站都承担着中间商的角色。在网络渠道中，中间环节相对简单，每个中间商承担着属于自己经验范围内的职责，因而网络中间商并不像传统渠道的中间商那样能够清晰地划分为零售商、批发商。他们往往既是零售商，又是批发商；既是内容提供商，又是服务提供商。可以说，网络渠道成员由于其承担的功能职责不同，其类型更加灵活多样。依据中间商在网络渠道中的不同作用可以将其分信息提供商、平台提供商、网络商店、辅助服务提供商及新兴的虚拟社区。

12.3.1　信息提供商

网络信息提供商，同时为消费者和企业服务，为两者提供详尽、丰富的信息、知识、内容及经验。对消费者来说，降低了其搜索的成本，节省了时间；对企业来说，既能通过互联网络了解到众多消费者的需求，又能借以宣传自身的形象。典型的信息提供商主要有智能代理、卖方代理、搜索引擎服务商和门户网站等。

1. 智能代理

智能代理又称买方代理，这类中介商根据消费者的偏好和要求预先为消费者进行搜索和过滤所需要的销售商、产品信息或者相关评价等，最终将结果依照预先设定的格式反馈给消费者。消费者可以自由选择通过这类中介商购物或者直接联系供应商购物，而中介商通过收取相关供应商的费用而获得利润。随着互联网产业的成熟，消费者面对大量猛增的商业信息，需要花费更多的时间和精力来对信息进行筛选和处理，从而选择最适合自己的信息、服务或者产品，正是这种趋势的发展使智能代理中介商得以产生。智能代理商利用自己专门设计的智能软件，根据消费者的需求自动对信息进行筛选和处理。智能代理软件还会针对消费者以往的消费历史进行分析，从而选择和过滤出更加适合消费者的商品。这类中介商目前不多，但是做得比较成熟的有 http：//www.winerobot.com.au。这个网站可以根据指定的葡萄酒的种类、商标、产地、出产年份、价格来进行搜索符合条件的葡萄酒商的网站。在我国，众多电子商务企业正朝着类似的方向发展，这也正是为什么电子商务企业正努力提高企业搜索技术的原因。可以说，智能代理正在默默地对网络市场的竞争状况产生重大影响。

2. 卖方代理

卖方代理在模式上与智能代理恰好相反，他们通过自己的网站为销售商搜集和整理消费者及潜在消费者的信息，然后将这些消费者的信息出售给销售商。由于消费者众多，且收集的信息多为消费者不愿透漏或者消费者的隐性信息，因而这类代理商一般都是通过其他方式来进行交易的。http：//www.autobytel.com 就是一个典型的卖方代理商，其收集了大量的汽车购买者的信息，并提供了覆盖整个交易过程的金融、物流等一系列的服务。Autobytel 首先向消费者介绍加盟汽车企业的产品信息，并且同时获得消费者的订单。当然，订单中包含着消费者对汽车的需求，从而 Autobytel 掌握了大量的消费者购车信息。然后 Autobytel 拿着消费者的订单来与汽车销售商进行谈判。这样的结果就是，Autobytel 逐渐赢得消费者的信任，同时为销售商带来利润。让消费者控制车辆购买过程来强化消费者自身的力量正是 Autobytel 这一网络中间商所做的事情。

> 专 栏

Autobytel——美国汽车电子商务的实践[①]

  Autobytel 的创始人皮特·埃利斯（Pete Ellis）知道，不计其数的消费者对于新车购买过程非常不满意。他的想法是：通过让消费者控制车辆购买过程来强化他们的力量。这意味着向消费者提供经销商传统的隐藏信息，并使整个过程"无须讨价还价"。

  消费者可以在访问 Autobytel 网站时通过几种方式来购买汽车：购买者可以通过浏览数百幅各种款式和型号汽车的照片开始他们的汽车搜索；他们也可以获得各种技术规格明细和价格信息；购买者有了明确的需求或考虑（例如，一辆运动多功能车的价格在3万~4万美元），就可以用汽车选择工具来寻找符合他们需要的汽车。当消费者寻找到符合自己需求的汽车后，就向 Autobytel 下订单，从而 Autobytel 掌握了消费者的需求与购买信息。Autobytel 通过这些订单与销售商商讨出一个合适的满足三者利益的价格，从而使得消费者与销售者获得满意度。

  Autobytel 的赢利主要来自排行榜、广告、提供经销商和制造商所购软件和使用服务，还有汽车价格和分类数据以及其他产品的使用许可费。

  3. 搜索引擎

  搜索引擎站点为用户提供基于关键词的检索服务，如百度、Google 等站点。用户可以利用这类站点提供的搜索引擎对互联网进行实时搜索。目前存在的搜索服务主要有竞价排名、固定排名、搜索排名及越来越多的专业排名等。提供搜索业务的中间商一般来说是利用网站的点击率收取销售商的广告费用、排名费用等来实现盈利的。

  4. 目录服务商

  目录服务商对互联网中存在的大量信息进行搜集、筛选和整理，并以目录的形式体现在自己的网站上，使得用户能够方便地找到自己所需要的网站、网页或者文件等。目录服务一般来说有三种形式。一种是综合性目录服务，如 Yahoo 等门户网站，为用户提供了大量站点、信息的综合性索引。这类网站一般被认为是互联网的入口，拥有大量的互联网站的链接。站内索引链接的信息是由门户网站自己搜索整理或商家所买下的链接，因而门户网站一般不提供出售商品的功能，仅仅提供索引而已。同时，在这类站点上通常也会提供对索引或者站内信息进行关键词搜索的功能。另一种是商业性目录服务，如互联网商店目录。被百度收购的 www.hao123.com 网站，仅仅提供对现有的各种商业性网站的索引，而不从事建设和开发网站的服务，类似于实际生活中出版厂商和公司目录等的出版商。第三种是专业性目录服务，即针对某一专业领域或主题建立的网站，如 http://www.pconline.com.cn，通常是由该领域中的公司或专业人士提供内容，包括为用户提供对某一品牌商品的技术评价信息、同类商品的性能比较等，对商业交易具有极强的支持作用。

12.3.2 平台提供商

  一般来说，平台提供商相当于现实中的交易市场，通常是为了增加交易机会，能够提高

[①] Autobytel——美国汽车电子商务的实践. http://www.bitauto.com.

商家和消费者通过网络交易的效率。平台提供商为那些想要进行商品交易的人提供一个虚拟的交易场所,任何人或者组织都可以将想要出售的物品的相关信息上传到网站上,也可以在站点中任意选择和购买。平台经营者对达成的每一笔交易收取一定的管理费用,一般来说,主要有电子交易市场和电子拍卖市场两种形式。

1. 电子交易市场

这类网络中间商通过搭建电子商务平台,运用先进的互联网技术及设备为企业或消费者提供权威的网上交易的电子交易平台及数据库管理。它们本身并不参与商家和消费者的买卖交易,而是相当于提供了一个虚拟的贸易市场。同时,这个虚拟的贸易市场提供了交易方式、交易保证及逐渐成熟的信誉管理系统。交易平台提供商主要的收入来自针对企业或者是消费者所收的"店铺租金"。

现今典型的电子交易市场就是B2B模式的阿里巴巴。阿里巴巴通过自己的网站为中小企业提供了技术、服务、咨询服务等。中小企业不仅可以通过阿里巴巴这个网站扩大市场范围,寻找客户及减少交易费用,同时还可以搜索符合其要求的供应商,降低其采购费用。销售商和购货商可以通过阿里巴巴进行谈判,达成交易,并通过阿里巴巴的信誉进行线上交易等。在这一过程中,阿里巴巴利用自己的平台为中小企业提供市场指导,并且逐渐建立自己的信誉和评价体系。除了物流外,销售商和购货商之间的交易均可以在阿里巴巴上达成。阿里巴巴目前的C2C业务也属于这类中间商。

目前也出现了一些专业性的电子交易市场,这类电子交易平台面向特定的某一行业,为特定的行业提供交易服务。

2. 电子拍卖市场

电子拍卖市场提供交易场所并组织拍卖活动而获得销售佣金和广告收入。与现实中常见的拍卖一样,这类中介商只不过充当了网络拍卖的角色。中介商或者销售商在网站上提供商品信息,但是不确定商品的价格,商品价格通过拍卖的形式由注册的会员在网络上互相叫价确定,在规定时间段内出价高者就可以购买该商品。eBay是全球最成功的电子拍卖市场,在商品销售过程中,eBay对购物者是免费的,它既不拥有销售的商品,也不代收买方的付账。他们仅仅通过自己的网站逐渐完善信誉及评价体系,作为一个市场的管理者出现。销售者需要自己承担谈判、收费和物流的义务,同时按出售商品价格的一定比例向eBay支付费用。通过这种模式,eBay在短短三年内就拥有了150亿美元的资产,而且在第二年就开始了盈利。

然而,网络上的这种电子拍卖形式还是存在弊端的。购买者永远无法知道究竟谁才是真正的出价最低者,透明性不足。因而一些人还是对这类中介商不太愿意接受。

讨论题 电子拍卖模式的发展趋势是什么?

12.3.3 网络商店

如传统的商店一样,网上商店是销售商和消费者进行网络交易的主要场所。当消费者需要在互联网上购买商品时,可以选择这类中间商。此类中间商主要面向特定的市场与目标客户群,向消费者提供产品或者服务。消费者购买产品时并不能亲自接触到商品,因而这类中间商主要依靠自己构建的信誉、物流系统等来逐渐发展壮大。网络商店主要有网上零售商和虚拟购物中心两种形式。

1. 网上零售商

一般来说，网上零售商采取的是 B2C 的运营模式。网上零售商通过自己的渠道购进各种各样的产品，然后通过自己建立的网站再把这些商品直接销售给最终消费者，从中赚取利润。网上零售商整体的成本明显比同等规模的传统零售商成本低。首先是无需店铺，省去了一大笔的开支，使得开店的固定成本明显低于传统的零售商；其次网上零售商的每一笔业务都是通过网络来完成的，这样扩大了空间及零售商的客户范围，同时人力成本也没有同等规模的传统零售商高，使得零售成为一种技术性的交易过程；网上零售商店没有货架，拥有的只是站点内的链接，还可以比传统零售商店更容易获得规模经济和范围经济，因而网上零售商具有很强的价格竞争优势。网上零售商店借鉴了传统零售商的促销经验，也往往会以打折、优惠券等方式来吸引消费者购物，既促进了销售又使消费者剩余得到了增加，获得顾客的忠诚度。

2. 虚拟购物中心

虚拟购物中心是众多的商家加入到中介商建设的网站中来，通过中介商这一"购物商场"面向消费者。其与目录服务商的根本区别在于虚拟购物中心不仅仅为商家提供链接、信息咨询和广告服务，还会为需要加入的商家提供建设和开发网站的服务，并通过这一服务收取一系列的费用，比如服务器的租用费用、销售收入提成、广告宣传等。

> **特别关注**
>
> **网络中间商的线下渠道**
>
> 各种网络营销的渠道成员都是独立提供服务的企业，其本身也有营销渠道建设的问题。耐人寻味的是作为网络渠道成员的互联网企业的渠道建设，仍然对线下实体渠道具有极强的依赖。
>
> 互联网企业提供的网上服务产品，如搜索引擎登记、竞价排名等，直接依靠网络渠道的销售发展缓慢。大量的工作仍需要由各地代理商进行线下市场培育、促销、售后服务等，利用代理商了解当地市场的优势开展本地化服务，达到单纯或主要依靠网络销售无法比拟的销售业绩。因此，线下实体渠道是大部分网络营销服务商采用的主要销售渠道，国内绝大多数的网络营销服务提供商如 3721 网络实名、网易搜索引擎、搜狐搜索引擎、新浪搜索引擎、百度竞价广告等都采取了代理商渠道销售的策略。造成这一现象的主要原因是：① 国内网络营销市场尚处于初级阶段，一些企业用户对于网络服务产品认识了解不足；② 了解使用网络服务产品在操作上需要一定的专业知识，这对一部分小企业而言是个约束；③ 目前的网络服务产品具有一定的本地化特点，需要本地化的大力度推广工作；④ 真正的品牌集中度较高的网络营销服务商尚未形成，用户在选择产品或服务时仍处于被动地位。

12.3.4 辅助服务提供商

辅助服务提供商不像传统渠道成员一样介入交易过程，但为了保证交易的顺利进行，对交易过程自始至终提供一系列服务。在网络上，辅助服务提供商承担的功能与现实中负责监督、提供信誉担保及金融服务的组织一样，互联网的特殊性使在线服务的这类组织成为渠道成员。目前最主要的辅助服务提供商主要有虚拟评估机构、网络统计机构及网络金融机构。

1. 虚拟评估机构

虚拟评估机构直接针对网络上良莠不齐的销售者而成立，他们根据预先制定的标准体系对网上商家进行评估，为消费者提供网上商家的等级信息和消费评测报告，降低消费者网上购物的风险，尽量避免消费者的权利受到侵害，对网络市场中商家的经营行为起到了间接的监督作用。虚拟评估机构一般都是有专业机构或者是一些逐渐建立起自己信誉的商家建立，他们的整个评定过程及结果都受到广大消费者的直接关注。可以说，他们完全是需要依靠自己的专业知识和信誉来承担这一特殊中间商的角色。

2. 网络统计机构

网络渠道发展也需要其他辅助性的服务，比如网络广告商需要了解有关网站访问者特征、不同的网络广告手段的使用率等信息；企业需要了解消费者的购买趋势，网络用户增长的趋势；等等。网络统计机构就是为用户提供互联网统计数据，确保交易过程中的一些必要项目的透明性而建立的，如 Forrester、A. C. Nielsen 及国内的 CNNIC 等。

3. 网络金融机构

网络的不安全性，使得交易双方不能够相互信任，为交易带来困难，因而一些企业开始利用自身信用逐渐介入渠道中，提供专门的金融服务，比如支付、转账、结算等服务。网络金融机构就是为网络交易提供专业性的金融服务的机构，主要由两种形式，一是一些传统的金融服务商，逐渐开通了网上银行。买卖双方只要有银行账户，就可以通过网络进行转账结算。二是新兴的虚拟金融服务，他们以第三方的身份为网络交易提供安全保证。

12.3.5　虚拟社区

虚拟社区是一种新兴的以消费者为导向的中间商。社区，意味着有着固定的场所、固定的人群。虚拟社区也是如此，一旦建立了虚拟社区，虚拟空间就是固定的。人们一旦进入虚拟社区，就意味着是这一社区的潜在消费者。在虚拟社区中，人们拥有自己的"家"及现实生活中所联系的相关必需品，现实中的许多动作都可以搬到网上虚拟地进行。

通过社区，人们可以随心所欲地发表自己的想法，与他人交换意见，也正因为这一点，同一社区的人必然有着共同的兴趣爱好或者其他相同的特征。虚拟社区中间商正是抓住消费者的这些共同特征，为消费者提供这一社区的同时，通过这个社区向消费者进行产品宣传，组织团体活动，甚至给予人性化的关怀。如通过虚拟社区进入年轻人的生活，尤其是进入高校市场。这一类中间商一般通过向消费者销售自己公司的产品以及向其他企业收取广告费用等获得生存。

除了以上所说的几种网络中间商的类型外，还有专门提供互联网接入在线服务的网络服务提供商，如美国在线等。总之，由于互联网业的发展变幻莫测，网络中间商的划分也就没有严格的统一标准，而且新的类型的中间商也不断出现。随着网络环境的变化，网络中间商之间的竞争越来越激烈，各种网络竞争者之间的界限也就变得日益模糊，他们也许同时承担着好几类中间商所要承担的功能。比如国内的几大门户网站，他们不仅仅只做目录服务，还逐渐承担着购物中心、搜索及拍卖等中间商的职能。

讨论题　未来的网络中间商将有什么样的发展？

12.4 网络渠道的设计

12.4.1 确定产品要求的网络渠道服务水平

生产商设计网络渠道首先要明确产品销售中，消费者所需要的渠道服务水平，根据产品特征确定需要什么样的网络分销系统。不同产品的购买者，所需要的渠道服务水平有差异。其中有产品因素，也有消费者因素。分析产品因素时，需要考虑：产品的性质、产品的时尚性、产品的标准化程度和服务、产品价值的大小、产品的流通特点、产品的生命周期等。消费者因素包括消费者的收入水平、时间价值、能力水平等。

一般而言，网络购买者所需要的网络渠道服务产出水平表现在如下方面。

1. 批量拆分

网络消费者购物过程中，卖家为其提供的一次购买的产品数量。对数量没有限制，则批量拆分服务水平高。有的网络卖家要求购买者购买一定额度的商品，才给予包邮，就是对批量拆分服务设置的门槛。

2. 购物的方便性

网络消费者购物过程中，是否能很方便地找到所需商品，减少搜寻成本，以尽量少地节省时间和精力。网页设计易用、商品分类合理、商品比价方便等能够提高购物的方便性。

3. 递送时间

递送时间指从网络消费者下单到商品递送到家所花费的时长，快速递送需要高效的物流系统。递送时间越短，服务水平越高。

4. 花色品种

网络销售商给网络购买者所能够提供的商品花色品种的数量，数量多，可选择的范围大，服务水平高。

5. 服务支持

网络销售商给网络购买者所提供的服务，如安装、维修、担保、信贷、退换货服务等。

6. 产品信息与消费者培育

网络销售商给网络购买者所提供的关于产品信息和知识的情况，信息越详尽，相关知识介绍得越全面，服务水平越高。

讨论题 网络渠道在哪些服务产出水平提供上比传统实体渠道优越？

12.4.2 网络中间商的选择

在选择网络中间商时，除通常需要考虑的成本、信息、覆盖、特色和连续性这5"C"因素外，还需要增加服务水平和流量两个因素。

1. 成本 (cost)

网络中间商的收费模式一般有两种：第一是网络中间商按照企业占用的资源和享用站点提供的服务程度来收取费用；第二是网络中间商根据企业经由其网站形成的销售额提成。实行前一种策略的中间商往往是自身实力不足以对企业的销售额形成较乐观的预期,而后一种情况则多发生在能为企业带来较高销量的综合素质较强的站点上。企业在作决定时首先进行一定的调查,最好能联系到已经在该中间商网站注册的企业,将他们的情况作为考虑成本的重要参考。

2. 信用 (credit)

信用是指网络信息服务商所具有的信用程度的大小。目前,我国还没有权威性的认证机构对这些服务商进行认证,因此在选择中介商时需注意他们的信用程度。

企业确定网络中间商的信用状况可以运用以下方法。

① 利用金融机构(一般为银行)进行调查。通过金融机构调查,可信度比较高,所需费用少,但很难掌握全部资产情况及具体细节,而且可能会花费较长的时间。

② 利用专业资信调查机构进行调查。这种方式所需时间少,可信度较高,但费用较高,而且受调查人员的能力影响也较大。一般企业不轻易应用这种调查,除非企业打算和某一网络中间商建立长期、多方面且较深入的合作。

③ 通过已注册企业的反映。从中间商已注册的企业那里可以得到比较翔实的信息,但切忌偏听偏信,因为某些评论可能有失客观。

④ 内部调查。讯问或委托同事,了解中间商的信用情况,也可以利用企业的派出机构或从新闻报道中获取线索。

3. 覆盖 (coverage)

覆盖是指网络宣传所能波及的地区和人数,以及网络站点所能影响的市场区域。对于企业来讲,站点覆盖并非越广越好,而是要看市场覆盖面是否合理、有效,是否能够最终给企业带来经济效益。例如,啤酒等"短腿"产品在地区性网站销售的效果较好;而"长腿"产品如药品则非常适合在全国性站点销售。

4. 特色 (character)

每一个网络站点都要受到中间商总体规模、财力、文化素质、服务态度、工作精神的影响,在设计、更新过程中表现出各自不同的特色,具有不同的访问群(即顾客群)。因此,企业应当研究这些顾客群的特点、购买渠道和购买频率,为选择不同的电子交易中介机构打下一个良好的基础。

5. 连续性 (continuity)

网络发展的实践证明,网络站点的寿命有长有短。如果一个企业想使网络营销持续稳定地运行,那么就必须选择具有连续性的网络站点,这样才能在用户或消费者中建立品牌信誉、服务信誉。同时,企业也应采取措施密切与中介商的联系,保持本企业产品在其网页中位置的连续性。

6. 服务水平

网络销售商的服务水平包括独立开展促销活动的能力、与消费者的沟通能力、收集信息的能力、物流配送能力以及售后服务的能力。比如,对于一个正处于成长期的中小企业而言,其主要精力放在产品研制和开发上,在网络销售中就需要一个服务水平高的分销商,协助其与消费者沟通、收集市场信息、提供良好的物流系统和售后服务。

7. 网站流量

网站流量反映了网站客流,是实现网络销售的前提,网站流量大,能够促进网络销售,并能够扩大公司的知名度。

> **特别关注**
>
> **十种电子商务网站评价标准**①
>
> 1. 新顾客转化率。转化（convert），指潜在顾客完成一次商户期望的行动。转化率（take rates，conversions rates）指潜在顾客完成转化与总数之比，如网站转化率＝进行了相应的动作的访问量/总访问量，用来衡量网站内容对访问者的吸引程度以及网站的宣传效果。新顾客转化率是新顾客中产生购买行为顾客占总新顾客数的百分比。
> 2. 回头客转化率。回头客中产生购买行为顾客占总回头客数的百分比。
> 3. 每次访问打开的网页数。反映网站吸引顾客的程度。
> 4. 每单产品数。可根据产品特征推荐顾客增加订单产品数。
> 5. 平均订单价值。检测平均订单价值的变化情况。
> 6. 返回点击率。返回点击的访客占总访客的百分比。访问者访问网站只点击一次，不多点，马上撤回，就发生了返回。高返回点击率可能是过长的登录时间、不相关的内容、网站设计没有吸引力等。
> 7. 登录时间。
> 8. 资源来源，如直接访问、搜索引擎访问、相关链接等。随网站品牌提升，会有更多的直接访问的资源。
> 9. 每年每个顾客的消费额。
> 10. 购物车/付款放弃比例。衡量在购物的每一步，顾客放弃订单的比率。考量付款结账环节是否存在严重问题。

12.4.3 确定渠道方案

企业在进行产品定位，明确目标市场后，在对影响网络分销渠道决策的因素进行分析的基础上，就要进行渠道设计，确定具体的渠道方案。

1. 选择渠道模式

选择渠道模式是对直接分销渠道和间接分销渠道的选择。企业可根据前述的产品特点、目标市场消费者特点、企业资源情况及其他影响因素，决定选择直接分销还是间接分销，或是直接分销和间接分销同时进行。选择直销渠道，是采用企业官网商城，还是第三方旗舰店方式，还是二者同时建设，也需要选择。

另外，可根据企业产品网络营销渠道的适应性、网络渠道与线下物理渠道关系情况，选择不同的网络渠道应用模式。应用网络渠道的4种模式如图12-2所示。其中对产品网络分销适应性可从两个方面来界定：一是数字产品，这类产品可以通过互联网转输，从而可以在互联网上完成全部交易；二是复杂、大件、高价产品，由于这类产品通常有一个复杂的询价和谈判过程，因而互联网可以在此方面带来便利。通常认为上述产品对网络分销具有相对较

---

① 伯特·罗森布洛姆. 营销渠道：管理的视野. 8版. 北京：中国人民大学出版社.

高的适应性。网络渠道与物理渠道关系则主要指互联网作为渠道资源与产品实体转移的渠道流之间的关系。如果通过互联网可以完成产品实体的传递,或者互联网完全不涉及产品交易过程(包括实体转移),则表示网络渠道与物理渠道关系简单;否则,则表示两者的关系复杂。

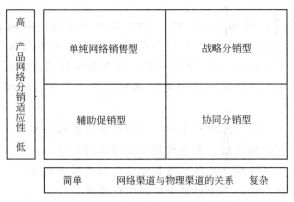

图12-2 应用网络营销渠道的模式

(1) 辅助促销型。

辅助促销型分销是指提供许多产品信息和链接转售服务,客户不能从这些网站上购买产品或服务,而是由网站为客户指点转售这些产品或服务的一种分销模式。该分销模式的特点在于网络渠道与物理渠道的关系简单,同时产品的网络分销适应性较低。这种分销模式的成功很大程度上取决于提供客户渠道合作伙伴的可信度,以及合作伙伴是否能充分履行其品牌承诺。只要这些合作伙伴在交易时能履行承诺,那么这种模式对许多公司都是有效的。

在服装行业辅助促销型分销模式较常见,如生产 Lee 牛仔和 Wrangler 牛仔的制衣商VF(www.vfc.com)公司就采取了将客户推向指定销售点的分销模式。VF 将自己的网站设计成目的网站,用以提供信息和娱乐,当客户需要购买时,网站会将他们推荐到出售网站或传统销售点完成购买过程。

(2) 单纯网络销售型。

单纯网络销售型分销指企业将产品通过网络直接销售给最终客户,网络承担信息沟通和产品传递功能的一种分销模式。该分销模式的特点在于网络分销渠道与物理渠道的关系简单,通过互联网可以完成所有交易过程,产品的网络分销适应性较高,如简单数字产品(音像及信息产品、小型应用软件等)的网上销售模式。由于这类产品便于网络下载,相应的售后服务较少,加上网络销售可以有力打击数字产品的盗版,使得单纯网络销售型分销模式在简单数字产品领域发展得比较成熟。

RealNetworks 公司(www.realnetworks.com)是通过互联网进行媒体传输的领先者。该公司开发并销售的软件产品和服务能使用户通过互联网和企业内网发送和接受音频、视频及其他媒体内容。RealNetworks 的 RealPlayer 产品发布于 1995 年,现在已经拥有超过1 015亿的单一注册用户,而且每天都有 20 万以上的新用户。浏览 RealNetworks 网页的用户会看到一个在线的产品目录,只要用户选择了所选定产品的"现在购买并下载"的链接,他们就会被要求给出一个操作系统的名称,并被提示通过输入电子邮件地址、姓名、密码、信用卡的详细资料和账单地址来创建账户，这样这个产品就被下载到用户的硬盘上，在安装过程中自动地进行配置，并可以使用。

英国大百科全书公司是首家于1994年上网的百科全书公司。英国大百科全书公司在互联网发布其产品，通过提供一项网络服务：大不列颠在线，即一项电子百科服务实现网络销售。大不列颠在线向学校、图书馆、大学等机构销售年度网站许可证，并向享受服务的用户收取费用。我国也有许多销售简单数字产品的网络渠道，如中国电子图书网、网上连邦、卓越网等。

（3）协同分销型。

协同分销型分销指企业采用二元策略，既通过自己的网站销售，又利用其他合作渠道销售产品，同时还提供某些技术支持的一种分销模式。该分销模式的特点在于网络分销渠道与物理渠道的关系比较复杂，而产品的网络分销适应性较低。由于互联网的虚拟性和非数字化产品的物理属性，使得服务功能较强的服务型分销模式在许多非数字化产品领域运用得较为普遍。

太阳微系统公司（www.sun.com），是以UNIX操作系统为基础的工作站计算机、存储装置以及网络服务器等的主要制造商之一。该公司的B2B网站可以使客户了解购买提供的硬件、软件的信息，并获得教育、培训及咨询方面服务，网上客户可以在网上订购，也可以打电话到最近的零售店，或通过政府项目和特别租赁项目来订购。

（4）战略分销型。

战略分销型分销指企业通过发展网络战略，以加大其直销力度，尤其针对那些有战略意义的大客户的一种分销模式。该分销模式的特点在于网络分销渠道与物理渠道的关系比较复杂，同时产品的网络分销适应性也较高，适用于复杂、高投入的数字化产品及大宗产品交易等领域。对于一些数字化产品，由于其自身的复杂性和高投入常常要求销售人员拥有一定的技巧，特别是在与客户建立关系方面，因此互联网并没有完全替代传统的分销渠道。但互联网在各种分销渠道之间创立了一种新的协同效应和平衡，这对维持客户满意程度和提高利润非常重要，对用户和销售商来说，在售后服务及配件服务中也起着关键的作用。

1998年英特尔面向公司客户开通了第一个商务网站，在头15天里就有超过10亿美元的交易转移到网站上。思科公司成功地运用互联网作为售后服务和提供配套产品的销售工具，通过互联网管理客户关系和再订购过程，使其网上销售占了全部产品的70％。1994年Dell公司率先使用网络渠道，现在基于互联网的销售收入占到Dell公司总收入的一半以上。

专栏

思科公司的网络顾客分类管理和服务[1]

思科建立了用户的Entitlement Database，利用这个数据库可使一部分用户获得密码，允许他们接近公司某些重要的信息，而对另一部分用户则保密，这就使思科能灵活地按顾客的不同类型创建内容和服务。

第一类是最广泛的网上居民，他们没有在思科系统中登记。他们是那些只想浏览一下思

---

[1] CISCO公司的网上顾客服务. 网络营销论坛，2001-08-10.

科产品目录，或阅读产品年终报告而不愿让人知道他是谁等这类普通网络冲浪者。这类访问者获得的关注和信息优先权最少，他们只能接触有关公司、产品、服务最基本、公开的信息。但思科并不忽视这类顾客，它欢迎他们的反馈信息。

第二层次是从思科的零售商、代理商手中购买思科的产品的顾客。他们可以获取思科的有关信息，但由于他们不是思科的直接贸易伙伴，所以思科无法知道其订货需求。他们也无法获取公司关于价格方面的信息，因为零售商要求将这类信息对其顾客保密。

第三层次的用户是所谓的"签约服务顾客（contracted service customers）"。他们是由思科商业伙伴保证的，并接受思科商业伙伴服务的顾客群。他们可以浏览思科技术细节（techncial tips）和参考（references）部分的内容，或使用BugToolkit（Bug toolkit 是一个已有bugs的数据库，它可以接受搜索、查询）。另外，用户也可以创建自己的网络环境，通过E-mail或传真接受思科软件中新的、可实施的bugs更换。

签约服务顾客可能会获得接触软件库中全部信息的权利，这取决于思科商业伙伴和顾客之间的支持合同是只对硬件还是同时兼顾硬、软件。签约服务顾客一般不能使用技术支持的案例管理工具，因为他们应从思科的商业伙伴那里获得技术支持。

第四层次的顾客是思科的直接购买者，他们和思科之间有服务约定。本层次的顾客可以获取上一层次顾客所接触的所有信息，此外，他们能直接从思科获得开放的技术支持，可以自由地下载软件库中的所有软件。思科的分销商、代理商等也归入这一层次。他们能获得比直接购买者更多的信息，如产品开发时间和价格信息。同时，他们还掌握着一些管理工具，控制哪些信息应对其顾客（即第二层次、第三层次的顾客）保密。

思科的雇员可以接触以上提及的所有信息，并掌握一些控制、报告的工具，对系统、用户使用过程进行监测。

2. 确定中间商的数量

确定中间商的数量，是确定间接渠道中的分销商的数目。网络分销商的数量选择也与线下渠道中间商的数量选择相同，有三种策略。

（1）密集型分销。

选择尽可能多的网络分销商销售产品。能够扩大网络覆盖，方便顾客购买，该分销策略适合低值易耗品，因其所需服务水平不高。

（2）选择性分销策略。

在一定的区域范围内，只精挑细选几家分销商来销售产品，分销商之间形成有限的竞争，能够为顾客购买提供安全、保障和信心。该分销策略适合大件耐用品的网络销售，因其所需服务水平高，优秀的分销商才能胜任。

（3）独家分销策略。

在一定的区域范围内，只精挑细选一家分销商来销售产品，提供独一无二的服务。该分销策略适合价值昂贵产品的网络销售，如奢侈品，因其持有、维护和保真成本高，独家分销有利于落实责任，维护市场良性发展。

3. 明确渠道成员的责权利

明确渠道成员的权力、责任和利益，通过协议的方式固定下来，以约束各成员在交易过程中的行为。渠道成员的责权利是相辅相成的，承担了多少任务，就会获得相应的利益。生产商有及时供货、保证产品质量、广告支持、服务支持等方面的责任，网络销售商有销售产品、及时回款、维护区域市场、传递信息、顾客服务等责任。两者相互配合，实现各自的利益目标。

12.5　网络渠道的管理

12.5.1　网络渠道管理的重点

网络直接渠道，由企业自身掌控，主要面对的是如何协调企业内部各部门之间的职能问题，以及企业和第三方电子商务平台间的关系问题；而间接渠道则是涉及了企业、网络经销商以及第三方电子商务平台之间的协调问题。

1. 对网络经销商的管理

网络经销商与实体渠道经销商所起的作用类似，是将企业所生产的产品通过其分销平台送至消费者手中。只是两者的路径不同，前者是虚拟渠道，而后者是实体渠道。网络经销商规模相对于实体经销商而言一般较小，进入的门槛较低、经营成本较低。借助虚拟网络的便捷性，网络经销商在创业初期投入的资金、人员以及各项费用（比如启动资金、仓库及人员等）要远低于实体渠道经销商。这恰好能够吸引那些不具备足够资金的创业者，使其能承担网络经销商的角色。网络经销商节省了实体经销商在店铺租金，终端进场费以及导购人员薪酬等高昂费用，是对产业链终端薄弱环节的优化，实现低成本经营。网络经销商更能贴近消费者，更能了解消费者的需求和消费者购买能力。实体渠道的经销商承担着更多的中间商角色，是将生产企业所生产出的产品，经过物流的配送，送至终端售卖。在实体渠道中，能吸引消费者购买并了解消费者需求的是经营终端卖场的零售商。网络的经销商能掌握消费的"最后一公里"，但实体经销商需通过零售终端才能做到。

许多适用于实体经销商的政策都可以灵活应用于网络经销商管理。这些方式包括：① 对网络经销商的资质进行严格筛选，制定相应的细则标准，保证企业能够招募到合格的经销商，推动企业长期发展。② 制定详细的网络经销商管理条例，明确企业和网络经销商各自承担的职责、义务，明确对网络经销商的奖励和惩罚措施。③ 企业对网络经销商进行相应的支持，帮助其提高销售绩效。同时，网络经销商也可以和企业共同举办促销、推广活动，扩大影响。

2. 企业内部职能部门间的协调

网络渠道中，网络经销商及最终顾客对企业在配送速度等服务方面具有较高的要求。顾客网购，看中的是网购的便利性，希望在下单之后能够尽快拿到所购的商品。因此，企业内部及其与其他利益相关者之间需要紧密的协同合作，企业须具备较高的协调能力。在利用网络渠道的过程中，企业可以通过改变业务流程、增加部门间沟通等方式来提高协调能力，进而提高响应顾客需求的速度。

3. 通过与第三方电子商务公司合作，打击假货

网络假货对公司利益伤害极大，但单纯依靠企业自身遏制假货，难以奏效。企业需要与网络购物平台等其他组织的合作，打击网络售假。在实体渠道中，企业可以依赖工商管理部

门来打击假货。在互联网渠道中,由于网络的虚拟性以及广泛的传播性,打击假货工作更为严峻,与专业网络购物平台等电子商务公司间的合作打假是必需的途径。对于专业的网络购物平台而言,一个充斥着假货的网络商城也不利于网络购物平台的健康发展,所以它同样具有打击假货的意愿。在双方共同利益的推动下,企业与网络购物平台共同合作,通过制定详细的保障条款,能够更有效地遏制假货的冲击。

12.5.2 网络渠道的冲突及管理

1. 网络渠道冲突的类型

网络渠道冲突和传统渠道冲突一样,也分为水平渠道冲突、垂直渠道冲突和多渠道冲突。

(1)水平渠道冲突。

网络水平渠道冲突指不同网络中间商之间的冲突。商品生产企业通过多个网络中间商销售产品,不同网络中间商争夺同一目标顾客群体,各中间商为吸引目标顾客,在价格、服务、促销策略与力度等方面展开竞争,引起不同网络中间商之间的矛盾冲突。

(2)垂直渠道冲突。

网络垂直渠道冲突表现为供货商或制造商与网络中间商之间由于渠道控制权、折扣率、促销协作、价格分歧等引起的冲突。

(3)多渠道冲突。

多渠道冲突表现为网络直销渠道与网络间接渠道之间的冲突、网络渠道与传统销售渠道的冲突。许多生产商通过传统代理商或中间商销售产品的同时,开辟了网络直销渠道或通过网络中间商销售产品。这种情况下,可能因不同渠道之间由于成本、价格、资源配置等的差异或目标的错位等导致冲突。

在以上冲突类型中,网络营销渠道与传统营销渠道的冲突问题严重,需要企业从战略层面和执行层面很好地化解冲突。

2. 网络渠道与传统实体渠道的冲突

网络销售渠道与传统实体渠道的冲突主要表现在如下方面。

(1)销售量冲突。

传统实体渠道和网络渠道面对的客户群有较大的重叠性,由网络渠道带来的销量上升会影响到原有实体渠道的销售量的增长,甚至导致实体渠道销售量下降。

(2)价格冲突。

网络渠道销售的商品由于不存在或者相对较低的物流和仓储成本,也无须负担昂贵的店铺租金和营销成本,导致同样产品在网上售卖的价格比实体零售店的要便宜。

(3)利益冲突。

虽然利用网络渠道能够提升企业绩效,但是传统企业一般都建立了庞大的线下销售网络,考虑到以往投入的成本以及该网络带来的收益,企业一般会尽力照顾传统渠道的利益,如在产品的分配上优先考虑传统渠道的需求等,引起传统渠道与线上渠道利益冲突。

3. 网络渠道与传统实体渠道冲突的化解

(1)做好渠道规划,完善营销目标管理机制。

以企业营销总目标管理为指引,从整体性的视角来匹配设计各不同渠道,全方位合理规划现有各类营销渠道的定位、功能和任务，衔接多渠道营销，运用整合措施，使企业拥有更高层次的整体性营销模式，可有效避免资源浪费和潜在的市场冲突。企业拥有总体目标规划时，即便遇到网络渠道和传统渠道的矛盾，也能妥善化解，因为两类营销渠道都秉持共同的营销目标，都是为企业营销总目标的实现服务的。

(2) 通过渠道差异化，减少冲突。

① 产品差异化，企业可在两类渠道中销售不同类别的产品；或在资源能力许可的前提下，企业可针对不同类型渠道推出专供产品，以尽可能吸引更多的顾客群体。产品差异化可规避压价与冲货等潜在的渠道冲突风险。② 服务差异化。通过服务差异化，可使消费者在不同渠道购买产品获得不用的体验，增强所购买产品的个性化程度，更好地满足顾客的个性化需求。③ 市场差异化，企业如定位多种类型的客户群体，可对顾客进行引导性分群，通过渠道设计、服务或产品设计、信息传播设计以及其他策略，确保将不同的客户群纳入网络渠道和传统渠道相应的范围。

(3) 布局新零售，发挥传统渠道和网络渠道各自优势，实现渠道互补。

首先，善用网络渠道的媒体属性，带动实体渠道销售。网络渠道除了传统的渠道属性外，还带有相当程度的媒体属性。有效地利用网络渠道的媒体属性，可迅速提升企业的品牌知名度，通过网络营销传播来带动实体渠道的销售。

其次，让实体渠道分享网络渠道的利益。厂家可通过自建 B2C 官方网站的形式，以厂家的高度面向全国的消费者，打破地域区隔，让原有的线下渠道加盟商全部成为这个官方 Shopping Mall 体系内的有机组成部分。在网络购物的环境逐渐成熟的情况下，可适当引导用户到线下下单，总部商城根据加盟商的推荐订单给予返利，以解决实体渠道商不愿意、甚至抵触网上销售的顽疾。

最后，布局新零售，推动线上线下销售一体化。网络渠道具有方便、快捷、价格实惠的优点，但顾客无法直接接触到商品，而线下实体店顾客可以接触到商品，体验产品。先锋企业已开始运用新技术改进渠道，以顾客需求为核心，实行全渠道营销，为顾客提供全方位、全过程的购买服务，线上线下一体化，布局新零售，推动渠道管理和消费者服务创新。

案例分析

手机应用商店：App Store 和华为应用市场 [①]

随着移动互联网的发展，手机应用程序商店蓬勃发展。自苹果 2008 年 7 月 11 日正式推出 App Store 后，谷歌、诺基亚、微软、黑莓、华为等通信产业链各环节企业都相继推出了自己的应用商店，从 Android Market、Ovi store 到 Windows marketplace，再到 App world 和华为应用市场，应用商店炙手可热。中国三大运营商移动应用商店——中国移动的 Mobile Market、中国电信"天翼空间应用商城"和中国联通的应用商店"沃商店"相继正式发布。

---

① 史琳. 手机应用商店. 数据通信 2011.1；韩元惺. 面临多重挑战手机应用商店竞争加剧. 中国传媒科技，2010 (10)；杨敬慧. 走进 App Store 模式. 中国传媒科技，2009 (4).

手机应用商店,是手机应用软件的销售平台,同时,手机应用商店及其应用产品也是其他商品和服务的广告媒介,在移动互联网经济发展中,具有重要价值。

1. App Store 模式分析

苹果公司的手机应用商店 App Store 模式是对其前的 iPod+iTunes 模式的借鉴和移植。

苹果将其音乐播放器产品 iPod 与在线音乐商店 iTunes 完美整合,开创出一种全新的商业模式。iPod 用户通过 iTunes,可以轻松找到想要的音乐、便宜的价格、便捷的付费,从外观到内容,苹果为音乐迷提供最好的音乐体验。通过这种模式,苹果很快控制了整个在线音乐服务,向下掌控用户,向上掌控音乐发行商,从而使得 iPod 的人气不断飙升,而 iTunes 的歌曲库和下载量也疯狂增长。

iPhone 感性化的手机设计让人爱不释手,火爆的排队购机场面令人印象深刻。而基于 iPhone 的 iPhone+App Store 在推出几个月内应用程序下载成绩惊人。

苹果从一开始就没有把眼光仅仅盯在卖 iPhone 手机上,因为 iPhone 与之前的 iPod 一样,都会随着时间的推移,慢慢淡出人们的视线。数码产品终究是有生命周期的,只有引入类似 iPod+iTunes 的模式,在手机售出之后继续提供更多的内容服务,才能吸引和留住用户。在 iPhone 大卖之后,苹果公司立即在原有 iTunes 平台上,加入了 App Store 的模块,移植和拓展 iPod+iTunes 的模式,以"卖手机+卖内容"的策略继续着神奇。

App Store 的运作模式如图 12-3 所示,该模式是典型的 C2C 模式:开发者利用苹果公司的开发平台和开发工具,开发应用,然后,将应用放在 App Store 供用户付费下载,然后苹果公司和开发者收益分成。开发者在注册之后,就会为其提供 AppSDK 和相应的技术支持,帮助开发者设计 SDK 工具箱。同时,开发者可以很方便地在这个平台上交易,平台会帮助开发者营销产品;帮助用户进行选择。通过排行榜、搜索等方式帮助 iPhone 用户很方便地在平台上找到想要的应用程序。这种模式强调的是在开发者与用户之间搭建平台,只充当平台,帮助推广和支付,收取分成。

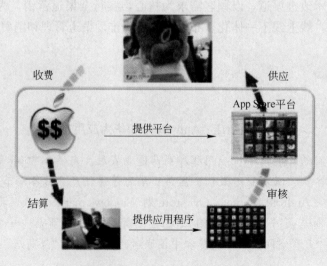

图 12-3　App Store 的运作模式

2. 华为应用市场

华为应用市场是华为终端的官方应用分发平台，也是全球首家推出并实行"开发者实名认证"的应用市场，运用四重检测机制保障应用安全，自研"伏羲算法"为用户精准推荐内容，拥有国内安卓独家无广告全功能付费精品应用，让用户放心下载。

华为应用市场有着特有的资源优势，华为终端服务于140多个国家的500多家运营商，拥有全球1 000多个品牌伙伴。截至2017年12月，华为应用市场累计下载量超过1 200亿次，单日最高下载量5.1亿次，聚集了35万的开发者，月活跃用户达到1.6亿。

华为应用市场依托华为全球化技术服务平台和实力雄厚的开发者群体，用户可以在华为应用市场上搜索、下载、管理、分享最贴心的移动应用，开发者可以在华为应用市场实现价值的最大化。

华为应用市场产品特色如下。

(1) 装机必备。

华为应用市场为用户提供装机必备模块，从娱乐、游戏、资讯、财经、社交、出行等用户核心需求点推荐精品应用，帮助新手网罗最全的手机必备软件。

(2) 超强适配。

华为应用市场中的应用都通过严格的软件测试、病毒查杀，为用户提供安全、稳定、量多、质优的精品应用，避免用户在使用过程中出现乱扣费、乱扣流量、信息安全的问题。

(3) 特色专题。

为用户提供特色应用专题，方便用户快速找到适合自己的应用。为用户提供高品质、高知名度及高信誉的品牌应用专区。

(4) 海量应用。

为移动应用用户提供丰富的应用、游戏等产品的下载和服务，适配各类手机平台、移动终端。应用市场为广大用户提供最新、最热精品应用的快速下载通道。

(5) 数据同步。

无需数据线，统一账号登录华为cloud＋云服务，可完成PC端到手机端的无缝对接。

(6) 压缩技术。

应用业内领先的图片压缩技术，最高节省83%的图片浏览流量。

讨论题

1. 为什么App Store获得巨大成功？
2. 简述手机应用商店的网络营销意义。

案例点评

手机应用软件商店是承接移动互联网的关键节点。应用商店的服务提供商通过整合产业链合作伙伴资源，以互联网、无线互联网等通路形式搭建手机增值业务交易平台，为客户购买手机应用产品、手机在线应用服务、运营商业务、增值业务等各种手机数字产品及服务提供一站式的交易服务。应用商店的普及将对移动互联网产生变革，对于上下游体现在以下两方面。

第一，对于产业链上游，应用商店带给内容提供商及应用开发者更多的盈利机会。目前3∶7的盈利分成照顾到了产业链上游开发者的利益，未来应用商店间的竞争会增加上游开发者的议价权，同时给内容提供商和应用开发商更多的选择。

第二，对于产业链下游，应用商店缩短了用户获取应用的进程；同时也增加了用户对运营商、终端厂商的忠诚度。应用带给运营商更大的流量，也给终端厂商更高的市场竞争力，未来开放的格局将吸引更多的应用商店，"终端＋服务"的模式将更为普遍。

终端厂商、运营商、操作系统、互联网服务提供商等的加入，引导产业更加开放化、服务化，为产业链带来新的活力。新的更加成熟的产业链构建后，新的利益分配将更加合理。更加开放的平台为软件开发商带来更多的便利和销售机会。

◇ 本 章 小 结 ◇

本章首先概述了网络营销渠道的几个理论问题：什么是网络营销渠道，网络营销的功能，网络营销渠道的结构和特点，应用网络营销渠道的模式。然后介绍了网络渠道的形式：网络直销和网络间接销售，以及网络营销渠道设计与渠道管理问题。

文章的重点是网络渠道的形式：网络直销和网络间接销售，以及网络中间商的不同类型。

本章的难点是应用网络营销渠道的模式，网络渠道设计与管理。

学习资料

1. 杨路明，罗裕梅，陈曦，等. 网络营销. 2版. 北京：机械工业出版社，2017.
2. 李先国. 分销. 北京：企业管理出版社，2003.

中英文关键词语

1. 网络营销渠道　　internet marketing channels
2. 网络零售　　on-line retailing
3. 电子商务　　electronic commerce
4. 网络中间商　　cybermediary
5. 电子中间商　　electronic intermediary
6. 搜索引擎　　search engines
7. 企业对消费者零售　　business-to-consumer retailing
8. 企业对企业零售　　business-to-business retailing

思考题

1. 网络营销渠道与传统营销渠道相比，其功能有哪些不同？
2. 网络营销渠道的特点有哪些？

3. 网络营销渠道的形式有哪些？
4. 如何选择适合企业自己的网络渠道形式？
5. 网络中间商的几种类型的模式是什么？
6. 如何进行网络交易过程中的安全管理？

自测题

判断正误，说明理由。
1. 网络渠道就是电子商务渠道。
2. 网络渠道的功能与传统渠道的功能一致，只是更加突出其订货、配送和支付功能。
3. 网络中间商的类型与传统中间商相比更加难以划分。
4. 网络渠道设计的依据是生产厂家的规划。

参考文献

[1] 科兰,安德森,斯特恩,等. 营销渠道. 7版. 北京:中国人民大学出版社,2008.
[2] 罗森布罗姆. 营销渠道管理. 北京:机械工业出版社,2003.
[3] ROSENBLOOM B. Retail marketing. New York:Random House,1981.
[4] 科特勒,凯勒. 营销管理. 15版. 上海:上海人民出版社,2016.
[5] 多兰,米克,多步查. 营销战略. 北京:中国人民大学出版社,2003.
[6] 佩尔顿,斯特拉顿,伦普金. 营销渠道:一种关系管理方法. 北京:机械工业出版社,2004.
[7] 庄贵军. 营销渠道管理. 2版. 北京:北京大学出版社,2012.
[8] 吕一林. 营销渠道决策与管理. 北京:中国人民大学出版社,2005.
[9] 李先国. 分销. 北京:企业管理出版社,2003.
[10] 张广玲. 分销渠道管理. 武汉:武汉大学出版社,2005.
[11] 沙利文,阿德科克. 零售营销学精要. 吴长顺,译. 北京:电子工业出版社,2004.
[12] BERMAN B,EVANS J R. 零售管理. 吕一林,熊鲜菊,译. 7版. 北京:中国人民大学出版社,2001.
[13] 中村孝士. 零售商业展望. 日本零售商业协会. 1982.
[14] 加斯蒂斯,加德. 特许经营. 李维华,译. 2版. 北京:机械工业出版社,2005.
[15] 李飞. 分销渠道设计与管理. 北京:清华大学出版社,2003.
[16] 王方华,奚俊方. 营销渠道. 上海:上海交通大学出版社,2005.
[17] 徐蔚琴,谢国娥,曾自信. 营销渠道管理. 北京:电子工业出版社,2001.
[18] 宿春礼. 营销渠道管理方法. 北京:机械工业出版社,2004.
[19] 周文,包焱. 至尊企业至尊营销:营销渠道. 北京:世界知识出版社,2002.
[20] 张继焦,葛存山,帅建淮. 分销链管理:分销渠道的设计、控制和管理创新. 北京:中国物价出版社,2002.
[21] 杨路明,罗裕梅,陈曦,等. 网络营销. 2版. 北京:机械工业出版社,2017.
[22] 张廷茂. 网络营销. 石家庄:河北人民出版社,2000.
[23] 朱明侠. 网络营销. 北京:对外经济贸易出版社,2002.
[24] 闫涛蔚,郝渊晓. 电子商务营销. 北京:人民邮电出版社,2003.
[25] 兰宜生. 电子商务物流管理. 北京:中国财政经济出版社,2001.
[26] 卜妙金. 分销渠道决策与管理. 大连:东北财经大学出版社,2001.
[27] 江占民,桂琳,何美丽,等. 现代企业营销渠道. 北京:中国时代经济出版社,2004.
[28] 雷培莉,李五四,孟繁荣. 分销渠道管理学. 北京:经济管理出版社,2003.
[29] 王超编. 零售学. 北京:中国对外经济贸易出版社,1999.
[30] 赵晶. 零售营销学. 北京:北京交通大学出版社,2004.
[31] 童一秋. 批发商. 北京:中国时代经济出版社,2004.
[32] 周江. 专业批发市场开展电子商务研究. 商业现代化,2006(1).
[33] 张春法,韩耀. 网络化与电子商务对批发业的影响与对策. 审计与经济研究,2005(7).
[34] 张贵华. 批发商业的营销出路. 商业时代,2005(5).

[35] 苏勇，陈小平. 渠道关系：从交易型向伙伴型转变. 销售与市场，2000（7）.
[36] 马克态. 成功的分销渠道管理. 北京：中国国际广播出版社，2003.
[37] 李苏剑，游战清，胡波. 企业物流管理：理论与案例. 北京：机械工业出版社，2002.
[38] 赵林度. 供应链与物流管理：理论与实务. 北京：机械工业出版社，2003.
[39] 朱道立，龚国华，罗齐. 物流和供应链管理. 上海：复旦大学出版社，2001.
[40] 骆温平. 物流与供应链管理. 北京：电子工业出版社，2002.
[41] 兰洪杰，施先亮，赵启兰. 供应链与企业物流管理. 北京：北京交通大学出版社，2004.
[42] 圣吉. 第五项修炼：学习型组织的艺术与实务. 上海：上海三联书店，2001.
[43] 邹辉霞. 供应链物流管理. 北京：清华大学出版社，2004.
[44] 杨海荣. 现代物流系统与管理. 北京：北京邮电大学出版社，2003.
[45] 伯特．罗森布洛姆．营销渠道：管理的视野．8版．北京：中国人民大学出版社，2014.
[46] 陈德人．网络零售．2版．北京：清华大学出版社，2015.
[47] 胡春，王颂，吕亮，王明鹏．通信市场营销学．北京：人民邮电出版社，2015.
[48] 拉塞特，拉比诺维奇．网络零售实务．中国财富出版社，2015.
[49] 鲍尔索克斯，克劳斯，库珀，等．供应链物流管理．4版．北京：机械工业出版社，2014.
[50] 彭扬，傅培华，陈杰．信息技术与物流管理．北京：中国财富出版社，2009.
[51] 刘云霞．仓储规划与管理．北京：清华大学出版社，2013.
[52] 庄贵军，周云杰，董滨．IT能力、合同治理与渠道关系质量．系统工程理论与实践，2016（10）：2618-2631.
[53] 张闯，周晶，杜楠．合同治理、信任与经销商角色外利他行为：渠道关系柔性与团结性规范的调节作用．商业经济与管理，2016（7）：55-63.